图书在版编目（CIP）数据

石刻中的山东古代社会/孟凡港著.—北京：中国社会科学出版社，2019.1
ISBN 978-7-5203-3961-2

Ⅰ.①石… Ⅱ.①孟… Ⅲ.①石刻—研究—山东—古代②社会史—研究—山东—古代 Ⅳ.①K877.404②K295.2

中国版本图书馆 CIP 数据核字（2019）第 013047 号

出 版 人	赵剑英
责任编辑	孙铁楠
责任校对	邓晓春
责任印制	张雪娇

出　　版	中国社会科学出版社
社　　址	北京鼓楼西大街甲 158 号
邮　　编	100720
网　　址	http://www.csspw.cn
发 行 部	010-84083685
门 市 部	010-84029450
经　　销	新华书店及其他书店
印　　刷	北京君升印刷有限公司
装　　订	廊坊市广阳区广增装订厂
版　　次	2019 年 1 月第 1 版
印　　次	2019 年 1 月第 1 次印刷
开　　本	710×1000　1/16
印　　张	24.25
字　　数	371 千字
定　　价	99.00 元

凡购买中国社会科学出版社图书，如有质量问题请与本社营销中心联系调换
电话：010-84083683
版权所有　侵权必究

目　　录

序 ·· 杜泽逊（1）

引言 ·· （1）

第一章　山东古代石刻的时空分布
　　——以《山左金石志》为主要依据 ·························· （6）
　　第一节　石刻的分类 ·· （6）
　　第二节　山东古代石刻时间分布统计分析 ··················· （8）
　　第三节　山东古代石刻空间分布统计分析 ··················· （12）

第二章　曲阜石刻与崇儒尊孔 ·· （22）
　　第一节　曲阜石刻的数量及时空分布 ·························· （22）
　　第二节　曲阜石刻的类型与内容 ······························· （24）
　　　　一　奏疏、诏敕、牓牒碑 ···································· （25）
　　　　二　祭文、谒记、题记与题咏碑 ···························· （28）
　　　　三　庙碑 ·· （30）
　　　　四　墓碑与墓志 ·· （32）
　　　　五　石刻画像 ··· （34）
　　　　六　标志性刻石 ·· （35）
　　　　七　法帖刻石 ··· （35）
　　第三节　曲阜石刻的学术价值 ··································· （36）
　　　　一　孔融父辈考证 ··· （37）
　　　　二　孔融兄辈考证 ··· （43）

第三章 济宁画像石与汉代社会 ············ (45)

第一节 历代对济宁汉代画像石的著录与研究 ········· (46)
第二节 济宁汉代画像石兴盛的原因 ············ (50)
  一 地理因素 ······················ (50)
  二 经济因素 ······················ (50)
  三 社会因素 ······················ (51)
  四 思想文化因素 ···················· (52)
第三节 济宁汉代画像石的时空分布 ············ (54)
  一 时间分布 ······················ (54)
  二 空间分布 ······················ (56)
  三 日本藏济宁汉代画像石 ················ (57)
第四节 济宁汉代画像石的建筑形式及典型遗存 ······· (61)
  一 祠堂 ························ (61)
  二 石阙 ························ (63)
  三 石椁 ························ (64)
  四 石墓 ························ (65)
第五节 济宁汉代画像石的内容 ·············· (66)
  一 神仙世界 ······················ (66)
  二 人类世界 ······················ (76)
  三 自然世界 ······················ (113)
第六节 济宁汉代画像石的价值 ·············· (116)
  一 学术价值 ······················ (116)
  二 现实价值 ······················ (118)

第四章 泰山石刻与唐宋封禅 ··············· (120)

第一节 泰山封禅石刻 ·················· (120)
第二节 《纪泰山铭》与唐玄宗东封 ············ (128)
  一 《纪泰山铭》文本考辨 ················ (129)
  二 从《纪泰山铭》看唐玄宗东封 ············ (137)

第三节 《登泰山谢天书述二圣功德之铭》与
　　　　宋真宗东封 ………………………………………… (149)
　　一 《登泰山谢天书述二圣功德之铭》相关问题考证 … (150)
　　二 《登泰山谢天书述二圣功德之铭》文本考辨 ……… (154)
　　三 从《登泰山谢天书述二圣功德之铭》看
　　　　宋真宗东封 ………………………………………… (162)

第五章　石刻中山东古代先贤
　　　　——郑玄与范仲淹 ………………………………… (171)
第一节　郑公祠碑刻及其反映的郑玄历史形象 …………… (171)
　　一　郑公祠碑刻 …………………………………………… (172)
　　二　《重刻唐史承节郑公祠碑》及其考证 ……………… (175)
　　三　历代对郑公祠的建修与祭祀 ………………………… (192)
　　四　从碑刻看郑玄历史形象的变迁 ……………………… (201)
第二节　长山范公祠碑刻与范仲淹形象的历史变迁 ……… (210)
　　一　宋代范仲淹形象的塑造及制约因素 ………………… (211)
　　二　元代范仲淹形象的塑造及制约因素 ………………… (214)
　　三　明代范仲淹形象的塑造及制约因素 ………………… (217)
　　四　清代范仲淹形象的塑造及制约因素 ………………… (221)
　　五　余论 …………………………………………………… (222)

第六章　《济州刺史任公屏盗碑》与五代地方贼患治理 ……… (225)
第一节　《济州刺史任公屏盗碑》及校补 ………………… (225)
　　一　《济州刺史任公屏盗碑》简介 ……………………… (225)
　　二　对《济州刺史任公屏盗碑》的校补 ………………… (226)
第二节　五代地方贼患产生的原因分析 …………………… (229)
　　一　割据纷争的军事战乱 ………………………………… (230)
　　二　繁重的赋役及频发的自然灾荒 ……………………… (231)
　　三　鸡鸣狗盗及犯罪之徒转化为盗 ……………………… (232)
　　四　浇漓的民风及山幽薮深的自然地理环境 …………… (232)

第三节　从《济州刺史任公屏盗碑》看后周地方
　　　　贼患治理 …………………………………………… (233)
　　一　审才授职,任官唯贤 ………………………………… (234)
　　二　重典治盗,武力剿杀 ………………………………… (235)
　　三　赦罪招抚,加强防备 ………………………………… (236)
　　四　政治宣教,宽惠爱民 ………………………………… (238)

第七章　纪游石刻与山东古代旅游 ………………………… (240)
第一节　山东纪游石刻概述 ………………………………… (240)
第二节　从纪游石刻看山东古代旅游活动的缘起 ………… (242)
　　一　为镇服四海、夸示国外的帝王巡游 ………………… (242)
　　二　为祭拜孔子、孟子等儒家先贤而进行的
　　　　朝圣之旅 …………………………………………… (242)
　　三　因敬拜神佛而进行的朝山之旅 ……………………… (243)
　　四　为追思先人而游览故地 ……………………………… (244)
　　五　因探访古迹、稽古验志而进行游览 ………………… (245)
　　六　因公出差或为官赴任而顺路进行游览 ……………… (246)
　　七　纯粹为了休闲欢娱而进行旅游 ……………………… (247)
第三节　从纪游石刻看山东古代旅游活动的特点 ………… (247)
　　一　从旅游者的性别构成来看,是以男子为主,
　　　　有时也有妇女随行 ………………………………… (248)
　　二　从旅游者的身份构成来看,是以士大夫为主,
　　　　也有其他身份者参与 ……………………………… (248)
　　三　从旅游的组织形式来看,多是众人结伴而游,
　　　　也有独自出游者 …………………………………… (251)
　　四　从旅游时间与地域来看,士大夫不大受限制,
　　　　而乡村民众则有着季节性与地域性的特征 ……… (252)

第八章　胶东石刻与金元时期全真教 ……………………… (254)
第一节　胶东的自然地理与道教渊源 ……………………… (254)
　　一　胶东的自然地理 ……………………………………… (255)

二　胶东的道教渊源 …………………………………………（258）
第二节　金元时期胶东全真教石刻概述 ……………………（265）
　　一　金元时期胶东全真教石刻的时空分布 …………………（265）
　　二　金元时期胶东全真教石刻撰文、书篆与立石者
　　　　身份分析 ……………………………………………（277）
　　三　金元时期胶东全真教石刻的形制 ………………………（289）
　　四　金元时期胶东全真教石刻的类型 ………………………（294）
　　五　金元时期胶东全真教石刻的史料价值 …………………（318）
第三节　石刻中的全真教与山东地方社会 …………………（329）
　　一　金末元初全真教与山东地方社会秩序的
　　　　重建与维护 …………………………………………（329）
　　二　金末元初全真教与山东官僚士绅的交往互动 …………（343）

结语 …………………………………………………………（361）

参考文献 ……………………………………………………（363）

后记 …………………………………………………………（374）

序

  石刻文献的史料价值,久为学术界重视,有关著述不计其数,硕果累累,解决的学术问题也可以说不胜枚举。山东的石刻资料较之其他省份,尤称丰富,清代阮元任山东学政,撰修了一部名著《山左金石志》,其中真知灼见甚多,可以作为认识山东石刻文献的读本。我在一次奉命讲授山东先贤与齐鲁文化的专题课时,发现山东嘉祥的东汉武氏祠画像石有独特的史料价值。当时请研究生王菲同学帮助查考闵子骞资料。孔子弟子二十四孝之一闵子骞(姓闵,名损,字子骞)是广为人知的,然而他的孝敬父母的事迹却不见于先秦两汉的典籍。《论语》只说:"子曰:孝哉闵子骞!人不间于其父母昆弟之言。"司马迁《史记·仲尼弟子列传》抄写了这句话,也没有提供有关的事迹。而在东汉武梁祠画像石上却有一副画:闵子骞从车上掉下来,他父亲在车上伸手拉他,车上还坐着他的同父异母弟,上面刻着文字说明:"闵子骞与后母居,爱有偏移,子骞衣寒,御车失棰。"有关的文字记载则迟至唐代欧阳询《艺文类聚》卷二十中才有引刘向《说苑》的一段:"闵子骞兄弟二人,母死,其父更娶,复有二子。子骞为其父御车,失辔。父持其手,衣甚单。父则归呼其后母儿,持其手,衣甚厚温。即谓其妇曰:'吾所以娶汝,乃为吾子。今汝欺我,去即无留。'子骞前曰:'母在一子单,母去四子寒。'其父默然。故曰:孝哉闵子骞,一言其母还,再言三子温。"欧阳询引用的西汉刘向的《说苑》,这段话不见于传世的《说苑》,清代卢文弨等学者认为是《说苑》的逸文。从这段文字与武梁祠汉画像石比较吻合看,卢文弨的说法大体可信。但是从文献载体看,《艺文类聚》毕竟是唐代的,而武梁祠汉画像石刻都是东汉的,其原始性当然是无与伦比的。《艺文类聚》引刘向《说苑》记载的是闵子骞有一位亲生的弟弟，又有二位同父异母的弟弟，也就是共有兄弟四人。到了五代时期李瀚的《蒙求集注》，就变成了兄弟共三人，闵子骞没有了亲生的弟弟，只有两个同父异母的弟弟，"母在一子单，母去四子寒"已改成了"母在一子寒，母去三子单"。个中原因，恐怕是作为榜样的闵子骞不应有被人疑惑的地方，比方说亲生的兄弟既然有两个，后母为什么单单对闵子骞不好呢？是不是闵子骞有什么缺点？所以干脆不说还有一个亲生的兄弟。《蒙求》中还增加了"所生子以棉絮衣之，损以芦花絮"的细节。北宋李昉等编《太平御览》引《孝子传》更在"衣以芦花"之外增加了"父怒笞之"的细节。这就为后来"鞭打芦花"的完整故事逐步铺平了道路。闵子骞的故事演变带有一定的典型性，而就其源头来说，仍以东汉武梁祠画像石为最早。

清代阮元对山东石刻研究很深，他发现高密的金代承安五年重刻唐代武则天时期史承节撰《后汉大司农郑公碑》与通行的范晔《后汉书·郑玄传》有文字出入。《后汉书·郑玄传》载郑玄病重时《戒子益恩书》云："吾家旧贫，不为父母群弟所容，去斯役之吏，游学周秦之都。"《郑公碑》则无"不"字。阮元认为《后汉书》的"不"字是误增的，不应有。他说："'为父母群弟所容'者，言徒学不能为吏以益生产，为父母群弟所含容，始得去斯役之吏，游学周秦。"（阮元《小沧浪笔谈》，又《揅经室一集》卷七《金承安重刻唐万岁通天史承节撰〈后汉大司农郑公碑〉跋》）阮元的这一发现引起了清代学者的兴趣，陈鳣发现黄丕烈藏元刻本《后汉书》其实没有"不"字，"不"字是在传刻过程中由无知者妄加的。这个用石刻校勘古书的例子广为学术界称道，我在念研究生时，王绍曾师讲校勘学就举过这个例子，所以记忆很深。

孟凡港同志2014年4月经刘心明教授之介从我做博士后，当时他作为曲阜师大教师，正从事"《山左金石志》校正"工作，所以博士后出站报告的题目定为"石刻中的山东古代社会"，这个题目也是山东省社科规划项目。2017年6月凡港完成博士后研究课题，圆满通过出站报告，正式出站。其后又经过修订，这部专著《石刻中的山东古代社会》得以出版。凡港的这部专著建立在长期的扎实的一手材料之上，他对山东各地的石刻文献做过大量实地考察，同时还到其他省份以及日本的多家单位进行访求，把这些石刻材料与历史记录作互证的研究，其间订正旧说之误、补充史载之缺，得出了许多新的结论。这部著作的出版，对山东古代社会研究以及石刻文献研究，都是可喜的贡献。凡港嘱为序言，因不辞浅陋写下这段不成熟的文字，还请读者诸君批评教正。

2019年元月6日夜，滕州杜泽逊于山东大学校经处

引　言

　　石刻作为历史文献的主干之一，数量巨大，内容丰富，凭借保真性与持久性等特点发挥着其他文献所不可取代的重要作用。它所载内容丰富广泛，涵盖了社会的方方面面，凡氏族人物、功德事迹、典章经制、山川地理、风土人情、灾害祥瑞、宗教道派、文化教育、思想学说等无所不包。正如清代金石学家王昶在《金石萃编》中所云："宋欧、赵以来，为金石之学者众矣。非独字画之工，使人临摹把玩而不厌也。迹其囊括包举，靡所不备。凡经史小学，暨于山经地志、丛书别集，皆当参稽会（荟）萃，核其异同，而审其详略。"① 正因此故，石刻文献成为中国古史研究不可或缺的重要资料。山东作为华夏文明最重要的发源地之一，历史悠久，文化灿烂，古迹众多，石刻丰富。清人叶昌炽认为："关中为汉唐旧都，古碑渊薮，其次则直隶、河南、山东、山西。"② 早在两千多年前，秦始皇东巡郡县，刻石纪功，留下七方刻石，其中位于山东境内的就有峄山刻石、泰山刻石、琅邪台刻石、芝罘刻石与芝罘东观刻石。在此后的历史岁月里，上至帝王官僚，下到普通民众，因歌功颂德、纪事立传、修庙建学、访胜吊古、立规定约等之需，立碑刻石，留下了大量石刻，数量多，种类全，分布广，时间跨度长，涵盖内容丰富。

　　在山东古代石刻中，秦汉碑刻尤为显著。"山左兼鲁、齐、曹、宋诸国地……东汉石刻，江以南得一已为巨宝，而山左有秦石二，西

---

　　① （清）王昶：《金石萃编·序》，《续修四库全书》第886册，上海古籍出版社2002年版，第449页。

　　② （清）叶昌炽：《语石》卷2"总论各省石刻"条，上海书店1986年影印本，第25页。

汉石三，东汉则不胜指数。故论金石于山左，诚众流之在渤海，万峰之峙泰山也。"① 秦刻石现仅存泰山二世诏书残石及琅邪台刻石，均为丞相李斯篆书，前者原立岱顶玉女池，后移置碧霞元君祠之东庑，现存岱庙东御座内；后者原存胶南琅邪台，现藏中国国家博物馆。秦刻石是秦始皇"书同文"后使用秦篆的标准字体，为皇帝纪功而书，书法水平高超，代表了秦篆的最高水平，故有"小篆之祖师"美誉。山东是汉碑遗存最多的地区，现存汉碑六十多方，加之已亡毁而见于文献著录的，总数已超百种，数量名冠全国。而山东汉碑又主要分布于济宁地区，故有"中国汉碑半山东""山东汉碑半济宁"之说。山东汉碑不仅数量多，且保存较为完整，在汉代石刻发展史中占有非常重要的地位，著名者如《麃孝禹碑》《礼器碑》《乙瑛碑》《史晨碑》《孔宙碑》《孔彪碑》《张迁碑》《衡方碑》《鲁峻碑》《景君碑》《郑固碑》《武荣碑》《郑季宣碑》等。

　　山东是汉代画像石的发祥地，起源早，遗存数量多，题材广泛，内容丰富，雕刻技法成熟，艺术水平高。嘉祥武氏祠、长清孝堂山石祠、金乡朱鲔石室等画像石早已蜚声海内外，新中国成立后又发掘了沂南北寨、安丘董家庄、诸城前凉台、微山沟南、嘉祥旷山等大型画像石墓与石椁，等等。这些画像石是研究汉代政治、经济、军事、思想、文化、艺术以及典章制度、社会风俗等重要史料，被誉为"形象化的汉代百科全书"。同时，又以其质朴深沉的民族本土意识成为世界古代艺术宝库中的一朵奇葩，通过不同的展现手法，斧凿间犹觉汉风扑面，描画中赞叹艺术的生命不息。

　　山东古代石刻还是中国古代书法宝库。龙门造像、云峰刻石与邹县四山刻经被誉为"北朝书法三大宝库"，而后二者均位于山东境内。云峰刻石主要分布在莱州的云峰山与大基山、平度的天柱山以及青州的玲珑山，共有北魏、北齐作品四十五种，主持书写和镌刻这些刻石的郑道昭，曾任北魏通直散骑常侍、秘书监、光州刺史、青州刺史等职，生性闲适散逸，喜游山水，好摩崖题刻，书法造诣深厚，被

---

① （清）阮元：《山左金石志·阮元序》，《续修四库全书》第909册，上海古籍出版社2002年版，第368页。

誉为"北朝书圣",与东晋王羲之并驾齐驱。云峰刻石包括《中书令郑羲碑》(俗称《郑文公碑》)《郑道昭论经书诗刻》《郑道昭观海岛诗刻》《云峰山郑道昭题字六种》《云峰山题字三种》《郑道昭大基山诗刻》等,内容丰富多样,书风、篆势、分韵与草情毕具,是中国书法史上难得的珍品。其中,尤以《中书令郑羲碑》最为著名。郑道昭之子述祖(字恭文),重游云峰山、天柱山,往寻父亲旧迹,也留有数方石刻,如《郑述祖重登云峰山石刻》《郑述祖题云居馆石刻》《郑述祖天柱山铭》等。邹县四山刻经分布于邹县尖山、铁山、葛山与冈山等崖壁间,为北齐、北周以来佛教刻经、题名等,如《大集经·穿菩提品》《佛说观无量寿经》《入楞伽经》《唐邕题记》等。此外,济南千佛山黄石崖,平阴天池山、大寨山、云翠山与二鼓山,东平司里山、银山、洪顶山,宁阳凤凰山,汶上水牛山,新泰徂徕山,泰山经石峪,滕州陶山等,均镌刻有北朝摩崖刻经。内容丰富,体裁多样,书风亦隶亦篆,特点鲜明突出,作品不仅与大自然结合在一起,还与佛教义理融为一体,其场面之博大,气势之恢弘,堪称我国书法史上一绝,被康有为誉为"大字鼻祖,榜书之宗"。

以青州龙兴寺为代表的山东古代佛教造像,以其独到的地方特色而深受世人瞩目。佛教自东汉从古印度正式传入中国后,山东就成为佛教的重要活动区域,是中国最早出现佛教造像的地方之一。山东佛教的快速传播归功于一位著名的僧人——朗公。公元351年,朗公在济南近郊建立了山东现存最早的一座寺院,即历城柳埠神通寺。此后,山东的寺院和佛教得到了迅猛发展,逐渐形成了以济南、临淄、青州等地为传播中心,创造了具有山东特色的佛教造像艺术。南北朝时期,山东已然是中国东部的佛教中心。虽然山东地区在野外还保存着一些北朝时期的摩崖龛窟造像,但是规模不大,难以与敦煌、云冈、龙门、麦积山、炳灵寺等大型石窟比肩。因此,20世纪80年代以前,学界对山东的佛教造像并无太多关注。80年代以后,考古发现不断,如1983年博兴县崇德村、1984年临朐县明道寺塔遗址、1988—1990年诸城市区、1996年青州龙兴寺遗址、2003年济南历下区县西巷等地出土了大量佛教造像,特别是1996年青州龙兴寺佛教窖藏坑的发掘,大量造型精美、妆饰华丽的北朝造像重见天日,为全国其他地区所罕见，引起了国内外的瞩目。在惊叹之余，学界不得不重新审视山东佛教在中国的地位，这极大地推动了山东佛教造像艺术研究的热潮，被学界称为"青州模式"。

山东是我国古代墓志出土丰富的地区之一，尤其以北朝、隋唐名门望族墓志为主要代表。如德州的高氏家族墓志（《高植墓志》《高湛墓志》《高庆墓志》与《高贞墓志》），临淄的崔氏家族墓志（《崔博墓志》《崔德墓志》《崔鸿墓志》《崔混墓志》《崔鹔墓志》《崔猷墓志》），泰山的羊氏家族墓志（《羊祉墓志》《羊烈墓志》），济南的房氏家族墓志（《房彦谦墓志》《房夷吾墓志》），以及《刁遵墓志》《鞠彦云墓志》《李谋墓志》《李璧墓志》等，均以其资料的系统完整、形制的多样丰富、书艺的高妙精绝而著称，具有极高的历史和艺术价值。

丰富多彩的山东古代石刻是一部镌刻于石的山东通史，见证了山东古代社会的历史变迁，成为我们研究山东古代历史极为宝贵的资料，有着纸本文献难以替代的价值。如现存曲阜汉魏碑刻陈列馆及"三孔"景区的《乙瑛置守庙百石卒史碑》《孔谦碣》《韩勑造礼器碑》《泰山都尉孔宙碑》《鲁相史晨奏祀孔庙碑》《豫州从事孔褒碑》《博陵太守孔彪碑》《李仲琁修孔子庙碑》《陈叔毅修夫子庙碑》《赠泰师孔宣公碑》《修阙里孔子庙碑》《新修曲阜县文宣王庙记》《重修文宣王庙碑》《褒崇祖庙记》《成宗崇奉孔子诏石刻》《衍圣公给俸牒碑》《曲阜县孔庙加封制诏碑》等，既是研究孔子生平、家族世系、弟子师承、学说思想以及历代对孔子及其后裔封谥的重要资料，又是研究我国封建政治、土地赋役、民族关系、语言文字的重要资料，还是历代书法、绘画、雕刻艺术的宝库。又如，山东众多古代佛寺碑刻，反映了山东佛教的兴衰与变迁。以灵岩寺为例，该寺历史悠久，佛教文化底蕴深厚，据《灵岩寺颂碑》记载，它始建于晋宋之际，"有法定禅师者，景城郡人也，尝行兰若，若是者历年。禅师□劳一人，迯将辞去，忽有二居士建立僧坊，宏宣佛法，识者以为山神耳……"① 自唐代起，灵岩寺便与浙江国清寺、南京栖霞寺、湖北玉泉寺并称"海内

---

① 此碑现存济南市长清区灵岩寺鲁班洞。

四大名刹"。寺内僧徒众多，香火旺盛，成为达官贵人、文人学士、普通民众拜佛、游览的胜地。正因此故，寺中留下了大量石刻，有敕牒、题名、题记、诗刻、塔铭、经幢、佛龛题字等类型，如《灵岩寺敕牒碑》[①]《定光禅师塔铭》[②]《大灵岩寺碑》[③]《就公禅师道行碑》[④]，等等。这些都是研究灵岩寺不可或缺的重要史料。再如，山东古代墓志、神道碑，如《刁遵墓志》[⑤]《朱岱林墓志》[⑥]《赠左散骑常侍韩国昌神道碑》[⑦]《赠太尉韩允忠神道碑》[⑧]《中书侍郎平章事景范神道碑》[⑨]《尚书祝惟岳神道碑》[⑩]《太师泰安武穆王神道碑》[⑪]等，这些既记载了墓主的生平事迹，同时也反映了彼时山东的历史。

山东古代石刻是山东人民创造的独具风采的文化形式，既有名贤先哲的道德文章与忠臣烈士的功德颂章，又有孝子贤孙的颂祖神碑与村妇烈女的贞节碑记，它们缩写了整个山东古代社会意识形态的道德观念和思想崇尚，为后世留下了盖世宏文和完整的经典篇章，成为齐鲁文化的一个重要内容。山东古代石刻是齐鲁文化的活化石，以生动、直观、形象的方式向人们展示了齐鲁文化的博大精深，几乎涉及了齐鲁文化的方方面面，如宗教文化、民俗文化、旅游文化、教育文化、生态文化、山水文化、神话传说、文学艺术和书法艺术等。

总之，山东古代石刻是积淀于齐鲁大地的珍贵历史文化遗产，涉及山东古代社会的方方面面，可补史之缺，正史之误，对于山东社会历史的考察，对于齐鲁文化的挖掘，对于旅游文化资源的开发与宣传，都有着巨大的价值，有待我们去研究、去开发、去利用。

---

① 此碑现存济南市长清区灵岩寺天王殿之外东侧。
② 此铭现存济南市长清区灵岩寺碑林。
③ 此碑现存济南市长清区灵岩寺山门前广场。
④ 此碑现存济南市长清区灵岩寺墓塔林就公禅师寿塔前。
⑤ 此志现存山东省博物馆。
⑥ 此志现存山东寿光市博物馆。
⑦ 此碑现存山东莘县董杜庄镇梁丕营村东北韩氏家族墓地。
⑧ 此碑现存山东莘县董杜庄镇梁丕营村东北韩氏家族墓地。
⑨ 此碑现存山东邹平相公山景范神道前。
⑩ 此碑现存山东成武县伯乐集镇白店村西祝惟岳墓前。
⑪ 此碑原立于泰安城西旧校场，现存岱庙炳灵门前。

第一章 山东古代石刻的时空分布
——以《山左金石志》为主要依据

山东古代石刻的数量、类型及特点不仅大有不同，而且地区之间也存有较大差异，故只有对其进行时间与空间分布统计分析，才能揭示出其兴衰变迁的历史规律。由于山东古代石刻数量巨大，统计工作存在较大难度，兹笔者以阮元《山左金石志》[①]所录石刻资料为主要依据，对山东古代石刻的时空分布进行探析，以见其规律之一斑。

第一节 石刻的分类

中国古代石刻类目多种多样，学界有着不同的划分方法。历史上第一部对石刻进行系统分类的专著是清代金石学家叶昌炽的《语石》，该书卷3至卷5把石刻分为石经、封禅、诏敕、符牒、书札、格论、典章、谱系、界至、诗文、墓志、塔铭、浮图、经幢、刻经、造像、画像、地图、桥柱、井栏、柱础、石阙、题名、摩崖、买地莂、投龙记、神位题字、食堂题字、医方、书目、吉语、诅盟、符箓、玺押、题榜、楹联、石人题字、石狮子题字、石香炉题字、石盆题字、石刻杂体等类，此种分法虽细，但显得过于烦琐。马衡的《中国金石学概要》把金石学研究对象分为铜器、石刻与金石以外诸品三大类，每类又作了进一步的细致分类。其中，石刻包括碣、摩崖、碑、画像、造像、太学石经、释道石经、医方、格言、书目、文书、

[①]《山左金石志》24卷，首次将山东全省范围内的石刻汇于一编，自秦迄元，收录石刻达1443种。

墓志、墓莂、谱系、地图、界止、题咏、题名、桥、井、阙、柱、浮图、食堂神位、墓门、黄肠、石人、石兽、器物等类，基本沿袭了叶昌炽《语石》的划分方法。朱剑心《金石学》第三编《说石》中第一章《名义制度》，依据形制将石刻划分为刻石、碑碣、墓志、塔铭、浮图、经幢、造象、石阙、摩崖、地莂、杂类（桥柱、井栏、柱础、神位、食堂、石人、石狮子、石香炉、石盆）；第二章《文字图象》依据文字内容将石刻划分为六经、佛经、道经、封禅、诅盟、诏敕、符牒、投龙、典章、谱系、界至、医方、书目、题名、诗文、书札、字书、格言、吉语、题榜、楹联、符篆、玺押、画象、地图、礼图等。朱剑心的划分方法是对叶昌炽《语石》与马衡《中国金石学概要》的兼收并蓄，对石刻的划分主要依据其形制，也兼顾其内容，显然，这种划分方法较为合理。

　　笔者在对山东古代石刻进行统计分析时，借鉴以往划分方法，同时结合《山左金石志》实际收录情况，将石刻划分为刻石、碑碣、墓志、摩崖、经幢、造像、画像石、塔铭、器物附刻等九类。这里，需要对存有歧义的"刻石"加以界定说明。一般认为，刻石是指东汉碑碣兴起以前所出现的石刻，如秦始皇东巡时在峄山、泰山、琅邪、碣石、之罘、会稽等地纪功颂德所立之石，又如西汉的《五凤二年刻石》《鲁六年北陛刻石》等。那么，东汉碑碣兴起以后是否还存有刻石？刻石与碑碣有何区别？笔者以为，东汉碑碣兴起后仍存有刻石，二者的区别主要在于两点：一是形制，二是书写格式。碑碣的形制通常（未必全是）比较规整，有碑首、碑身与碑座之分，而且石面经过打磨处理；书写遵循一定的格式，不是随心所欲。而刻石的形制较为随意、不固定，不存在碑首、碑身与碑座之分，而且石质粗糙，不甚磨治；书写并不注重格式，一任自然。但是，有些碑碣虽称"碑"，但其形制也比较随意，实为刻石，故有时二者的区别并不严格。在本书中，为了便于统计，笔者仅将东汉以前（秦、西汉）的石刻界定为刻石，而将东汉以后的碑碣与刻石统一划分到碑碣中去。在统计石刻类目时，笔者并非完全依照阮氏《山左金石志》对石刻的命名，而是根据石刻的实际情况。如《山左金石志》卷9《中书令郑羲碑》，虽名为碑，而实为摩崖，故将《中书令郑羲碑》划入摩崖类中。此外，《山左金石志》中存有一目而实为数石的情况，笔者在统计时则依实际数目计算。如《冈山摩崖佛经四种》，在统计时便以四方对待。

第二节　山东古代石刻时间分布统计分析

依据《山左金石志》卷7至卷24的载录，绘成表1-1《山东古代石刻时间分布统计》，如下：

表1-1　　　　　　　　山东古代石刻时间分布统计

类目	朝代	秦	西汉	东汉	曹魏	西晋	北魏	东魏	北齐	北周	隋	唐	五代	北宋	金	元	每类数量（方）
刻石		2	3														5
碑碣				24	3	1	3	1	9		7	36	13	191	98	467	853
墓志①							2	1	1		1	8		3		6	22
摩崖							16		17	15	2	10	6	58	12	15	151
经幢											1	12	7	16		1	37
造像							1	6	11		54	88		51		2	213
画像石				101								1			2	2	106
塔铭											1			5	8	22	36
器物附刻	佛座											2		1			3
	石佛											1			1		2
	石柱											5		1			6
	香炉												1	1			2
	石人			2													2
	瓷瓮															1	1
	石樟													1			1
	砖瓦		1								1	1					3
每代数量（方）		2	3	127	3	1	22	8	38	15	68	163	27	328	121	516	总计1443

---

①　附墓门石刻。

第一章 山东古代石刻的时空分布

由表1-1可知：

第一，山东古代石刻于东汉、北朝、隋、唐、宋、金、元等代较为兴盛，而秦、西汉、曹魏、西晋、十六国、五代时期萎靡不兴。

秦代处于石刻发展的早期，石刻数量不多，史籍记载也主要限于秦始皇与秦二世刻石，现存的实物更是少有，故《山左金石志》仅收录了2方秦刻石，一是《琅邪台石刻》，一是《泰山石刻》。

《山左金石志》所收西汉刻石仅有3方，即《鲁灵光殿砖》《五凤石刻》与《居摄坟坛二刻》，这显然与西汉王朝具有二百余年国祚极不相称，或与西汉崇尚质朴、反对奢靡、不提倡立石有关。不过，也有人持"王莽破坏"说，以南宋陈槱为代表，他说："《集古目录》并《金石录》所载，自秦碑之后，凡称汉碑者，悉是后汉，其前汉二百年中，并无名碑，但有金石刻铭识数处耳……余尝闻之尤梁溪先生衮云：'西汉碑，自昔好古者固尝旁采博访，片简只字，搜括无遗，竟不之见。如阳朔砖，要亦非真，非一代不立碑刻。闻是新莽恶称汉德，凡所在有石刻，皆令仆而磨之，仍严其禁，不容略留。至于秦碑，乃更加营护，遂得不毁，故至今尚有存者。'梁溪此言，盖有所援据，惜不曾再叩之。"① 实际上，陈氏之说并无确切证据，不足为信。东汉以后，山东碑碣云起，形成了石刻发展的第一个高峰期，《山左金石志》收录东汉石刻127方。这是由于东汉树碑立传蔚然成风，个人纪功、祖宗立碑成为士大夫阶层扬名显贵的手段，再加上山东地区经学繁盛，文化发达，官僚、地主和儒生重义崇礼，极力颂德庾墓，故东汉碑志较多。

与东汉碑碣云起形成鲜明对比的是，《山左金石志》所收曹魏碑石仅有《孔子庙碑》《胶东令王君庙门残碑》与《庐江太守范式碑》3方，西晋碑石仅有《任城太守孙夫人碑》1方，究其原因，这与当时统治者的禁碑政策有关。东汉献帝建安十年（205），曹操"以天

---

① （南宋）陈槱：《负暄野录》卷上"前汉无碑"条，《丛书集成初编》第1552册，中华书局1985年版，第2页。

下雕（凋）弊，下令不得厚葬，又禁立碑"①。曹魏代汉后，延续了这一禁碑政策。西晋因袭之，亦下令禁碑，晋武帝司马炎于咸宁四年（278）下诏曰："此石兽碑表，既私褒美，兴长虚伪，伤财害人，莫大于此，一禁断之。"② 尽管如此，仍不能完全禁绝立碑，故存留下来的曹魏碑与晋碑寥若晨星，所以毕沅发出"秦汉魏尚多而西晋绝少"③ 的感叹。十六国时期，由于山东地区政权变更频繁，战乱连年，社会混乱，所以碑碣不兴，保存下来的更是少之又少，而《山左金石志》竟然一方未收。北朝时期，由于没有禁止立碑的规定，再加上佛教的兴盛，摩崖刻经、造像开始逐渐增多。《山左金石志》共收录了83方（北魏22、东魏8、北齐38、北周15），其中，造像18方，摩崖48方，占据了北朝石刻数量的一半多。

隋朝国祚虽短，但无论在经济上，还是在文化上，都较为繁盛，而且也未实行禁碑政策，再加上佛教的兴盛，故山东古代石刻于此时有盛无衰。《山左金石志》收录了隋代石刻共68方，其中造像就占了54方。唐朝是我国历史上最为强盛的朝代之一，政治稳定，经济繁荣，文化灿烂，在近三百年间，丰碑巨碣、造像、墓志、经幢、刻经等不可胜数。《山左金石志》所收唐代石刻163方，位居元、北宋之后而名列第三，比北朝与隋代总和还要多。特别是唐代的墓志，在明清时期出土很多，虽然《山左金石志》仅收有8方，但是仍居各代墓志数量之首。五代是处在唐、宋两大王朝之间的一个短暂分裂期，政治动荡，经济萧条，山东石刻不兴，《山左金石志》收录五代碑石仅27方。此后的宋、金、元时期，统治时间较长，社会相对稳定，经济、文化繁盛，再加上距离阮元生活的年代较近，所以保留下来的石刻数量多于前代。《山左金石志》收录北宋石刻328方，金121方，元516方，三代共计965方，约占全部石刻总量的66.9%。

第二，在各类石刻中，碑碣数量最多，造像、摩崖、画像石其

---

① 《宋书》卷15《礼二》，中华书局1974年标点本，第407页。
② 同上。
③ （清）阮元：《山左金石志》卷8《任城太守孙夫人碑》，《续修四库全书》第909册，上海古籍出版社2002年版，第498页。

次，经幢、塔铭、墓志、器物附刻再其次，而刻石的数量最少。

碑碣853方，数量最多，约占石刻总数（1443方）的59.1%，包括东汉24方、曹魏3方、西晋1方、北魏3方、东魏1方、北齐9方、隋7方、唐36方、五代13方、北宋191方、金98方、元467方。山东碑碣数量各代差距较大，魏晋、北朝稀少，而宋、金、元极多。究其原因，魏晋统治者实行禁碑政策，正如前述，北朝虽然不再禁碑，但是树碑之风难以与宋、金、元相比，更重要的是，自唐以来专重二王手迹，宋、元、明、清承其风，致使诸多北朝碑碣少有人问津，任其埋蚀损毁，所以留传下来的碑碣就很少了。而宋、金、元碑碣数量极大，一方面是因为当时树碑之风的兴盛，另一方面，距离阮元生活的年代较近，使得大多数碑碣容易保存下来。

造像213方，约占石刻总数的14.8%，包括北魏1方、东魏6方、北齐11方、隋54方、唐88方、北宋51方、元2方。由此可知，山东造像始兴于北魏，于隋唐最为兴盛。这是因为，佛教自汉代传入中原后，于南北朝时期步入兴盛期，特别是北朝时期，开窟造像的风气更是大兴，造像大量出现，并于隋、唐达到鼎盛。五代以后，造像的传统依旧不绝如缕，但数量已大大减少。

摩崖151方，数量仅次于碑碣与造像，约占石刻总数的10.5%，包括北魏16方、北齐17方、北周15方、隋2方、唐10方、五代6方、北宋58方、金12方、元15方。据此可见，山东摩崖始兴于北朝时期，这主要与该时期佛教摩崖刻经的兴盛有关，如泰山、铁山、冈山、尖山、葛山、水牛山等处都分布有北朝摩崖刻经。隋、唐、宋、金、元诸代，山东摩崖题刻久兴不衰，泰山、灵岩山、云峰山、天柱山、大基山、仰天山、云门山、沂山等处摩崖题刻数量巨大。

画像石106方，约占石刻总数的7.3%，包括东汉101方、隋1方、金2方、元2方。由此可知，山东画像石于东汉时期最为兴盛，主要有孝堂山石祠画像、武氏祠画像、朱鲔石室画像、普照寺画像等。

经幢37方，约占石刻总数的2.6%，包括隋1方、唐12方、五代7方、北宋16方，元代1方。隋唐与北宋的经幢数量较多，这与此时山东佛教的兴盛有关。

塔铭36方，约占石刻总数的2.5%，包括隋1方、北宋5方、金8方、元22方。

墓志22方，约占石刻总数的1.5%，包括北魏2方、东魏1方、北齐1方、隋1方、唐8方、北宋3方、元6方。《山左金石志》所收墓志始于北朝，这是由于魏晋统治者禁止立碑，原立于墓前的碑变为置于墓中的墓志，并于北朝时期渐成风气。从存世的实物来看，唐代墓志数量最多，这于《山左金石志》中亦可见其一斑。

器物附刻20方，约占石刻总数的1.4%，包括佛座3方、石佛2方、石柱6方、香炉2方、石人2方、瓷瓮1方、石椁1方、砖瓦3方。

由于刻石被界定为东汉碑碣兴起之前的石刻，历史久远，幸存下来的寥寥无几，故在石刻中数量最少，仅有5方，约占石刻总数的0.3%，包括秦2方、西汉3方。

固然《山左金石志》所收石刻并不能完全反映出各历史时期石刻的真实状况，因为有大量的石刻由于自然或人为原因而遭损毁，但是阮书所载石刻数目的多少还是能够大体上反映出山东古代石刻兴衰变迁的历史轨迹。

第三节 山东古代石刻空间分布统计分析

对山东古代石刻进行时间分布统计分析，虽然可以清晰地凸显出其发展演变的历史轨迹，但是对于石刻在山东不同地区、不同地理条件、社会文化氛围中所显示出的文化特色及其横向联系难以揭示。所以，笔者还对石刻的空间分布进行统计分析。如此，有纵有横，纵横结合，不仅可以揭示山东古代石刻的源流与历史发展变迁，同时还有助于探明其地区分布特点与规律。下面，同样依据《山左金石志》卷7至卷24的载录，绘成表1-2《山东古代石刻空间分布统计》和表1-3《山东古代石刻空间分布综合统计》，如下：

第一章 山东古代石刻的时空分布

表 1-2　　　　　　　　山东古代石刻空间分布统计①

府县	朝代	秦	西汉	东汉	曹魏	西晋	北魏	东魏	北齐	北周	隋	唐	五代	北宋	金	元	合计(方)
济南府	历城							2			5	21		16	1	17	62
	平原														1	4	5
	齐河															2	2
	长清										30	4		48	22	45	149
	德平															2	2
	临邑											1		1		1	3
	陵县											1		1		1	3
	新城											1					1
	邹平											1	1			11	13
	齐东															4	4
	章丘											1		2	1	5	9
	济阳														1	10	11
	淄川											6	2	5	5	18	36
	德州						1	1									2
东昌府	聊城														1		1
	馆陶															3	3
	清平															2	2
	恩县															1	1
	冠县															3	3
	堂邑															3	3
	茌平															2	2
	博平													1		1	2
	莘县											2		1		2	5
	高唐											1				5	6

---

① 《山左金石志》中没有石刻收录的州县，此表不再编列。

续表

府县 \ 朝代	秦	西汉	东汉	曹魏	西晋	北魏	东魏	北齐	北周	隋	唐	五代	北宋	金	元	合计（方）
泰安府 泰安	1						1	4			5	11	78	10	22	132
泰安府 新泰			1		1								1		2	5
泰安府 莱芜													1	1	9	11
泰安府 肥城			1					1			5			1		8
泰安府 东阿							1			1	1		2			5
泰安府 平阴														2	4	6
泰安府 东平			1										4		8	13
武定府 惠民														1	3	4
武定府 乐陵						1									1	2
武定府 利津															2	2
武定府 阳信															1	1
武定府 海丰															5	5
武定府 青城															3	3
武定府 滨州															1	1
兖州府 滋阳						1		1			8	2	4	2	16	34
兖州府 滕县											1	1	1	6	4	13
兖州府 峄县										1						1
兖州府 曲阜		4	18	1		1	1	1		2	6	1	16	3	47	101
兖州府 泗水								1					1	1	3	6
兖州府 邹县			1			11	15	1	1				4	4	20	57
兖州府 汶上			7								1	1	3			12
兖州府 宁阳								2			1	1		1		5
沂州府 兰山			1											1		2
沂州府 日照														1	2	3
沂州府 费县													2			2
沂州府 蒙阴											1		1			2
沂州府 莒州											1					1

第一章 山东古代石刻的时空分布

续表

府县	朝代	秦	西汉	东汉	曹魏	西晋	北魏	东魏	北齐	北周	隋	唐	五代	北宋	金	元	合计（方）
曹州府	菏泽													2		3	5
	观城													1		1	2
	范县													2			2
	曹县													1		5	6
	城武			1										2	1	6	10
	郓城											1				4	5
	巨野							2				1	1	2	3	2	11
	朝城													1		3	4
	濮州															2	2
青州府	益都						1	1	5		18	35	4	19	7	17	107
	安丘													1		1	2
	昌乐													1		2	3
	临朐										1	29		67	7	35	139
	博山													9	1	3	13
	诸城	1		1			1		1					5		20	29
	寿光								1					1			2
	乐安															5	5
	临淄						1									3	4
莱州府	掖县						15		3					2	7	26	53
	昌邑											3			1		4
	潍县												1	3	1	10	15
	平度								1							1	2
	高密														1	3	4

续表

府县	朝代	秦	西汉	东汉	曹魏	西晋	北魏	东魏	北齐	北周	隋	唐	五代	北宋	金	元	合计(方)
登州府	蓬莱														1		1
	福山														2	3	5
	文登														1	13	14
	黄县										1	1				6	8
	栖霞															2	2
	莱阳							1		1						2	4
	宁海														1	2	3
临清州	夏津														1		1
济宁州	鱼台										2					2	4
	嘉祥			62			1		1			3		8	9	11	95
	金乡			1								3		1		1	6
	州治			32	2		3				6	15	1	4	12	26	101
存地不详											1	1			1		3
合计(方)		2	4	127	3	1	22	8	38	15	68	163	27	328	121	516	1443

表1-3　山东古代石刻空间分布综合统计

府州	数目(方)	具体分布情况
济南府	302	历城62、平原5、齐河2、长清149、德平2、临邑3、陵县3、新城1、邹平13、齐东4、章丘9、济阳11、淄川36、德州2
东昌府	28	聊城1、馆陶3、清平2、恩县1、冠县3、堂邑3、茌平2、博平2、莘县5、高唐6
泰安府	180	泰安132、新泰5、莱芜11、肥城8、东阿5、平阴6、东平13
武定府	18	惠民4、乐陵2、利津2、阳信1、海丰5、青城3、滨州1
兖州府	229	滋阳34、滕县13、峄县1、曲阜101、泗水6、邹县57、汶上12、宁阳5
沂州府	10	兰山2、日照3、费县2、蒙阴2、莒州1
曹州府	47	菏泽5、观城2、范县2、曹县6、城武10、郓城5、巨野11、朝城4、濮州2

续表

府州	数目（方）	具体分布情况
青州府	304	益都107、安丘2、昌乐3、临朐139、博山13、诸城29、寿光2、乐安5、临淄4
莱州府	78	掖县53、昌邑4、潍县15、平度2、高密4
登州府	37	蓬莱1、福山5、文登14、黄县8、栖霞2、莱阳4、宁海3
临清府	1	夏津1
济宁府	206	鱼台4、嘉祥95、金乡6、济宁州治101
存地不详	3	

由上述二表统计结果，我们可以看出：

第一，以府（直隶州）为单位，石刻数量最多的当属青州府304方，约占《山左金石志》所收石刻总数的21.1%；其次是济南府302方，约占20.9%；兖州府229方，约占15.9%；济宁州206方，约占14.3%；泰安府180方，约占12.5%；莱州府78方，约占5.4%；曹州府47方，约占3.3%；登州府37方，约占2.6%；东昌府、武定府、沂州府、临清直隶州以及存地不详的石刻共计60方，约占4.2%；而禹城、长山、商河、沾化、蒲台、寿张、阳谷、沂水、郯城、定陶、单县、高苑、博兴、荣成、招远、海阳、丘县、武城、即墨19县，则无石刻收录。山东古代石刻的地区分布为什么会有这么大的差距呢？在笔者看来，造成差距的因素主要有二：其一，自然地理因素。石刻众多的地区，往往多山，取石便捷，刻立容易，如长清、泰安、曲阜、临朐、历城、掖县、邹县等即是。反之，平原地区，石质材料缺乏，需要长途运输，刻立费用高昂，石刻数量自然不多，如曹州府、东昌府、武定府、临清直隶州即是。此外，武定与东昌二府石刻存量不多，还与屡遭黄河泛滥有关，众多石刻被掩埋在泥沙之中。正如清末学者江标所云："武定、东昌两属，滨临大河，迁嚣迁耿，不常厥居，古刻多沦入波涛。"① 其二，历史文化因素。一地的历史文化状况也会对石刻的数量产生重要影响，如济宁、曲阜、

---

① （清）叶昌炽：《语石》卷2"山东五则"条，上海书店1986年影印本，第28页。

邹县等地石刻众多，与尊孔崇孟、儒学氛围浓厚有关；长清、历城、临朐、掖县等地石刻数量较大，与佛教、道教的兴盛密不可分；而泰安石刻繁多，则与古代帝王、民众祭祀泰山相关。

第二，山东古代石刻有几个相对集中的分布区：长清县、临朐县、泰安县、益都县、曲阜县、嘉祥县、邹县、历城县等。正如叶昌炽在谈到山东石刻分布时所说："唐以前碑，济宁聚于州学，亦如西安之郡库，《景君》《鲁峻》为最著；长清聚于灵岩寺；泰安聚于岱岳观；沂州聚于琅邪书院，即右军祠堂也；潍县百里以内古刻，皆为陈寿卿太史所收，《君车》一石尤为镇库奇珍；嘉祥紫云山则有武梁祠堂；肥城孝堂山则有郭巨石室；邹峄之间，徂徕、匡、铁诸崖，北朝佛经皆摩崖擘窠大字；玉函、千佛两山及黄石崖，并在历下。此外，如济宁之晋阳山、东平之白佛山、益都之驼山、云门山、临朐之仰天山、宁阳之石门房山，万壑千岩，莲龛涌现，皆隋唐间造象也。"① 下面，笔者对长清、临朐、泰安、益都、曲阜、嘉祥、邹县、历城等县石刻分布状况作一简要介绍。

长清县（今济南市长清区）隶属济南府，《山左金石志》收录该县石刻149方，包括隋30方、唐4方、北宋48方、金22方、元45方，主要分布于泰山西北麓灵岩山脚下的灵岩寺。灵岩寺始建于晋宋之际，自唐代起便与浙江国清寺、南京栖霞寺、湖北玉泉寺并称"海内四大名刹"，寺内僧徒众多，香火旺盛，成为达官贵人、文人学士、普通民众拜佛、游览的胜地。正因此故，灵岩寺留下了大量石刻，如《灵岩寺功德龛佛座题字》《灵岩寺经幢》《灵岩寺敕牒碑》《苏子瞻诗刻》《定光禅师塔铭》《灵岩寺下院圣旨碑》等。

临朐县隶属青州府，《山左金石志》收录该县石刻139方，包括隋1方、唐29方、北宋67方、金7方、元35方，主要集中于仰天山②与沂山。仰天山石刻于白云洞（又名罗汉洞）、观音洞、文殊寺、大佛寺等处都有分布，有画像石、造像题字、摩崖题名、经幢、塔铭、碑碣等类型，而以摩崖题名数量最多。沂山又名东泰山，汉武帝

---

① （清）叶昌炽：《语石》卷2"山东五则"条，上海书店1986年影印本，第28页。
② 仰天山现位于今青州市境内，清代时隶属临朐县。

曾于西汉太初三年（前102）亲临其下，命礼官祭祀沂山之神，并创修祠庙，此后，历代统治者俱加以封祀。由于朝廷御祭，加之沂山雄伟秀丽，名人学士纷至沓来，祭拜览胜之余，留下众多石刻，如元成宗《东镇庙加封诏词碑》、赵明诚《沂山题名三种》等。

泰安县（今泰安市泰山区与岱岳区）隶属泰安府，《山左金石志》收录该县石刻132方，包括秦1方、东魏1方、北齐4方、唐5方、五代11方、北宋78方、金10方、元22方，主要分布于泰山、岱庙等地。泰山作为五岳之首，历代统治者对其莫不崇拜封祀。早在公元前219年，秦始皇东巡郡县，登临泰山，刻石纪功，这便是《山左金石志》中所收录的最古石刻——《泰山石刻》。此后，秦二世、汉武帝、汉光武帝、汉章帝、汉安帝、隋文帝、唐高宗、唐玄宗、宋真宗、清圣祖、清高宗十一位帝王，皆亲临泰山。泰山作为神灵信仰杂会之所，祠庙林立，神祇众多，尤其是道教信仰极其兴盛。此外，历代官民僧道、文人墨客对泰山情有独钟，并以在泰山铭文刻石为荣。在上述因素共同作用下，泰山石刻随之而生，不仅数量大，分布广，而且类型多样，其中，以摩崖题刻数量最多、影响最大。泰山摩崖题刻有数千处，最著名的有三处：一在经石峪，为北齐时期镌刻的《金刚经》；二在大观峰，为唐开元十四年（726）唐玄宗所撰写的《纪泰山铭》；三在岱顶德星岩，为宋大中祥符元年（1008）宋真宗撰书《御制谢天书述功德碑》。此外，泰山还有不计其数的摩崖题名，如《泰山振衣冈题名》《岱顶题名》等。岱庙坐落于泰山南麓，又称东岳庙，是历代帝王举行封禅大典和祭祀泰山神的地方，庙内碑碣林立，如《天贶殿碑》《东岳天齐仁圣帝碑铭》等。

益都县（今青州市）隶属青州府，《山左金石志》收录该县石刻107方，包括北魏1方、东魏1方、北齐5方、隋18方、唐35方、五代4方、北宋19方、金7方、元17方。益都县的石刻较为分散，在云门山、驼山、北峰山、广福寺、平昌寺等地都有分布，最为著名的当属北峰山（今称玲珑山）《郑道昭白驹谷题名》。

清代曲阜县、嘉祥县与邹县，今天均隶属济宁市，是山东省乃至全国汉代石刻的重要聚集地，素有"济宁汉碑半天下"之说。究其原因，汉代时期，济宁地区经济富庶，经学繁盛，文化发达，官僚、地主和儒生重义崇礼，极力颂德庾墓，大兴树碑之风。济宁地区石刻主要分布于曲阜孔庙、邹县孟庙、嘉祥武氏祠等地。曲阜县（今曲阜市）隶属兖州府，《山左金石志》收录该县石刻101方，包括西汉4方、东汉18方、曹魏1方、北魏1方、东魏1方、北齐1方、隋2方、唐6方、五代1方、北宋16方、金3方、元47方。曲阜石刻中的精品，当属西汉刻石与东汉碑碣。《山左金石志》卷7收录了3方西汉刻石，尽在曲阜，分别是《鲁灵光殿砖》、《五凤石刻》与《居摄坟坛二刻》。曲阜的东汉碑碣不仅数量多，而且史料价值与书法价值极高，如《孔庙置百石卒史碑》《鲁相韩敕造孔庙礼器碑》《泰山都尉孔宙碑》《鲁相史晨奏祀孔庙碑》《博陵太守孔彪碑》等，都是汉碑中的名品。嘉祥县隶属济宁直隶州，《山左金石志》收录该县石刻95方，包括东汉62方、北齐1方、隋1方、唐3方、北宋8方、金9方、元11方。嘉祥县的石刻以画像石为主，主要分布在嘉祥县武宅村北的武氏祠，内容极其丰富，有人物鸟兽、花草虫鱼、宫室器具、故事传说、车马出行、宴筵乐舞等，雕刻精美，形象生动，从不同角度反映了当时的社会状况、风土人情、典章制度、宗教信仰等。邹县（今邹城市）隶属兖州府，《山左金石志》收录该县石刻57方，包括东汉1方、北齐11方、北周15方、隋1方、唐1方、北宋4方、金4方、元20方，主要分布于孟庙、孟府、孟林、孟母林、子思书院、尖山、铁山、冈山、葛山等地。邹县石刻有两大特色：一是与孟子相关的石刻数量多，二是北朝佛教摩崖刻经影响大。孟子作为儒家学派重要的代表人物，千百年来，人们出于对孟子的景仰，一直在保护、创建与其有关的遗址，伴随着这些创修活动以及年年岁岁的祭祀与拜谒，便产生了大量碑石，如《加封孟子敕牒碑》《重修孟子庙牒碑》《孟庙加封孟子父母制词碑》《加封孟子亚圣公制词碑》等。邹县的北朝佛教摩崖刻经，主要分布于尖山、铁山、冈山与葛山等处，四山海拔不高，却山石壁立，崖壁间镌刻有北齐、北周以来佛教刻经。

历城县（今济南市历城区）隶属济南府，《山左金石志》收录该县石刻62方，包括东魏2方、隋5方、唐21方、北宋16方、金1方、元17方。历城县石刻主要分布于龙洞山、神通寺、千佛山等地，

第一章　山东古代石刻的时空分布

以佛教造像与摩崖题刻居多，这与此地隋唐以来佛教的兴盛有关，如《范纯仁龙洞题名》《元丰敕封顺应侯牒碑》《神通寺四门塔造象记》《郑秉德等神通寺题名》《千佛山造象题字四种》《察罕普华千佛山题名记》等。

　　以上笔者以《山左金石志》为本，对山东古代石刻的时空分布作了初步探析。由于《山左金石志》以元代为断，故兹仅对元代及其以前的石刻进行统计分析，明清石刻不在探究之列，这无疑削弱了研究结果的全面性与准确性，此缺陷有待日后弥补。不过，我们仍可以从中看出山东古代石刻时空分布的大体规律：从时间上看，山东石刻于东汉、北朝、隋、唐、宋、金、元等代较为繁盛，而秦、西汉、曹魏、西晋、十六国、五代时期委靡不兴；各类石刻兴衰代有不同，碑碣占据主体而纵贯始终，造像、摩崖、经幢、塔铭、墓志于北朝以降屡兴不废，画像石于东汉最为兴盛，而刻石数量最少。从空间上看，山东石刻分布极不均衡，主要聚集于长清、临朐、泰安、益都、曲阜、嘉祥、邹县、历城等县，石刻数量、类型及特色因地域不同而不同，这既与自然地理因素相关，又与地域文化密切相连。

第二章 曲阜石刻与崇儒尊孔

孔子故里曲阜，作为儒家文化的发源地，有着极其深厚的历史文化底蕴，两千多年来留下了众多的文物古迹，其中最引人注目的是遍布城乡的历代石刻，其年代之久，数量之大，在国内可谓首屈一指。它们传承了儒家文化，见证了中国社会历史的变迁，对其进行深入研究，具有重大的学术意义和现实意义。从学术意义上讲，曲阜石刻既是研究孔子生平、弟子师承、家族世系以及历代对其及其后裔封谥的重要资料，又是研究我国封建政治、土地赋役、民族关系、儒家学说、语言文字的重要资料，还是历代书法、绘画、雕刻艺术的宝库。从现实意义上讲，作此研究，有助于深入探究儒学文化内涵，为当代政治发展和社会建设提供可资借鉴的传统文化资源。

第一节 曲阜石刻的数量及时空分布

曲阜石刻自产生之日就面临着风吹雨淋的自然侵蚀以及种种原因所导致的人为破坏而使石面剥落、字迹模糊，甚至被毁。但是，由于历代有识之士的精心保护，特别是改革开放以来政府和文物部门所采取的种种保护措施，使得这些珍贵历史文化遗产的绝大多数得以保存下来。现存石刻数量十分巨大，据曲阜师范大学骆承烈教授统计，约有五千多通，除去孔林中作为死者标记千篇一律的墓碑之外，有一定价值的仍有一千七百多方，主要分布在孔庙、孔府、孔林、汉魏碑刻陈列馆（见图2-1）、颜庙、周公庙、少昊陵、尼山等处，其中又以分布于孔庙而居多（见表2-1《曲阜石刻空间分布统计》）。石刻文献的刻立年代，自西汉至今，纵跨中国两千多年历史（见表2-2

《曲阜石刻空间分布统计》）。其中，最令人称颂的是保存至今的汉碑，其数量居全国首位，"中国汉碑半济宁"，济宁地区保留至今的汉碑有 40 方①，而曲阜孔庙就有 31 方之多。最早的一方汉碑是《鲁六年北陛刻石》②，系西汉景帝时封于曲阜的鲁恭王刘余所立，其他著名的汉碑如《礼器碑》③《乙瑛碑》④《孔宙碑》⑤《史晨碑》⑥ 等。

图 2-1 汉魏碑刻陈列馆

表 2-1　　　　　　　　曲阜石刻空间分布统计

遗址名称	数量（方）	具体分布
孔庙	1154	奎文阁 88、碑院 131、十三碑亭内 57、十三碑亭院 106、后部 772
孔府	77	门前及二门内 8、二堂内外 21、二堂后 38、东院 10
孔林	187	前部 34、思堂 38、孔子墓附近 15、宋墓群 34、明墓群 27、清墓群 39
汉魏碑刻陈列馆	118	北屋 27、西屋 14、东屋 10、南墙 65、院内 2

---

① 根据宫衍兴《济宁全汉碑》，齐鲁书社 1990 年版。
② 现存曲阜汉魏碑刻陈列馆北屋，西起第 1 石。
③ 现存曲阜汉魏碑刻陈列馆北屋，西起第 13 石。
④ 现存曲阜汉魏碑刻陈列馆北屋，西起第 10 石。
⑤ 现存曲阜汉魏碑刻陈列馆北屋，西起第 14 石。
⑥ 现存曲阜汉魏碑刻陈列馆北屋，西起第 16 石。

续表

遗址名称	数量（方）	具体分布
颜庙	68	前部 26、中部 27、后部 15
周公庙	42	前部 9、后部 33
少昊陵	25	大门 2、西庑 2、东庑 7、正殿 14
寿丘	8	曲阜城东旧县村内 2、少昊陵前 6
尼山	15	夫子洞 1、尼山孔庙 13、尼山之东颜母祠 1
启圣林	4	享殿附近 4
颜林	4	颜林内 4
洙泗书院	4	过厅内 1、大门外 1、正殿前 2
明城内	7	曲阜师范学校 2、实验小学 1、城北门 1、孔庙外之西 1、临河桥 2
明城外	12	城东 3、城西 3、城南 4、城北 2
石门山	3	石门寺内 3
总计 1728 方		

表 2-2　　　　　曲阜石刻空间分布统计

年代	汉	魏晋北朝	隋唐	北宋	金	元	明	清	民国至今	时间不详
数量（方）	31	7	15	52	17	129	385	316	73	703

注：表 2-1 与表 2-2 所收录孔林的石刻文献仅是具有代表性的那部分，至于作为死者标记千篇一律的墓碑和近几年内新立的墓碑、碑刻文献的复制品、残泐不清者不在统计范围之内。

第二节　曲阜石刻的类型与内容

关于石刻的类型，前文已有述及，综观学界对其所作分类，其依据主要有二：一是按照形制，二是按照内容。笔者认为，采取什么样的分类方法，应该取决于各自的研究目的。石刻具有文物与文献两大属性，如果把它作为文物去研究，则可以依据其形制进行分类；如果把它作为文献去研究，则可以根据其内容进行划分。在此，笔者更多关注的是曲阜石刻作为一种具有独特学术价值的特殊形式文献，据此，可将之分为以下七种类型：

一 奏疏、诏敕、牓牒碑

奏疏、诏敕、牓牒等公文碑刻主要记述了历代对孔子、颜回及其家族人员的封谥、优免、赏赐及执事官的设置等内容。

历代对孔子都竞相进行封谥，奉其为社会群体的偶像，当成中国独一无二的圣人。西汉平帝元始元年（公元元年）追谥孔子为"褒成宣尼公"，为历代封谥之始。此后，孔子的地位越封越高，直到清康熙帝封其为"大成至圣先师文宣王"，并以"万世师表"题孔庙大成殿额。我们可以通过唐高宗《赠太师鲁先圣孔宣尼碑》①、宋真宗《敕修文宣王庙碑》②、金章宗《重修至圣文宣王庙碑》③、元成宗《加封制诏碑》④ 以及明世宗、清圣祖、清世宗、清高宗等众多加封碑看出，孔子被封为"文宣王""至圣文宣王""大成至圣文宣王"的历程。

与此同时，对孔子的父母、夫人也进行封谥。北宋大中祥符元年（1008），宋真宗带领文武百官，临幸曲阜，谒庙祭孔，且追封孔子父母，这是封建统治者对其父母加封褒崇之始。立于元文宗至顺二年（1331）而重立于明孝宗弘治九年（1496）的《加封启圣王制碑》⑤ 就记载了加封齐国公叔梁纥为启圣王，鲁国太夫人颜氏为启圣王夫人。立于元文宗至顺二年（1331）而重立于明孝宗弘治九年（1496）的《加封文宣王夫人制诰碑》⑥ 称："大成至圣文宣王妻并氏来嫔圣室，垂裕世家，笾豆出房，自流风于殷礼……皇皇文治，天其兴河图凤鸟之祥。可特加封大成至圣文宣王夫人。"

---

① 此碑现存曲阜孔庙十三碑亭南面西起第3亭内，西起第2石。
② 此碑现存曲阜汉魏碑刻陈列馆西屋，南起第12石。
③ 此碑现存曲阜孔庙十三碑亭南面东起第3亭内，中右石。
④ 此碑现存曲阜孔庙十三碑亭东起第4亭内，中偏东。
⑤ 此碑现存曲阜孔庙金丝堂后东侧。
⑥ 此碑现存曲阜孔庙同文门东之东排，南起第5石。

统治者不仅对孔子及其父母、夫人加以封谥，而且对其后代子孙也给予封谥。元世祖至元三十一年（1294）《衍圣公给俸牒碑》①记载：西汉宣帝始封孔子十三代孙霸为关内侯，号褒成君，食邑八百户。东汉光武帝改封十七代孙奋为褒成君，食邑两千户。至西晋武帝改封二十二代孙震为奉圣侯，食邑两千户。唐封崇圣侯、褒圣侯、文宣王，至北宋仁宗至和二年（1055）改封四十六代孔宗愿为衍圣公，并有食邑。元朝建立以后，"累圣崇奉"，元世祖忽必烈于至元三十一年（1294）授五十三代孙密州知州孔治中议大夫，袭封衍圣公，爵一品，散官四品。历明至清，一例袭封。

除了封谥外，历代屡屡颁赐孔氏后裔特权，如免差徭，赐祀田、赏钱物等。曲阜孔氏优免国家差徭由来已久，金世宗大定十九年（1179）《褒崇祖庙记碑》②记载：五十一代衍圣公孔元措，"其衣食所需，舍馆之安，皆行台严相资给之"。不仅如此，他的亲族三百多人，"皆坐享温饱，咸其所赐也"。至于"岁时之祭祀，宾客之往来，闾里之庆吊，穷乏之赡济"，也莫不依靠朝廷而取足。又如元成宗大德二年（1298）《孔颜孟三氏免粮碑》③记载："蠲免本部参详孔颜孟氏子孙，合该地税三十三硕四斗二升，查勘□征粮数相同，若依山东宣慰司所拟优恤蠲免相应……更为照勘明白，别无差冒，依例施行。"到了明朝，孔氏御赐特权更多。位于孔府二门里东首的《朱元璋与孔克坚、孔希学对话碑》记载：元朝末年，第五十五代衍圣公孔克坚曾一再表示效忠于元朝统治者，为元顺帝镇压红巾军出谋划策。可是，朱元璋一旦得势称帝后，孔克坚马上专程去南京朝见朱元璋，对其恭顺备极。朱元璋则赞扬其祖宗"留下三纲五常、垂宪万世的好法度"，希望他家"于我朝代里再出一个好人呵"。两者关系密切以后，朱元璋马上赐给孔府土地2000顷，并钦拨林庙洒扫户、女户、乐户等115户，孔府大堂后的洪武二年（1369）《洒扫户碑》就记载了当时一部分钦拨人户名单。入清以后，清廷更加优待孔氏，嘉庆二十

---

① 此碑现存曲阜孔庙十三碑亭院东北部北墙下层，西起第6石。
② 此碑现存曲阜孔庙十三碑亭东南部南排，东起第4石，面北。
③ 此碑现存曲阜孔庙十三碑亭东南部中排，西起第6石。

第二章　曲阜石刻与崇儒尊孔

年（1817）《重立免差徭碑》①规定："凡先圣先贤四氏后裔，以及庙、佃两户，嗣后遵照旧例，遇有差徭，一体蠲免。"建立在政治、经济特权之上的是其文化上的特权，雍正元年（1723）《曲阜考院碑》②对科举考试有所规定：附近的邹、滕、峄等十一个县每县各占一个名额，而曲阜一县却占三个名额。县内除设立一般学校外，还专为孔、颜、曾、孟四氏子弟设置"四氏学"。

统治者经常拨赐礼器、祀田、学田、钱物、庙户等给孔庙，并设置执事官加以管理。如东汉桓帝永兴元年（153）《乙瑛置守庙百石卒史碑》③记载：司徒吴雄、司空赵戒以前鲁相乙瑛之言，上书请于孔庙置百石卒史一人，执掌礼器庙祀之事，桓帝准可，时乙瑛已离任，遂以孔龢补之。汉桓帝永寿二年（156）《韩敕造礼器碑》④记载：东汉末年，鲁相韩敕请求汉桓帝颁赐礼器给孔庙，并且号召官吏、士大夫出资。又如北宋真宗大中祥符二年（1009）《御赐孔庙书物敕牒碑》⑤记载了宋真宗赐给孔庙大量的书籍与金银器物。清乾隆十四年（1749）《钦设执事官题名碑》⑥记载：清廷特设孔庙执事官，三品者二员，四品者四员，五品者六员，七品者八员，八品、九品者各十员。"凡此人员，著衍圣公于孔氏子孙内选择人品端方，威仪娴雅者，报部充补，汇奏以闻，每年各给俸银二十两。"碑阴则题镌执事官的姓名。

历代对颜回及其父母、夫人亦进行封谥。颜回字子渊，亦颜渊，是孔子最得意弟子。自汉代起，颜回被列为七十二贤之首，有时祭孔独以颜回配享，此后，历代统治者不断为其追加谥号：唐太宗尊之为"先师"，唐玄宗尊之为"兖公"，宋真宗加封为"兖国公"，元文宗又尊为"兖国复圣公"，明世宗改称"复圣"。元文宗至顺二年

---

① 此碑现存曲阜孔庙毓萃门内北首。
② 此碑现存济宁学院曲阜鼓楼街校区（原曲阜师范学校）西院（原考棚前）东墙。
③ 此碑现存曲阜汉魏碑刻陈列馆北屋，西起第10石。
④ 此碑现存曲阜汉魏碑刻陈列馆北屋，西起第13石。
⑤ 此碑现存曲阜孔庙十三碑亭院东北部北墙下层，西起第2、3石。
⑥ 此碑现存曲阜孔庙十三碑亭南面东起第1亭内，东侧南石。

(1331)《追封兖国复圣公及其夫人制碑》①记载：大元加封颜回为兖国复圣公，其妻宋国戴氏追封兖国夫人，谥贞素。元顺帝元统二年(1334)《加封颜子父母制词碑》②记载：颜回的父亲无繇加封杞国公，谥文裕；母齐国姜氏封杞国夫人，谥端献。除了封谥外，还颁赐颜氏子孙特权，免其赋役。明崇祯四年（1631）《优免颜氏杂役阖族感恩记碑》③记载："至圣先师及复圣先祖，皆诞育于曲阜，故兹土为孔颜世居。自汉唐宋以来，代有优恤，至我朝尤加崇重，蠲其租，复其身，即流寓他处者，皆免差役，已百载有奇矣……奉此，遂将颜氏子孙一应杂泛差役伙夫等项，遵照帖文内事理，悉与豁免。"

二 祭文、谒记、题记与题咏碑

祭文是祭祀孔子、颜回、周公、少昊等圣贤时所诵读的祷祝之辞，主要是对其的赞颂，并抒发主祭者的内心情怀。元文宗天历二年（1329）《曹元用代祀阙里孔子庙碑》④称："孔子之教非帝王之政不能及远，帝王之政非孔子之教不能善俗……以孔子仁义纲常之训，浃于人心，忠孝迭发，默有以相之也。"又如明嘉靖年间进士沈谧于嘉靖十五年（1536）祭拜孔子，他在《祭孔祝文碑》⑤中感慨道："圣师明并日月，后世被其照临……圣师之文章如星斗江河，从心所发移也……圣师之学如精金美玉，浑然天成。"万历年间进士浙江仁和人钟化民于万历十八年（1590）来曲阜祭祀周公与颜回，他在《祀周公庙》⑥中称颂道："惟王托孤，寄命培苍姬八百之太平，制礼作乐，立帝王万世之大典，迈衡辅世，忠诚格天。"他在《祀颜碑》⑦中感慨云："惟夫子发圣人之蕴，教万世无穷，其几在复，复其见天地之心。"永乐十二年（1414），皇帝特遣使道士张一宁致祭少昊金

---

① 此碑现存曲阜颜庙复圣殿下西首。
② 此碑现存曲阜颜庙杞圣殿南偏东。
③ 此碑现存曲阜颜庙克己门下南面东侧。
④ 此碑现存曲阜孔庙十三碑亭院西南部，西起第5石。
⑤ 此碑现镶于曲阜孔林思堂东斋东墙，南起第2石。
⑥ 此碑现存曲阜周公庙东庑前，南起第1石。
⑦ 此碑现存曲阜颜庙中院东碑亭内后，东石。

天氏,《祭少昊碑》① 云:"昔者奉天明命,相继为君。代天理物,抚育黔黎。彝伦攸叙,井井绳绳。至今承之,生民多福。"

谒记、题记、题咏是来曲阜拜谒孔子、颜回、周公者等圣贤留下的记述与诗赋。上到帝王、官员,下到普通百姓,均视到曲阜祭拜为一生之荣幸,所以,"远者数千里,近者数百里,往往不惮其劳,必伏谒庙下,徘徊历览"②,以此表达其慕圣之情。谒记、题记的内容一般比较简单,主要记述了拜谒者的姓名、身份、拜谒时间与经过以及简洁的祷祝之辞。元代著名的水利专家郭守敬在元世祖至元十二年(1275)曾到曲阜拜谒孔子,《郭守敬谒孔碣》③ 记载:"至元十二年□□朔中月□夫都水监郭守敬□□□官边源□□事同进义校尉兖州□□李元□□阙里恭谒林□□退。"清乾隆皇帝一生曾八次到曲阜拜谒孔子,其中一次是在乾隆十三年(1748),立于乾隆十三年的《躬诣阙里孔子庙庭碑》④ 就记载了此次祭拜:"历齐鲁,登夫子庙堂,躬亲盥献,瞻仰晬仪,展敬林墓,徘徊杏坛,循抚古桧,穆然想见盛德之形容,忾乎若接夫闻圣人之风。"题咏的内容则丰富多彩,情深意切,由于拜谒者多因读圣贤之书而科举入仕,故对孔子、颜回、周公的赞誉是其主旋律,尊师之情洋溢于诗赋之中。如明成化二十三年(1487)《陈宣谒陵庙文歌碣》⑤ 赞颂:"泰山之高兮,而高可程。泗水之清兮,清可濯缨。夫子之道德兮,穷天地莫之与宗。"嘉靖二十六年(1547)《杨时秀谒颜庙诗碣》⑥ 称:"天因吾道生夫子,复为斯人生大贤。终日有言皆圣蕴,为仁一问发心传。春风独自箪瓢外,古井还存庙貌前。瞻仰徘徊想和粹,令人尘俗尽消然。"嘉靖三十四年(1555)巡按山东监察御史雍焯《谒周公庙诗碑》⑦ 云:"千年遗宇今仍在,万古人文岂可忘。应有相传裔庶姓,岁时香火护宫墙。"

---

① 此碑现镶于曲阜少昊陵正殿东之北墙,东起第2石。
② 《至元元年王元庆等谒庙题名碣》,此碑现存曲阜孔庙西斋宿北墙,东起第9石。
③ 此碑现存曲阜孔庙西斋宿南墙,东起第13石。
④ 此碑现存曲阜孔庙十三碑亭北面,东起第1亭内。
⑤ 此碑现镶于曲阜孔庙西斋宿东墙,北起第14石上之南。
⑥ 此碑现存曲阜颜庙克己门下,北面北石。
⑦ 此碑现存曲阜周公庙西庑前,北起第3石。

三 庙碑

随着统治者祭孔活动的制度化和常规化，社会各界越来越重视对孔庙、启圣林庙、颜庙、周公庙等修建，故留下了众多的庙碑，记述了主持者、出资人及修建始末，同时也记述了对孔子、颜回、周公等圣贤的评价与赞誉，还有对主事者的表彰。

魏文帝曹丕于黄初二年（221）曾下诏"令鲁郡修起旧庙，置百户吏卒以守卫之"①。之后，晋、隋、唐、宋、元几朝，孔庙的增修、扩建从无间断，而且规模越来越大。例如，孔庙曾毁于金季之乱，济宁守臣按檀不花首出钱万缗，众人踊跃相助，元成宗大德五年（1301）《重建至圣文宣王庙碑》②就记载了此次孔庙重修始末："经始于大德二年之春，属岁祲中止，蒇事于五年之秋，不期年而告成。"撰文者高度赞誉孔子："圣人之功，与天比隆。"明、清两朝更是重视对孔庙的增修与扩建，孔庙的规模史无前例。明成化四年（1468）重修孔庙，明宪宗朱见深在《重修孔子庙碑》③（见图2-2）中高度赞颂孔子及其儒家学说："朕惟孔子之道，天下不可一日无焉。何也？有孔子之道，则纲常正而伦理明，万物各得其所矣。不然则异端横起，邪说纷作。纲常何自而正？伦理何自而明？天下万物又岂能

图2-2 成化《重修孔子庙碑》

---

① 《三国志》卷2《魏书·文帝纪》，中华书局1959年标点本，第78页。
② 此碑现存曲阜孔庙十三碑亭南面西起第4亭内，中石。
③ 此碑现存曲阜孔庙同文门东。

第二章 曲阜石刻与崇儒尊孔

各得其所哉？"清康熙帝在位期间曾躬诣阙里，目睹孔庙"多历年所，丹雘改色，榱桷渐圮"，于是，"特发内帑，专官往董其役，鸠工庀材，重加葺治"，康熙二十二年（1683）《御制重修阙里孔子庙碑》① 就记载了此次重修经过。

启圣林是孔子的父亲叔梁纥及母亲颜征在的墓地。叔梁纥在宋代被封为"齐国公"，在元代又被封为"启圣王"，故称其葬地为"启圣林"。元世祖至元二年（1265），泗水县达鲁花赤脱脱、县尹王郁、主簿吴备、曲阜县尹孔克钦，顾觅夫匠，修理启圣林，《修理曲阜启圣林庙碑》② 记载了该次修葺过程。清代开国后，对孔子及其先公的尊崇更是超过了以往皇朝，对启圣林修理亦不遗余力。康熙十年（1671）的《重修启圣林记碑》③ 记载了孔子六十七代孙袭封衍圣公孔毓圻鸠工庀材，筑四面内外围墙，建享殿五楹，增建林门三楹，起于康熙辛亥岁（1671）之仲春，竣于是岁之季秋。

同样，统治者对颜庙和周公庙也屡屡进行修建。金章宗明昌五年（1194）《重修兖国公庙记碑》④、元顺帝至正九年（1349）《赐先师兖国复圣公新庙碑》⑤、明洪武十五年（1382）《重修颜庙记碑》⑥、明正统六年（1441）《兖国复圣公新庙碑》⑦、清康熙二十年（1681）《重修复圣庙捐助银两碣》⑧ 等众多碑刻记述了颜庙修建之始末。元文宗天历二年（1329）《重修文宪王周公庙碑》⑨、明嘉靖三十五年（1556）《兖州府修周公庙碑》⑩、清顺治十七年（1660）《重修周公庙记碑》⑪ 等记述了周公庙修建之始末。

总之，众多的庙碑翔实地记载了孔庙、启圣林、周公庙、颜庙等自

---

① 此碑现存曲阜孔庙十三碑亭北面西起第2亭内。
② 此碑现存曲阜启圣林享殿与东掖门之间北墙上。
③ 此碑现存曲阜启圣林享殿东西北。
④ 此碑现存曲阜颜庙仰圣门前西碑厅内，东侧南石。
⑤ 此碑现存曲阜颜庙仰圣门后之东，北石。
⑥ 此碑现存曲阜颜庙仰圣门前西碑亭内，西面北石。
⑦ 此碑现存曲阜颜庙中院东碑亭内正中。
⑧ 此碑现存曲阜颜庙归仁门下东侧。
⑨ 此碑现存曲阜周公庙东庑前东侧，南起第3石。
⑩ 此碑现存曲阜周公庙二门下南面西首。
⑪ 此碑现存曲阜周公庙东庑前，北起第1石。

汉至民国的发展变化以及后人对孔子、周公、颜回的尊崇情况，而其中对所用工料钱银的记载，又是我们研究当时物价状况的重要资料。

四　墓碑与墓志

墓碑和墓志都是哀诔纪念性刻石。墓碑是为了纪念死者，赞颂其功德，并标识墓地而立于坟茔墓道的石碑，一般都刻有墓主的姓名、世系、生平及对其的评价与哀思。墓志埋藏于坟墓中，并刻录有墓主姓名籍贯、子孙世系、生平履历、官阶品级、卒葬年月等内容。墓碑与墓志最大的不同之处便在于，墓碑立于坟前地面之上，而墓志深埋于墓圹之中。

曲阜的墓碑主要分布于启圣林、孔林之中。启圣林葬有孔子的父母与哥哥，孔林葬有孔子及孔氏后裔。位于启圣林享殿后孔子父母墓前的《齐国公墓碑》，是孔子五十一世孙孔元措于元太宗乃马真后称制三年（1244）所立。镌刻于明正统八年（1443）的《大成至圣文宣王墓碑》（见图 2-3）、《泗水侯墓碑》、《沂国述圣公墓碑》分别是孔子、孔鲤、孔伋祖孙三代的墓碑，均位于孔林。曲阜现存最早的一通墓碑是东汉桓帝永寿元年（155）的《孔君墓碑》[①]，由于字迹磨损，我们不能确切判断墓主是谁，但根据其中可辨的零言片语可推断墓主系孔子十九世孙。

图 2-3　《大成至圣文宣王墓碑》

[①] 此碑现存曲阜汉魏碑刻陈列馆北屋，西起第 12 石。

第二章 曲阜石刻与崇儒尊孔

北宋仁宗至和二年（1055）封孔子第四十六世孙孔宗愿为衍圣公，这是孔子后裔被封为衍圣公之始，此后历代承袭，以至到孔子第七十七世孙孔德成。孔林中有自孔宗愿至孔令贻历代衍圣公的墓碑，成为我们研究历代衍圣公的重要资料。如《桃花扇》的作者孔尚任系孔子第六十四世孙，清雍正十三年（1735）《孔尚任墓碑》① 为我们研究孔尚任提供了重要资料。

曲阜现存最早的墓志当属唐玄宗天宝四年（745）的《羊荆璧墓志铭》②。根据该墓志的残文，我们依稀可以了解羊荆璧的籍贯、家世、卒葬年月等情况："府君讳荆璧，太（泰）山南城人也……十二代祖尚书驸马都尉□□，即荆州都督□祐之堂弟也。□衣冠代称，其父祖□一叙有□□，北平衡水县令。父峻密，王府执仗……府君以蕴玉之姿，有泣珠之□。□□西山之药，奄归东岱之视。以开元之九载四月十五日殁于私第，春秋五十七……"除《羊荆璧墓志铭》外，唐代墓志还有《任城县令独孤景墓志铭》③《邵府君墓志铭》④ 和《卫府君墓志铭》⑤。曲阜现存墓志，缺乏宋元两代。墓志数量最多的当属明代，有弘治三年（1490）《巨野奉国将军夫人墓志铭》⑥、嘉靖三十五年（1556）《孔闻韶墓志铭》⑦ 等 20 方墓志，除了《孔闻韶墓志铭》位于孔林外，其余 19 方均存于汉魏碑刻陈列馆。《孔闻韶墓志铭》虽然题名为墓志铭，但它与一般墓志不同，不是深埋于墓圹中，而是立于地面之上。该现象前代已有，不足为奇，如北宋《刘庚墓志》、南宋《吴玠墓志》等，是一时风尚使然。根据该墓志记载，孔闻韶字知德，系孔子六十二代孙，是衍圣公孔弘绪长子，生于明成化十八年（1482），弘治十六年（1503）袭封衍圣公，嘉靖二十五年

---

① 此碑现存曲阜孔林后部环林道北侧。
② 此墓志现存曲阜汉魏碑刻陈列馆西屋，南起第 7 石。
③ 此墓志现存曲阜汉魏碑刻陈列馆西屋，南起第 10 石。
④ 此墓志现存曲阜汉魏碑刻陈列馆西屋，南起第 6 石。
⑤ 此墓志现存曲阜汉魏碑刻陈列馆西屋，南起第 8 石。
⑥ 此墓志现存镶于曲阜汉魏碑刻陈列馆南墙。
⑦ 此墓志现存曲阜孔林内西南部明墓群偏北，路西。

(1546)二月十二日卒,享年65岁。原配李丞相文正公(李东阳)之女,继配卫宣城伯(卫璋)之女,皆封夫人。有子二,长子贞干,后袭封衍圣公;次子贞宁,五经博士。有女一,许聘尚书李公延之子。该墓志还记载了孔闻韶的许多政绩,包括奏请蠲免孔氏祭田租、设置尼山与洙泗二书院学录以典教事、补修阙里志典、创设义仓、孝敬继母与生母、居丧一准礼制、敬礼士大夫等。现存清代墓志共有4通:康熙二十九年(1690)《候选通判孔夫人墓志铭》①、康熙四十九年(1710)《征士方田王先生墓志铭》②、乾隆年间《孔广林自撰墓志铭》③与《候选通判孔公安人墓志铭》④(具体时间不详)。一般而言,墓志铭多是死后他人撰写,而《孔广林自撰墓志铭》却为孔广林本人生前所撰,甚为罕见。

五 石刻画像

石刻画像是指在石质材料上刻画人物、草木、鸟兽、图形等,有的还有题字,多则数十百字,少则数字。石刻画像图文并茂,对于社会历史、思想文化、雕刻绘画、衣冠文物、宫室制度研究都具有一定价值。

东汉《周公负扆图刻字》⑤,是曲阜现存最早的石刻画像题字,石之左下刻周公负扆全身像,像之右上方刻"周公"二字。孔庙中有众多关于孔子的石刻像题字,如唐吴道子绘《孔子行教像》⑥,图为孔子行教全身像,并题书"德配天地,道冠古今。删述六经,垂宪万世"。北宋哲宗绍圣二年(1095)《孔子凭几坐像》⑦,碑中部绘孔子凭几,颜回等十弟子侍立,上部有宋太祖建隆三年(962)《至圣文宣王赞》和宋真宗大中祥符二年(1009)《夫子赞》。明万历二十

---

① 此墓志现镶于曲阜汉魏碑刻陈列馆南墙。
② 此墓志现镶于曲阜汉魏碑刻陈列馆南墙。
③ 此墓志现存曲阜孔府后院。
④ 此墓志现镶于曲阜汉魏碑刻陈列馆南墙。
⑤ 此石现镶于曲阜周公庙元圣殿内北墙偏西。
⑥ 此石现存曲阜孔庙圣迹殿内西墙,北石。
⑦ 此石现存曲阜孔庙圣迹殿内正中之下层偏东。

年（1592）《圣迹图》①，刻有孔子生平事迹图画120幅，附标题及文字说明，其实就是一部刻在石头上的孔子传记。清康熙三十年（1691）《圣庙图碑》②，上书"圣庙图"三字和刻立人与刻立时间，下刻画孔庙平面图，真实完整地再现了清代孔庙的全貌。另外，1991年摹刻《圣贤像赞》17方，镶于孔庙奎文阁前东斋宿大门北之西墙壁上，刻画孔子及其弟子72人，并附有文字说明。摹刻底本采用杭州旧拓本，北宋李公麟绘，宋高宗赵构撰赞文，明人吴讷跋。这对于孔子与孔门弟子研究具有一定价值。

六　标志性刻石

标志性刻石主要为了标示孔庙、孔府、孔林、颜庙等建筑，书法价值极大。如明嘉靖十七年（1538），都察院右副都御使胡缵宗书写了"万仞宫墙""金声玉振"与"棂星门"刻石。嘉靖二十三年（1544），巡抚副都御使曾铣书孔庙"太和元气"与"至圣庙坊"刻石。清康熙二十三年（1684），康熙帝亲题孔庙大成殿"万世师表"刻石。雍正七年（1729），雍正帝御书"大成门""大成殿"与奎文阁"生民未有"刻石，又于十年（1732）书孔林二林门"至圣林"刻石。除此之外，还有颜庙"复圣庙"石坊刻石、"卓冠贤科"石坊刻石、"陋巷"石坊刻石，等等。

七　法帖刻石

法帖刻石是指把前代书法名家的墨迹勾勒于石上，供人捶拓学习。法帖刻石的价值，重点不在于其内容，而在于其书法艺术，可以为书学研究提供重要资料。曲阜现存的法帖刻石均镌刻于清代，如位于孔府二堂后的有《王羲之草书"平安帖"刻石》《左冲草书帖刻石》《米芾草书残石》《赵孟頫草书帖刻石》《李东阳新庙告成事碑文帖刻石》《雍正帝手书草帖刻石》《孔传铎草书刻石》《孔庆镕"昔年"行书扇面刻石》等32方；位于孔庙奎文阁前东碑亭内有《木兰

---

① 此石现存曲阜孔庙圣迹殿内。
② 此石现存曲阜孔庙十三碑亭院东南部北排，东起第3石。

诗法帖残石》1 方；大成殿东西两庑北端有玉虹楼法帖石刻 584 方，为乾隆年间孔继涑搜集历代书法家作品整理或帖摹而成。

以上对曲阜石刻大体上进行了归类介绍，当然，七种分类法并不能把所有的石刻都囊括进去，还有更多的石刻没有提及。总之，曲阜石刻的种类繁多，内容丰富，为我们研究中国古代历史提供了重要资料。

第三节 曲阜石刻的学术价值

关于石刻文献的学术价值，从宋代开始人们就有了比较充分的认识。北宋刘敞《先秦古器记》就曾指出其三大价值，即"礼家明其制度，小学正其文字，谱牒次其世谥"①。其实，石刻文献的学术价值不仅体现在研究礼制、语言文字、谱牒等几个方面，诸凡古典学中的学术门类，无不需要借助这类资料以扩大其取证范围。石刻文献最显著的学术价值，就在于对于传世文献的阙略与讹误具有补充和订正功能。一方面，利用石刻文献可以对史部群籍的所阙或所略提供恰当的增补；另一方面，利用石刻文献可以订正传世文献的讹误。曲阜石刻的学术价值亦当如此，下面举例予以说明。

因"孔融让梨"而妇孺皆知的东汉文学家孔融，系孔子二十世孙，文学造诣极高，位居建安七子之首。在仕途上，孔融曾任北海郡相、青州刺史，在曹操挟汉献帝迁都许昌后，他又先后任将作大匠、少府、太中大夫等，后因与曹操颇有分歧，每多乖忤，建安十三年（208）为曹所杀，时年五十六岁。孔融之所以能在文坛和政坛上显赫一时，与他的家世背景不无关系。然而关于其家世，《后汉书·郑孔荀列传》仅有"父宙，太（泰）山都尉"以及他与哥哥孔褒竞承罪责的简单记载②；再考孔氏家谱③与其他的史志，同样缺乏翔实记载。令人欣慰的是，现

---

① （北宋）刘敞：《公是集》卷 36《先秦古器记》，《丛书集成初编》第 1904 册，中华书局 1985 年版，第 437 页。

② 《后汉书》卷 70《郑孔荀列传》，中华书局 1965 年标点本，第 2261—2262 页。

③ 最初的孔氏族谱，仅记世袭奉祀的宗子名字，至于别子旁支，不予记载。北宋神宗元丰八年（1085），孔子四十六世孙孔宗翰深感个别抄本易于散失，而且每代仅录一人，致使家族中许多贤达之士未能载入史册，年代久远后必被湮没，遂决定收集资料，创修孔氏族谱，将本族嫡系及支庶一并收入，并镂板印刷。在此之前，由于族谱中缺乏对支庶的记载，再加上年代久远，故孔宗翰所修族谱中对别子旁支的记载多疏漏有误。

第二章　曲阜石刻与崇儒尊孔

存于曲阜汉魏碑刻陈列馆的汉桓帝永寿二年（156）《韩敕造礼器碑》①、汉灵帝建宁元年（168）《史晨奏祀飨庙碑》②、汉桓帝延熹七年（164）《太（泰）山都尉孔宙碑》（见图2-4）③、汉灵帝建宁四年（171）《博陵太守孔彪碑》④、《汉故豫州从事孔褒碑》⑤、汉桓帝永兴二年（154）《孔谦碣》⑥ 以及藏于孔庙的明永乐七年（1409）《孔氏族谱图示碑》⑦ 等记载，可以弥补这一缺陷。兹依据石刻对孔融父兄进行考证，兼对史志中相关记载的讹误予以订正。

一　孔融父辈考证

关于孔融的父亲，《后汉书·郑孔荀列传》记载："父宙，太（泰）山都尉。"⑧《隶释》亦记载："孔君名宙，即融之父也。"⑨ 根据《孔氏族谱图示碑》的记载，孔宙弟兄三人，即孔宙、孔翊与孔震⑩。孔融祖父名贤，曾于颍川任职，故被称为颍川君，如《博陵太守孔彪碑》称孔彪为"颍川君之元子也"。

图2-4　《太（泰）山都尉孔宙碑》

---

① 此碑现存曲阜汉魏碑刻陈列馆北屋，西起第13石。
② 此碑现存曲阜汉魏碑刻陈列馆北屋，西起第16石。
③ 此碑原立于曲阜孔林孔宙墓前，乾隆年间迁至孔庙同文门下，现存汉魏碑刻陈列馆北屋，西起第14石。
④ 此碑原立于曲阜孔林孔彪墓前，后迁至孔庙同文门下，现存曲阜汉魏碑刻陈列馆北屋，西起第17石。
⑤ 此碑现存曲阜汉魏碑刻陈列馆北屋，西起第19石，刻立时间不详。
⑥ 此碑现存曲阜汉魏碑刻陈列馆北屋，西起第11石。
⑦ 此碑共两方，分别存于孔庙崇圣祠前东、西首。
⑧ 《后汉书》卷70《郑孔荀列传》，中华书局1965年标点本，第2261页。
⑨ （宋）洪适：《隶释》卷7《泰山都尉孔宙碑》，《石刻史料新编》第1辑第9册，新文丰出版公司1977年版，第6830页。
⑩ "孔震"应为"孔彪"，碑刻有误，后面将会论及。

有关孔宙、孔翊与孔彪的史事,史志缺乏翔实记载,"兄弟三人皆一时良吏而史册不登,鲜有能举其事者,其可征者仅墓碑而已"①。孔彪、孔宙有碑刻存世,而孔翊没有,故本文只对孔彪、孔宙二人予以考证。

(一)孔宙

1. 孔宙任职经历

《太(泰)山都尉孔宙碑》记载:"君讳宙,字季将,孔子十九世之孙也。天资醇嘏,齐圣达道,少习家训,治《严氏春秋》。"由于品德高尚,名声显耀,"遂举孝廉,除郎中、都昌长"。在任期间,孔宙"祗传五教,尊贤养老,躬忠恕以及人,兼禹汤之罪己",故三年考绩,迁升为元城令。这时,泰山地区爆发了农民起义。关于此事,《后汉书》记载:汉桓帝永兴二年(154),"太(泰)山、琅邪贼公孙举等反叛,杀长吏"②。孔宙被擢升为太(泰)山都尉,负责镇压义军。然而,孔宙并非依恃武力,而是施以德教,"旬月之间,莫不解甲服罪,载芟载柞,田畯喜于荒圃,商旅交乎险路,会鹿鸣于乐崩,复长幼于酬酢"。为此,明人都穆对孔宙评价道:"其事实不见史传,然碑称其齐圣达道,德音孔昭,又称其治泰山旬月之间,民皆解甲服罪,可谓无愧圣人之后者。"③

关于孔宙所任泰山都尉一职,《金石录》记载:"泰山都尉,元寿元年置,延熹八年罢。宙以延熹四年卒,盖卒后四年官遂废矣。"④《金石录》的记载有三点错误:其一,孔宙并非卒于延熹四年,而是延熹六年,该问题后面将论及。其二,"元寿元年"应为"永寿元年"。《后汉书·孝桓帝纪》记载:"(永寿元年)秋七月,初置泰山、琅邪都尉官。"⑤ 显然,赵明诚在征引《后汉书》时,将"永寿元年"

---

① (清)孔继汾:《阙里文献考》卷89,载《孔子文化大全》编辑部主编《孔子文化大全》,山东友谊书社1989年版,第1787页。
② 《后汉书》卷7《孝桓帝纪》,中华书局1965年标点本,第300页。
③ (明)都穆:《金薤琳琅》卷3"汉泰山都尉孔宙碑"条,乾隆四十三年(1778)刻本。
④ (宋)赵明诚:《金石录校证》卷15《跋尾五·汉泰山都尉孔宙碑》,金文明校证,上海书画出版社1985年标点本,第279页。
⑤ 《后汉书》卷7《孝桓帝纪》,中华书局1965年标点本,第301页。

误记为"元寿元年"。其三,泰山都尉并非永寿元年设置,早在西汉宣帝时就已经存在。如《汉书·韦贤传》记载:"宣帝高其节,以玄成为河南太守。兄弘太(泰)山都尉,迁东海太守。"① 至于其最早设置的时间,史书并无记载,不得而知。考《汉官仪》,"秦郡有尉一人,典兵禁,捕盗贼。景帝更名都尉。建武七年省,惟边郡置都尉及属国都尉"②。该官职多临时设置,事起则置,事毕则罢。东汉建立后,仍然设置太(泰)山都尉官,如《后汉书·文苑列传·夏恭传》记载:"光武即位,嘉其(指夏恭)忠果,召拜郎中,再迁太(泰)山都尉。"③建武七年(31),废除都尉官。此后由于公孙举、东郭窦、劳丙、叔孙无忌相继叛乱,泰山都尉官于永寿元年得以再次设置,正如顾炎武所云:"泰山自公孙举、东郭窦、劳丙、叔孙无忌相继叛乱,以是置都尉之官,以后官虽不设,而郡兵领于太守,其力素后。"④

2. 孔宙卒年与《太(泰)山都尉孔宙碑》刻立时间

关于孔宙卒年,《集古录跋尾》记载:"年六十一,延熹四年正月乙未以疾卒。"⑤《金石录》记载:"宙以延熹四年卒。"⑥《弇州四部稿》记载:"宙,融父也,卒以延熹四年。"⑦ 然而,《石墨镌华》却称:"(宙)卒以延熹六年,碑造于七年,而赵明诚、欧阳永叔、王元美皆曰四年。"⑧ 究竟孰是孰非?事实上,《石墨镌华》所言极是,正如《太(泰)山都尉孔宙碑》所云:"(宙)会遭笃病,告困致仕,得从所好。年六十一,延熹六年正月乙未遂□卒疾。"关于

---

① 《汉书》卷73《韦贤传》,中华书局1962年标点本,第3109页。
② (东汉)应劭:《汉官仪》卷上,中华书局1985年标点本,第30页。
③ 《后汉书》卷80上《文苑列传》,中华书局1965年标点本,第2610页。
④ (清)顾炎武:《日知录集释》卷31"泰山都尉"条,黄汝成释,上海古籍出版社1985年标点本,第2355—2356页。
⑤ (宋)欧阳修:《集古录跋尾》卷2"后汉泰山都尉孔君碑"条,道光十五年(1835)刻本。
⑥ (宋)赵明诚:《金石录校证》卷15《跋尾五·汉泰山都尉孔宙碑》,金文明校证,上海书画出版社1985年标点本,第279页。
⑦ (明)王世贞:《弇州四部稿》卷134《文部》"汉太山孔宙碑后"条,明万历五年(1577)世经堂刻本。
⑧ (明)赵崡:《石墨镌华》卷1,中华书局1985年版,第4页。

《太（泰）山都尉孔宙碑》的刻立时间，该碑称："延熹七年七月戊□造"，而《广川书跋》却记载"《汉泰山都尉孔宙碑》，延熹四年书"①。在此，附带提出另一个问题，孔宙卒时，孔融几岁？根据《后汉书》的记载，孔融于建安十三年（208）被杀，年五十六岁，由此推知其当生于汉桓帝永兴元年（153）；再考《太（泰）山都尉孔宙碑》，孔宙卒于汉桓帝延熹六年（163），孔融时年应该十一岁。然而，《后汉书》却错误地记载："年十三，丧父。"②同样，《阙里文献考》也错误地记载："年十三，丧父。"③

（二）孔彪

1. 孔彪任职经历

《博陵太守孔彪碑》记载："君讳彪，字元上，孔子十九世之孙，颖川君之元子也。"孔彪自少秉性正直，好恶不忒，修身践言，勤奋好学，被举为孝廉，除郎中、博昌长，后迁京府丞，拜尚书侍郎。由于他能够"无偏无党，遵王之素，荐可黜否"，不久，拜治书御史、博陵太守。这时，博陵郡爆发了刘曼、张丙领导的农民起义，孔彪恩威并用，文武兼施，农民起义很快得以平息。由于他治理有方，"发号施宪，每合天心；□之所恶，不以强人；义之所欲，不以禁人"，故"百姓乐政，而归于德，望如父母，顺如流水"。孔彪后又迁下邳相、河东太守。不久，因病辞官，汉灵帝建宁四年（171）七月病卒，时年四十九岁。该碑阴刻其故吏13人，第一人为"故吏司徒掾博陵安平崔烈，字威考"。崔烈生活在东汉末年，曾官至太尉，后死于董卓部将李傕、郭汜之乱，《后汉书》对其事迹有零星记载，但无传，此碑阴所记其字"威考"，可补史书之不足。

2. 孔彪与孔震

据《孔氏族谱图示碑》记载，孔贤有三子，"孔宙，字季将，泰山都尉。孔翊举孝廉，拜御史。孔震，字元上，尚书侍郎"。在《阙里志》和《山堂肆考》中，同样有孔震而无孔彪。如《阙里志》记

---

① （宋）董逌：《广川书跋》卷5，中华书局1985年版，第53页。
② 《后汉书》卷70《郑孔荀列传》，中华书局1965年标点本，第2262页。
③ （清）孔继汾：《阙里文献考》卷82，载《孔子文化大全》编辑部主编《孔子文化大全》，山东友谊书社1989年版，第1723页。

载:"震,字元上,举孝廉,除郎中,拜尚书侍郎、治书侍御史、博陵太守,迁下邳相,终河东太守。"①《山堂肆考》记载:"孔君,孔子十九代孙,名震,官至河东太守。"②将以上记载与《博陵太守孔彪碑》相对照,孔彪与孔震都是孔子十九世孙,字同为"元上",而且都担任过博陵太守和河东太守,显然,他们是同一个人。那么,孔彪又名孔震呢,还是孔彪被误记为孔震呢?考《韩敕造礼器碑》,其碑阴记载了为孔庙捐资购置礼器的名单,其中有"尚书侍郎鲁孔彪元上,三千"。再考《史晨奏祀飨庙碑》,该碑记载了当时祀飨孔庙的官员,其中也有"河东太守孔彪元上"。因此,我们可以判断,《孔氏族谱图示碑》《阙里志》与《山堂肆考》将"孔彪"误记为"孔震"。正如《金石文考略》所言:"彪字元上,孔子十九世孙,与孔宙盖弟兄,行尝为尚书侍郎,治书御史,可谓显矣。《阙里志》世表、宗谱中皆不见其名字,微此则世不复知有彪矣。……赵明诚以为碑虽残缺,名字可识,讳彪,字元上,证以韩敕、史晨二碑,率钱人姓名是本。囊见之于宛平孙侍郎宅,文愈断烂,讳及字形模尚存,乃弘治中修《阙里志》,改彪为震,都少卿穆遂谓撰志者遗之,不知震即彪字之误也。"③"彪"为什么被误记为"震"呢?《钦定四库全书考证》称:"碑文'字元上'三字完好,赵、洪诸家知其讳彪者,以《韩敕碑阴》、《史晨后碑》文'孔彪'、'元上'为据也。但彼二碑'彪'作(麃),此碑(麃)字亦隐隐可辨,故阙里旧志作'孔震',亦因(麃)字致误。"④

（三）孔宙与孔彪孰长孰幼

孔宙与孔彪孰长孰幼,可以依据碑刻记载做出判断。《太（泰）山都尉孔宙碑》记载:"（宙）会遭笃病,告困致仕,得从所好。年

---

① （明）陈镐:《阙里志》卷9《人物志》,载《孔子文化大全》,山东友谊书社1989年版,第382页。

② （明）彭大翼:《山堂肆考》卷31,上海古籍出版社1992年版,第512页。

③ （明）李光瑛:《金石文考略》卷2"博陵太守孔彪碑"条,道光十七年（1837）刻本。

④ （清）王太岳:《钦定四库全书考证》卷19《经部·汉隶字源》,书目文献出版社1991年版,第463页。

六十一，延熹六年正月乙未遂□卒疾。"孔宙于东汉桓帝延熹六年（163）去世，时年六十一岁，那么，他当生于东汉和帝永元十五年（103）。《博陵太守孔彪碑》记载："（彪）而疾弥流，乃殒乃□，年卌九，建宁四年七月辛未。"孔彪于东汉灵帝建宁四年（171）七月病逝，时年四十九岁，那么，他当生于东汉安帝延光二年（123）。由此可知，孔宙是兄，孔彪是弟。然而，《山堂肆考》却错误地记载："宙，震之弟也。"① 而《阙里文献考》记载："右《博陵太守碑》内云：'彪，颍川君之元子也。'考家谱，以彪为贤之季子，贤亦不载官颍川事，历世久远，无可考证，不敢妄改谱牒，姑识其互异者于此。"② 显然，孔继汾对孔彪碑文中"颍川君之元子也"与家谱中"以彪为贤之季子"感到迷惑不解，究其原因，他将"元子"理解为"长子"。那么，元子是什么呢？《仪礼注疏·士冠礼》记载："天子之元子犹士也，天下无生而贵者也。"郑玄注曰："元子，世子也。"贾公彦疏曰："元子尚不得生而贵，则天下之人亦无生而贵者也。云'无生而贵'，皆由下升者，天子元子冠时行士礼，后继世为天子，是由下升。"③ 贾公彦认为天子之元子，就是将来要继承王位的儿子，即王之嫡长子。郑玄所说的世子又是什么呢？孔颖达在《礼记正义·曲礼下》中疏云："世子谓诸侯之嫡子也。"④ 后来，元子不仅可以用来指天子、诸侯的嫡长子，也可以用来指普通士大夫的嫡长子。如《后汉书·冯衍传》记载："（冯衍）去而归家，复羁旅于州郡，身愈据职，家弥穷困，卒离饥寒之灾，有丧元子之祸。"⑤ 综上所述，元子不一定是长子，而是嫡长子。由此可以推断，孔宙作为孔贤长子，年龄最大，为兄，但他庶出；而孔彪虽年幼，为弟，但他是孔贤的嫡长子。

---

① （明）彭大翼：《山堂肆考》卷31，上海古籍出版社1992年版，第512页。
② （清）孔继汾：《阙里文献考》卷89，载《孔子文化大全》，山东友谊书社1989年版，第1791页。
③ 《仪礼注疏》卷3《士冠礼》，《十三经注疏》（上册），中华书局1980年版，第959页。
④ 《礼记正义》卷4《曲礼下》，《十三经注疏》（上册），中华书局1980年版，第1257页。
⑤ 《后汉书》卷28下《桓谭、冯衍传》，中华书局1965年标点本，第985页。

二 孔融兄辈考证

孔融兄弟几人?《后汉书》李贤注引《孔融家传》曰:"兄弟七人,融第六。"① 乾隆《曲阜县志》亦记载:"宙子七人,传者五:曰晨、曰谦、曰褒、曰昱、曰融。"②《孔氏族谱图示碑》则刻记了所传的孔宙五子:"孔晨,字伯时,河南尹。孔谦,字君让,诸曹史。孔褒,字文礼。孔融,字文举,太中大夫。孔昱,字元世,洛阳令。"上述五人当中,有史料可考的只有孔褒、孔谦与孔融三人,下面主要对孔褒、孔谦的史事加以考证。

(一)孔褒

关于孔褒,《后汉书·郑孔荀列传》仅记载了他与孔融竞承罪责的事迹:"山阳张俭为中常侍侯览所怨,览为刊章下州郡,以名捕俭。俭与融兄褒有旧,亡抵于褒,不遇。时融年十六,俭少之而不告。融见其有窘色,谓曰:'兄虽在外,吾独不能为君主邪?'因留舍之。后事泄,国相以下,密就掩捕,俭得脱走,遂并收褒、融送狱。二人未知所坐。融曰:'保纳舍藏者,融也,当坐之。'褒曰:'彼来求我,非弟之过,请甘其罪。'吏问其母,母曰:'家事任长,妾当其辜。'一门争死,郡县疑不能决,乃上谳之。诏书竟坐褒焉。"③

除《后汉书》之外,《汉故豫州从事孔褒碑》是我们了解孔褒最重要的资料。遗憾的是,该碑残缺较为严重,尽管如此,我们从残存的碑文中仍可获取到一些有价值的信息:"君讳褒,字文礼,孔子廿世之孙,泰山都尉之元子也……治家业《春秋》经,综核坟典,篇籍靡遗。众琦幼眇,为渊为林,博学多识……州□□高,察孝廉……"由碑文可知,孔褒字文礼,孔子二十世孙,孔宙的嫡长子。他自幼深受家学传统影响,研习《春秋》,才学过人,德行高尚,被察举为孝廉。该碑还记载了孔褒、孔融兄弟二人竞承罪责的记载,可以与《后汉书·郑孔荀列传》相印证。碑中所言孔褒为"泰山都尉之元子也",考

---

① 《后汉书》卷70《郑孔荀列传》,中华书局1965年标点本,第2261页。
② 乾隆《曲阜县志》卷76,乾隆三十九年(1774)刻本。
③ 《后汉书》卷70《郑孔荀列传》,中华书局1965年标点本,第2262页。

《孔氏族谱图示碑》与乾隆《曲阜县志》,孔宙长子名晨字伯时,显然孔褒年龄并非最长,但他作为孔宙的元子,即嫡长子,这就再一次证明了《博陵太守孔彪碑》中所谓的"颍川君之元子",即孔彪是颍川君的嫡长子,并非长子。

(二)孔谦

《孔谦碣》记载:"孔谦,字德让者,宣尼公廿世孙,都尉君之子也……祖述家业,修《春秋》经。升堂讲诵,深究圣指。弱冠而仕,历郡诸曹史。年卅四,永兴二年(154)七月遭疾不禄。"由碑文可知,孔谦字德让,孔子二十世孙。自幼继承家学传统,修《春秋》,升堂讲诵,深究经义,二十岁步入仕途。汉桓帝永兴二年(154)七月去世,时年三十四岁。然而,《隶释》却将孔谦的卒岁记错,"年二十,永兴二年七月遭疾不禄"[①]。孔谦因死于其父孔宙之前,寿命不长,亦无太大的成就,故未见别处记载,所以此碑成为我们了解孔谦最重要的资料。

以上依据数方碑刻,对孔融父兄四人即孔宙、孔彪、孔褒与孔谦作了初步考证,从中我们可以发现,他们四人均深受家学传统影响,博学多识,德行高尚,除孔褒因碑文残缺不详外,其余三人都有过为官从政的经历,而且孔宙与孔彪政绩卓著。透过孔融父兄四人的人生经历,不难理解孔融之所以能在东汉末年的文坛和政坛上颇具影响,其中一个重要原因,就是与其家世背景密切相关:一是深受家学熏陶,文化修养较高;二是父兄多为官从政,对其影响较大。笔者在对孔融父兄进行考证的同时,对史志中相关记载的讹误予以订正,由此可以看到碑刻在历史研究中所发挥的学术价值。

---

① (宋)洪适:《隶释》卷22《孔德让碣》,《石刻史料新编》第1辑第9册,新文丰出版公司1977年版,第6985页。

第三章　济宁*画像石与汉代社会

　　画像石是中国古代石刻文献的一种重要形式，主要盛行于两汉时期，镌刻于祠堂、石阙、墓室与石椁上，其图像内容多以神仙异兽、车马出行、农耕狩猎、庖厨宴饮、乐舞百戏、战争献俘、历史故事等为主，生动形象地再现了当时社会的各个方面，对于了解和研究汉代的社会生产与生活状况、思想意识、鬼神信仰、风俗习惯以及绘画雕刻艺术都具有重要的参考价值。中国汉代画像石一个最重要的分布区是山东，而山东的汉代画像石又集中于济宁地区，以分布广泛、数量众多、内容丰富、雕刻技法高超而著称，典型代表如嘉祥武氏祠画像、金乡朱鲔石室画像、曲阜"东安汉里"石椁墓画像、微山沟南村石椁墓画像等。笔者主要依据丰富的济宁汉代画像石资料，对其反映的两汉社会历史进行探析。文中所使用的汉代画像石资料，一是笔者亲自实地参观考察而获得；二是依据山东省博物馆与山东省文物考古研究所编《山东汉画像石选集》[①]、中国画像石全集编辑委员会编《中国画像石全集·山东汉画像石》[②]、朱正昌主编《汉画像石》[③]等；三是参考《隶释》《隶续》《山左金石志》《金石萃编》等金石志书的著录。

---

* 此处"济宁"，即今日济宁市，包括任城区、兖州区、曲阜市、邹城市、嘉祥县、金乡县、微山县、梁山县、鱼台县、汶上县与泗水县11县市区。

① 山东省博物馆、山东省文物考古研究所编：《山东汉画像石选集》，齐鲁书社1982年版。

② 中国画像石全集编辑委员会编：《中国画像石全集》第1、2册《山东汉画像石》，山东美术出版社、河南美术出版社2000年版。下文中凡引用该书，版本省略。

③ 朱正昌主编：《汉画像石》，山东友谊出版社2002年版。

第一节 历代对济宁汉代画像石的著录与研究

史籍文献对济宁汉代画像石的记载,最早始于东晋戴延之《西征记》,记述了金乡焦氏山北汉司隶校尉鲁峻冢前祠堂四壁镌刻的忠臣、孝子、贞妇、孔门弟子画像。《西征记》后世亡佚,北魏郦道元《水经注·济水二》曾转引该书云:"戴延之《西征记》曰:'焦氏山北数里,汉司隶校尉鲁峻,穿山得白蛇、白兔,不葬,更葬山南,凿而得金,故曰金乡山。山形峻峭,冢前有石祠、石庙,四壁皆青石隐起,自书契以来,忠臣、孝子、贞妇、孔子及弟子七十二人形像,像边皆刻石记之,文字分明。'"① 无论是戴延之《西征记》,还是郦道元的《水经注》,济宁汉代画像石均是以地理志中的历史遗迹的形式出现,而真正对其加以著录与考释,则始于宋代。宋代统治者崇尚经学,恢复礼制,收集、整理与研究金铭石刻遂成为一种热潮,出现了一批颇具影响的金石学家与金石学著作,如刘敞《先秦古器记》1卷、欧阳修《集古录》10卷、赵明诚《金石录》30卷、洪适《隶释》27卷与《隶续》21卷等,金石学开始成为一种专门的学问而兴起。济宁汉代画像石日益受到金石学家的关注,如赵明诚《金石录》卷2《目录二》第二百三十九至第二百四十三,分别是《汉武氏石室画像一》《汉武氏石室画像二》《汉武氏石室画像三》《汉武氏石室画像四》与《汉武氏石室画像五》②;同书卷19《跋尾九》,为《汉武氏石室画像》所作按跋云:"右《汉武氏石室画像》五卷。武氏有数墓,皆在今济州任城县,墓前有石室,四壁刻古圣贤画像,小字八分书题记姓名,往往为赞于其上,文词古雅,字画遒劲可喜,故尽录之,以资博览。"③ 但对于画像,并无考释,亦无摹图。南宋洪适不仅对武梁祠画像的榜题加以著录与考释,还摹刻了部分画像。如《隶

---

① (北魏)郦道元:《水经注校证》卷8《济水二》,陈桥驿校证,中华书局2007年标点本,第216页。
② (宋)赵明诚:《金石录校证》卷2《目录二》,金文明校证,上海书画出版社1985年标点本,第26页。
③ 同上书,第356—357页。

第三章 济宁画像石与汉代社会

释·武梁祠画像》录载榜题文字云:"伏羲仓精,初造王业,画卦结绳,以理海内;祝诵氏无所造为,未有耆欲,刑罚未施。神农氏因宜教田,辟土种谷,以振万民;黄帝多所改作,造兵缺三字裳,立宫宅……长妇儿,梁节姑姊,捄者。姑姊其室失火,取兄子往,辄得其子,赴火如亡,示其诚也……"① 在著录之后,又撰按跋对武梁祠画像石加以考证:"右武梁祠堂画像为石六,其五则横分为二,梁高行、蔺相如二段又广于它石。所画者,古帝王、忠臣、义士、孝子、贤妇,各以小字识其旁,有为之赞文者,其事则《史记》、两《汉史》、《列女传》诸书,合百六十有二人,有标题者八十七人,其十一人磨灭不可辨,又有鸟兽、草木、车盖、器皿、屋宇之属甚众……"②《隶续·碑图下》则摹刻了武氏祠部分画像,开摹录汉代画像石之先例。③元、明两代,金石学日衰,对济宁汉代画像石亦少有著录与研究。

时至清代,伴随着考据学的兴起,金石学再次复兴并达到极盛,方家竞论,名著丛出,超越前代。然而,惟其关于石刻者,皆专取碑志铭文,而摈弃历代之画像石刻。迨至乾隆五十一年(1786),兖州运河同知黄易发现淹埋地下已久的武氏诸祠石刻画像群,阮元《山左金石志》曾记载此事云:"乾隆丙午秋,黄司马小松于嘉祥县南武宅山下搜得《武斑碑》及武氏二阙,既又得武氏祠诸象(像)。"④ 因其"画像朴古,八分精妙"⑤,以至竞相传拓,翠墨流传,著录、摹拓与考释者络绎不绝,画像石研究之风大盛。在此时及以后,诸多金石学家对济宁汉代画像石作了较为翔实的著录与考释,著名者如黄易《小蓬莱阁金石文字》、翁方纲《两汉金石记》、王昶《金石萃编》、阮元《山左金石志》、冯云鹏和冯云鹓《金石索》、瞿中溶《汉武梁祠画像

---

① (宋)洪适:《隶释》卷16《武梁祠画像》,《石刻史料新编》第1辑第9册,新文丰出版公司1977年版,第6917—6919页。

② 同上书,第6918—6919页。

③ (宋)洪适:《隶续》卷6《碑图下·武梁祠堂画记》,《石刻史料新编》第1辑第10册,新文丰出版公司1977年版,第7125—7132页。

④ (清)阮元:《山左金石志》卷7《武梁石室画像三石》,《续修四库全书》第909册,上海古籍出版社2002年版,第470页。

⑤ (清)翁方纲:《两汉金石记》卷15《钱塘黄易修武氏祠堂记略》,《石刻史料新编》第1辑第10册,新文丰出版公司1977年版,第7428页。

考》、陆增祥《八琼室金石补正》、王懿荣《汉石存目》、田士懿《山左汉魏六朝贞石目》、叶昌炽《语石》、容庚《汉武梁祠画像考释》等。其中，阮元《山左金石志》录载了众多济宁汉代画像石，其记录之详、考释之精，前所未有。如阮元《山左金石志》卷7收录有《武氏东西石阙画像》《武梁石室画像三石》《孔子见老子画像》《武氏石室祥瑞图二石》《武氏前石室画像十五石》《武氏后石室画像十石》《武氏左石室画像十石》《武氏祠南道旁画像》《武氏祠东北墓间画像》；卷8收录有《济宁普照寺画像》《济宁李家楼画像二石》《济宁晋阳山慈云寺画像六石》《济宁两城山画像十六石》《嘉祥县署东画像二石》《嘉祥华林村画像二石》《嘉祥七日山画像二石》《嘉祥焦城村画像四石》《嘉祥刘村画像三石》《嘉祥随家庄画像二石》《嘉祥汤阴山画像》《嘉祥纸房集画像二石》《汶上西乡关帝庙画像四石》《汶上城垣画像二石》《曲阜元帝庙画像》《曲阜颜氏画像》《曲阜白杨店画像》《曲阜圣府后门画像》《邹县白杨树村画像》《食斋祠园》《朱鲔墓石室画像》等。阮氏对每一画像石的存地、尺寸、内容都作了详细记述，并对某些问题还加以考释。如以《武氏前石室画像十五石》为例，《山左金石志》记载云：

无年月，题字皆八分书，在嘉祥县武氏祠。

第一石，高一尺一寸，广四尺六寸，上刻枣核形横界二线，下刻山形，此下列十四人皆冠服，执笏左向立，亦有回顾及举手者，似皆孔门弟子。

……

第十五石，高一尺，广五尺，上下横界二线。中列一车一马，盖下坐二人，左有一鸟，骑导一人，执物如笛帛。次一车一马，盖有五柱，中坐二人，有榜无题，步导二人，各执符节。次一车一马，盖下坐二人，骑导者一人，上缀一长尾鸟、三小鸟，下有小儿执两物，其一如帛，又一鸟伏地，马左一人，执版向右立，后有一儿执物覆之，形如羽扇。前后凡四榜，皆无题字。此石及第十四石，翁阁学皆未录。

右武氏前石室画像十五石，黄小松以始获时在武梁画像之

第三章 济宁画像石与汉代社会

前，即定为前石室，今嵌于武氏祠壁间，原次难考，营立时随意标刻数目以便识记，今姑仍其次入录。然如第五石，形制同第二石，其二层列二十二人，亦是孔门弟子，不应分间也。内有刻古帝王、忠孝烈士奇迹，皆同武梁画像，亦用分书题识其名，惟不作韵语耳。此刻洪氏未见，故《隶释》不载。偃师武虚谷亿跋云："考《天问章句叙》云：屈原见楚有先王之庙及公卿祠堂，图画天地、山川、神灵，琦玮僪佹，及古圣贤怪物行事。此亦师其意而为之，汉人祠宇墓室大率如是，至其图画精古，尤足珍也。"①

古代金石学者对济宁汉代画像石作了大量著录与考释工作，取得了极大的成绩，但也存在一些局限：如画像石资料的获得较为零散、孤立，多是依据他人志书或拓片辗转抄录，并非都是亲身田野调查所得；研究方法比较单一，或著录，或考释，或摹图；研究内容片面，仅是偏重于画像榜题文字及其典故的考证，对无文字题榜的画像与纹饰就缺少注意，更谈不上对画像石作全面考察。自20世纪以后，随着近代考古学传入中国，对汉代画像石的研究开始步入科学的轨道，应用考古学的野外调查与发掘的手段，突破了简单孤立的著录和考证，将之作为一种历史现象并从画像石建筑物的整体上去作考察。尤其是新中国成立后，随着文物考古事业的大发展，济宁汉代画像石遗存得到大量的发掘与保护，画像石资料不断丰富，不仅著录与研究工作逐步深入与扩大，而且在实地研究的基础上解决了一些具有代表性零散画像石（如武氏祠画像石）的科学复原问题，并先后出版了一批颇具影响的编著，如傅惜华、陈志农等编《山东汉画像石汇编》（山东画报出版社2012年版），山东省博物馆与山东省文物考古研究所编《山东汉画像石选集》（齐鲁书社1982年版），李发林《山东汉画像石研究》（齐鲁书社1982年版），蒋英炬与吴文祺《汉代武氏墓群石刻研究》（山东美术出版社1995年版），中国画像石全集编辑委

---

① （清）阮元：《山左金石志》卷7《武氏前石室画像十五石》，《续修四库全书》第909册，上海古籍出版社2002年版，第472—477页。

员会编《中国画像石全集·山东汉画像石》（山东美术出版社、河南美术出版社 2000 年版），信立祥《汉代画像石综合研究》（文物出版社 2000 年版），朱正昌主编《汉画像石》（山东友谊出版社 2002 年版），等等。与此同时，对汉代画像石研究的内容与领域亦大大拓宽，许多社会史、艺术史、科技史、宗教学、民俗学等门类的研究都涉足这一领域之中。

第二节　济宁汉代画像石兴盛的原因

济宁是山东乃至全国汉代画像石分布最为集中的地区，数量众多，兴盛一时，究其原因，这不仅与济宁多山陵的自然地理环境有关，还与汉代此地经济富庶、世家大族众多以及儒家孝道与道家升仙思想浓厚等因素相连。

一　地理因素

无论是建造画像石祠、石阙，还是画像石墓、石椁，都需要大量石材，因而画像石流行的地区一定比较容易取得适用的石材。济宁位于鲁西南腹地，地处黄淮海平原与鲁中南山地交接地带，境内多山陵，如嘉祥县的紫云山（又名武宅山）、孟良山、杜山、簸箕山、七日山、萧氏山、马鞍山、范山等；曲阜市的尼山、九仙山、石门山、九龙山等；邹城市的峄山、凫山、洪山、凤凰山、狼屋山、尖山、铁山、冈山等；微山县的两城山、九峪山、桃花山、独山等；金乡县的羊山、葛山；梁山县的梁山、青龙山、凤凰山、龟山等；汶上县的昙山、太白山（水牛山）、卧佛山、彩山、九峰山等；泗水县的凤仙山、龙门山、青龙山、圣公山等。众多山陵提供了大量便于开采和宜于雕刻的石灰岩，倚山采石，运输方便，济宁汉代画像石的兴盛便有了天然的地利之便。

二　经济因素

画像石的雕刻制作，优质的石材与雕刻技法娴熟的工匠必不可少，这就需要耗费大量的人力、物力与财力，要有雄厚的经济实力作

第三章 济宁画像石与汉代社会

为后盾。经过汉初的休养生息，济宁的社会经济有了长足的发展，西汉中期以后，这里成为当时社会经济最为繁荣的区域之一。济宁地处汶泗河流域，土地肥沃，水利发达，牛耕和铁制农具普遍推广，这种繁盛的农业生产场景在画像石中多有反映。如山东石刻艺术博物馆藏金乡香城堌堆出土的西汉后期《出行、牛耕画像》①，刻画了二牛三人耕地的场景：一人双手扶犁，一人牵牛退行，一人执鞭驱牛，不远处有主人乘轺车驶来，车后一随从手执长矛，前面又有三人或跽，或立，皆手把农具，和主人寒暄。同时，汉代时期，济宁冶铁、纺织等手工业生产也较为先进，尤其是冶铁业的发展，为画像石的制作提供了精良的斤、刀、钻、凿等铁制工具。在农业、手工业的带动下，社会经济呈现出一派繁荣景象，东汉仲长统曾云："豪人之室，连栋数百，膏田满野，奴婢千群，徒附万计。舟车贾贩，周于四方；废居积贮，满于都城。琦赂宝货，巨室不能容；马牛羊豕，山谷不能受。妖童美妾，填乎绮室；倡讴伎乐，列乎深堂。"② 这就为济宁汉代画像石的兴盛提供了社会经济条件。

三 社会因素

富庶的社会经济不仅为大规模的画像石制作提供了雄厚的物质基础，同时还孕育出了许多豪强大族，为济宁汉代画像石的兴盛奠定了社会基础，毕竟只有豪强之家才有实力建造精美绝伦的画像石墓、祠堂、石阙与石椁，而对于普通百姓来说是遥不可及的。因此，各地具有这种力量的社会阶层或集团愈是强大，画像石就可能愈是流行，反之，便不会兴盛。汉代豪强地主阶级产生于西汉中后期，后来成为刘秀建立东汉政权依据的主要力量。东汉建立后，豪强地主享有各种特权，政治上把持中央与地方政权，经济上兼并土地，经营庄园，逐渐成为各地的世家大族。在全国的这种大气候的影响下，东汉时期济宁亦出现了众多世家大族，如嘉祥武氏就是典型代表。据《武梁碑》《武开明碑》《武斑碑》《武荣碑》等记载，武氏一门数人为官，武梁

---

① 中国画像石全集编辑委员会编：《中国画像石全集》第 2 册，第 20 页。
② 《后汉书》卷 49《仲长统传》，中华书局 1965 年标点本，第 1648 页。

曾任从事武掾,其弟武开明官至吴郡府丞,武开明子武斑官至敦煌长史,次子武荣官至执金吾丞。在朝廷来说,这虽是一般的中下级官吏,但在地方,武氏一族也算势力煊赫、家财宏富的官僚地主了。所以,武氏家族才有条件建立起华丽壮观的石刻建筑,正如《从事武梁碑》所云:"竭家所有,选择名石,南山之阳,擢取妙好,色无斑黄。前设坛埠,后建祠堂。良匠卫改,雕文刻画,罗列成行,摅骋技巧,委虵有章。"①

四 思想文化因素

济宁是孔孟故乡和儒家文化的发祥地。西汉元光元年(前134),汉武帝采纳儒生董仲舒"罢黜百家,独尊儒术"的建议,逐步确立了儒学思想的统治地位。儒学以仁孝为本,这深刻影响了汉代社会,以至于西汉皇帝的谥号均冠以"孝"字,如《史记》中的《孝文本纪》《孝景本纪》《孝武本纪》等。统治者重视儒家的孝悌伦理,在铨选用人上亦十分看重是否具备孝德,以至于"举孝廉"逐步成为入仕晋升的一种重要途径。在嘉祥武氏祠诸碑中,十分强调碑主孝的品性。《从事武梁碑》云:"元嘉元年,季夏三日,遭疾陨灵。呜呼哀哉!孝子仲章、季章、季立,孝孙子侨,躬修子道。竭家所有,选择名石,南山之阳,罗列成行,摅骋技巧,委虵有章。"②《敦煌长史武斑碑》云:"君幼□颜,闵之楸质……慈惠宽□,孝友玄妙……孝深《凯风》,志洁《羔羊》。"③《故执金吾丞武荣碑》云:"君即吴郡府卿之中子,敦煌长史之次弟也。廉孝相承,亦世载德……"④还有武氏石祠中刻画着大量忠孝节义的历史故事,如董永卖身葬父、老莱子娱亲、闵子骞御车失棰等,这都可见当时社会孝道思想浓厚氛围之一

---

① (宋)洪适:《隶释》卷6《从事武梁碑》,《石刻史料新编》第1辑第9册,新文丰出版公司1977年版,第6822页。

② 同上。

③ (宋)洪适:《隶释》卷6《敦煌长史武斑碑》,《石刻史料新编》第1辑第9册,新文丰出版公司1977年版,第6821页。

④ (宋)洪适:《隶释》卷12《故执金吾丞武荣碑》,《石刻史料新编》第1辑第9册,新文丰出版公司1977年版,第6888页。

第三章 济宁画像石与汉代社会

斑。这种崇尚孝义的社会风气，把对父母的孝敬与厚葬联系在一起，导致"奢侈丧葬"现象尤为严重。尊亲去世后，子孙不惜财力地经营丧葬，树碑修墓，置阙建祠。所以在儒家重孝思想的影响下，厚葬风俗盛行一时，"世以厚葬为德，薄终为鄙"①，亦如王符《潜夫论·浮侈篇》所云："今京师贵戚，郡县豪家，生不极养，死乃崇丧，或至刻金镂玉，檽梓梗楠，良家造茔，黄壤致藏，多埋珍宝，偶人车马。造起大塚，广种松柏，庐舍祠堂，崇侈上僭。"② 傅惜华在其编著的《山东汉画像石汇编》中亦评论说："汉代厚葬，崇祀祠墓，厥风最盛。自宗室豪贵，以至中人之家，多于冢墓之前，树立碑石，及石人石兽，更建祠堂，置门阙，画以种种事物，而镌刻之。雕镂藻绘，瑰丽精工。……穷奢极欲，后汉尤盛，《水经注》所记汉人冢墓，如李刚、朱鲔、鲁峻、蔡昭、张伯雅、曹嵩、盛允、尹俭、王子雅等，皆起造阙石室，规制宏伟，妙绝人工。其见诸史册者，诚难尽举。"③ 正是在这种重孝思想与厚葬尚饰、崇好功名的世风驱使之下，汉代画像石装饰的石阙、祠堂、墓室、石椁便大量出现。

另外，济宁汉代浓厚的道家升仙思想，也是画像石兴盛的一个重要思想文化因素。济宁古属鲁国之地，自春秋晚期以来一直人文荟萃，诸家学说并起，这里不仅是社会正统观念的儒家学说的发祥地，也是日渐流行起来的早期道教的发生地。此地东距胶东半岛不远，而后者又是燕齐方士的活动舞台，追求长生不老、羽化升仙的神仙之说非常盛行，这对济宁的影响不可避免。加之战国后期，鲁南地区又曾为楚国疆域，受到了好巫尚鬼的楚文化的影响。所以，济宁地区自古就有着神仙文化的渊源。汉代虽然儒家思想占据统治地位，但是黄老思想，尤其是道家的升仙思想和神仙方术在当时仍然占有重要地位。鲁恭王刘余曾在曲阜建有灵光殿，殿内刻有许多生动的神仙图像，东汉王延寿称之曰："图画天地，品类群生。杂物奇怪，山神海灵。写

---

① 《后汉书》卷1下《光武帝纪一下》，中华书局1965年标点本，第51页。
② （汉）王符：《潜夫论》卷3《浮侈第十二》，《景印文渊阁四库全书》第696册，上海古籍出版社1987年影印本，第379页。
③ 傅惜华、陈志农等编：《山东汉画像石汇编·导言》，山东画报出版社2012年版，第3页。

载其状，托之丹青。千变万化，事各缪形。随色象类，曲得其情。上纪开辟，遂古之初。五龙比翼，人皇九头。伏羲鳞身，女娲蛇躯。"①汉武帝异常迷恋神仙方术，多次求方士炼不死之药，但是死亡是不可避免，死后如何升入仙境就异常重要了。在古人看来，不仅要保持肉身的完整，还要保持与神灵有效沟通。所以，在这一意识的支配下，在建造坚固的石椁、墓室以保持肉身完整的同时，还要在祠墓中镌刻精美的神灵图像以与之有效沟通。

综上可见，济宁汉代画像石是在诸多因素共同作用下兴盛起来的，并逐渐地积淀成一种文化传统，长久地对该区域产生影响。

第三节 济宁汉代画像石的时空分布

一 时间分布

从时间分布上说，济宁汉代画像石主要有三个特点：其一，产生年代早，约始于西汉文、景时期；其二，延续时间长，自西汉早期以至到东汉晚期；其三，分布集中，主要是在东汉中晚期。

济宁汉代画像石最早大约产生于在西汉文、景时期。如1993年邹城王村乡龙水村出土了五座石椁墓，从随葬的陶质鼎、盒、壶以及"半两"钱的形制来看，年代应在汉武帝以前，这是济宁所见最早的汉代画像石。从汉武帝后期至西汉末年，是济宁汉代画像石的初步发展期，这时期的画像石在该区各县市多有出土。如1937年在曲阜城东八宝山出土了一座汉代石椁墓，因石椁中间隔板上侧面刻有"东安汉里"等铭文，故学界一般称之为"曲阜东安汉里石椁画像"，现存曲阜文管会。石椁内、外壁均刻有画像，据其纹饰及图像内容判断，当为西汉元、成帝以后的作品。1988年，在原济宁师范专科学校院内，出土了二十五座西汉墓，其中五座为刻有画像的石椁墓，以随葬鼎盒壶盘为基本特征、东西向的墓葬，其年代应该是汉武帝或汉武帝之后的汉昭帝、汉宣帝时代（公元前86—前48）。② 同年春，在兖州

---

① 《文选》卷11《鲁灵光殿赋》，上海古籍出版社1986年标点本，第515页。
② 朱正昌主编：《汉画像石》，山东友谊出版社2002年版，第37—46页。

第三章 济宁画像石与汉代社会

农业技术学校内发现了两座画像石椁墓,考古专家从墓葬的结构、画像石的内容及艺术表现形式等因素判断,该石椁墓可能是汉成帝、汉哀帝年间(公元前32—前1)的产物。① 其他如微山县文化馆藏微山岛出土的《厅堂、车骑出行、狩猎画像》《孔子见老子、送葬画像》《橦戏、楼房、升鼎画像》等,均是汉宣帝至汉元帝时期;邹城孟庙藏邹城八里河村出土的汉平帝时期《格斗、蹶张画像》、邹城南落陵村出土的汉哀帝至汉平帝时期《龙、斗虎、水鸟画像》与《鱼车、出行、建鼓画像》。最早有确切纪年的济宁汉代画像石,当属新莽天凤三年(16)《汶上路公食堂画像》,画面为阴线刻成的车马出行图,形象写实而生动,右刻题记云:"□□元年二月廿日□□□□□公昆弟□天凤三年立食堂,路公治《严氏春秋》不踰。"此后,题刻有时间的画像石逐渐增多。

东汉早期,济宁画像石有较大发展,数量开始增多,约占出土数量的四分之一,不仅见于祠堂、石阙、墓室、石椁,碑上也出现了这样的作品,题材和雕刻技法也较前丰富起来。诸如汶上县博物馆藏汶上城关镇先农坛出土的《风伯、胡汉交战画像》;山东石刻艺术博物馆藏嘉祥宋山出土的《孔子见老子、骊姬故事画像》与《胡汉交战、戏蛇画像》;山东省博物馆藏嘉祥蔡氏园出土的《周公辅成王、庖厨画像》、嘉祥刘村洪福院出土的《风伯、造车、周公辅成王、树、马画像》、嘉祥随家庄出土的《建鼓、乐舞、杂技画像》、嘉祥吴家庄出土的《楼阁、人物、车骑画像》、嘉祥五老洼出土的《乐舞、建鼓、庖厨画像》,等等。东汉中晚期是济宁画像石发展的鼎盛期,出土的资料约占两汉总数的一半还要多。其中,以山东嘉祥武氏祠最为著名。其他如曲阜孔庙藏曲阜西颜林村出土的《楼阁、人物拜见、车骑出行画像》、曲阜张家村出土的《树、射鸟画像》、曲阜旧县村出土的《立鹤、玉兔捣药画像》与《庭院、人物画像》以及微山两城出土的《水榭、人物画像》等;微山县文化馆藏两城出土的《西王母、伏羲、女娲画像》《熊、铺首衔环、鱼画像》《六博游戏、树画像》与《厅堂、人物画像》等;梁山县文管所藏梁山城关镇茶庄出

---

① 朱正昌主编:《汉画像石》,山东友谊出版社2002年版,第56—64页。

土的《骑士、人物画像》与《朱雀、铺首衔环画像》及梁山郑垓村出土的《建鼓、乐舞、庖厨画像》等；邹城孟庙藏邹城高李村出土的《升鼎画像》《建鼓、乐舞画像》《羲和捧日画像》《胡汉交战画像》及邹城市面粉厂出土的《孔门弟子、狩猎画像》；山东石刻艺术博物馆藏嘉祥宋山出土的《楼阁、人物、车骑出行画像》《东王公、六博游戏、宴饮画像》《羽人、怪兽、羊头画像》与《莲纹、鱼、羽人画像》，等等。东汉末年，济宁画像石急剧衰落，三国时期的遗物已不多见。

二 空间分布

济宁汉代画像石的空间分布，主要有两个特点：

其一，分布广泛。济宁是儒家文化核心区，也是山东乃至中国汉代画像石分布的中心区域，画像石遍及下属的任城区、兖州区、邹城市、曲阜市、嘉祥县、微山县、金乡县、梁山县、汶上县、鱼台县、泗水县等所有县市区。

其二，分布相对集中。尽管济宁汉代画像石在每个县市区都有分布，但是又相对集中于嘉祥县、任城区、曲阜市、邹城市、微山县等地，而金乡县、鱼台县、梁山县、汶上县、兖州市与泗水县则数量较少。嘉祥汉代画像石数量最多，在武翟山村北武氏祠、刘村洪福院、华林村、七日山、宋山、五老洼、上华林村、南武山、焦城村、蔡氏园、杜家庄、嘉祥城内小学堂、郭家庄、秋胡山、十里铺、高庙、峪屯、商村、程家村、随家庄、郗家庄、吴家庄、吕村、洪家庙、齐山、甸子村、瞳里村、嘉祥村、狼山屯、徐村、西焦城、申村、仲东村、纸坊镇敬老院等地都有出土。任城区的画像石主要分布于原济宁师范高等专科学校、安居镇、城南张、亢父故城等。嘉祥县与任城区出土的汉代画像石，今天除了主要藏于嘉祥县武氏墓群石刻博物馆、济宁市博物馆外，还藏于山东石刻艺术博物馆与山东省博物馆。此外，国外文博机构也有收藏，如日本东京国立博物馆、瑞典博物院、法国卢浮宫等。曲阜汉代画像石主要分布于城郊及至防山一带，在孔林、西颜林村、旧县村、梁公林、南辛村、董庄、徐家村、张家村、于家村、大峪村等地都有出土。目前，曲阜城郊及周边地区出土的汉代画像石主要存于孔庙的神庖①。邹城画像石主要分布于高李村、黄路屯、独山村、西郭村、王屈村、郭里集、下镇头、高庄、羊山、龙水、簸箕掌村、金斗山、大故村、大阎庄、七里铺、稻淫村、柳下邑、八里河、石墙村、前营村、野店、羊场、大东村、小东章村、田家村、庙户营、王石村、南陶城、十里铺、南落陵、西颜庄等。微山境内多地出土有汉代画像石,如两城镇的东单、西单、独山、青山、桃花山、南薄、北薄等,微山岛的沟南村、万庄以及独山岛等,除了原地保存外,主要藏于微山县文化馆、曲阜孔庙、山东石刻艺术博物馆、山东省博物馆等。

三 日本藏济宁汉代画像石

自近代以来,伴随着西方列强的入侵,中国古代石刻同其他文物一同流出国境,散落于海外各地。正如罗振玉所言:"尝闻我关津税吏言:古物之由中州运往商埠者,岁价恒数百万,而金石刻为大端。"② 其中,日本是最早攫掠中国古代石刻资料的国家之一,早在光绪九年(1883),日本陆军参谋本部间谍酒匂景信就潜入吉林集安掠走《好太王碑》拓片,此后,大量的中国古代石刻源源不断地流入日本,这其中就包括画像石。至今,在东京国立博物馆、天理参考馆等处都收藏有济宁汉代画像石。如东京国立博物馆之东洋馆第七展厅"中国石刻画像艺术",共展览了十二组画像石,其中有六件可确定出自济宁,下面加以简要介绍:

TJ-2251③《仙人、拜礼图》(见图3-1),东汉时期(1—2世纪),山东省嘉祥县出土。此画像石断为三块,残泐较为严重,长1.1米,宽0.56米,厚0.08米。画面分为上下两层:上层描绘的是天界,左侧为衔连珠的双凤,右侧为五位坐着的仙人;下层描绘的是拜礼图。

---

① 神庖为孔庙中祭祀孔子前准备牺牲——猪、牛、羊的地方,1999年辟为曲阜汉画像石展馆。
② 罗振玉:《海外贞珉录·序》,《丛书集成续编》第73册,上海书店1994年版,第586页。
③ 此数字为东京国立博物馆的编号,下同。

图 3-1 《仙人、拜礼图》

图 3-2 《西王母、马车、狩猎图》

TJ-4796-5《西王母、马车、狩猎图》（见图 3-2），东汉时期（1—2 世纪），原存嘉祥晋阳山（今称"旷山"）慈云寺天王殿，高 0.63 米，宽 0.57 米，厚 0.1 米。画面分为三层，上层体现的是神仙世界：西王母正中端坐，头戴胜，衣领交叉，双手相接；西王母左侧从左至右，分别为一鸡首人身兽及身着长袍的仙人，均面朝西王母；西王母之右，亦为一着长袍的仙人，面向西王母；右侧下面为一对玉兔，相对举杵朝臼捣药；玉兔上有一只三足乌，右侧为长着二人首兽身的灵兽，均朝向西王母。中层描绘的是车骑出行：中为一马所驾之辎车，前为御者，车中坐一人；车前有二步卒导引，肩扛兵械；车后有一人骑马护从。下层刻画的是狩猎场面：最右面为二猎人，一人肩扛竿，一人扛弩机，前有二猎犬正在追捕两只奔鹿，上方另有一犬右向；左侧一人，手牵猎犬，放飞猎鹰，也在猎捕奔鹿。

TJ-2240《马车行列图》（见图3-3），东汉时期（1—2世纪），嘉祥县出土，长2.28米，宽0.4米，厚0.06米，当为墓门上的横梁。石面内容分为两层，上层为骑兵护卫下的五辆马车行列：最前面（左侧）先后有两辆一马所驾的导车，车上各乘坐二人，后有并排的二骑士；之后为二马所驾的主车，车上坐二人，其后跟随二并排骑士；再往后，先后有两辆一马所驾的从车，车上各乘坐二人；最后，为二骑士护后。下层刻画了三条凸起的半矩形折线，从里到外层层相围。

图3-3 《马车行列图》（局部）

TJ-4796-6《曾母投杼、六博、庖厨图》（见图3-4），东汉时期（1—2世纪），嘉祥县出土，画像石上、下部残缺，高0.63米，宽0.44米，厚0.09米。石面自上而下分为四层，第一层刻画了曾母投杼的故事。画面中，坐在织机上的女子是曾母，其右侧跑来一人，是告知曾母的那个人。画面左侧，曾参正襟危坐，正在全神贯注地在读书。第二层为六博图：右侧二人，相对坐于小桌前，正在进行六博游戏；左侧站立一人，左手持勺，欲向右手所握之杯中斟酒，以罚六博输者饮用。第三层为酿酒图：画面右侧有一台架，二人相对倚扶于台架两侧，像是正在过滤酒液，注入架下一大容器中；左侧一人跽坐，正在缸中制作，亦与酿酒有关；左侧一人站立观看。第四层为庖厨图：画面左侧，二人相对跽坐，正在忙碌地制作面食，二人中间放置了四层箅子，盛放已经作好的面食；右侧一人跽坐，面前放置一臼，手持一槌正在捣制食物。

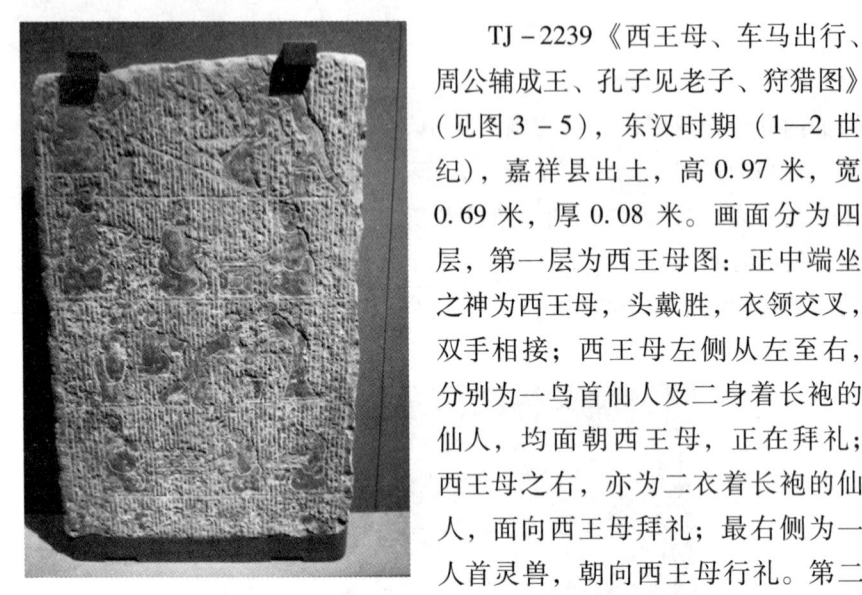

图 3-4 《曾母投杼、六博、庖厨图》

TJ-2239《西王母、车马出行、周公辅成王、孔子见老子、狩猎图》（见图3-5），东汉时期（1—2世纪），嘉祥县出土，高0.97米，宽0.69米，厚0.08米。画面分为四层，第一层为西王母图：正中端坐之神为西王母，头戴胜，衣领交叉，双手相接；西王母左侧从左至右，分别为一鸟首仙人及二身着长袍的仙人，均面朝西王母，正在拜礼；西王母之右，亦为二衣着长袍的仙人，面向西王母拜礼；最右侧为一人首灵兽，朝向西王母行礼。第二层为车马出行图：中为一马所驾之轺车，前为御者，车中坐一人；车前有二步卒引导，肩扛兵械；车后有一步行侍从跟随。第三层右格为周公辅成王的故事：中间一小儿冠服者为成王，其左侧周公手持黄罗伞盖，其右侧一臣子躬身行礼；画面左格为孔子见老子的故事：左侧老子拄曲杖躬身迎接孔子及其弟子，右侧孔子面向老子躬身施礼，二圣之间的小儿是项橐，孔子身后一弟子相随。第四层为狩猎图：最右面为二猎人，一人肩扛竿，一人扛弩机，前有二猎犬正在追捕两只奔鹿；左侧为一人，手牵猎犬，放飞猎鹰，也在猎捕一只奔鹿。

图 3-5 《西王母、车马出行、周公辅成王、孔子见老子、狩猎图》

TJ-4796-7《建鼓、乐舞、百戏图》（见图3-6），东汉时期（1—2世纪），鱼台县出土，高0.67米，宽0.61米，厚0.1米。画面自上而下分为三层：第一层为建鼓

图：虎座建鼓立中央，两侧二人边击边舞；第二层为舞蹈图：左边二人长袖起舞，右一人跳丸；第三层为奏乐人物，左边三人摇鼗，中间一人击节，右边一人抚琴。

图 3-6 《建鼓、乐舞、百戏图》

第四节 济宁汉代画像石的建筑形式及典型遗存

济宁汉代画像石的建筑形式多样，有祠堂、石阙、石椁、石墓等。画像石既是配置于这些墓葬建筑物表面上的刻画装饰，同时又是其组成构件。

一 祠堂

祠堂又名"享堂""食堂"等，被古人认为是祖先亡灵所在之地，在此进行斋戒、陈献祭食等祭祀活动。东汉王充云："古礼庙祭，今俗墓祀"，皆为"鬼神所在，祭祀之处"[①]。汉代由于厚葬风气的影

---

① （汉）王充：《论衡》卷23《四讳篇》，《景印文渊阁四库全书》第862册，上海古籍出版社1987年影印本，第275页。

响,墓地上建祠立阙已成为普遍的现象。西汉桓宽《盐铁论·散不足篇》云:"今富者积土成山,列树成林,台榭连阁,集观增楼。中者祠堂屏阁,垣阙罘罳。"① 东汉王符《潜夫论·浮侈篇》亦云:"今京师贵戚,郡县豪家,生不极养,死乃崇丧,或至刻金镂玉,檽梓梗楠,良家造茔,黄壤致藏,多埋珍宝,偶人车马。造起大塚,广种松柏,庐舍祠堂,崇侈上僭。"② 为了显示祠堂主人的显赫地位及子孙的至孝之心,所建祠堂往往雕文刻画,奢华之极,正如《武梁碑》所云:"前设坛墠,后建祠堂。良匠卫改,雕文刻画,罗列成行,摅骋技巧,委蛇有章。"③ 这就为后世留下了众多的祠堂画像石,如嘉祥武氏祠、金乡朱鲔石室等,兹以嘉祥武氏祠为例加以说明。

武氏祠,位于嘉祥县城南15千米处武宅山北面,与武氏石阙、石狮共同组成了东汉武氏家族墓地上的石刻建筑群。武氏家族,史籍无载,据武氏石阙铭和碑文记载,武氏诸祠堂约建于东汉晚期的桓、灵时期。大约宋代以后,武氏祠倾毁湮没于地下。迨至清代乾隆五十一年(1786),金石学家、济宁运河同知黄易,自豫东还,经嘉祥县署,依据县志所载,亲赴实地访查,发现了武氏祠诸碑及画像石。黄易与好友李克正、李东琪等人,"就其地创立祠堂,垒石为墙,第取坚固,不求华饰。分石刻四处,置诸壁间。中立武斑碑,外缭石垣,围双阙于内,题门额曰'武氏祠堂'"④。黄易等人除武梁祠仍沿用其名外,又根据与武梁祠的位置关系,分别定名为"前石室""后石室""左石室"等。根据祠堂画像榜题及画像内容,并对照碑文所载各人的生平经历,可以肯定武梁祠的主人即为武梁,前石室属于武荣,左石室可能属于武梁之弟武开明,而后石室遗存构件较少,不能确定是否属于武斑。从复原的武氏诸祠堂可以看出,在祠内的墙壁、

---

① (汉)桓宽:《盐铁论校注》卷6《散不足篇》,《新编诸子集成》第一辑,王利器校注,中华书局1992年标点本,第353页。
② (汉)王符:《潜夫论》卷3《浮侈第十二》,《景印文渊阁四库全书》第696册,上海古籍出版社1987年影印本,第379页。
③ (宋)洪适:《隶释》卷6《从事武梁碑》,《石刻史料新编》第1辑第9册,新文丰出版公司1977年版,第6822页。
④ (清)翁方纲:《两汉金石记》卷15《钱塘黄易修武氏祠堂记》,《石刻史料新编》第1辑第10册,新文丰出版公司1977年版,第7428页。

屋顶以及三角隔梁石和小龛内部刻满了画像,内容丰富,布局层次分明,井然有序。武氏祠堂画像石大多采用减地平面线刻的技法,雕刻精工细致,画像凝重醒目,称得上是汉代画像石的代表作。

二 石阙

阙,古称为"观"。《尔雅·释宫》曰:"观谓之阙"①;东汉许慎《说文解字》云:"阙,门观也。"②西晋崔豹《古今注》则解释说:"古每门树两观于前,所以标表门宫也。其上可居,登之则可远观,故谓之'观'。人臣将至此,则思其所阙,故谓之阙。其上皆丹垩,其下皆画云气仙灵、奇禽怪兽,以昭示四方焉。"③崔豹所言立于宫门两侧之阙,实际上在祠庙、陵墓等前面也多建有,左右对称。郦道元《水经注·谷水》云:"门必有阙者何?阙者,所以饰门,别尊卑也。"④可以说,阙是被古代统治者用来标饰门面、炫耀权势的。石阙上多刻有画像图案以增强其美感与神圣,这就是画像石阙。兹以武氏祠双阙为例,加以说明。

在嘉祥武氏墓地上矗立着一对石阙(见图3-7),与两只石狮相配列,共同组成了整个墓地建筑组群的序幕。石阙现存原地,上建覆室加以保护,是国内保存至今最完整的汉代石阙之一。双阙东西对称,相距6.15米,面朝西北。阙高4.3米,子母阙形制,由覆斗状基座、阙身、栌斗和重檐四注阙顶四部分组成,全部用雕刻有画像的石块构砌而成。在阙身及基座、栌斗与正阙重檐顶之间的栌柱上,都刻有画像或花纹。画像采用减地平面线刻的雕刻技法,每面画像都用多重花纹组成通体统一的边饰边框之内以横栏分层,分别雕刻画像内容。西阙母阙阙身刻有武氏石阙铭,隶书,八行,行十二字,末行九字,共计九十三字,云:

---

① (西晋)郭璞注,(宋)邢昺疏:《尔雅注疏》卷4《释宫》,《十三经注疏》(下册),中华书局1980年版,第2597页。
② 《说文解字注》卷23上,中华书局1963年版,第248页。
③ (西晋)崔豹:《古今注》卷上《都邑第二》,《景印文渊阁四库全书》第850册,上海古籍出版社1987年影印本,第103页。
④ (北魏)郦道元:《水经注校证》卷16《谷水》,陈桥驿校证,中华书局2007年标点本,第398页。

"建和元年，太岁在丁亥三月庚戌朔四日癸丑，孝子武始公、弟绥宗、景兴、开明，使石工孟孚、李弟卯造此阙，直（值）钱十五万；孙宗作师（狮）子，直（值）四万。开明子宣张仕济阴，年廿五，曹府君察举孝廉，除敦煌长史，被病夭没，苗秀不遂。呜呼哀哉，士女痛伤。"① 由此题铭可知，武氏石阙建于东汉桓帝建和元年（147），是已知武氏家族墓地石刻最早的一组建筑。

图3-7 嘉祥武氏墓地的石阙

三 石椁

石椁亦作"石郭"，石制的外棺，套在棺材外部，以使棺内的尸体不受伤害。《礼记·檀弓上》曰："昔者夫子居于宋，见桓司马自为石椁，三年而不成。夫子曰：'若是其靡也，死不如速朽之愈也。'"② 石椁最早出现于孔子生活的春秋时期，但雕刻有画像的石椁则到了西汉中后期才出现，西汉末年、东汉初期最为流行。画像镌刻在石椁的内外壁板上，内容则以辟邪、升仙、享乐为主。迄今为止，

---

① （清）翁方纲：《两汉金石记》卷15《汉武氏石阙铭》，《石刻史料新编》第1辑第10册，新文丰出版公司1977年版，第7431—7432页。

② 《礼记正义》卷8《檀弓上》，《十三经注疏》（上册），中华书局1980年版，第1290页。

第三章　济宁画像石与汉代社会

济宁发现了大量两汉时期的石椁画像，如原济宁师范高等专科学校石椁画像、济宁肖王庄石椁画像、兖州农业技术学校石椁画像、曲阜"东安汉里"石椁画像、邹城卧虎山石椁画像、微山岛沟南石椁画像、金乡香城堌堆石椁画像，等等。兹以画像最为丰富的邹城卧虎山石椁画像为例加以介绍。

卧虎山画像石椁墓，位于邹城市西南郭里镇上镇头村北卧虎山上，1980年当地村民开山采石时发现，文物部门于20世纪90年代初进行考古发掘。墓室多依山而建，凿石为圹，然后建筑石椁板。画像则刻于石椁的壁板上，均为阴线刻，人物衣着细部加饰麻点，布局疏松，线条朴拙。从发现的五铢钱及汉画风格分析，为西汉晚期墓群。1991年，在卧虎山东侧发掘一石椁墓，属于单石椁墓，墓南北长3.4米，东西宽2.05米。墓室内石椁长2.45米，宽0.75米，包括石椁画像四块，分别刻在石椁里面的头部挡板、足部挡板及左、右侧板上。头部挡板刻的是铺首衔环；足部挡板刻三只鸟；西椁板画像三组，自左向右分别为车马出行、双阙、双鸟衔鱼；东椁板稍有残泐，刻有跪射武士、厅堂、猪虎相斗等，整座石椁画像表现出的内容是辟邪。1995年，在卧虎山西北坡发掘了一座西汉晚期的多椁墓室，内有石椁四座，大小不一，其中最南端石椁刻有画像。该石椁长2.47米，宽0.94米，深0.84米，石板内外两面都刻有画像。头部挡板内面刻画龙和仙鸟仙人；足部挡板刻画了一位手持鸠杖的老人，正要接受仙女敬献的仙桃；左侧椁板内画面分为三格，自左而右分别是杂技、乐舞与车马出行、西王母；右椁板内画面亦分三格，自左往右分别是门阙迎归、车马出行与相马、泗水捞鼎。画像石反映的主题除辟邪外，还有献寿敬老、宴乐享乐。石椁外表亦有画像：头部挡板刻画的是铺首衔环，铺首之上左、右各有一只咆哮的猛虎，铺首之下左、右各有一只猛犬；足部挡板刻画有数只飞鸟；左侧椁板画像三格，自左向右分别是历史故事、神仙世界、猛兽；右侧椁板画像亦三格，自左向右为迎归、武士、扶桑树。①

四　石墓

在汉代事死如生的厚葬风俗的影响下，地下墓葬建筑日趋宅第

---

① 朱正昌主编：《汉画像石》，山东友谊出版社2002年版，第73—83页。

化，即仿照生前的居住建筑而营造墓室，因而当时也把地下的墓葬建筑称作"宅""室"等，或全部用石材砌筑，或用砖石混筑而成。从目前考古发掘资料来看，大约在西汉武帝时期，山东出现了小型单室画像石墓。西汉末至东汉早期，除了单室画像石墓外，又出现了双室或三室画像石墓，而这种墓葬形制至东汉中后期变得十分普遍。画像石一般位于墓门、墓室甬道、墓室墙壁、立柱、过梁、横额等处，内容丰富，题材广泛。自新中国成立后，山东地区陆续出土了一批画像石墓，著名者如沂南北寨画像石墓、安丘董家庄画像石墓、诸城前凉台画像石墓等。济宁也有汉代画像石墓的发现，最近一次，如2014年6月至10月，山东省文物考古研究所、济宁市文物局、嘉祥县旅游文物局联合对嘉祥县疃里镇旷山村东北旷山汉墓进行了考古发掘。该墓由封土、墓道、墓门、前后墓室以及盛放器物的南北耳室、侧室以及回廊构成，除墓道外，其余部分全部用石头砌成。尽管遭过严重的盗掘破坏，但残留的画像石仍然十分精美。前墓室墙壁刻有马、人物图形以及人面蛇身的伏羲画像，过梁石（因盗墓者破坏断成两截）上刻有车马出行图。后墓室有一块长三米多、宽一米多的画像石，镌刻着水波纹、菱形纹、垂帐纹等几何纹样。[①]

第五节　济宁汉代画像石的内容

济宁汉代画像石的内容极为丰富，几乎将天地鬼神、人世古今、世间万物等一切虚幻与现实的世界都纳入其中，可谓是一部汉代的百科全书。依据所反映内容的主体区分，大致可归纳为神仙世界、人类世界与自然世界三类。

一　神仙世界

"万物有灵"的观念贯穿于迄今为止人类的全部历史，尤其是在两汉时期，鬼神信仰更是繁盛一时。汉初，黄老思想流行，道家思想

[①] 参见胡广跃、孙坤《嘉祥旷山汉画像石墓相关问题考证》，《碑林集刊》2015年第21辑。

第三章　济宁画像石与汉代社会

空前兴盛。汉武帝时虽"罢黜百家，独尊儒术"，但又"尤敬鬼神之祀"，在宫室里"作画云气车，及各以胜日驾车辟恶鬼"①。此后诸帝也大都笃信升仙之道，大建神祠，博征方士，召鬼神，访仙术，以求长生。同时，又把谶纬学说和阴阳五行、神仙方术结合起来，"天人感应"思想笼罩着汉魏社会达三百年之久。正是在这种浓厚的社会文化氛围影响下，济宁汉代画像石中充斥着大量有关神鬼信仰的内容，经常出现的神话人物有西王母、东王公、伏羲、女娲、雷公、电母、风伯、雨神、北斗星君等，他们无一不是人格化的神，寄予了人们对神力的崇拜和对永生的向往。另外，奇禽异兽、祥瑞灵征等也都是济宁画像石中一个常见的主题。

西王母被中国古人认为是西极昆仑山的一位女神，文献最早对其进行记载的当是《山海经》，书中多次描绘西王母的形象："又西三百五十里，曰玉山，是西王母所居也。西王母其状如人，豹尾虎齿而善啸，蓬发戴胜，是司天之厉及五残"②；"西王母梯几而戴胜杖，其南有三青鸟，为西王母取食"③；"（昆仑之丘）有人戴胜，虎齿，有豹尾，穴处，名曰'西王母'。"④《山海经》中的西王母，给我们留下了一个豹尾虎齿、蓬发戴胜而穴居的神怪形象。至周代时，人们把西王母神话传说与周穆王驾八骏西游昆仑并相会西王母于瑶池的历史故事相联系，使得西王母形象逐渐人格化，由《山海经》中一个穴居善啸、人兽合体、面目狰狞的天神，转变为《穆天子传》中一个雍容典雅、熟谙世情、能唱歌谣的女神："吉日甲子，天子宾于西王母，乃执白圭玄璧，以见西王母。好献锦组百纯，□组三百纯，西王母再拜受之。□乙丑，天子觞西王母于瑶池之上。西王母为天子谣曰：'白云在天，山陵自出。道里悠远，山川间之。将子无死，尚能复来。'天子答之曰：'予归东土，和治诸夏。万民平均，吾顾见汝。

---

① 《史记》卷12《孝武本纪》，中华书局1959年标点本，第451、458页。
② 《山海经》卷2《西山经》，《景印文渊阁四库全书》第1042册，上海古籍出版社1987年影印本，第16页。
③ 同上书，第65页。
④ 同上书，第77页。

比及三年，将复而野。'"① 而至汉代，神仙方术思想极其浓厚，人们热衷于追求长生，在这种社会思想影响下，西王母逐渐演变为昆仑山仙境中掌管不死之药、法力无边的女神，成为汉代人们祈福求仙的对象。如《淮南子·览冥训》中就有"羿请不死药于西王母，姮娥窃以奔月"②的记载；司马相如所作《大人赋》亦云："西望昆仑之轧沕洸忽兮，直径驰乎三危。排阊阖而入帝宫兮，载玉女而与之归。舒阆风而摇集兮，亢乌腾而一止。低回阴山翔以纡曲兮，吾乃今目睹西王母曤然白首。载胜而穴处兮，亦幸有三足乌为之使。必长生若此而不死兮，虽济万世不足以喜。"③ 所以，在汉代热衷长生的历史背景下，西王母受到时人的极度崇奉，故画像石中经常出现西王母的形象。

汉代画像石中的西王母，往往是戴胜、正中端坐、双手合于胸前的形象，在其周围，还聚集着众役使，有献灵芝、仙草、玉浆的仙人，捣药的玉兔，举臼的灵蟾，取食的青鸟，以及三足乌、九尾狐等。济宁汉代画像石中的西王母形象，最早出现在石椁上。如1995年发掘出土的邹城卧虎山2号墓石椁画像石，属于西汉晚期，其中南椁板内侧左格刻画的是西王母仙界图：西王母戴胜，凭几正面端坐，左右各有二侍者跪地侍奉，面前有玉兔捣药、三青鸟、九尾狐和衔连珠的双凤，空白处填祥云。又如中国历史博物馆藏嘉祥县洪山村出土的东汉早期《西王母、作坊、胡汉交战画像》（见图3－8）④，画面最上层描绘的是西王母形象：西王母戴胜，端坐于几前，身旁左右各一持仙草跪侍者；右又有立姿蟾蜍，双手各持一剑；有鸟首人身者持笏板跪坐；右有三足乌，下有三只玉兔捣药、调药；最后端为九尾狐蹲立，且佩长剑。再如嘉祥县武氏祠文管所藏嘉祥村出土的东汉早期《西王母、玉兔、云车、狩猎画像》（见图3－9）⑤，画面五层，图为第一、二层。

---

① 《穆天子传》卷3，《景印文渊阁四库全书》第1042册，上海古籍出版社1987年影印本，第254页。
② 《淮南子集释》卷6《览冥训》，《新编诸子集成》第一辑，中华书局1998年版，第501页。
③ 《史记》卷117《司马相如列传》，中华书局1959年标点本，第3060页。
④ 中国画像石全集编辑委员会编：《中国画像石全集》第2册，第87页。
⑤ 同上书，第117页。

第一层，西王母正中端坐，双手合于胸前，左右各一跽献仙草者、披发站立持仙草者，左右两端各有鸡首人身兽持仙草向西王母跪献。第二层，亦为西王母的随从侍者，左刻三只疾飞的青鸟所拉云车，车前一仙人披发骑兔举幡；正中为二玉兔捣药；右边是前后两头共身的怪兽，兽背上仙人吹竽；双头兽右边一长发仙人，手牵三足乌和九尾狐。

图 3-8　《西王母、作坊、胡汉交战画像》

图 3-9　《西王母、玉兔、云车、狩猎画像》（局部）

与西王母相伴的每一种灵物，都有着特殊的含义。如蟾蜍，在神话中是一种神性的动物，传说是嫦娥的化身。《初学记》记载："羿请不死之药于西王母，羿妻姮娥窃之奔月，托身于月，是为蟾蜍，而为月精。"① 所以，蟾蜍出现在西王母的仙境中，借指嫦娥或月亮，

---

① （唐）徐坚等：《初学记》卷1《天部上·天第一》，中华书局1962年版，第4页。

图 3-10 《嘉祥宋山小祠堂西壁画像》

作为西王母的侍从，或手持兵器与神兽并肩作战，或手握玉杵捣药。手持兵器者，如上文提到的《西王母、作坊、胡汉交战画像》，蟾蜍双手各持一剑；捣药者，如《嘉祥宋山小祠堂西壁画像》（见图3-10）①，西王母端坐于榻上，两侧有羽人侍奉，左边有玉兔、蟾蜍捣药。蟾蜍所捣之药，可助世人升仙，而西王母代表着"不死"与"法力无边"，因而蟾蜍成为西王母仙境中重要的升仙意象。而玉兔，传说中亦是嫦娥的化身，因偷食羿自西王母处所求得的不死药而奔月成仙，受到玉帝惩罚，遂将其变成玉兔，每到月圆时，就惩罚其在月宫里为天神捣药。蟾蜍和玉兔与月相连，代表乾坤中的"阴"，都蕴含有长生之意。九尾狐亦作为西王母的侍从，是一个祥瑞之兽，具有辟邪之意。如《白虎通义》云："狐九尾何？狐死首丘，不忘本也，明安不忘危也。必九尾者何？九妃得其所，子孙繁息也。于尾者何？明后当盛也。"②《白虎通义》将其与国家政治联系起来，使其成为预示政治昌明的瑞兽，并对"狐"和"九尾"二词做了专门解释，"狐"取其不忘本之意，"九尾"取其子孙繁衍旺盛之意。与九尾狐伴生的灵兽，是三足乌。三足乌是长着三条腿的乌鸦，是太阳的象征，如《山海经·大荒东经》中就有"汤谷上有扶木，一日方至，一日方出，皆载于乌"③之说，但未言此"乌"为"三足乌"。到了汉以后，日中有"三足乌"之说才开始流行。如王充《论衡·说日篇》云："日中有三足乌。"④"乌鸦"物象在中国人心目中是不祥的征兆，然而纵观几千年的中国历史，三足

---

① 中国画像石全集编辑委员会编：《中国画像石全集》第1册，第66页。
② （汉）班固：《白虎通义》卷下《德论下·封禅》，《景印文渊阁四库全书》第850册，上海古籍出版社1987年影印本，第37页。
③ 《山海经》卷14《大荒东经》，《景印文渊阁四库全书》第1042册，上海古籍出版社1987年影印本，第71页。
④ 《论衡》卷11《说日篇》，《景印文渊阁四库全书》第862册，上海古籍出版社1987年影印本，第140页。

乌却一直深得人们的崇敬与喜爱，被历代君王视为祥瑞之兆。从汉代开始，三足乌被赋予了慈孝的伦理色彩，如《宋书·符瑞下》云："三足乌，王者慈孝天地则至。"① 所以，三足乌在汉代画像石中多次出现就不足为奇也。画像石中的三足乌，有的单独或与九尾狐站在太阳之中，有的则围绕在西王母身边。从表面上看，九尾狐与三足乌有一共性，即名字中都有一奇数，前者为"九"，后者为"三"。《后汉书·天文上》刘昭注引张衡《灵宪》云："日者，阳精之宗。积而成鸟，象乌而有三趾。阳之类，其数奇。月者，阴精之宗。积而成兽，象兔。阴之类，其数耦（偶）。其后有冯焉者。羿请无死之药于西王母，姮娥窃之以奔月。将往，枚筮之于有黄，有黄占之曰：'吉。翩翩归妹，独将西行，逢天晦芒，毋惊毋恐，后其大昌。'姮娥遂托身于月，是为蟾蜍。"② 也就是说，按照阴阳学说，太阳属阳，阳是奇数，故三足乌的形象就比一般的乌鸦多了一条腿。"画像石中选择三足乌形象，最主要的目的就是照明，让太阳进入黑暗的地下世界，使不见天日的墓室如同白昼，令逝去的墓主继续生活在温暖和光明之中。"③ 在常见的画像石西王母图像系统里，西王母的部众包括玉兔、蟾蜍、九尾狐、三足乌等，蟾蜍和玉兔是一对组合，九尾狐和三足乌是一对组合。青鸟也会经常出现在西王母身边，它是西王母的使者，也是文献所见西王母的第一个仆从。《山海经·海内北经》云："西王母梯几而戴胜杖，其南有三青鸟，为西王母取食"④；又《山海经·大荒西经》曰："有三青鸟，赤首黑目，一名曰大鵹，一名少鵹，一名曰青鸟。"⑤ 青鸟是中国古代传说中的神鸟，色泽亮丽，体态轻盈，人间不能相见，唯在蓬莱仙山可见，但是蓬莱无路，只有靠青鸟传信。"从鸟和西王母的密切关系看，画像中青鸟有两种形态，第一

---

① 《宋书》卷29《符瑞下》，中华书局1974年标点本，第841页。
② 《后汉书》志第十《天文上》，中华书局1965年标点本，第3216页。
③ 张从军、李为：《图说山东汉画像石》，山东美术出版社2013年版，第64页。
④ 《山海经》卷12《海内北经》，《景印文渊阁四库全书》第1042册，上海古籍出版社1987年影印本，第65页。
⑤ 《山海经》卷16《大荒西经》，《景印文渊阁四库全书》第1042册，上海古籍出版社1987年影印本，第76页。

种是自然鸟，第二种是半人半鸟的形象。"① 不论哪一种形态，它在汉代画像石上常见于西王母周围。

东王公又称木公、东皇公、东华帝君等，最迟在汉代已有记载。如《说郛》引东方朔《神异经》云："东荒山中有大石室，东王公居焉。长一丈，头发皓白，人形鸟面而虎尾，载一黑熊，左右顾望。恒与一玉女投壶，每投千二百矫，设有入不出者，天为之噫嘘；矫出而脱悮不接者，天为之笑"②；"昆仑之山，有铜柱焉，其高入天，所谓天柱也。围三千里，周圆如削。下有回屋，方百丈，仙人九府治之。上有大鸟，名曰希有，南向，张左翼覆东王公，右翼覆西王母。背上小处无羽，一万九千里。西王母岁登翼，上之东王公也。"③ 可见，《神异经》所描绘的东王公居住在东荒山的大石室里，身高一丈，满头白发，人形鸟面，身长虎尾，坐骑黑熊，每年西王母都会登上希有之翼以与之相会。东王公的出现，与当时社会浓厚的阴阳五行思想是分不开的。汉代以前，当方士们为宣传"长生不死"观念而杜撰出了西王母的时候，文献中并无关于东王公的记载。随着西王母神仙形象逐渐地深入人心，作为女仙的她虽有逍遥自得之乐，却显得寂寞孤单，《穆天子传》中"将子无死，尚能复来"，就殷切盼望周穆王再登昆仑，这种孤寂已多少有些流露。司马相如《大人赋》写道："载胜而穴处兮，亦幸有三足乌为使。必长生若此而不死兮，虽济万世不足以喜！"④ 司马相如在赋中对西王母的长生不死、"济万世"丝毫并无羡慕之感，反而对其孤寂感到十分同情。所以，在阴阳五行思想的影响下，汉代便出现了东王公这一男神，正好与西王母对举而奉祀。西王母是代表"阴"的女神，而东王公则代表"阳"的男神，这一女一男、一阴一阳，甚是和谐美好。到了汉末道教，西王母被认为是由先天阴气凝聚而成的女神，主管女仙，执掌昆仑仙山；而先天阳气凝聚而成为东王公，主管男仙，执掌蓬莱仙岛。

---

① 张从军、李为：《图说山东汉画像石》，山东美术出版社2013年版，第64—65页。
② （元）陶宗仪：《说郛》卷66上，《景印文渊阁四库全书》第879册，上海古籍出版社1987年影印本，第552页。
③ 同上书，第558页。
④ 《史记》卷117《司马相如列传》，中华书局1959年标点本，第3060页。

第三章 济宁画像石与汉代社会

济宁汉代画像石上的东王公大约到东汉中后期才出现，东王公一般与西王母东西相对，正面端坐，居于画面的最高位置，身旁有数量不等的仙人和祥禽瑞兽侍奉。二者最显著的区别，一是西王母大都戴胜，东王公则大都戴冠；二是西王母画像多位于西面，东王公则位于东面。济宁汉代画像石中的东王公大多情况下单独存在，如《武氏祠左石室东壁上石画像》（见图3-11）[1]，为东汉桓帝时期，第一层的锐顶部分，东王公端坐于正中榻上，周围及两侧有各种形状的羽人、蟾蜍、人首鸟身者及奇禽怪兽；又如武氏祠前石室东壁上石画像[2]，为东汉灵帝时期，画面第一层锐顶部分，正中端坐东王公，周围有羽人侍奉，两侧有各种神异禽兽。但是，也有东王公与西王母同在一起的情况，不过数量较少。如武氏祠左石室屋顶前坡东段画像[3]，为东汉桓帝时期，画面分为上下两层，其中下层为：右上刻西王母、东王公端坐于云上，周围有男女羽人侍奉，其下及左边各停一翼马驾骈车。东王公与西王母一样，在汉画像石中多次出现，成为民众心目中驱恶祛邪的神灵。

图3-11 《武氏祠左石室东壁上石画像》（局部）

在我国古老的文化中有着浓厚的始祖情怀，伏羲和女娲便被人们尊为始祖神而受到崇祀。传说，伏羲、女娲是兄妹，结合于昆仑山上，生儿育女，遂有了人类。所以，在汉代画像石中就经常出现以伏羲、女娲为题材的画面，其二人还被赋予了创世的意义。伏羲与女娲也是济宁汉代画像石中经常出现的神仙人物，多数情况下二者是作为西王母、东王公的侍从而存在，被安排到黄帝神农的行列而与古圣先

---

[1] 中国画像石全集编辑委员会编：《中国画像石全集》第1册，第52—53页。
[2] 同上书，第36页。
[3] 同上书，第62页。

皇齐名。如《武梁祠西壁画像》（见图3-12）①，为东汉桓帝时期，第一层锐顶部分刻画了西王母端坐正中，两侧有羽人、玉兔、蟾蜍、人首鸟身等灵异侍奉；第二层，自右而左依次刻尾部相交的伏羲与女娲、祝诵、神农、黄帝、颛顼、帝喾、帝尧、帝舜、夏禹、夏桀等古帝王图像。微山县文化馆藏微山两城镇出土的东汉中晚期《西王母、伏羲、女娲画像》②，西王母正中端坐，伏羲与女娲执便面分立两侧，下体做蛇尾交盘，尾连二朱雀。邹城孟庙藏邹城黄路屯村出土的东汉中期《伏羲、女娲、东王公画像》（见图3-13）③，画面上部刻东王公拱手端坐，两侧为伏羲、女娲，尾部相交，手举日轮，下部刻三鸟啄鱼。武氏祠左石室后壁小龛西侧画像④，为东汉桓帝时期，第三层刻伏羲、女娲执规矩，蛇尾相交，其间有二羽人举手相牵，亦蛇尾相交，另缀蛇尾羽人和卷云纹。嘉祥武氏祠文管所藏嘉祥纸坊镇敬老院出土的东汉早期《高禖、伏羲、女娲、孔子见老子、升鼎画像》⑤，上层中间刻高禖头戴"山"字冠，三角眼，阔嘴露齿，一手抱伏羲，一手抱女娲，女娲与伏羲尾部并不相交。山东省博物馆藏嘉祥刘村洪福院出土的东汉早期《伏羲、女娲、戏蛇、升鼎画像》⑥，上层残泐

图3-12 《武梁祠西壁画像》（局部）

图3-13 《伏羲、女娲、东王公画像》（局部）

① 中国画像石全集编辑委员会编：《中国画像石全集》第1册，第29页。
② 中国画像石全集编辑委员会编：《中国画像石全集》第2册，第32页。
③ 同上书，第77页。
④ 中国画像石全集编辑委员会编：《中国画像石全集》第1册，第56页。
⑤ 中国画像石全集编辑委员会编：《中国画像石全集》第2册，第107页。
⑥ 同上书，第115页。

第三章 济宁画像石与汉代社会

较为严重，但可以看出右侧为伏羲与女娲，蛇尾并未相交，而是呈蜷缩状。伏羲、女娲大多数情况下为合刻，但也有少数单刻。如嘉祥武氏祠文管所藏武氏东阙正阙身西面画像①，刻于汉桓帝建和元年（147），画像上部刻铺首衔环，中刻人身蛇尾、戴冠执矩的伏羲，其身上有后人隶书题刻"武氏祠"三字。由上可见，济宁汉代画像石中的伏羲与女娲形象，在整体刻画上基本保持了一致，但在细节上还是存有一些差异：一是二者尾部是否相交；二是所举之物为规、矩，还是日、月，少数者为便面。尾部相交，表示了阴阳相合，以孕育人类；尾部不相连，一般呈现半人半蛇，尾部蜷缩状。伏羲和女娲所持之物，或为规矩，符合"天圆地方"的理念，正是将其当作"规天矩地，创造万物"的始祖神；或为日月，亦与开天辟地有关。伏羲、女娲或由神人怀抱，但更多的则被安排在西王母、东王公身旁，这就意味着其中两位能致人长生不死、永享富贵，另两位则化育人类、子嗣绵延，这正是汉代人的普遍企求。

济宁汉代画像石中常见的神灵除了东王公、西王母、伏羲、女娲之外，还有雷公、电母、风伯、雨神、北斗星君等。如《武氏祠左石室屋顶前坡西段画像》（见图3-14）②，为东汉桓帝时期，画面上下分为四层，其中第二层刻雷公出行施威图：雷公乘坐于五羽人拽拉的云车上，执

图3-14 《武氏祠左石室屋顶前坡西段画像》（局部）

桴击建鼓；车后有吹风的风伯和羽人；右边卷云上有电母、雨神执鞭、抱壶；拱虹下雷公执锤，俯身下击一披发伏地者；右端一妇女抱小儿做跌扑状。又如武氏祠前石室屋顶前坡西段画像③，为东汉灵帝时期，画面上下分为四层：第一层，刻仙人出行图：仙人乘云车、驾异兽左向行，前后有羽人骑异兽导从，左端一人执笏恭迎，右端有风伯；第二层，刻雷公出行图：左边六童子拽鼓车右向行，车后二人推

---

① 中国画像石全集编辑委员会编：《中国画像石全集》第1册，第18页。
② 同上书，第63页。
③ 同上书，第49页。

车,雷公坐于车上执槌击鼓;右边有电母执鞭、神女抱瓿和雷公执斧,钻下击披发跪伏者;第三层,右端有风伯左向吹动两列鸟首、兽首和羽人身的勾连云气;第四层,刻北斗星君出行图:星君坐于七星组成的魁状车上,车左三人执笏右向恭立,车右二人跪、二人立;另一小羽人执小星行于魁柄上;右边一导骑、一辎车左向行,后一人恭送。雷公、电母、风伯、雨神、北斗星君等都是古人自然崇拜的体现,表达了祈求风调雨顺、生活富足的愿望。各自然神的形状皆有特征,如雷公作持槌击鼓状,电母作手握闪电形长鞭状,风伯作吹风状,雨神作持瓶倒水状,北斗星君作乘坐北斗星座上的云车状,等等。

在西王母、东王公、伏羲、女娲、雷公、电母、风伯、雨神、北斗星君等众神灵周围,聚集着生有羽翼的仙人、狗、马、鱼、龙、牛、猴、鸡、鸟等,皆是羽化升了天的。仙人有的乘龙,有的骑鹿,有的驾云车、鹿车、鱼车、凤凰车,还有马头人、狗首人、多头人、人头鱼、鸟头鱼、多头兽等,还有随处可见的青龙、白虎、朱雀、玄武等,完全是一个神妙的仙界。这反映出了汉代人对神鬼的迷信,对升仙长寿的幻想,以及驱鬼辟邪、禳灾除祸、积德致瑞的愿望。

二 人类世界

人类世界是济宁汉代画像石所反映的主体,描绘了汉代人的生产、生活状况以及以往的历史人物故事等。依据画面所表达的时间不同,可将之分为现实世界与历史世界两类。

(一) 现实世界

这一类题材的画像石主要反映了汉代当时的社会生产、社会生活、胡汉战争等状况。

1. 社会生产

画像石中刻绘有关生产的内容,其本来目的并不是为了表现生产劳动,而是欲显耀地主庄园的富有、附徒的众多等,毕竟有能力修建石祠堂或画像石墓的不是普通百姓,而是各地拥有大量财富的豪强地主,他们妄图死后继续占有这一切。这类反映社会生产状况的画像石数量不多,这或许与古代统治者轻视生产劳动有关,尽管如此,其写实的题材生动反映出汉代的社会生产状况,如渔猎、农耕、造车、酿酒等。

(1) 渔猎

在生产题材的画像石中,有关渔猎内容的是最多的。捕鱼、狩猎活动,尤其是狩猎,对于贵族豪强来说,主要是一种田猎游幸的行为,春秋时节,他们驾车唤犬,纵猎山林,逐走射飞。而对于百姓来说,捕鱼、狩猎则是农业以外的副业生产,而大部分狩猎、捕鱼的画面都是劳动人民的形象,属于生产活动的景象,这些内容表现了当时社会生产和地主庄园中的经济活动及其社会意义。在渔猎的画面中,有张弩、执戟、荷竿、擎鹰、放犬、射鸟、罩鱼、垂钓、投刺、棹舟、撒网等形象,有的猎罢归来,抬着猎获之物趋趋而行。济宁地区依山傍水,富有天然的野生资源,狩猎与捕鱼的场景在济宁汉代画像石中有生动的反映。济宁市博物馆藏原济宁师范高等专科学校出土的西汉时期十号石椁墓东壁画像①,最右格刻画的是渔猎的场景:中间一猎人纵马奔驰,其前后四猎犬追逐二奔鹿,后三步卒肩扛猎具;左下角用两条曲线隔出一块水面,水中二人撑舟,一人执罩捕鱼。曲阜孔庙藏微山两城出土的东汉中晚期《水榭、人物画像》(见图3-15)②,画面下层有水榭一座,榭下水中游鱼可见,一人摇橹划船,二人在船上射鸟,拉网捕鱼,又一人叉鱼,一人罩鱼。嘉祥县武氏祠文管所藏嘉祥村出土的东汉后期《西王母、玉兔、云车、狩猎画像》(见图3-16)③,画面第五层为狩猎图:最右面为二猎人,一人肩扛竿,一人扛弩机,前有二猎犬正在追捕两只奔鹿;左侧为一人,手牵猎犬,放飞猎鹰,也在狩猎。济宁市博

图3-15 《水榭、人物画像》

---

① 中国画像石全集编辑委员会编:《中国画像石全集》第1册,第74页。
② 中国画像石全集编辑委员会编:《中国画像石全集》第2册,第35页。
③ 同上书,第117页。

▷▷ 石刻中的山东古代社会

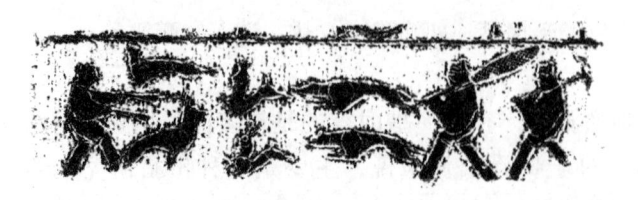

图3-16 《西王母、玉兔、云车、狩猎画像》（局部）

物馆藏原济宁师范高等专科学校出土的西汉后期《渔猎、厅堂、门阙画像》①，画面三格，左格为渔猎图：左端刻一舟，舟上一人撑船，一人正引弓射雁；水中二游鱼，一鱼鹰衔一鱼；岸上三猎狗追逐二鹿，一人执叉立一侧。

（2）农业生产

农业生产在中国古代社会中占有重要地位，自然也就成为汉代画像石反映的一个主题。画像石中关于农业生产最多的图像是二牛抬杠的牛耕图，从中反映出这是汉代较普遍采用的犁耕方式。"二牛抬杠"，史书称之为"耦犁"，据《汉书·食货志》记载："用耦犁，二牛三人，一岁之收常过缦田畮一斛以上，善者倍之。"② 据此记载可知，实行耦犁耕地的时候，需要二牛三人，至于二牛与三人间如何配合、分工，山东石刻艺术博物馆藏金乡香城堌堆出土的西汉后期《出行、牛耕画像》（见图3-17）③ 中的牛耕图可让我们一目了然：二牛通过抬杠的方式共挽一犁耕地，一人双手扶犁，一人在牛前执缰绳倒退引牛，一人执鞭驱赶母牛。这种耕地方式既能固定两头牛之间的距离，还能协调两头牛的行动，因为牛最得力的部位在肩部，把衡固定在牛肩上，可最大限度地发挥出牛挽犁的作用，增加了耕地的深度，使得农业生产水平得到了更进一步的提高。

图3-17 《出行、牛耕画像》（局部）

---

① 中国画像石全集编辑委员会编：《中国画像石全集》第2册，第1页。
② 《汉书》卷24上《食货志》，中华书局1962年标点本，第1139页。
③ 中国画像石全集编辑委员会编：《中国画像石全集》第2册，第20页。

第三章 济宁画像石与汉代社会

此外，此图中右侧母牛腹下有一头吃奶的小牛，后有另一头小牛跟随；一小孩在两牛之间扶犁辕随犁前行；主人乘轺车驶来，车后一随从手执长矛，前有三人或跽，或立，皆手执农具和主人寒暄。邹城孟庙藏邹城面粉厂出土的东汉中期《宴乐、农作、斗兽画像》（见图3-18）[1]，上层右半画面为农作图：自左而右，二农夫着短衣，一人担壶、箪，一人肩扛铁锸左行，后有两牛拉犁耕地，再后一农夫扛打场农具，一农夫扛锨，一牛车随后而来。这展现出了一幅忙碌的农业生产场面。

图3-18 《宴乐、农作、斗兽画像》（局部）

（3）手工业生产

济宁汉代画像石中有关手工业生产的数量很少，只有几幅造车、酿酒图，与汉代此地手工业的发达极不相称，这或许与统治者轻视手工生产有关。1954年，在嘉祥县洪山村发现了一幅东汉早期的《西王母、作坊、胡汉交战画像》（见前图3-8），画面第二层的左半部分为一幅造车图：图中没有车辕、车篷，仅画一工匠跪地制轮，工匠后一妇女背负小儿，手中还举着一节轮辋，右向执轮牙站立；造车图的右侧为酿酒图：前一人着短裤赤裸着上身，双手端着一容器正在忙着滤酒，其前一长条板凳上放着一个尖底盆，下边还有一口大酒缸；后一似监工之人，佩剑，着带花纹的蔽膝，蔽膝飘带下垂。又如山东省博物馆藏嘉祥刘村洪福院出土的东汉早期《风伯、造车、周公辅成王、树、马画像》（见图3-19）[2]，其中第二层左部为酿酒、造车图：左边一人，躬身右向站

---

[1] 中国画像石全集编辑委员会编：《中国画像石全集》第2册，第58页。
[2] 同上书，第114页。

图 3-19　《风伯、造车、周公辅成王、树、马画像》(局部)

立,双手扶着酿酒架上的过滤器,正在滤酒;第二层右部为造车现场:左下似一人,正在屈身进行车轮加工,正中立着一个已经制好的车轮,轮右一人双手扶轮,地面上散落着制车部件。这些画像石是汉代制轮、酿酒手工业的体现,可见随着汉代制车业的发展情况,木匠已有明确的分工,职有专司,制轮就成了制车手工业中的一个独立部门;而汉代的酿酒业,汉武帝时曾设"官酤",垄断酒的酿造与售卖,但东汉以来仍以私营为主,画像石上描绘的酿酒图正是如此,规模很小,工具也很简陋,或是民间家庭酿造,恐仅供自家饮用。

2. 社会生活

济宁汉代画像石中反映社会生活场景的为数最多,大多是墓主人生前富贵豪奢生活的再现,表现了其车马出行、楼阙庭院、庖厨宴饮、乐舞百戏、拜谒会见、讲经论道、丧葬祭祀等活动,富于浓郁的生活气息,是研究汉代社会史的重要素材。

(1) 车骑出行

车骑出行是汉画像石中最常见的图像之一,反映出了墓主人富贵豪华的生活及高贵的社会身份。在浩浩荡荡的车骑出行场面中,有轺车、辎车、安车、斧车、棚车等各有制度,驾车的马从一匹到四匹不等,骖騑俱全,更有击鼓吹管,趋骑导从,辟车伍佰,执戟荷幢,前迎后送,煊赫过市,展现出封建贵胄的排场与威仪。车骑场面的大小,反映了墓主高低等级的差别。最迟从西周以后,车、服皆有制度。据《后汉书·舆服志》记载,汉代不同等级的官吏,使用不同的舆服制度,驾车之马、导从车辆、跟随步卒与骑吏的数量等都是不同的。如公卿以下至县三百石长的导从车辆,"置门下五吏、贼曹、

第三章 济宁画像石与汉代社会

督盗贼功曹,皆带剑,三车导;主簿、主记,两车为从。县令以上,加导斧车。公乘安车,则前后并马立乘"①。车马出行画面都有恰如墓主身份的刻画,这便能据而判定画像石中各组车马出行图中主人的大致身份,而这也就是祠堂、墓葬主人的身份。最为典型的例子,当属嘉祥县武氏祠前石室车骑出行图,这是由数块相连石面中相平列的车骑画像连贯起来,共同组成一列前迎后送、场面完整的车骑出行图。车骑队伍中有榜题"贼曹车""门下游徼""门下功曹"三辆前导的轺车,其后是榜题"君车"的主车,主车后有榜题"主簿车""行亭车"随从。其中部分画面,如东壁上部画像②,第三层为车骑一列左向行:自左而右,一戴平顶网纹冠者,执笏右向躬迎;二导骑,右上缀一飞鸟;次一轺车,驾车之马上方榜题"门下功曹",功曹坐于前,御者坐于后;次二伍佰执便面和梃,其右上缀一树;次一辆轺车,车左上榜题"此丞卿车",丞卿冠服乘坐于前,御者坐于后;次二骑从,前者执棒,右上缀一兽;次一轺车,乘、御者各一人,驾车之马回首,车左上榜题残存"车"字;右端一戴斜顶冠者,左向执笏躬送。又如武氏祠前石室西壁下石画像③,上层左段,刻一列车骑右向行进;上层右段,一无盖马车左向行,车前一男子执刀、拉缰,回首与左边一执刀、盾步卒相对,车上一男子回首做指呼状,车后一妇人拱手而坐,其后有执刀、盾和挂弩、蹬弩待发的步卒。再如武氏祠前石室后壁横额画像④,画像刻车骑队伍左向行进,前有二导骑和榜题"门下贼曹""门下游徼""门下功曹"的三辆轺车前导,紧跟着六从骑、二伍佰夹护的"令车",最后有"主簿车"随从,出行队伍前有一人执笏恭迎,后有一人恭送。画像图中的"此丞卿车""君为市掾时""君为督邮时""君为郎中时"等榜题,清楚地展示了祠堂主人(武荣)生前仕宦经历。嘉祥县武氏祠文管所藏嘉祥齐山

---

① 《后汉书》志第29《舆服上》,中华书局1965年标点本,第3651页。
② 蒋英炬、吴文祺:《汉代武氏墓群石刻研究》,山东美术出版社1995年版,第154页。
③ 中国画像石全集编辑委员会编:《中国画像石全集》第1册,第34—35页。
④ 同上书,第40—41页。

出土的东汉晚期《孔子见老子、车骑出行画像》①，画面下层为车骑出行图：四维主车居中，上乘二人；主车后有二骑，骑后有轺车、辎车、棚车各一辆；主车前有二步卒和两轺车，又有二骑；其前一人持板相迎。济宁市博物馆藏济宁城南张村出土的东汉晚期《人物、出行画像》②，此图为浅浮雕，画面下层为车骑出行图：主车一辆，导车二辆，骑吏四人，步卒八人，道旁一人匍伏，一人跪迎。车骑出行图除了一部分是表现墓主生前的仕途经历之外，还有一些是象征性的图像，那些生前没有一官半职的人，亲人希望他们到阴间后能得到官位，坐上车子，过上"食太仓"的生活。如山东省石刻艺术博物馆藏《嘉祥宋山小石祠西壁画像》（见图3-20）③，第四层刻车骑出行图：左侧一人捧盾恭迎，足旁一犬蹲坐；迎面二导骑、一轺车左向行。此画像内容延伸至小石祠的后壁④，左起二轺车、二执戟骑吏、二执便面伍佰，后一辆施四维的轺车，为车骑队伍的主车。曲阜孔庙藏微山两城镇出土的东汉中晚期《狩猎、车骑出行画像》⑤，下层为车骑出行：车三辆，步卒六人，骑五匹。这些墓主人或许是没有官秩的当地豪强，车马不多，只有主人夫妇的二三辆车。综上可见，车骑出行图形象地描绘了地主豪富的奢侈生活，表明了以车骑出行来炫耀身份是当时流行的一种风尚，同时也反映了人们对死后社会地位的继续追求。

图3-20 《嘉祥宋山小石祠西壁画像》（局部）

---

① 中国画像石全集编辑委员会编：《中国画像石全集》第2册，第122—123页。
② 同上书，第4—5页。
③ 中国画像石全集编辑委员会编：《中国画像石全集》第1册，第66页。
④ 同上书，第67页。
⑤ 中国画像石全集编辑委员会编：《中国画像石全集》第2册，第40—41页。

第三章 济宁画像石与汉代社会

（2）楼阙庭院

汉代地主权贵之家的楼阙庭院，也是汉代画像石经常反映的一个主题。画面中，双阙高耸，院落重重，回廊曲折，楼阁相连，堂庑相望，水榭楼台，琼楼玉堂，华丽至极；门外旁立执戟持盾的门卒，迎来送往；大堂上，男主人宽衣博带，凭几端坐，侍者站立左右；楼上，女主人正中悠坐，倚栏远目，女仆侍前拥后簇，这种场景在济宁汉代画像石中亦有细微的刻画。如曲阜孔庙藏曲阜旧县村出土的东汉中期《庭院、人物画像》[①]，画面刻庭院人物图：大门，双阙，院落重深，堂前院中有一伎人倒立，另六人在旁边玩耍；左侧门外一人立，一人跪，二重门半掩，一人露半身；后边楼阁相连，楼下四人蹬梯。又如邹城孟庙藏邹城师范学校附近出土的东汉早期《楼阁、人物画像》[②]，画面中央一楼双阙，左阙外有一车、二骑、一步卒，右阙外迎见人物拱手而立，一车一骑，前有步卒导者，一派迎来送往繁忙的景象；楼下男主人端坐，旁有拜谒、侍者四人，楼内挂满兵器；门外两卫士执戟立；楼上女主人正中坐，两旁侍女四人；楼外阙上有凤鸟、羽人。再如山东石刻艺术博物馆藏嘉祥宋山出土的东汉晚期《楼阁、人物、车骑出行画像》（见图3-21）[③]，画面上层为楼阙、人物图：楼上女主人正中端坐，其左右侍女十人；楼下男主人侧面坐，面前二人跪拜，身后一抱锦囊仆人；楼外阙

图3-21 《楼阁、人物、车骑出行画像》（局部）

旁有人求见，远处有一大树，仙人、凤鸟栖攀于上，树下停一马、一车。楼阙画像不仅是墓主人生前所居住的豪华宅院的真实写照，同时也

[①] 中国画像石全集编辑委员会编：《中国画像石全集》第2册，第19页。
[②] 同上书，第82—83页。
[③] 同上书，第96页。

反映了他们渴望死后能够继续享住华屋的愿望。从济宁汉代祠堂或墓葬画像石来看，大都有主人夫妇的图像，在石祠中，一般于后壁有一两层楼阁的图像，主人夫妇坐于楼阁上、下层的中央；在墓葬中，这种图像大抵在后室，墓主人夫妇往往作坐于帷帐之中状。济宁汉代画像石中的楼阙庭院图像，正是统治阶级"亦有甲第，当衢向术，坛宇显敞，高门纳驷"①豪华住宅的写照，为研究汉代建筑艺术提供了重要资料。

（3）庖厨宴饮

汉代画像石中的庖厨宴饮图像，在反映封建统治阶级的奢华生活方面尤为突出。在庖厨的画面中，多表现劈柴、汲水、烧灶、和面、割肉、切菜、剖鱼、烫鸡、椎牛、杀猪、宰狗、宴饮等活动，场面宏大，人物众多，栩栩如生。如山东石刻艺术博物馆藏嘉祥宋山出土的东汉晚期《东王公、庖厨、车骑画像》（见图3－22）②，画面为庖厨场景：墙上挂满鸡、鱼、兔、猪头；墙下二人相对，中间墩上放置一鱼，左边之人执刀欲剖鱼；左下一人烧灶，炊烟缭绕；中间一人和面，右边一人汲水、一

图3－22 《东王公、庖厨、车骑画像》（局部）

人剥狗，好一番备宴忙碌场面。再如邹城孟庙藏邹城师范学校附近出土的东汉早期《杂技、庖厨画像》③，画面右格下层为庖厨：自左而右，一人一手牵牛，一手执椎正要击杀；右一人坐着烧火，二人在大缸中和面；墙上挂着鱼、兔、鸡、猪等，墙下一人正在切肉；最右停一无盖马车，马前三人正在搬运东西。微山岛沟南村出土的西汉后期《庖厨、楼堂、乐舞画像》④，画面左格为庖厨：一人汲水，二人烧灶，一人切肉，二人杵臼，一人躬腰端盆，另有二人席地而坐。画像石中宴饮的场景，如嘉祥县武氏祠文管所藏嘉祥店子村出土的东汉晚

---

① 《文选》卷4《蜀都赋》，上海古籍出版社1986年标点本，第184页。
② 中国画像石全集编辑委员会编：《中国画像石全集》第2册，第91页。
③ 同上书，第85页。
④ 同上书，第49页。

期《宴饮、二桃杀三士、车骑出行图》①，画面上层为宴饮图：正中部分，男、女主人坐于小桌两侧，正在进食，后有持便面男女侍者摇扇侍奉，男仆后有二人持笏板恭立求见，女仆后有三女子恭候。画像石中繁忙的庖厨与欢畅的宴饮场面，观者如身临其境，目不暇接，都是一幅幅反映现实社会生活的杰出画作。贵族地主宴饮的同时，还要享受声色耳目之娱，"富者钟鼓五乐，歌儿数曹。中者鸣竽调瑟，郑舞赵讴。"② 所以，画像石上的庖厨宴饮场景常常与乐舞百戏组合在一起。如梁山县文管所藏梁山郑垓村出土的东汉早期《建鼓、乐舞、庖厨画像》（见图3-23）③，第一层为奏乐人物图：自左至右一人吹排箫，一人吹竽，二人以手击节，一人抚琴，一人欣赏；第二层为舞蹈图：虎座建鼓立中央，二人边击边舞，左二人长袖起舞，另一人摇鼗；第三层为会见宾客图：中间二人主、宾对坐，左右身后有人陪坐；第四层为庖厨图：自左而右，一人烧火，一人和面，一人剖鱼，一人捆猪欲杀。

图3-23 《建鼓、乐舞、庖厨画像》

---

① 中国画像石全集编辑委员会编：《中国画像石全集》第2册，第102—103页。
② （汉）桓宽：《盐铁论校注》卷6《散不足》，王利器校注，《新编诸子集成》第一辑，中华书局1992年标点本，第353页。
③ 中国画像石全集编辑委员会编：《中国画像石全集》第2册，第29页。

(4) 乐舞百戏

①乐舞

汉代之时，伴随着社会经济的繁荣及中原与西域文化的交流，乐舞百戏名目繁多，风行一时，已渗入社会生活的各个方面，上自宫廷，下至官僚地主，蓄养倡伎优伶蔚然成风。《盐铁论·散不足》云："今俗因人之丧以求酒肉，幸与小坐而责辨，歌舞俳优，连笑伎戏。"① 正是对这一社会现象的真实写照。济宁画像石中乐舞百戏丰富多彩，妙趣横生，表演的同时，还有琴、瑟、笙、排箫、竽、埙、建鼓、錞、钟、磬等乐器伴奏。另外，汉代的世家子弟们斗禽走兽、弋猎博戏风气兴盛，六博游戏在画像石中也常常出现。由于画工节省画幅的原因，往往将乐舞百戏、六博游戏等内容刻绘于一幅图中。

济宁汉代画像石中常见的舞蹈形象，主要有建鼓舞、长袖舞、盘鼓舞等。建鼓舞多是二人执桴，中竖一面建鼓，边鼓边舞，表演者既是演奏者，又是舞蹈者，姿态协同，雄健有力，舞蹈表演与乐器演奏融为一体。从济宁汉代画像石来看，建鼓舞图像一般居于画面的中央位置，周围有琴、箫等乐器伴奏者、舞蹈与杂技表演者等。如曲阜孔庙藏微山两城镇出土的东汉中晚期《建鼓、乐舞、杂技画像》②，画面中央立高杆建鼓，杆上羽葆飘向两旁，两人双手执桴击鼓；鼓旁乐舞杂技，抚琴者、吹竽者、吹排箫者列坐左边；右边一人跳丸，一人倒立，一人舞蹈，另有观者数人。另一孔庙藏微山两城镇出土的东汉中晚期《乐舞、杂技、人物画像》③，画面中央立建鼓，鼓座双虎共头形，二人执桴骑在虎身上击鼓；画面左端上层，为乐舞、杂技，其中一人抚琴，二人舞蹈，一人跳丸，一人戏熊。又如鱼台县文管所藏济宁城南出土的东汉晚期《人物、乐舞、升鼎画像》（见图3－24）④，画面下层，左半建鼓竖中央，鸟首羽葆飘扬，二虎共首座上

---

① （汉）桓宽：《盐铁论校注》卷6《散不足》，王利器校注，《新编诸子集成》第一辑，中华书局1992年标点本，第353—354页。
② 中国画像石全集编辑委员会编：《中国画像石全集》第2册，第39页。
③ 同上书，第42—43页。
④ 同上书，第15页。

各骑一人击鼓;左侧有一人倒立,二人舞剑;右侧有一人跳丸,上方有抚琴、舞蹈及端坐观赏女子。画像石中的建鼓舞,动作幅度很大,粗犷豪放,风格鲜明,即使在静止的画面中仍可以感受到那种敲击建鼓的猛烈。邹城孟庙藏邹城高李村出土的东汉晚期《建鼓、乐舞画像》①,画面正中立一建鼓,双虎共首座,鼓杆上羽葆飘扬,二人执桴骑虎击鼓;鼓左有人抚琴,

图 3-24 《人物、乐舞、升鼎画像》(局部)

有人长袖起舞,有人击节;下一排四人,上两排十二人端坐观看,观者中光头无冠拱手者七人,戴高冠怀抱婴儿者五人;建鼓右侧上方二人倒立,下有三人奏乐,其中一人吹竽,二人吹排箫,下有二人正面坐;不远处一亭,旁立二人。

长袖舞也是济宁汉代画像石中出现最多的舞种之一,一般大型的建鼓舞场面中都有长袖舞的旖旎身姿。长袖舞者多系女子,长裙拂地(个别着长裤),广袖徐舒,体态袅娜,脚步轻盈,和着音乐的节奏,明快而优美,正如张衡《南都赋》赞叹云:"白鹤飞兮茧曳绪,修袖缭绕而满庭。"②邹城孟庙藏邹城王石村出土的西汉中期的《二人长袖舞画像》(见图3-25)③,画面中仅有二人长袖

图 3-25 《二人长袖舞画像》

对舞:二舞者上身着齐腰短襦,外罩宽筒长裤,一腿微弓,腰部扭转,同时将一袖挥于空中相望,一袖甩于地面交叉,二人动作协调,体态婀娜。再如,嘉祥县武氏祠文管所藏嘉祥十里铺出土的东汉早期

---

① 中国画像石全集编辑委员会编:《中国画像石全集》第2册,第52—53页。
② 《文选》卷4《南都赋》,上海古籍出版社1986年标点本,第157页。
③ 中国画像石全集编辑委员会编:《中国画像石全集》第2册,第60页。

《乐舞、建鼓、庖厨画像》①，上层为乐舞：上方自左至右，一人抚琴，一人以掌击节，三人边摇鼗鼓，边吹排箫；下方一虎形座建鼓，二人边击鼓边舞；旁边有一长袖舞女，细腰倾折，举臂扬袖，长裙曳地，长袖凌空，优美至极；旁边另有一跳丸者。又如嘉祥县武氏祠文管所藏嘉祥纸坊镇敬老院出土的东汉早期《乐舞、建鼓、庖厨画像》②，画面中长袖舞者共有二人，一是第一层中间居右者，另一是第三层最左者，都正在挥袖起舞，体态轻盈。

盘鼓舞是地面陈设盘与鼓，舞者在盘与鼓上纵横腾踏，表演各种舞蹈技巧。《文选·舞赋》李善注云："般（盘）鼓之舞，载籍无文，以诸赋言之，似舞人更递蹈之而为舞节。"③ 汉代盘鼓舞的表演没有固定的形式，有时只踏鼓而舞，称为"鼓舞"；有时只踏盘而舞，叫作"盘舞"；鼓盘并陈时，则称为"盘鼓舞"。盘鼓舞表演中所用的盘、鼓数量不一，"有三、五、六、七盘的，也有四盘二鼓、六盘二鼓、七盘三鼓的等等"④，这可能与舞者技巧的高低、表演场地的大小以及节目安排的需要等有关。迄今为止，济宁汉代画像石中所见盘鼓舞有鼓无盘。如济宁市博物馆藏济宁城南张村出土的东汉晚期《出行、献俘、乐舞画像》⑤，画面下层居中偏右部分，有四人在跳鼓舞，地上置五鼓，鼓上三人做出倒立、跳跃、翻飞等各种动作，十分矫健娴熟。其中第一、三人皆倒立，每手各按一鼓；第二人为退却蹈鼓的瞬间展示，下肢左向，而上身却倾折右拧，回首斜视右足之鼓，右手像是要去触地，左手上扬，显然是为了保持退却与倾折动作之间的平衡。鼓上三人之右，站立一人，应该是下一要上鼓之人。从画面中舞者表演的顺序逻辑来看，应该是四人共舞。又如《嘉祥武氏祠左石室东壁下石画像》（见图3-26），左端第一层刻三人做踏鼓舞：地上排列五只鼓，中间一人横卧，手、膝着鼓上，又一手上扬，长袖飞舞；左右二人各执桴，相向而跪，做配合击鼓状，动作轻盈矫健。

---

① 中国画像石全集编辑委员会编：《中国画像石全集》第2册，第113页。
② 同上书，第110页。
③ 《文选》卷17《舞赋》，上海古籍出版社1986年标点本，第800页。
④ 王克芬、苏祖谦：《中国舞蹈史》，文津出版社1996年版，第116页。
⑤ 中国画像石全集编辑委员会编：《中国画像石全集》第2册，第4页。

第三章 济宁画像石与汉代社会

图3-26 《嘉祥武氏祠左石室东壁下石画像》

②百戏

百戏是古代民间表演艺术的泛称，包括杂技、角抵、马术、幻术、游戏等，尤以杂技为主。济宁汉代画像石中的百戏表演规模虽然不大，但是名目繁多，最为常见的主要有跳丸、飞剑、走索、掷倒、寻橦、舞轮、角抵、斗兽等，技艺精湛，各有高招。

跳丸与飞剑属手技表演，表演者熟练灵活地用手向空中抛接丸与剑。表演形式，或是仅有一人跳丸或飞剑，或是二人分别跳丸与飞剑，或是一人同时跳丸与飞剑，这种难度当属最高。丸与剑的数目各有不等，从济宁现存的汉代画像石来看，以七或九丸者居多，而刻有飞剑画面的仅见一幅，为二剑。山东省博物馆藏嘉祥随家庄出土的东汉早期《建鼓、乐舞、杂技画像》（见图3-27）[①]，画面下层右方站立一人，做跳丸表演，双手各攥一丸，七丸在空中飞舞，恍若流星。又如曲阜孔庙藏微山两城镇出土的东汉中晚期《建鼓、乐舞、杂技画像》[②]，中竖一建鼓，右边一人跳丸，向空中抛出七丸，腾空飞舞，其中最下方的那颗，刻有与手臂相连的运动轨迹，表明刚刚抛出，极其逼真。济宁市博物馆藏济宁城南张村出土的东汉晚期《出行、献俘、乐舞画像》[③]，画面下层右端有二跳丸、飞剑者。左边跳丸者，弓腿蹬地，高高抛出一丸，手各攥一丸，另一丸即将落地时，被脚踢起，可谓手足并用；右边一人抛飞二剑配合，双腿做弯曲跳跃状。群

[①] 中国画像石全集编辑委员会编：《中国画像石全集》第2册，第119页。
[②] 同上书，第39页。
[③] 同上书，第4页。

丸在空中飞舞，飞剑穿越其间，剑丸交错，目不暇接。

图 3-27 《建鼓、乐舞、杂技画像》

走索，古称"高絙""履索""绳伎""索上之戏"等，表演者在绳索上做出站立、行走、翻飞、跳跃等各种动作。济宁汉代画像石中所见惊险、生动者首推邹城孟庙藏邹城师范学校附近出土的东汉早期《杂技、庖厨画像》（见图 3-28）①，画面右格上层立一建鼓，在建鼓的长竿上，左右两边各斜拉一条绳索，斜索上有八伎在表演：有的顺索而躺，有的抱膝而坐，有的沿索上下攀登，有的二人相叠，还有的在索上跳丸，技艺之高超，实在惊人，由此可见我国古代杂技艺人的勇敢、智慧和高度的创造精神。

图 3-28 《杂技、庖厨画像》（局部）

掷倒，即今俗称"倒立""拿大顶"等，表演者单手或双手撑在

---

① 中国画像石全集编辑委员会编：《中国画像石全集》第 2 册，第 85 页。

地上或道具（鼓、案、樽、壶等）之上，头向下，双腿向上，这是古来杂技项目中训练臂力和身体平衡的基本内容，在济宁汉代画像石中所见亦多。如微山县文化馆藏微山两城镇出土的东汉中晚期《亭、人物、乐舞画像》（见图3-29）①，画面有二倒立者，双手并排撑地，腰腿部相向弯曲；右一人双手扶地，躬身蹬腿，正要做倒立。曲阜孔庙藏微山两城镇出土的东汉中晚期《建鼓、乐舞、杂技画像》②，画面底部右侧刻画了一人从地上跳跃、倒立于樽上过程的短暂瞬间：倒立者反弓下腰，双腿下倾，单手用力倒撑在一樽上，另一手尚在空中，似欲撑在另一樽上，以使整个身体全部倒立起来。再如邹城孟庙藏邹城高里村出土的东汉晚期画像石《建鼓、乐舞画像》③，画面以建鼓舞为中心，周围有乐舞和杂技表演，其中上部偏右处有二人进行倒立表演，左一人倒立于案上，右一人徒手倒立，二人均是双手伸直，腰部往下弯曲，身体整体呈"弓"形，充分表现了表演者的平衡力和身体的柔韧度。

图3-29 《亭、人物、乐舞画像》（局部）

寻橦，亦是汉代常见的百戏之一，东汉张衡《西京赋》有云：

---

① 中国画像石全集编辑委员会编：《中国画像石全集》第2册，第38页。
② 同上书，第39页。
③ 同上书，第53页。

"乌获扛鼎，都卢寻橦。"① 橦，即竿，系一人手持或头顶长竿，另有数人缘竿而上，进行表演。济宁画像石中的寻橦表演，以微山县沟南村出土的西汉后期《橦戏、楼房、升鼎画像》（见图3－30）②最为精彩。原画面左格为寻橦图：地上竖三根高橦，中间橦顶上一人长袖起舞，两边橦顶上各有一人倒立；中间橦两边有斜索与两边橦相连，斜索上一人缘索上攀，一人倒立缘索下沿；横杆上二人勾脚倒立；三橦边站有保护人和观者。画像中寻橦表演者那种"都卢迅足，缘修竿而上下"③的迅疾惊险场面跃然石面上。

图3－30　《橦戏、楼房、升鼎画像》（局部）

舞轮，是表演者用手和身体抛接车轮或圆状物的耍弄技表演。舞轮见于济宁市博物馆藏城南张村出土的东汉晚期《出行、献俘、乐舞画像》（见图3－31）④，画面下层右端为乐舞场面，其中有一舞轮者，舞者半跪姿，轮在臂上滚动，动作轻巧而矫健。

---

① 《文选》卷2《西京赋》，上海古籍出版社1986年标点本，第75页。
② 中国画像石全集编辑委员会编：《中国画像石全集》第2册，第49页。
③ 《艺文类聚》卷61《居处部一》，上海古籍出版社1982年版，第1110页。
④ 中国画像石全集编辑委员会编：《中国画像石全集》第2册，第4页。

图3-31 《出行、献俘、乐舞画像》(局部)

角抵与斗兽亦是济宁汉代画像石中重要的题材。角抵双方或徒手相搏，或持刀、盾、剑、戟、钩镶、矛、杖等器械相斗，竞力竞技，斗智斗勇，你来我往，十分激烈，但又和真实的战争厮杀迥然不同，具有戏剧味。如邹城孟庙藏邹城黄路屯村出土的东汉晚期《胡汉交战、乐舞、庖厨画像》（见图3-32）①，中层右端有二人手拿器械进行角抵。斗兽是伎人表演驯兽以及动物之间相斗、相戏的表演，前者如驯虎、驯熊、驯猴、驯马、驯象、驯骆驼、戏蛇等，后者如斗鸡、斗牛等。如曲阜孔庙藏微山两城镇出土的东汉中晚期《乐舞、杂技、

图3-32 《胡汉交战、乐舞、庖厨画像》(局部)

---

① 中国画像石全集编辑委员会编：《中国画像石全集》第2册，第80页。

人物画像》①，画面上部左端一人戏熊，黑熊直立，憨态可掬。再如邹城孟庙藏邹城黄路屯村出土的东汉中期《狩猎、公牛抵斗画像》②，下层二公牛抵斗，两边各一人执矛、戟远远观望。

　　六博游戏是汉代盛行的一种棋戏，游戏双方各有六枚棋子，其中各有一枚相当于王的棋子叫"枭"，另有五枚相当于卒的棋子叫"散"。行棋在刻有曲道的盘局上进行，用投箸的方法决定行棋的步数。六博游戏在济宁汉代画像石中屡见不鲜。如曲阜市文管会藏曲阜韩家铺村出土的西汉末至东汉初"东安汉里"石椁墓中隔板东面画像③，画面右部为二人相对跽坐博弈，二人间有一幅六博棋盘。又如山东石刻艺术博物馆藏嘉祥宋山出土的东汉晚期《东王公、六博游戏、孔子见老子画像》（见图3-33）④，画面第二层中央二人相对跽坐，正在六博游戏，中间地面上为棋盘。

图3-33　《东王公、六博游戏、孔子见老子画像》（局部）

　　画像石中乐舞百戏及六博游戏图，可谓丰富多彩，千姿百态，反映了地主贵族的娱乐生活，这类图像意在炫耀墓主生前的富贵和尊荣，同时也表现了他们对此生的留恋。到后期，这类图像有些程序化，在很大程度上削弱了与墓主人生活的密切联系。

　　（5）丧葬仪式

　　汉代人重视丧葬，但画像石中描述丧葬仪式内容的极少，而微山

---

① 中国画像石全集编辑委员会编：《中国画像石全集》第2册，第43页。
② 同上书，第78—79页。
③ 中国画像石全集编辑委员会编：《中国画像石全集》第1册，第80页。
④ 中国画像石全集编辑委员会编：《中国画像石全集》第2册，第92页。

县文化馆藏微山岛沟南村出土的西汉后期《孔子见老子、送葬画像》（见图3-34）①则显得极其珍贵。画面的中格刻送葬队伍：中间刻四轮辀车，车身较长，顶施篷盖，车前部设舆，中竖一柱，穿一璧形物，上设华盖，车棚前、后部各竖一柱，上装建鼓，施羽葆；车前挽车者十人，上列四人，有举幡者，回首顾，下列六人，双臂前伸，双手共挽肩上同一粗绳前引；车后八人随车行走，为送葬的亲属，上层人物系腰绖为男子，下层人物头戴首绖为女子。右格刻圹穴：上为树木茂密的山间场景，下有长方形空圹穴，圹左三人头戴冠，着长衣，拱手躬立，圹右二人相对跽坐，另有五人皆跽坐，前有飨壶，跪拜者、行礼者若在等候丧车的来临。这幅记录汉代民间送葬情形的图像，对于了解当时丧葬礼俗具有很高的史料价值。

图3-34 《孔子见老子、送葬画像》（局部）

3. 胡汉战争

"国之大事，在祀与戎。"西汉建立伊始，北部边境便受到匈奴的严重威胁，但限于自身实力不济，不得已采取与之和亲政策，以维持边境的稳定。经过七十余年的休养生息，至汉武帝时，社会经济逐渐繁盛，国家实力日趋强大，"天下殷富，财力有余，士马强盛"②。于是，汉武帝发动了对匈奴的战争。自此至东汉末，胡汉战争一直未断，这期间包括新莽、东汉政府对羌、匈奴、乌桓、鲜卑等民族的战争。济宁虽然并非胡汉战争的前沿阵地，但是也深受战争影响，很多济宁人作为兵卒、将领而参与到战争中去。有的因军功显赫而加官晋

---

① 中国画像石全集编辑委员会编：《中国画像石全集》第2册，第46—47页。
② 《汉书》卷96《西域传下》，中华书局1962年标点本，第3928页。

爵、升迁高就，成为其一生的荣尚，故而在画像石中将这一经历记录下来，置于墓室、祠堂的显著位置。济宁汉代画像石中的胡汉战争内容，正反映了这段真实的历史。描绘胡汉战争的激烈与残酷场景的，如邹城孟庙藏邹城高李村出土的东汉晚期《胡汉交战画像》[①]，画面左端为连绵起伏的山峦，其中埋伏着胡兵。画面右端分上下两层：上层，四胡骑被追击，狼狈逃向山中，马昂首张口，一骑兵翻身落马，马后众步卒纷纷跪地投降；右半为汉军阵容，前有执刀、盾步卒，后有骑兵，再后有扛戟、持弩者。下层，左端胡汉二骑兵厮杀，马下二步卒跪地求饶，右边汉骑飞奔来战，所过处敌尸一片；远处是汉将所乘辎车，从者有轺车一、骑吏二。又如山东石刻艺术博物馆藏嘉祥五老洼出土的东汉早期《风伯、胡汉交战画像》（见图3-35）[②]，画面下层为胡汉交战图：第一排，三胡兵、三汉兵持剑、钩镶厮杀；第二排，

图3-35 《风伯、胡汉交战画像》（局部）

胡骑、汉骑交战，胡骑败，汉骑追；第三排，胡汉兵长戟搏斗，尸横于野；第四排，胡兵向主将禀报战况，胡兵被俘，面见汉将官，汉将官坐矮榻，左右有持戟侍卫。再如嘉祥县武氏祠前石室西壁下石画像[③]，画面的第二层刻水陆攻占场面：中央桥面上有一盖系四维的轺车，车上一人执刀作战；右边有"贼曹车""游徼车""功曹车"，左边有"主簿车""主记车"，以及骑吏、步卒，皆手执兵器做攻杀状，与车骑队伍激战的是手执刀、戟、钩镶等兵器的男、女混合步伍；桥右块横陈无头尸体，二骑吏策马奔驰；桥下蹲踞一人，冠服博带，形体庞大，正手执刀、盾抵御两侧小船上男女的夹攻。战争过后的献俘

---

① 中国画像石全集编辑委员会编：《中国画像石全集》第2册，第56—57页。
② 同上书，第131页。
③ 中国画像石全集编辑委员会编：《中国画像石全集》第1册，第34—35页。

场景，济宁汉代画像石中亦有反映。如济宁市博物馆藏济宁城南张村出土的东汉晚期《出行、献俘、乐舞画像》①，画面下层左端为献俘场面：中间华盖下二人对坐，身后有六卫卒执矛列队；左边二武士押来被反绑的胡兵俘虏，皆匐跪于地上；二武士身后，有八人持戟并列而立；左边一案，摆着被砍下的胡人首级，案旁、案下横置着无首尸体，执刑武士立一旁摩拳擦掌。又如汶上县博物馆藏汶上城关镇先农坛出土的东汉早期《风伯、胡汉交战画像》②，画面的第四层上部为缚俘进献场面：将军凭几坐，前一人执笏跽，武士执刀，二人被反绑，一人身首分离。画像石中的胡汉战争图刻画了双方兵马奔腾、刀枪厮杀、追奔逐北等激烈的战争景象，与战争有关的献俘图则显示了打败外敌者的赫赫战功，这些都是研究汉代战争史的重要资料。

总之，汉代的豪族权贵们居有琼楼玉堂，食进美味佳肴，娱征百戏乐舞，行则骖贰辐辇，连车列骑。仲长统曾在《昌言·理乱篇》中云："豪人之室，连栋数百，膏田满野，奴婢千群，徒附万计。船车贾贩，周于四方；废居积贮，满于都城。琦赂宝货，巨室不能容；马牛羊豕，山谷不能受。妖童美妾，填乎绮室；倡讴伎乐，列乎深堂。"③ 这是对地主豪富奢侈生活形象的揭露，与济宁汉代画像石所反映的内容是一致的。

（二）历史世界

历史世界在汉代画像石中占有相当大的比重，主要刻画了古代帝王将相、圣贤人物、刺客义士、孝子列女的故事，多见于《山海经》《左传》《晏子春秋》《战国策》《史记》《汉书》《列女传》等史籍的记载。早在战国时期，宗庙中已有绘画历史故事的存在，汉代此风益盛，由宗庙逐渐扩大至宫殿中。如西汉鲁恭王刘余在灵光殿中刻绘了许多历史人物及故事传说，东汉王延寿曾作《灵光殿赋》云："图画天地，品类群生。杂物奇怪，山神海灵。写载其状，托之丹青。千变万化，事各谬形。随色象类，曲得其情。上纪开辟，遂古之初。五龙

---

① 中国画像石全集编辑委员会编：《中国画像石全集》第 2 册，第 4—5 页。
② 同上书，第 10 页。
③ 《后汉书》卷 49《仲长统传》，中华书局 1965 年标点本，第 1648 页。

比翼，人皇九头。伏羲鳞身，女娲蛇躯。鸿荒朴略，厥状睢盱。焕炳可观，黄帝唐虞。轩冕以庸，衣裳有殊。下及三后，淫妃乱主。忠臣孝子，烈士贞女。"① 自西汉晚期至东汉初期，地主权贵之家的祠堂、墓葬中越来越多地出现这种题材的画像石，这与汉代社会的道德风尚密切相关。西汉自武帝"罢黜百家，独尊儒术"后，逐步确立了儒学的统治地位。儒家重道德，尚名节，在社会上大力宣扬忠、孝、仁、义、礼、智、信、节等伦理道德规范，歌颂古代的帝王将相、圣贤人物、刺客义士、孝子列女，以善为师，以恶为诫。所以，在画像石中采撷古人善恶故事以为画题，借古为鉴，以道德规范的实例来教育时人，以达到顺人伦、助教化的政治目的。正如《灵光殿赋》所云："贤愚成败，靡不载叙。恶以诫世，善以示后。"②

济宁各地发现的汉代画像石中大都有历史人物故事的反映，尤其以武氏祠最为集中，根据所刻画的历史人物的身份不同，可将其分为四类：

1. 帝王将相

济宁汉代画像石中刻画的历代帝王，自伏羲、女娲③、神农、黄帝、祝融、颛顼、帝喾、尧、舜、禹、桀到秦始皇，将相自仓颉、沮诵、周公、管仲、赵盾、晏婴、范雎、蔺相如，描绘了诸如周公辅成王、齐桓公释卫、管仲射小白、赵盾救灵辄、晋灵公杀赵盾、晏婴二桃杀三士、范雎辱魏须贾、蔺相如完璧归赵、秦始皇泗水升鼎等一系列历史故事。帝王图最具代表性的是《嘉祥武梁祠西壁画像》（见图3－36）④，第二层自右而左依次刻伏羲与女娲、祝融、神农、黄帝、颛顼、帝喾、尧、舜、禹、桀等古帝王图像，其左皆有榜题。在众多有关帝王将相的故事中，济宁汉代画像石出现次数最多的当属"周公辅成王""管仲射小白""晏婴二桃杀三士""公孙子都暗射颍考叔"与"秦始皇泗水升鼎"。

---

① 《文选》卷11《灵光殿赋》，上海古籍出版社1986年标点本，第515—516页。
② 同上书，第516页。
③ 此类画像石中的伏羲与女娲，多与其他帝王图像并存，可视作人类始祖，故归入帝王类，与前文所述神灵世界中的伏羲、女娲有着不同的意境。
④ 中国画像石全集编辑委员会编：《中国画像石全集》第1册，第29页。

图 3 – 36 《嘉祥武梁祠西壁画像》（局部）

西周建立两年后，武王病逝，年幼的成王继位，由武王之弟周公姬旦辅佐。周公一心朝政，忠心不二，排内忧，除外患，巩固了周王朝的统治，为"成康之治"的出现奠定了基础。周公作为历史上忠君之臣的典型代表，受到历代统治者的赞誉，正与儒家所宣扬的"忠君孝亲"思想相一致，故济宁汉代画像石中屡屡出现"周公辅成王"主题的图像也就不难理解了。如山东省博物馆藏嘉祥蔡氏园出土的东汉早期《周公辅成王、庖厨画像》[①]，画面上层刻"周公辅成王"的故事：中间矮榻上站立一年少者为成王，右侧恭立、手举黄罗伞盖者为周公，成王与周公的两侧站有持笏板的臣僚七人。又如嘉祥县武氏祠文管所藏嘉祥纸坊镇敬老院出土的东汉早期《武士、吴王、周公辅成王画像》[②]，画面下层为"周公辅成王"的故事：一少年袖手而立，榜题"太子"二字，是为成王；其右为周公，左有二臣僚面成王而立。再如山东石刻艺术博物馆藏嘉祥五老洼出土的东汉早期《周公辅成王、升鼎画像》（见图 3 – 37）[③]，画面上层中，成王立于矮榻上，左侧周公躬身，手持黄罗伞盖，身后三人立，成王右侧二人跪，一人立，均面向成王。以"周公辅成王"为主题的画像石中，除了成王与周公外，有的还出现了召公。如嘉祥县武氏祠文管所藏嘉祥纸坊镇敬老院出土的东汉早期《九头人面兽、周公辅成王、武士画像》[④]，中间头戴束腰圆帽、身穿交领长袖袍的少年榜题"成王"，左侧躬身持黄罗伞盖的长者榜题曰"周公"，右侧手挂拐杖的长者榜题曰"召公"。其他刻有"周公辅成王"内容的济宁汉代画像石，还如山东石

---

① 中国画像石全集编辑委员会编：《中国画像石全集》第 2 册，第 104 页。
② 同上书，第 106 页。
③ 同上书，第 126 页。
④ 同上书，第 107 页。

刻艺术博物馆藏嘉祥南武山出土的东汉晚期《西王母、周公辅成王、公孙子都暗射颍考叔画像》、嘉祥五老洼出土的东汉早期《升鼎、孔子见老子、周公辅成王画像》与嘉祥宋山小石祠西壁画像;山东省博物馆藏嘉祥刘村洪福院出土的东汉早期《风伯、造车、周公辅成王、树、马画像》,等等。

图3-37 《周公辅成王、升鼎画像》(局部)

"管仲射小白"的故事,作为中国历史上君礼臣忠的美谈。据《史记·齐太公世家》记载:齐国臣子公孙无知杀襄公,自立为王,襄公弟纠与小白避祸外逃,"次弟纠奔鲁,其母鲁女也,管仲、召忽傅之;次弟小白奔莒,鲍叔傅之,小白母卫女也"。后齐人诛杀公孙无知,议立国君,"高、国先阴召小白于莒,鲁闻无知死,亦发兵送公子纠,而使管仲别将兵遮莒道,射中小白带钩。小白佯死,管仲使人驰报鲁。鲁送纠者行益迟,六日至齐,则小白已入,高傒立之,是为桓公"[1]。齐桓公即位后,不计前仇,重用管仲,委国而听之。正是在管仲的辅佐下,齐国九合诸侯,一匡天下,得以称霸于时。"管仲射小白"的故事受到历代统治者的宣扬,一是褒扬齐桓公宽宏大度,爱惜人才,礼敬臣子;一是赞誉管仲忠于侍君,君臣一心,共成霸业。正因此故,济宁汉代画像石中经常出现"管仲射小白"的内容。如嘉祥武氏祠左石室后壁小龛西侧画像[2],第一层刻"管仲射小白"的故事:中间执弓者是管仲,左边卧地中矢者为小白,小白身后执伞盖者是鲍叔牙,管仲右二人执笏左向恭立。又如,山东石刻艺术

---

[1] 《史记》卷32《齐太公世家》,中华书局1959年标点本,第1485—1486页。
[2] 中国画像石全集编辑委员会编:《中国画像石全集》第1册,第56页。

博物馆藏嘉祥宋山出土的东汉晚期《西王母、公孙子都暗射颍考叔、管仲射小白画像》（见图3-38）①，画面第三层为"管仲射小白"的图像：中间一人为小白，躺卧于地，身中一箭；其左一人执伞盖遮住小白，当为鲍叔牙；鲍叔牙身后二人执笏跽拜；小白右一人躬身执弓，当是管仲；管仲后二人跽拜。

图3-38　《西王母、公孙子都暗射颍考叔、管仲射小白画像》（局部）

"晏婴二桃杀三士"是中国古代一则有名的历史故事，典故源于《晏子春秋·内篇谏下第二》，故事情节大概如此：春秋时期，齐景公帐下有三员大将：公孙接、田开疆与古冶子，他们战功彪炳，但恃功骄横，故晏婴建议齐景公设计除掉之。晏婴"因请公使人少馈之二桃，曰：'三子何不计功而食桃？'"公孙接与田开疆自以功高，先后各拿一桃，古冶子甚是不服，自报己功，抽剑而起。公孙接、田开疆听到古冶子所报之功后，羞愧地说："吾勇不子若，功不子逮，取桃不让，是贪也；然而不死，无勇也。"于是，二人返还桃子，自杀而死。尽管如此，古冶子却对先前羞辱别人、吹捧自己以及让别人为自己牺牲的丑态感到羞耻，曰："二子死之，冶独生之，不仁；耻人以言，而夸其声，不义；恨乎所行，不死，无勇。虽然，二子同桃而节，冶专其桃而宜。"② 因此也拔剑自刎。就这样，晏婴只靠着两个桃子，兵不血刃地除掉了三个威胁。该故事在秦汉时期广为流传，在济宁汉代画像石中能经常看到。如嘉祥县武氏祠文管所藏嘉祥店子村出土的东汉晚期《宴饮、二桃杀三士、车骑出行画像》③，画面中层为"晏婴二桃杀三

---

① 中国画像石全集编辑委员会编：《中国画像石全集》第2册，第93页。
② 吴则虞集释：《晏子春秋集释》卷2《内篇谏下第二》，《新编诸子集成》第一辑，中华书局1962年版，第164—165页。
③ 中国画像石全集编辑委员会编：《中国画像石全集》第2册，第102—103页。

士"的故事：人物中间置一高柄豆，豆内放置二桃；高柄豆两旁有二戴高冠、佩长剑的武士，当为公孙接与田开疆，再右一武士是古冶子；三武士之左，矮者当为晏婴，其左为齐景公；齐景公身后五人，三武士身后三人，皆手持笏板交头而谈。又如武氏祠左石室后壁小龛东壁画像①，第二层刻"晏婴二桃杀三士"的故事：左三人执刀者即为公孙接、古冶子、田开疆，其右矮小者当为晏婴，晏婴之后为齐景公和一臣僚。再如山东石刻艺术博物馆藏嘉祥宋山出土的东汉晚期《西王母、季札挂剑、邢渠哺父、二桃杀三士》（见图3-39）②，画面第三层刻"晏婴二桃杀三士"的场景：画面中有一高柄豆，豆中盛放二桃，豆右一武士，豆左二武士，皆挽袖怒目，持环首刀，其中二武士伸手去取高柄豆内所置桃子，当为公孙接与田开疆，另一武士则为古冶子；最左边持笏者，当是齐景公所派赐桃使者。

图3-39　《西王母、季札挂剑、邢渠哺父、二桃杀三士》（局部）

"公孙子都暗射颍考叔"的故事，发生在春秋时期。公孙子都，原名公孙阏，字子都，郑国公族大夫。《孟子·告子上》有云："至于子都，天下莫不知其姣也。不知子都之姣者，无目者也。"③ 由此看来，公孙子都的相貌应该十分英俊，都引起孟子的注意。但是，此人心胸狭隘，心狠手辣，暗箭射杀良臣颍考叔，在古代历史上留下一个不光彩的英雄形象。颍考叔，亦为郑国大夫，此人正直无私，素有孝友之誉，左丘明在《左传》中评价云："颍考叔，纯孝也，爱其

---

① 中国画像石全集编辑委员会编：《中国画像石全集》第1册，第59页。
② 中国画像石全集编辑委员会编：《中国画像石全集》第2册，第88页。
③ 《孟子注疏》卷11上《告子章句上》，《十三经注疏》（下册），中华书局1980年版，第2749页。

母，施及庄公。"① 关于公孙子都暗射颍考叔之事，《左传·隐公十一年》记载："郑伯将伐许，五月甲辰，授兵于大宫。公孙阏与颍考叔争车，颍考叔挟辀以走，子都拔棘以逐之，及大逵，弗及，子都怒。秋七月，公会齐侯、郑伯伐许。庚辰，傅于许，颍考叔取郑伯之旗蝥弧以先登。子都自下射之，颠。"② 济宁汉代画像石中所刻"公孙子都暗射颍考叔"的故事，如山东石刻艺术博物馆藏嘉祥宋山出土的东汉晚期《西王母、公孙子都暗射颍考叔画像》（见图3-40）③，画面中层为"公孙子都暗射颍考叔"的故事：左刻一房屋，堂内一人面右坐于矮榻上，另一人面左而坐；堂外一人扛锸蹬梯，锸挂一包袱，包袱中一箭，此人正是颍考叔；颍考叔身后一人持弓，当为公孙子都；再右，一人挟剑，一人挟弓，另有二童相随。又如嘉祥县武氏祠文管所藏嘉祥纸坊镇敬老院出土的东汉早期《西王母、仙车、公孙子都暗射颍考叔、狩猎画像》④，画面第三层为"公孙子都暗射颍考叔"的故事：手执弓箭者是公孙子都，正从背后暗射颍考叔；公孙子都身后有三人持笏板而立，前有两小孩。再如，山东石刻艺术博物馆藏嘉祥南武山出土的东汉晚期《西王母、周公辅成王、公孙子都暗射颍考叔画像》⑤ 与嘉祥宋山出土的东汉晚期《西王母、公孙子都暗射颍考叔、管仲射小白画像》⑥，也都是关于"公孙子都暗射颍考叔"的故事。

图3-40　《西王母、公孙子都暗射颍考叔画像》（局部）

---

① 《春秋左传正义》卷2《隐公元年》，《十三经注疏》（下册），中华书局1980年版，第1717页。
② 同上书，第1736页。
③ 中国画像石全集编辑委员会编：《中国画像石全集》第2册，第89页。
④ 同上书，第111页。
⑤ 同上书，第124页。
⑥ 同上书，第93页。

"秦始皇泗水升鼎"的故事最早见于《史记·秦始皇本纪》记载：二十八年（前219），"始皇还，过彭城，斋戒祷祠，欲出周鼎泗水。使千人没水求之，弗得。"① 此周鼎据传是大禹所铸，关于其来历，《左传·宣公三年》云："楚子伐陆浑之戎，遂至于雒，观兵于周疆，定王使王孙满劳楚子。楚子问鼎之大小轻重焉。对曰：'在德不在鼎。昔夏之方有德也，远方图物，贡金九牧，铸鼎象物，百物而为之备，使民知神奸。故民入川泽山林，不逢不若，螭魅罔两，莫能逢之。用能协于上下，以承天休。桀有昏德，鼎迁于商，载祀六百；商纣暴虐，鼎迁于周，……成王定鼎于郏鄏，卜世三十，卜年七百，天所命也。'"② 由此可知，大禹收九牧之金，铸九鼎，后相继迁于商、周。东周灭亡后，九鼎不知所终，至于其下落，文献记载说法不一。《史记》中多次记载九鼎之事，如《秦本纪》记载："五十二年，周民东亡，其器九鼎入秦"③；《封禅书》记载："其后百二十岁而秦灭周，周之九鼎入于秦。或曰宋太丘社亡，而鼎没于泗水彭城下。"④ 司马迁亦不能确定九鼎的下落，或在东周灭亡后落入秦国，或东周时就已没于彭城下的泗水。《汉书·郊祀志》兼收众说，同时又将时间具体化，云："后百一十岁，周赧王卒，九鼎入于秦。或曰，周显王之四十二年，宋太丘社亡，而鼎沦没于泗水彭城下。"⑤ 唐张守节则认为："历殷至周赧王十九年，秦昭王取九鼎，其一飞入泗水，余八入于秦中。"⑥ 众说法不一，难以考辨，不过，"周鼎沉于泗水""秦始皇泗水升鼎""龙啮断其系"的故事在山东地方社会中最为流传。北魏郦道元《水经注·泗水》就曾记载："周显王四十二年，九鼎沦没泗渊，秦始皇时而鼎见于斯水。始皇自以德合三代，大喜，使数千

---

① 《史记》卷6《秦始皇本纪》，中华书局1959年标点本，第248页。
② 《春秋左传正义》卷21《宣公三年》，《十三经注疏》（下册），中华书局1980年版，第1866页。
③ 《史记》卷5《秦本纪》，中华书局1959年标点本，第218页。
④ 《史记》卷28《封禅书》，中华书局1959年标点本，第1365页。
⑤ 《汉书》卷25上《郊祀志第五上》，中华书局1962年标点本，第1200页。
⑥ 《史记》卷5《秦本纪》，中华书局1959年标点本，第218页。

第三章 济宁画像石与汉代社会

人没水求之，不得，所谓鼎伏也。亦云系而行之，未出，龙齿啮断其系。故语曰：称乐大早绝鼎系。当是孟浪之传耳。"① 虽然在郦氏看来，"秦始皇泗水升鼎""龙啮断其系"之说乃"孟浪之传"，荒诞不经，但他还是如实地把耳闻的民间传说记述下来，为我们了解画像石中"秦始皇泗水升鼎"故事提供了依据。汉代画像石中多表现这个故事，究其意图，无非欲表明秦之断祚实乃天意，为汉代的合法统治做政治宣扬。济宁汉代画像石中的"秦始皇泗水升鼎"的故事，都是做"系而行之，未出，龙齿啮断其系"的画面。如山东石刻艺术博物馆藏嘉祥五老洼出土的东汉早期《周公辅成王、升鼎画像》②，画面最下层刻"秦始皇泗水升鼎"图：桥上竖立四杆，两旁各有四人拉绳升鼎，鼎升至半空，其内伸出龙头，咬断绳；桥旁坐观者当为秦王，其身后三跽者，面前四人躬身行礼；桥下一船，船上一人撑船，一人叉鱼。又如另一山东石刻艺术博物馆藏嘉祥五老洼出土的东汉早期《升鼎、孔子见老子、周公辅成王画像》（见图3-41）③，画面第一层为升鼎图：桥上四立柱，柱旁二列人物挽绳升鼎，鼎升出水，其内伸出龙头咬断系绳，鼎欲坠，一人欲托起；上有观看升鼎者数人，中间凭几坐者为秦王；前有三人躬立，后有四人恭手端坐。再如邹城孟庙藏邹城高里村出土的东汉晚期《升鼎画像》④，画面正中一拱形桥，桥上立二杆，杆左右各一队男女凭桥栏而立，拉绳升鼎，鼎露出水面，鼎内一龙咬断绳索；两立杆之间站一人观看，当为秦始皇；桥左一高亭，亭旁四人端坐；桥右立二人，其中一人戴进贤冠，一人怒目挽袖吹须，当为卫卒；桥上空间凤鸟数只，有二长发翼人跪饲。其他包含此故事主题的，例如嘉祥县武氏祠文管所藏嘉祥纸坊镇敬老院出土的东汉早期《高禖、伏羲、女娲、孔子见老子、升鼎画

---

① （北魏）郦道元：《水经注校证》卷25《泗水》，陈桥驿校证，中华书局2007年标点本，第601页。
② 中国画像石全集编辑委员会编：《中国画像石全集》第2册，第126页。
③ 同上书，第128页。
④ 同上书，第52—53页。

像》① 与《楚王、升鼎、孔子见老子画像》②、山东省博物馆藏嘉祥刘村洪福院出土的东汉早期《伏羲、女娲、戏蛇、升鼎画像》③，等等。

图 3－41　《升鼎、孔子见老子、周公辅成王画像》（局部）

济宁汉代画像石中不仅刻画有明君贤臣，亦有昏君嬖臣，譬如"骊姬害申生"的故事。"骊姬害申生"之事，最早见于《左传·僖公四年》的记载：晋献公立骊姬为夫人，生子名奚齐。骊姬为使奚齐能继承君位，设计诬陷太子申生，她对申生说："君梦齐姜，必速祭之。"于是，申生祭祀母亲齐姜于曲沃，并把祭祝的酒肉带回来献给晋献公。"公田，姬置诸宫，六日，公至，毒而献之。公祭之地，地坟；与犬，犬毙；与小臣，小臣亦毙。"于是，骊姬诬陷申生所为。申生逃奔新城，同年十二月戊申，含冤自缢。④ 济宁汉代画像石中刻画"骊姬害申生"的故事，恶以诫世之意甚明。如山东石刻艺术博物馆藏《嘉祥宋山小石祠西壁画像》（见图 3－42）⑤，画面第三层刻"骊姬害申生"的故事：左边四人，前者跪，左手执带绶匕首对着自己的喉咙，正欲自尽，此人当为晋太子申生；右边一人，躬腰侧立，

---

① 中国画像石全集编辑委员会编：《中国画像石全集》第 2 册，第 107 页。
② 同上书，第 106 页。
③ 同上书，第 115 页。
④ 《春秋左传正义》卷 12《僖公四年》，《十三经注疏》（下册），中华书局 1980 年版，第 1793 页。
⑤ 中国画像石全集编辑委员会编：《中国画像石全集》第 1 册，第 66 页。

与申生对语，此人当为晋献公；申生与晋献公之间，一犬倒毙仰卧；晋献公身后，一妇人与一小儿左向立，妇人即骊姬，小孩即奚齐；申生身后三人，当为太子傅杜原款及僚属。又如山东石刻艺术博物馆藏嘉祥宋山出土的东汉早期《孔子见老子、骊姬故事画像》①，画面第三层为"骊姬害申生"的故事：右二人，前跪地之人是申生，后站立之人是太子傅杜原款；二人面前一死犬，仰卧于地；左三人分别是晋献公、卓子与骊姬。

图 3-42 《嘉祥宋山小石祠西壁画像》（局部）

2. 儒道圣贤人物

画像石中多刻有老子、孔子及其弟子等儒道圣贤人物。老子与孔子是春秋时期著名的思想家，分别作为道家与儒家学说的创始人，诸多文献中证实孔子曾多次向老子问礼。如《庄子·天运》载："孔子行年五十一而不闻道，乃南之沛见老聃。"② 又如，《史记·孔子世家》云："鲁南宫敬叔言鲁君曰：'请与孔子适周。'鲁君与之一乘车，两马，一竖子俱，适周问礼，盖见老子云。辞去，而老子送之曰：'吾闻富贵者送人以财，仁人者送人以言。吾不能富贵，窃仁人之号，送子以言，曰：聪明深察而近于死者，好议人者也。博辩广大危其身者，发人之恶者也。为人子者毋以有己，为人臣者毋以有己。'孔子自周反于鲁，弟子稍益进焉。"③ 孔子见老子不是普通的"历史相会"，而是儒、道思想的交流与沟通，在我国思想文化史上影响深

---

① 中国画像石全集编辑委员会编：《中国画像石全集》第 2 册，第 94 页。
② （清）郭庆藩：《庄子集释》卷 5 下《天运第十四》，王孝鱼点校，《新编诸子集成》第一辑，中华书局 1961 年标点本，第 516 页。
③ 《史记》卷 47《孔子世家》，中华书局 1959 年标点本，第 1909 页。

远。在尊崇儒学的汉代社会,常将二人会面的情景刻在画像石中,宣扬了谦虚好学、尊老敬贤美德的儒家社会思想。济宁汉代画像石中的"孔子见老子"图像,其中场面最为壮观者当属嘉祥县武氏祠文管所藏嘉祥齐山出土的东汉晚期《孔子见老子、车骑出行画像》①,该画像石长2.85米,高0.56米,画面上层左半部刻"孔子见老子"图:老子拄曲杖躬身,迎接孔子及其弟子,榜题"老子也",后有七人站立;孔子宽衣博带,袖中藏雁,面向老子躬身施礼,榜题"孔子也";二圣之间的小儿是项橐,手推小车,正在向孔子发问;孔子身后有颜回、子路等弟子一行二十人,只有颜回与子路像有榜题"颜回""子路"。又如济宁市博物馆藏《武氏祠前石室后壁东段承担石画像》(见图3-43)②,刻"孔子见老子"图:中部一人拱手右向恭立,榜题"孔子也";其右一人扶杖,与孔子对语,榜题"老子";孔子与老子间一小儿,一手推轮,一手指向孔子,当是项橐;孔子后有一人捧简跟随,一有屏轺车停立,榜题"孔子车";老子身后停一轺车,车后三人捧简左向立。诸如此主题的画像石还有很多,如微山县文化馆藏微山岛沟南村出土的西汉中后期《孔子见老子、送葬画像》③、嘉祥县武氏祠文管所藏嘉祥纸坊镇敬老院出土的东汉早期《楚王、升鼎、孔子见老子画像》④、山东石刻艺术博物馆藏嘉祥宋山出土的东汉早期《孔子见老子、骊姬故事画像》⑤、嘉祥县武氏祠文管所藏嘉祥纸坊镇敬老院出土的东汉早期《高禖、伏羲、女娲、孔子见老子、升鼎画像》⑥、山东石刻艺术博物馆藏嘉祥五老洼出土的东汉早期《升鼎、孔子见老子、周公辅成王画像》⑦,等等。尽管各地出土的画像石在画面内容、艺术表现形式等方面存在差异,但是宣扬儒家思想的主题却是统一的,反映出了儒、道两种思想文化在中国不

---

① 中国画像石全集编辑委员会编:《中国画像石全集》第2册,第122—123页。
② 中国画像石全集编辑委员会编:《中国画像石全集》第1册,第38—39页。
③ 中国画像石全集编辑委员会编:《中国画像石全集》第2册,第46页。
④ 同上书,第106页。
⑤ 同上书,第94页。
⑥ 同上书,第107页。
⑦ 同上书,第128页。

同历史阶段中的交流与发展。

图 3－43 《武氏祠前石室后壁东段承担石画像》

3. 义士侠客

在中国古代历史上，义士与侠客因其恪守大义、笃行不苟而受到人们的赞誉，正与儒家提倡的仁爱正义、忠诚守信相一致，所以也是画像石中常见的一个主题。济宁汉代画像石中常见的义士侠客故事，如"季札挂剑""曹子劫桓""赵氏孤儿""豫让刺赵襄子""专诸刺王僚""李善保幼主""要离刺庆忌""聂政刺韩王""荆轲刺秦王"等，但数量最多的当属"季札挂剑"与"荆轲刺秦王"的故事。"季札挂剑"的故事，见于《新序·杂事》的记载：季札，春秋时期吴王寿梦的第四子，在出使晋国途中，带剑拜访徐国之君，"徐君观剑，不言而色欲之"。季札因有出使任务在身，并未献剑于徐君，"然其心许之矣"。季札出使完后，再过徐国，但徐君已死，遂摘剑送于徐国嗣君，随从者制止说："此吴国之宝，非所以赠也。"季札曰："吾非赠之也，先日吾来，徐君观吾剑，不言而其色欲之；吾为有上国之使，未献也。虽然，吾心许之矣。今死而不进，是欺心也。爱剑伪心，廉者不为也。"徐国嗣君云："先君无命，孤不敢受剑。"无奈之下，季札只好来到徐君墓前，将剑挂于墓旁树上而去。① 此故事赞誉了季札持义守信的高尚品德，即便只是心里答应了别人的要求，也要努力兑现。济宁汉代画像石中的"季札挂剑"图，如山东石刻艺术博物馆藏嘉祥宋山出土的东汉晚期《西王母、季札挂剑、邢渠哺父、二桃杀三士》（见图

---

① （汉）刘向：《新序》卷7《节士第七》，《景印文渊阁四库全书》第696册，上海古籍出版社1987年影印本，第235页。

3-44)①，画面第二层的中右部刻"季札挂剑"的故事：中刻一坟，坟旁一树，树上并未挂剑，而是插于坟上；坟前置案，案上有樽、耳杯等祭具，二人跪拜施礼，前者当为季札，后者为随从。

图3-44　《西王母、季札挂剑、邢渠哺父、二桃杀三士》（局部）

"荆轲刺秦王"的故事，最早见于《战国策·燕策三》的记载：燕太子丹担心秦兵进攻燕国，遂派遣荆轲刺杀秦王。公元前227年，荆轲携带燕督亢地图和樊於期首级，与秦舞阳一同前往秦国，但最终行刺失败，被秦王侍卫所杀。"荆轲刺秦王"的故事一直为后世传颂，赞誉荆轲敢于反抗暴秦、重义轻生、勇于牺牲的精神。济宁汉代画像石中的"荆轲刺秦王"，如《武氏祠前石室后壁小龛西侧画像》（见图3-45）②，画面第一层刻"荆轲刺秦王"的故事：右一奋勇的武士被人拦腰抱住，榜题"荆轲"；其足旁一人匍匐于地，榜题"秦舞阳"；其后一卫士执刀、盾；秦舞阳前置一盒，半启，内盛一人头，当为樊於期的首级；中间一柱，上有一带缨匕首，当为荆轲所掷；柱

图3-45　《武氏祠前石室后壁小龛西侧画像》（局部）

---

① 中国画像石全集编辑委员会编：《中国画像石全集》第2册，第88页。
② 中国画像石全集编辑委员会编：《中国画像石全集》第1册，第40页。

第三章 济宁画像石与汉代社会

右一隔断的衣袖,当是秦王在与荆轲打斗时所留;左边一人惊慌奔逃,榻座前有丢脱的双履,此人当为秦王;其左还有惊扑于地的两卫士。画面中怒发冲冠的荆轲,悸栗伏地的秦舞阳,断袖而逃的秦王,半开函盖中的樊於期人头以及误中庭柱的匕首,精彩地表现了"图穷匕见"这一传颂千年的历史情节高潮,充分体现出了济宁汉代画像石艺术高超的写实与概括能力。

4. 孝子列女

汉代倡行"以孝治天下",崇老孝亲之风极盛,汉代画像石中有许多养老行孝图,正是作为民间孝道教育的宣传品,以彰显孝养之义。济宁汉代画像石中的孝子故事,有"闵子骞御车失棰""老莱子娱亲""董永卖身葬父""丁兰刻木""邢渠哺父""韩伯俞悲笞""伯游孝亲",等等。如嘉祥县《武梁祠西壁画像》(见图3-46)①,第三层自左至右,刻孝子故事四则。第一则,为"丁兰刻木"的故事:左边一木像,下承以雕座,此为丁兰母木像;木像前一人冠服拱手而跪,此人即丁兰;右上一妇人左向跪,即丁兰妻;木像上有榜题四行十八字,曰:"丁兰二亲终殁,立木为父,邻人假物,报乃借与。"第二则,为"老莱子娱亲"的故事:一翁一妪坐于榻上,上垂帷幔,榻下横题"莱子父,莱子母"六字;右边一妇执便面左向侍立,当为老莱子妻;其后一人左向卧地,两手举舞,头部已泐,此人为老莱子;其上榜题六行三十字,曰:"老莱子,楚人也,事亲至孝,衣服斑连,婴儿之态,令亲有骦,君子嘉之,孝莫大焉。"第三则,为"闵子骞御车失棰"的故事:一马驾辎车右向停立,车上坐一老人和童子,当为闵子骞的父亲与弟弟;车后一人,冠服拱手跪于地上,当为闵子骞,老人左手挽伞柄做回首而语状,正因闵子骞失棰而指责他;车右上方榜题二行八字,曰:"子骞后母弟,子骞父";车左上方榜题二行十九字,曰:"闵子骞与假母居,爱有偏移,子骞衣寒,御车失棰。"第四则,为

图3-46 《武梁祠西壁画像》(局部)

---

① 中国画像石全集编辑委员会编:《中国画像石全集》第1册,第29页。

"曾母投杼"的故事：曾参母坐织机上右向，回身而指，做训示状；机后一杼坠地，下有一列横题"谗言三至，慈母投杼"；左边曾参冠服拱手右向跪，上榜题六行二十四字，曰："曾子质孝，以通神明，贯感神祇，箸号来方，后世凯式，以正樕纲。"

  在中国古代历史上，有很多操守堪称儒家礼教言行之楷模的妇女，"贤妃助国君之政，哲妇隆家人之道，高士弘清淳之风，贞女亮明白之节"①，她们或孝悌守节，或贤明仁智，受到历代统治者的高度褒扬，以达到广兴教化的目的。济宁汉代画像石中刻画了众多列女形象，如齐无盐女钟离春、齐桓公夫人卫姬、齐义继母、楚昭贞姜、京师节女、梁高行、秋胡洁妇、梁节姑姊、鲁义姑姊，等等。如嘉祥县《武梁祠东壁画像》（见图3-47）②，画面第二层自左至右刻列女故事四则，第一则为京师节女的故事：一屋二柱，屋内床上卧一人，盖衾被，榜题"京师节女"；

图3-47 《武梁祠东壁画像》（局部）

左一人持刀入室，扑向睡卧人，榜题"怨家攻者"。第二则为齐义继母的故事：右一骑吏冠服佩刀，左向停立，榜题"追吏骑"；追吏马前一人披发仰卧地上，榜题"死人"；一人拱手右向跪，榜题"后母子"；一人拱手右向立，榜题"前母子"；左边一妇人右向立，手前举，榜题"齐继母"。第三则为梁节姑姊的故事：一屋二柱，屋檐下有火焰升腾，屋内一小儿卧地，右手上伸，其上榜题"长妇儿"；其前一妇人披发，伛身入屋，伸手援儿，柱上榜题"梁节姑姊"；左边一妇人右向，双手紧拉姑姊之手，榜题"救者"；左上面两小儿携手奔跑，上榜题"姑姊儿"；救者后面一榜题二行二十二字，曰："姑姊其室失火，取兄子往，辄得其子，赴火如亡，示其诚也。"第四则为半组③楚昭贞姜的故事：一屋露左半边，屋中一侍女右向，手前伸，柱外侧一人冠服执旄节者右向跪，榜题"使者"。与上述武梁祠东壁

---

  ① 《后汉书》卷84《列女传》，中华书局1965年标点本，第2781页。
  ② 中国画像石全集编辑委员会编：《中国画像石全集》第1册，第30页。
  ③ 此画像内容未完，下接至后壁第一层左端，共同组成完整的故事内容。

画像内容相接的是后壁画像①，画面第一层，从左至右刻四则列女故事，第一则刻半组楚昭贞姜的故事：一屋露右半边，檐下一柱，屋内一妇女发绾高髻，左向坐，右手前指，左上榜题二行四字"楚昭贞姜"，其身后两女左向侍立，前者执便面。第二则为鲁义姑姊的故事：左边二马驾一轺车右向行，车上一人冠服执旄节，泐甚，前有御者，榜题"齐将军"；车前一骑吏，一执弓步卒，皆举手做追呼状；右边一妇女，榜题"义姑姊"，回首左顾，右手怀抱一小儿右向奔，榜题"兄子"二字，左手下垂，欲援一童子，榜题"姑姊儿"三字。第三则为秋胡洁妇的故事：右边一桑树，树下一筐，一妇女右向执钩采桑，回首左顾；左边一人冠服荷囊右向，与妇女做相语状；二人间有一榜题二行六字，曰："秋胡妻，鲁秋胡"。第四则为梁高行的故事：右边帷幔下，一妇人左向坐，发绾三环高髻，右手拿镜，左手持刀，榜题"梁高行"三字；其后，一女子执便面侍立；梁高行前，一人捧物右向跪，榜题"奉金者"；左边一人冠服持旄节右向躬立，榜题"使者"；再左边，停着两马驾的骈车，上一御者。

总之，济宁汉代画像石中的历史世界，再现了古代帝王将相、圣贤人物、刺客义士、孝子列女的故事情节，宣扬了儒家所推崇的忠、孝、仁、义、礼、智、信、节等伦理道德规范，反映了汉代社会的道德与精神追求。以善为师，以恶为诫，正如何晏《景福殿赋》所云："图象古昔，以当箴规"②，这正是巩固封建统治所需要的。

三 自然世界

画像石中的自然世界，主要刻画了日月星辰、风雨雷电、山峦河流、草木鸟兽等在内的自然景物，它们一般不作为画面的主题，而是为神仙世界与人类世界提供一个自然场景或某些构成要素，如西王母图中的三足乌、青鸟、蟾蜍与玉兔，农耕图中的耕牛，狩猎图中的鹿、兔、狗、鹰，车马出行图中的马匹，等等。济宁汉代画像石中常见的天象景物，如日、月、北斗星、风、雨、雷、电、虹等。这一类

---

① 中国画像石全集编辑委员会编：《中国画像石全集》第1册，第31页。
② 《文选》卷11《景福殿赋》，上海古籍出版社1986年标点本，第530页。

景物一般处于祠堂、石墓的顶部，因为要在建筑物内描绘天地之间种种事物，自然将其顶部作为象征天空。各幅天象图是由或多或少的星座组成，最为多见的是内有三足乌图像的太阳和内有蟾蜍图像的月亮，次为北斗七星、牵牛星、织女星等。天象图中的各星座，已注意到星座原有的方位，但不严格，不能视为当时天文观察记录中实际使用的星象图，而只是用来表现一般意义的天空苍宇。自然景物类，如山峦、河流、湖泊等；动物类，如龙、凤、牛、马、兔、猪、羊、狗、鸡、熊、鹤、鹿、虎、狮、象、猴、狐、骆驼、乌鸦、鱼鹰、蟾蜍、鱼、蛇、龟、鳖、壁虎、蜻蜓等；植物类，如松树、柏树、扶桑、连理树、荷花、蔓草等。自然景物类画像的数量最多，一般刻于建筑物上层的神仙世界及下层的人类世界中。如曲阜孔庙藏微山两城镇出土的东汉中晚期《兽、人物、连理树画像》（见图3-48）[①]，上层为龙、虎、熊，下层刻连理树，树上有群猴、飞鸟，树下有一羊一马。又如兖州博物馆藏兖州农机学校出土的西汉后期《群兽、狩猎、建鼓画像》[②]，画面左格为群兽图，其中二虎、二犬、一鸟、一牛；中格为狩猎图，有犬、鹿、牛、兔、鸟等。

图3-48 《兽、人物、连理树画像》

---

① 中国画像石全集编辑委员会编：《中国画像石全集》第2册，第33页。
② 同上书，第20—21页。

第三章 济宁画像石与汉代社会

需要注意的是，济宁汉代画像石中还刻画了一些较为罕见的自然物象，如白虎、九尾狐、白鹿、双头鹿、双头鸟、比翼鸟、连理木、嘉禾等，视之为瑞应，这与汉代儒家学说中的"天人合一""天人感应"思想有关。在董仲舒看来，"国家将有失道之败，而天乃先出灾害以谴告之，不知自省，又出怪异以惊惧之，尚不知变，而伤败乃至。以此见天心之仁爱人君而欲止其乱也"①。这种思想认为，人间凡遇虐政，四方必先有灾异相示；施行仁政，则会出现祥瑞之物。《白虎通义》云："德至鸟兽，则凤凰翔，鸾鸟舞，麒麟臻，白虎到，狐九尾，白雉降，白鹿见，白鸟下。"② 所以，《汉书》与《后汉书》中的《五行志》就专门记述灾异、祥瑞与世事变异感应而生的大量事例，可见"天人感应论"在当时的观念中占有重要的地位。正是由于这种思想背景，为了表示当时的太平，济宁汉代画像石中就会刻画很多祥瑞图，并有榜题加以说明。因祥瑞之事虽出在人间，却以为来自天意，故祥瑞图往往刻于祠堂或墓室中象征天空的部位。如武梁祠屋顶石上刻满了多种多样的祥瑞图像，举头仰视便有天降祥瑞的景象。屋顶后坡画像石的第一层，刻有多种祥瑞图像：二鱼相并，各一目，左上榜题三行曰："比目鱼，王者幽明无不衞则至"；次残存一鱼尾，榜题存"白鱼""津"字；③ 次一鹿唯存后二足，上榜题二行云："比肩兽，王者德及鳏寡则至"；次一鸟两首两足，左右二翼，尾有四羽，上有榜题二行曰："比翼鸟，王者德及高远则至"；一树渺下半部，左榜题二行曰："木连理，王者德纯洽，八方为一家则连理生"；一熊微露首及前二足，余渺，榜题："赤熊，仁奸明则至"，等等。在其他画像石上，祥瑞图还有许多别的内容，但皆为当时的珍稀动植物和古之宝器。正因为这些东西世间罕见，就拿来象征天降祥瑞，王道大行。不过，现在所见汉代画像石的主人皆豪强高官，所以

---

① 《汉书》卷56《董仲舒传》，中华书局1962年标点本，第2498页。
② （汉）班固：《白虎通义》卷下《德论下·封禅》，《景印文渊阁四库全书》第850册，上海古籍出版社1987年影印本，第37页。
③ （清）阮元：《山左金石志》卷7《武氏石室祥瑞图二石》跋云："次一鱼，右题二行，存'白鱼，武津入于王'七字"，《续修四库全书》第909册，上海古籍出版社2002年版，第471页。

实际要称颂的不仅是汉世的仁政,也是他们自己的为吏清明。

以上从神仙世界、人类世界与自然世界三方面介绍了济宁汉代画像石的内容,由此可见其内容的丰富与多样,而这根源于汉代多姿多彩的社会生活。

第六节　济宁汉代画像石的价值

济宁汉代画像石是一部刻在石头上的历史文献,真实地勾画出了济宁汉代社会的历史画卷,不仅对于了解当时的社会生产与生活状况、风俗人情、典章制度、宗教信仰、文化艺术等有着极为重要的学术价值,同时对于当今的艺术创新、文化资源的开发又有着一定的现实价值。

一　学术价值

1. 史料价值

画像石是我们了解汉代社会历史的重要资料依据。对于汉代历史的记载,虽然有《史记》《汉书》《后汉书》《白虎通义》《风俗通义》等众多史籍,但是所记的历史只限于抽象的文字描述,而汉代画像石则以图画的形式直观、生动地表现出来。如济宁汉代画像石中的车骑出行图,对汉代的车马规制有着直观的刻画,可以清楚地辨明轺车、斧车、辎车、幡车、骈车、安车等各种车辆在形制上的区别,正可弥补《后汉书·舆服制》文字记述的不足。同时,史籍中所记述的多是上层人物的历史,对于普通民众的活动则很少记载,而画像石中所反映的很多内容是关于普通民众的生活,如捧奁拥彗、持戟执盾、端灯提壶的侍者,汲水洗菜、杀鸡宰狗、烧火和面的厨子,牵牛扶犁、扛锸握锹的农夫,执斧抡锤、提勺抱缸的手工业者,甩袖扭腰、倒立跳跃的乐舞杂技伎人,等等。因此,画像石不仅可以与史书记载相互参照,甚至能补史书记载之阙。济宁汉代画像石是一部生动的社会历史档案,所描绘的图景涉及汉代社会的方方面面,为我们还原出一个活生生的汉代社会:西王母、东王公、伏羲、女娲、雷公、电母、风伯、雨神、北斗星君、三足乌、青鸟、蟾蜍、玉兔等神仙灵

第三章 济宁画像石与汉代社会

兽图,反映了汉代的鬼神信仰;车骑出行图,展示了贵族出行征战活动;门阙、厅堂、楼阁、桥梁、仓库等建筑图,展示了丰富多彩的汉代建筑艺术;牛耕图、狩猎图、捕鱼图、制车图、酿酒图等,再现了当时的社会生产状况;庖厨宴饮图,反映了汉代贵族阶层丰富的饮食生活和宴宾陈伎的宴饮习俗;歌舞、百戏、投壶、六博、斗兽、角抵等图,展现了时人丰富多彩的消遣娱乐生活;殡车出行、墓地坟丘图等,反映了汉代的丧葬习俗;胡汉交战与献俘图,生动地描绘了激烈的战争场面和献捷献俘的场景,为我们了解汉代的胡人形象、民族关系等提供重要资料;画像石中的历史人物故事图,刻画了古代帝王将相、圣贤人物、刺客义士、孝子列女等人的事迹,不仅再现了中国古代历史的某些片段,还表现了当时崇尚的伦理、道德规范,等等。画像石描摹出人间万象,形象地展现了丰富多彩的济宁汉代社会历史。

2. 艺术价值

济宁汉代画像石融绘画与雕刻于一身,是研究汉代绘画与雕刻艺术的重要依据。画像石的作者无论在绘画素材,还是在表现手法上,都具有极高的艺术概括能力,能抓住事物情节发展的高潮予以集中体现,从而突出表现内容的主题。如为了表现汉代官僚地主高贵的社会地位,选择以肥马轻车、前迎后送、车水马龙的行列队伍以及高堂踞坐、众人拜谒的晋见场景等作为刻画重点;为了凸显豪族权贵的奢靡生活,则重点刻画了楼阁相连、堂庑相望的宅院图以及杀猪宰羊、汲水烧灶、杯盘狼藉的庖厨宴饮图景;还有那些人仰马翻、断头洞胸的战争场面,千姿百态、欢欣惊险的乐舞百戏等,画面栩栩如生,观者如身临其境,目不暇接,都是一幅幅反映现实社会生活的杰出画作。画像石作者并未局限于图像形似的追求,而是大胆进行创作。例如,为了夸张马匹的肥壮,有的画像就把马的身躯画得很肥,而把马腿画得较细,但人们看后,丝毫不感到不适,反而觉得画面匀称,马匹肥壮可爱;又如,有些画面极具浪漫主义色彩,凭着作者的丰富想象力,无拘无束,大胆地创造出许多非现实世界的东西,如仙人有的乘龙,有的骑鹿,有的驾云车、鹿车、鱼车、凤凰车,还有马头人、狗头人、多头人、人头鱼、鸟头鱼、多头兽等,完全是一个神妙的仙界。在画面的处理上，画像石作者也有独到之处，那就是分层次作画，使得看上去内容繁杂、主题不明的画面，变得多而不乱。古代宴饮的同时，往往观看歌舞、百戏表演，而宴饮必先制作美食，所以画像石中多将乐舞百戏图与庖厨宴饮图组合在一起。如嘉祥县武氏祠文管所藏嘉祥纸坊镇敬老院出土的东汉早期《乐舞、建鼓、庖厨画像》（见图3－49）①，建鼓高树画面中央，建鼓左右及上部有人倒立、跳丸、跳舞、奏乐，建鼓下部有人庖厨做饭，整幅画面层次清楚，布局合理，主题明确，繁缛而细腻。济宁汉代画像石的雕刻技法丰富多样，迄今所见的各种雕刻技法都有应用，如阴线刻、凹面线刻、减地平面线刻、浅浮雕、高浮雕、透雕等，雕刻技法全面精致。此外，济宁汉代画像石中存有一些题记或榜题，尤以武氏祠为代表，对于汉代书法艺术的研究也具有一定价值。

图3－49 《乐舞、建鼓、庖厨画像》

二 现实价值

济宁汉代画像石不仅有着极大的学术价值，还有着一定的现实应

---

① 中国画像石全集编辑委员会编：《中国画像石全集》第2册，第110页。

用价值,简言之,主要体现在以下几个方面:

第一,近年来,随着旅游业的进一步发展,文化旅游日益兴起,画像石作为一种重要的旅游文化资源,极其具有欣赏价值,如嘉祥县武氏墓群石刻博物馆,吸引了大量海内外游客前来参观考察。因此,通过对济宁汉代画像石的研究,有助于文物资源的挖掘、开发与宣传,对当代济宁文化旅游的发展不无裨益。

第二,济宁汉代画像石中的各种图案装饰艺术值得我们借鉴,可以将之运用到今天的图案装饰、艺术设计中去,定能产生返璞归真的美感,令人耳目一新。

第三,济宁汉代画像石中的各种乐舞表演极具有艺术美感,如长袖舞的曼妙与飘逸,建鼓舞的粗犷与豪放,盘鼓舞的灵动与明快,其动作可以被吸纳、糅合至现代舞蹈中。

济宁汉代画像石是中国画像石最重要的组成部分,一直以来备受学界关注,除了其延续时间长、发现数量多、分布地域广外,更主要在于它的建筑形式的多样、雕刻技法的娴熟、题材内容的广泛以及反映思想的深刻。它蕴藏着丰富的历史文化内涵,用图画的形式记录了汉代社会的方方面面,给我们留下了珍贵、直观的图像资料,是了解与研究汉代社会政治、经济、军事、宗教、思想、艺术、风俗等诸多方面的重要资料。济宁汉代画像石不仅是一部图绘信史,更是一朵艺苑奇葩,是汉代劳动人民遗留下来的无与伦比的艺术瑰宝,它所显示的中国传统的绘画雕刻艺术,至今仍熠熠生辉。我们应该珍视这份历史文化遗产,以更好地弘扬中华民族优秀的文化传统。

第四章 泰山石刻与唐宋封禅

第一节 泰山封禅石刻

泰山雄伟高耸的形体结构，拔地通天的岩岩气象，在远古时期已为人们认同。当阴阳学说、五行学说出现后，也就有了"岱者，长也，万物之始，阴阳交代"①"东方者，万物之所始；山岳者，灵气之所宅。故求之物本，必于其始；取其所通，必于所宅"②的说法，泰山遂承担起了"求之物本""取其所通"的大任。所以，中国古代帝王热衷于在泰山举行祭祀天地神祇的祀典，以求长治久安，并"以其成功告于神明者也"③，此即封禅。唐人张守节解释云："此泰山上筑土为坛以祭天，报天之功，故曰封。此泰山下小山上除地，报地之功，故曰禅。"④ 只有政治修明、天下安泰，才有资格"功成封禅以告太平"⑤。泰山封禅作为中国古代帝王"应天受命"神圣崇高的国家祀典，自上古"七十二家"⑥，至秦始皇、汉武帝、光武帝、汉章帝与汉安帝，再到唐高宗、唐玄宗与宋真宗三帝接踵东封，高潮迭

---

① （汉）应劭：《风俗通义》卷10《山泽·五岳》，《景印文渊阁四库全书》第862册，上海古籍出版社1987年影印本，第409页。
② （晋）袁宏：《后汉纪》卷8《光武皇帝纪》，《四部丛刊初编》第18册，上海书店1989年版，第14页。
③ 同上。
④ 《史记》卷28《封禅书》，中华书局1959年标点本，第1355页。
⑤ （东汉）班固：《白虎通义》卷下《德论下·封禅》，《景印文渊阁四库全书》第850册，上海古籍出版社1987年影印本，第36页。
⑥ 《史记》卷28《封禅书》，中华书局1959年标点本，第1361页。

第四章 泰山石刻与唐宋封禅

起。尤其后两次封禅,规模之大,场面之盛,影响之深,皆超秦逾汉。封禅之后,往往刻石纪功,以宣示天下,这就是泰山封禅石刻。

最早的泰山封禅石刻,当为秦始皇所立。公元前221年,秦始皇统一六国,结束了春秋战国以来五百多年的诸侯割据局面,建立了中国历史上第一个统一的中央集权封建王朝。为了巩固统治、震慑六国的反抗势力,并宣扬自己的丰功伟业,秦始皇遂巡行全国。公元前219年,秦始皇东巡郡县,在登临邹峄山后,"与鲁诸儒生议,刻石颂秦德,议封禅望祭山川之事。乃遂上泰山,立石,封,祠祀"①。秦始皇泰山封禅刻辞曰:"皇帝临位,作制明法,臣下修饬。二十有六年,初并天下,罔不宾服。亲巡远方黎民,登兹泰山,周览东极。从臣思迹,本原事业,祇诵功德。治道运行,诸产得宜,皆有法式。大义休明,垂于后世,顺承勿革。皇帝躬圣,既平天下,不懈于治。夙兴夜寐,建设长利,专隆教诲。训经宣达,远近毕理,咸承圣志。贵贱分明,男女礼顺,慎遵职事。昭隔内外,靡不清净,施于后嗣。化及无穷,遵奉遗诏,永承重戒。"② 在封禅刻辞中,秦始皇着重宣扬了自己一统天下的丰功伟绩,并表达了治理国家的决心。公元前210年,秦始皇病死在东巡的归途中,次子胡亥继位,是为秦二世。胡亥与赵高谋曰:"朕年少,初即位,黔首未集附。先帝巡行郡县,以示强,威服海内。今晏然不巡行,即见弱,毋以臣畜天下。"③ 于是次年春,秦二世东行郡县,"东巡碣石,并海南,历泰山,至会稽,皆礼祠之,而刻勒始皇所立石书旁,以章始皇之功德"④。秦二世的泰山刻辞为:"皇帝曰:'金石刻尽始皇帝所为也。今袭号而金石刻辞不称始皇帝,其于久远也如后嗣为之者,不称成功盛德。'丞相臣斯、臣去疾、御史大夫臣德昧死言:'臣请具刻诏书刻石,因明白矣。臣昧死请。'制曰:'可。'"⑤ 秦二世的泰山刻石与秦始皇的泰山刻石同为一石,统称为《秦泰山刻石》,均由李斯篆书,秦始皇刻辞在

---

① 《史记》卷6《秦始皇本纪》,中华书局1959年标点本,第242页。
② 同上书,第243页。
③ 同上书,第267页。
④ 《史记》卷28《封禅书》,中华书局1959年标点本,第1370页。
⑤ 《史记》卷6《秦始皇本纪》,中华书局1959年标点本,第267页。

图4-1 《秦泰山刻石》

前,二世的刻辞在后。关于此刻石,清代学者聂鈫在《泰山道里记》中记载:"又旧有秦篆刻石,先是在玉女池上,后移置祠之东庑。其石高四尺,四面广狭不等,载始皇铭辞及二世诏书,世传为李斯篆字,径二寸五分,宋人刘跂亲为摩拓得字二百二十有二。近数年前,摩本仅存'臣斯'以下二十九字,末有明北平许□隶书跋。乾隆五年庙灾,是碣瘗置失所。"① 由此可知,至宋代时秦泰山刻石尚存二百二十二字,而至明代北平许□的摹拓本仅有二十九字。许氏摹拓本,阮元《山左金石志》有载,为仅存的二世诏书四行二十九字,曰:"臣斯臣去疾御史夫臣／昧死言／臣请具刻诏书金石刻因明白／矣臣昧死请。"② 秦刻石自乾隆五年(1740)因碧霞祠火灾而亡失后,历经沧桑。据民国《重修泰安县志》记载:嘉庆十九年(1814),前泰安县令蒋因培同邑人柴兰皋,在岱顶玉女池中得残石二,尚存"臣斯去疾……昧死……臣请……矣臣"十字,遂将残碑嵌于岱顶东岳庙壁上。道光十二年(1832)四月,东岳庙墙坍塌,泰安知县徐宗幹乃令邑人刘传叶移之山下,嵌置道院壁间。宣统二年(1910),知县俞庆澜于岱庙环咏亭前,凿石为屋,将秦泰山刻石嵌于石屋内,周以铁楯。③ 1928年,秦刻石又迁于岱庙东御座内(见图4-1),一直保存至今。现仅存秦二世诏书十残字,即"斯臣去疾……昧死……臣请……矣臣"。

---

① (清)聂鈫:《泰山道里记》,《丛书集成初编》第3002册,中华书局1985年版,第17页。
② (清)阮元:《山左金石志》卷7《泰山石刻》,《续修四库全书》第909册,上海古籍出版社2002年版,第457页。
③ 民国《重修泰安县志》卷13《艺文志·泰山石刻残字》,《中国地方志集成·山东府县志辑》第64册,凤凰出版社2004年版,第636—637页。

第四章 泰山石刻与唐宋封禅

两汉时期,汉武帝、光武帝、汉章帝与汉安帝先后于泰山举行封禅祀典。据《史记·孝武本纪》记载:元封元年(公元前110)三月,汉武帝"东上泰山,山之草木叶未生,乃令人上石立之泰山颠。"① 之后,东巡海上。四月,返至泰山,举行封禅大礼。对于汉武帝泰山之巅所立之石的刻辞内容,《史记·孝武本纪》《史记·封禅书》《汉书·郊祀志》等均未记载,不得而知。此后,汉武帝又五次进行泰山封禅,但均未立石。东汉建武三十二年(56)二月,光武帝率群臣东巡奉高,登封泰山,禅梁父山。在举行封禅仪式前,"遣侍御史与兰台令史,将工先上山刻石",刻辞曰:

> 维建武三十有二年二月,皇帝东巡狩,至于岱宗,柴,望秩于山川,班于群神,遂觐东后。从臣太尉熹、行司徒事特进高密侯禹等。汉宾二王之后在位。孔子之后褒成侯,序在东后,蕃王十二,咸来助祭。《河图·赤伏符》曰:"刘秀发兵捕不道,四夷云集龙斗野,四七之际火为主。"《河图·会昌符》曰:"赤帝九世,巡省得中,治平则封,诚合帝道孔矩,则天文灵出,地祇瑞兴。帝刘之九,会命岱宗,诚善用之,奸伪不萌。赤汉德兴,九世会昌,巡岱皆当。天地扶九,崇经之常。汉大兴之,道在九世之王。封于泰山,刻石著纪,禅于梁父,退省考五。"《河图·合古篇》曰:"帝刘之秀,九名之世,帝行德,封刻政。"《河图·提刘予》曰:"九世之帝,方明圣,持衡拒,九州平,天下予。"《洛书·甄曜度》曰:"赤三德,昌九世,会修符,合帝际,勉刻封。"《孝经·钩命决》曰:"予谁行,赤刘用帝,三建孝,九会修,专兹竭行封岱青。"《河》、《洛》命后,经谶所传。昔在帝尧,聪明密微,让与舜庶,后裔握机。王莽以舅后之家,三司鼎足冢宰之权势,依托周公、霍光辅幼归政之义,遂以篡叛,僭号自立。宗庙堕坏,社稷丧亡,不得血食,十有八年。杨、徐、青三州首乱,兵革横行,延及荆州,豪杰并兼,百里屯聚,往往僭号。北夷作寇,千里无烟,无鸡鸣狗吠之声。皇天睠

---

① 《史记》卷12《孝武本纪》,中华书局1959年标点本,第474页。

顾皇帝，以匹庶受命中兴，年二十八载兴兵，（起是）以（中）次诛讨，十有余年，罪人（则）斯得。黎庶得居尔田，安尔宅。书同文，车同轨，人同伦。舟舆所通，人迹所至，靡不贡职。建明堂，立辟雍，起灵台，设庠序。同律、度、量、衡。修五礼，五玉，三帛，二牲，一死，贽。吏各修职，复于旧典。在位三十有二年，年六十二。乾乾日昃，不敢荒宁，涉危历险，亲巡黎元，恭肃神祇，惠恤耆老，理庶遵古，聪允明恕。皇帝唯慎《河图》、《洛书》正文，是月辛卯，柴，登封泰山。甲午，禅于梁阴。以承灵瑞，以为兆民，永兹一宇，垂于后昆。百寮从臣，郡守师尹，咸蒙祉福，永永无极。秦相李斯燔诗书，乐崩礼坏。建武元年已前，文书散亡，旧典不具，不能明经文，以章句细微相况八十一卷，明者为验，又其十卷，皆不昭晢。子贡欲去告朔之饩羊，子曰："赐也，尔爱其羊，我爱其礼。"后有圣人，正失误，刻石记。①

刻辞中利用《河图》《洛书》中的谶纬迷信，证明刘氏政权的神圣与合法，并极力赞颂光武帝平定与治理天下的文治武功。《文心雕龙·封禅第二十一》曾评论此碑云："及光武勒碑，则文自张纯，首胤典谟，末同祝辞，引钩谶，叙离乱，计武功，述文德，事核理举，华不足而实有余矣。"② 由此可知，刘秀泰山封禅刻石之文，出自张纯之手。此碑不知亡毁于何时，史籍文献鲜有记载。元和二年（85）春，汉章帝东巡泰山，"修光武山南坛兆。辛未，柴祭天地众神如故事。壬申，宗祀五帝于孝武所作汶上明堂，光武帝配，如洛阳明堂（祀礼）。癸酉，更告祀高祖、太宗、世宗、中宗、世祖、显宗于明堂，各一太牢"③。延光三年（124）二月，汉安帝东巡，"至泰山，柴祭，及祠汶上明堂，如元和（二）年故事"④。汉章帝、安帝东封泰山，均未刻石纪功。

---

① 《后汉书》志第七《祭祀上》，中华书局1965年标点本，第3165—3166页。
② （萧梁）刘勰：《文心雕龙注》卷5《封禅第二十一》，范文澜注，人民文学出版社1978年标点本，第394页。
③ 《后汉书》志第八《祭祀中》，中华书局1965年标点本，第3183—3184页。
④ 同上书，第3187页。

第四章　泰山石刻与唐宋封禅

魏晋南北朝时期，中国长期处于割据分裂局面，期间未有过封禅泰山之举。一直到隋朝建立，全国再次实现统一后，隋文帝在群臣的固请下，于开皇十五年（595）正月东封泰山。《隋书·礼仪二》记载："十五年春，行幸兖州，遂次岱岳。为坛，如南郊，又壝外为柴坛，饰神庙，展宫悬于庭。为埋坎二，于南门外。又陈乐设位于青帝坛，如南郊。帝服衮冕，乘金辂，备法驾而行。礼毕，遂诣青帝坛而祭焉。"① 此次封禅亦未刻石立碑，不过在封禅之前，隋文帝曾令使者送神像于泰山神祠，"未至数里，野火欻起，烧像碎如小块"②。

入唐以后，唐高宗与唐玄宗先后举行泰山封禅。麟德二年（665）十月，唐高宗、武则天携文武百官，以及突厥、于阗、波斯、天竺国、倭国、新罗、百济、高句丽等国的使节和酋长，东封泰山。次年正月戊辰，车驾至泰山。"帝亲享昊天上帝于山下，封祀之坛，如圆丘之仪。祭讫，亲封玉策，置石礉，聚五色土封之。……其日，帝率侍臣已下升泰山。翌日，就山上登封之坛封玉策讫，复还山下之斋宫。其明日，亲祀皇地祇于社首山上，降禅之坛，如方丘之仪。皇后为亚献，越国太妃燕氏为终献。翌日，上御朝觐坛以朝群臣，如元日之仪。礼毕，宴文武百僚，大赦改元。初，上亲享于降禅之坛，行初献之礼毕，执事者皆趋而下。宦者执帷，皇后率六宫以升，行礼。帷帝皆以锦绣为之。百僚在位瞻望，或窃议焉。于是诏立登封、降禅、朝觐之碑，各于坛所。又诏名封祀坛为舞鹤台，介丘坛为万岁台，降禅坛为景云台，以纪当时所见之瑞焉。"③ 封禅之后，立《登封》《降禅》《朝觐》三碑。《登封》之碑，即《登封纪号文碑》，赵明诚在《金石录》中跋此碑云："凡两碑，皆高宗自撰并书，其一大字，磨崖刻于山顶；其一字差小，立于山下，然世颇罕传。"④ 遗憾的是，赵氏《金石录》并未录文。又孙星衍《泰山石刻记》"朝觐碑"条引用《岱帖录》云："云峰下，唐乾封元年诏立《登封》、《降禅》、

---

① 《隋书》卷7《礼仪二》，中华书局1973年标点本，第140页。
② 《隋书》卷22《五行上》，中华书局1973年标点本，第621页。
③ 《旧唐书》卷23《礼仪三》，中华书局1975年标点本，第888页。
④ （宋）赵明诚：《金石录校证》卷24《跋尾十四·唐登封纪号文》，金文明校证，上海书画出版社1985年标点本，第441页。

《朝觐》之碑，李安期受诏为文，摩厓于此。剷毁。"① 《登封》《降禅》与《朝觐》三碑，至今不存，对于其碑文及亡毁时间，文献鲜有记载。唐高宗之后，唐玄宗李隆基励精图治，锐意改革，广兴百业，使大唐步入"开元盛世"。开元十三年（725），踌躇满志的唐玄宗东封泰山，御撰《纪泰山铭》，并于次年九月摹刻于岱顶大观峰（见图4-2），以雄示百代。除"御制御书"及末行年月为正书外，均为隶书，碑体遒劲婉润，端庄雄浑，"盖自汉以来，碑碣之雄壮未有及者"②。唐玄宗除御撰《纪泰山铭》外，还令中书令张说撰《封祀坛颂》，侍中源乾曜撰《社首坛颂》，礼部尚书苏颋撰《朝觐坛颂》，刻在《纪泰山铭》侧边。可惜的是，后三碑自宋代以后渐被人铲毁，正如倪涛《六艺之一录》所云："中书令张说撰《封祀坛颂》，侍中源乾曜撰《社首坛颂》，礼部尚书苏颋撰《朝觐坛颂》……而颋《颂》授梁升卿书刊御制铭右，明有俗吏以'忠孝廉节'四大字镌其上，颂文毁去者半，可憾也。"③

图4-2 《纪泰山铭》

---

① （清）孙星衍：《泰山石刻记·朝觐碑》，《石刻史料新编》第3辑第26册，新文丰出版公司1986年版，第6页。

② （清）王澍：《竹云题跋》卷3《唐明皇纪泰山铭》，《景印文渊阁四库全书》第684册，上海古籍出版社1987年影印本，第689页。

③ （清）倪涛：《六艺之一录续编》卷3《开元太山铭跋》，《景印文渊阁四库全书》第838册，上海古籍出版社1987年影印本，第577页。

第四章 泰山石刻与唐宋封禅

北宋大中祥符元年（1008）十月，宋真宗赵恒在王钦若、陈尧叟、丁谓等宠臣的怂使下东封泰山，此次东封是宋代唯一一次，也是中国古代封禅史上最后一次真正意义的封禅活动。因此次封禅而刻立的碑刻，除了宋真宗御撰、御书《登泰山谢天书述二圣功德之铭》（见图4-3）外，还有王旦撰《大宋封祀坛颂碑》、陈尧叟撰《大宋封禅朝觐坛颂》、王钦若撰《大宋禅社首坛颂》、杨亿撰《大宋天贶殿碑铭》与晁迥撰《大宋东岳天齐仁圣帝碑铭》，合称为"三铭""三颂"碑。此六碑文，《山左金石志》《金石萃编》等金石志书都有详细载录。《登泰山谢天书述二圣功德之铭》，立于大中祥符二年（1009）十一月，宋真宗御撰书，一勒山上，位于岱顶唐摩崖之东，现存，但磨泐严重；一勒山下城南，已毁。《大宋封祀坛颂碑》，立于大中祥符二年（1009）七月，王旦撰文，裴瑀行书并篆额"大宋封祀坛颂"二行六字，原立泰安府城东南封祀坛故址，1972年移置岱庙天贶殿前东碑台。《大宋封禅朝觐坛颂》，立于大中祥符二年（1009）七月，陈尧叟撰文，尹熙古行书并篆额"大宋封禅朝觐坛颂"二行八字，原存泰安城南朝觐坛故址，后亡毁。《大宋禅社首坛颂》，立于大中祥符二年（1009），王钦若撰文，书者未详，正书，额题"大宋禅社首坛之颂"四行八字，亦正书，原存蒿里山相公庙大门左，民国十九年（1930）被马洪奎部砸毁，今仅存拓本。《大宋天贶殿碑铭》，立于大中祥符二年（1009）十一月，现存岱庙天贶殿前西碑台上，碑阳为杨亿撰文，尹熙古行书并篆额"大宋天贶殿碑"二行六字；碑阴刻明天顺五年（1461）《重修东岳神庙碑记》，薛瑄撰文，陈铨行书，李颙篆额。《大宋东岳天齐仁圣帝碑铭》，立于大中祥符六年（1013）六月，现存岱庙正阳门内的西碑台上，碑阳为晁迥撰文，尹熙古行书并篆额"大宋东岳天齐仁圣帝碑"二行十字；碑阴刻明人张允济和王贤正书"五岳独宗"四大字。以上宋代六碑，形制高大，刻辞繁夥，记载了宋真宗封禅泰山、重修东岳庙、晋封泰山神等经过，其中对北宋王朝极尽歌颂之能事。

图4-3 《登泰山谢天书述二圣功德之铭》

以上对历代的泰山封禅石刻作了简要介绍,其中以唐玄宗《纪泰山铭》与宋真宗《登泰山谢天书述二圣功德之铭》最具影响,是我们研究唐宋封禅不可或缺的重要史料,下面重点对该二碑及其反映的唐宋封禅加以探析。

第二节 《纪泰山铭》与唐玄宗东封

《纪泰山铭》作为中国古代最为著名的帝王封禅文诰之一,为此后历代文献所著录。若研究《纪泰山铭》及有关唐玄宗东封问题,必先对碑刻文本加以疏证。留存后世的《纪泰山铭》文本,主要有石本与志本两大系统,前者是指镌刻于泰山之巅的《纪泰山铭》及对此碑予以著录的文献,如《金石录》《泰山道里记》《山左金石志》《金石萃编》《授堂金石文字续跋》《济南府志》《岱史》《泰安府志》等,后者则以《旧唐书·礼仪志》为代表,包括《通典》《唐会要》《册府元龟》《唐文萃》等文献。不仅石本与志本之间存有较大的文辞差异,就是志本与石本系统内部亦有出入。鉴于此,笔者对《纪泰山铭》的文本进行考辨,并对碑文反映的唐玄宗东封史实予以疏释,但愿能对中国古代石刻文献及唐代封禅研究有所裨益。

一 《纪泰山铭》文本考辨

最早对《纪泰山铭》进行著录的，当属唐人杜佑《通典·礼十四》。杜氏生活年代（735—812）距离唐玄宗东封时间极近，其对《纪泰山铭》文本的载录本应信实无误，但遗憾的是，该书不仅漏载《纪泰山铭》序文，而且还存有数处讹误。《通典》之后，《旧唐书·礼仪三》载有完整的《纪泰山铭》。此书修撰于唐朝灭亡后不久，又以唐国史为基础，并利用当时所收集的晚唐史料加以缀补而成，资料极为翔实可信，故此文本成为志本系统中最佳者。宋代王溥《唐会要》卷8《郊议》所载《纪泰山铭》，便是转抄自《旧唐书》，但出现了多处讹误。宋代王钦若《册府元龟》卷36《帝王部·封禅二》与姚铉《唐文萃》卷19下亦载此文，多处有传刻脱误或臆改而与石本不合者。至于宋代以后对《纪泰山铭》的著录，多是依据上述文献而成，不足多论。下面，以石本①为主要依据，对《旧唐书》《通典》《唐会要》《册府元龟》与《唐文萃》等文献中的《纪泰山铭》文本予以对勘考辨。

第一，石本与《唐文萃》"朕宅帝位，十有四载"，《旧唐书》与《唐会要》作"朕宅位，有十载"，《册府元龟》为"朕宅位，十有四载"。唐玄宗自先天元年（712）正式即位，至开元十三年（725）东封泰山，已有十四个年头，故"十载"有误，应为"十四载"。铭序全用对偶体，若是"朕宅位，十有四载"，则难以与下文"顾惟不德，懵于至道"对应。所以，此两句应为"朕宅帝位，十有四载"，《旧唐书》《唐会要》与《册府元龟》有误。

第二，石本、《册府元龟》与《唐文萃》"心之浩荡，若涉于大川"，而《旧唐书》与《唐会要》无"于"字。"若涉于大川"，正与上文"获戾于上下"相对，可知《旧唐书》与《唐会要》漏"于"字。

第三，石本、《册府元龟》与《唐文萃》"宰衡庶尹"，而《旧唐

---

① 以《纪泰山铭》原刻为本，以日本京都大学人文科学研究所藏中国历代碑刻文字拓本第102—106幅为补。

书》与《唐会要》作"宰相庶尹"。"宰衡"意同"宰相",但言辞更为雅正,宋人李攸《宋朝事实·郊赦一》便有"藩岳勋臣,宰衡庶尹"①之说。

第四,石本"岁云嘉孰",而《旧唐书》《唐会要》与《册府元龟》改"孰"为"熟",《唐文萃》亦作"熟",但误"嘉"为"再"。"孰",古同"熟"。《说文解字》云:"熟,本作孰。"②《汉书·董仲舒传》曰:"群生和而万民殖,五谷孰而草木茂。"③

第五,石本与《唐文萃》"谓孝莫大于严父,谓礼莫尊于告天",而《旧唐书》《唐会要》与《册府元龟》"尊"作"盛"。"尊""盛"二字义均可讲通,当为文本上石时有所变动。此外,《旧唐书》阙后一"谓"字,从对仗的角度看应该补上该字。

第六,石本、《旧唐书》《唐会要》与《册府元龟》均为"人望既积",而《唐文萃》误"既"为"其","人望既积",正与上句"天符既至"相对。

第七,石本、《册府元龟》与《唐文萃》"震叠九寓",而《旧唐书》与《唐会要》作"震詟九字"。"震詟"与"震叠"意同,均为"震惊恐惧"之义,但应以石本为准。

第八,石本、《旧唐书》《唐会要》与《册府元龟》均为"旌旗有列",而《唐文萃》作"旌旅有列"。"旅"为"军旅"之义,与下句"士马无哗"之"士"重复,故应为"旗"。

第九,石本、《册府元龟》与《唐会要》"以至于岱宗,顺也",《旧唐书》与《唐文萃》均阙"于"字,且《唐文萃》误"顺"为"顶"。

第十,石本、《册府元龟》与《唐文萃》"实惟天地之孙,群灵之府,其方处万物之始",《旧唐书》与《唐会要》阙漏"惟天地之孙,群灵之府,其方处"十二字,而作"实万物之始"。

第十一,石本、《旧唐书》《唐会要》与《册府元龟》"自昔王

---

① (宋)李攸:《宋朝事实》卷4《郊赦一》,《景印文渊阁四库全书》第608册,上海古籍出版社1987年影印本,第41页。
② 《说文解字》卷15下,中华书局1963年版,第321页。
③ 《汉书》卷56《董仲舒传》,中华书局1962年标点本,第2503页。

者，受命易姓"，而《唐文萃》误为"曰昔者，受命易姓"。

第十二，石本、《旧唐书》《唐会要》与《册府元龟》"朕统承先王"，而《唐文萃》阙"统"字。

第十三，石本、《册府元龟》与《唐文萃》"为苍生之祈福"，而《旧唐书》与《唐会要》"之"作"而"。

第十四，石本、《旧唐书》《唐会要》与《册府元龟》"岂敢高视千古"，而《唐文萃》误"千"为"万"。

第十五，《册府元龟》于"故设坛场"后至"上帝之休命"，共删去三百七十余字，直云"故设坛场，答休命"，而石本、《旧唐书》《唐会要》与《唐文萃》则完整无缺。

第十六，石本、《旧唐书》与《唐会要》"类于上帝"，而《唐文萃》作"类于昊天上帝"。"类于上帝"与下句"配我高祖"为偶，不应增"昊天"二字。

第十七，《旧唐书》《唐会要》与《唐文萃》"在天之神，罔不毕降……在地之神，罔不咸举"，而石本以"网"为"罔"，则为别字。

第十八，石本"群臣拜稽首，千万岁"，《旧唐书》与《唐会要》为"群臣拜稽首，呼万岁"，《唐文萃》作"群臣拜稽首，称千万岁"。"拜"与"稽首"均为动词，显然石本作"千万岁"不妥，应加一动词，而"呼"比"称"更为惯用，如《汉书·武帝纪》："翌日亲登嵩高，御史乘属，在庙旁吏卒咸闻呼万岁者三。"① 此外，石本与《唐文萃》"千万岁"有误，当为"万岁"，以与上文"天子膺天符"之"天子"呼应。由此可见，文辞上石时会出现一些错误。

第十九，《旧唐书》与《唐会要》"庆合欢同，乃陈诫以德"，石本与《唐文萃》"合"作"答"，无"乃"字。"庆"与"欢"、"合"与"同"相对，若"合"作"答"，语义不通，可知石本有误。至于"乃"字，究竟是刻石时故意删去以求对仗，还是《旧唐书》误增，难以判断。

第二十，石本与《唐文萃》"大浑叶度，彝伦攸叙"，而《旧唐书》与《唐会要》改"叶"为"协"。

---

① 《汉书》卷6《武帝纪》，中华书局1962年标点本，第190页。

第二十一，石本、《旧唐书》与《唐会要》"笃行孝友"，而《唐文萃》误"行"为"以"。

第二十二，石本与《唐文萃》"朕何感焉"，而《旧唐书》与《唐会要》误"感"为"惑"。"五灵百宝，日来月集，会昌之运"正是唐玄宗所感怀的，以与上文"蛮夷戎狄，重译来贡，累圣之化，朕何慕焉"相对。

第二十三，石本、《旧唐书》与《唐会要》"齐象法"，而《唐文萃》误"象"为"众"。"象法"，即国家的法律教令。如前蜀杜光庭《都监将军周天醮词》所云："銮旗早复于秦京，象法重悬于魏阙。"①

第二十四，石本"摧旧章"，而《旧唐书》与《唐会要》作"权旧章"，《唐文萃》为"攉旧章"。"摧"同"榷"，为"商讨、研究"之义，与"权"意相近，究竟是刻石时改刻为"摧"，还是《旧唐书》误"摧"为"权"，难以判断。不过，《唐文萃》作"攉"绝对是错误的。

第二十五，石本、《旧唐书》与《唐会要》均为"存易简"，而《唐文萃》误为"存简易"。

第二十六，石本、《旧唐书》与《唐会要》"地德载物"，而《唐文萃》作"坤厚载物"。"地德载物"，正与上句"天生蒸人"相对。

第二十七，石本与《唐文萃》"懿余幼孙"，而《旧唐书》与《唐会要》误"余"为"尔"。此句主语乃唐玄宗之"艺祖文考"，岂能称"尔"？自应为"余"。

第二十八，石本、《旧唐书》与《唐会要》"惟帝时若，馨香其下，丕乃曰"，而《唐文萃》误作"时若馨香，其丕乃曰"。"馨香其下"，对上"惟帝时若"为言，若删"下"字，"其"字则应归属下句，这显然错误。

第二十九，石本、《旧唐书》与《唐会要》"有唐氏文武之曾孙隆基"，而《唐文萃》作"会我之文武之曾孙"。"曾孙隆基"是唐

---

① （前蜀）杜光庭：《广成集》卷11，《景印文渊阁四库全书》第1084册，上海古籍出版社1987年影印本，第66页。

玄宗御名，此是述"艺祖文考"语意，故直书帝名，而《唐文萃》避而改易之迹十分明显。

第三十，石本"诞锡新命，缵戎旧业"，而《旧唐书》《唐会要》与《唐文萃》误"戎"为"我"。"缵戎"一词出自《诗经·大雅·韩奕》："缵戎祖考，无废朕命。"孔颖达疏曰："王身亲自命之，云：汝当绍继光大其祖考之旧职，复为侯伯，以继先祖，无得弃我之教命而不用之。"① 此后，"缵戎"意指继承帝业。如《梁书·武帝纪上》记载："圣明肇运，厉精惟始，虽曰缵戎，殆同创革。"② 在此，石本"缵戎旧业"正合文意，而志本作"我"乃误。

第三十一，石本"一人有终，上天其知我"，而《旧唐书》《唐会要》《册府元龟》与《唐文萃》改"人"为"心"。"一人"正与上文"一夫"相对，而作"心"则不妥。

第三十二，石本与《唐文萃》"磨石壁，刻金记"，《旧唐书》与《唐会要》改"记"为"石"，而《册府元龟》作"字"。已为"石壁"，若再作"金石"，则显重复，必不应为"石"。

第三十三，石本"后人之听辞而见心"，而《旧唐书》《唐会要》《册府元龟》与《唐文萃》在"后"前增"冀"字，且《唐会要》与《册府元龟》还在"后"字后增"之"字。

第三十四，石本、《旧唐书》《唐会要》与《唐文萃》"维天生人"，而《册府元龟》误"人"为"民"。《铭》文应避太宗李世民讳，绝无作"民"之可能。

第三十五，石本、《旧唐书》、《唐会要》与《册府元龟》"奉天为子"，而《唐文萃》误作"奉为天子"。"奉天为子"，正与前句"维君受命"相对。

第三十六，石本、《旧唐书》《唐会要》《册府元龟》与《唐文萃》"罄天张宇，尽地开封"，而《通典》误"尽"为"画"。"殷、悉、卒、泯、忽、灭、罄、空、毕、罊、殚、拔、殄、尽也。"③

---

① 《毛诗正义》卷18，《十三经注疏》（上册），中华书局1980年版，第570页。
② 《梁书》卷1《武帝上》，中华书局1973年标点本，第15页。
③ 《尔雅注疏》卷1，《十三经注疏》（下册），中华书局1980年版，第2573页。

"尽"正与"馨"相对,之所以误"尽"为"画",盖二字繁体"盡"与"畫"形近。

第三十七,石本、《通典》《旧唐书》《唐会要》与《唐文萃》均为"高宗稽古",而《册府元龟》误"宗"为"祖"。上文"赫赫高祖",乃唐高祖李渊,而此"高宗稽古",乃唐高宗李治,而非"高祖"。

第三十八,石本与《册府元龟》"岩岩岱宗,衍我神主",《旧唐书》与《唐会要》为"岩巍岱宗,卫我神主",《通典》作"岩岩岱宗,衍我神主",《唐文萃》为"岩岩岱宗,衍我玄神"。"岩巍"意同"岩岩",均有"高耸、高大"之义,修饰泰山多用"岩岩"。如《诗·鲁颂·閟宫》:"泰山岩岩,鲁邦所詹。"孔颖达疏曰:"言泰山之高岩岩然,鲁之邦境所至也。"① 此句本意是说"高耸的泰山,使我神主得以安定",《通典》与《唐文萃》作"衍",则词意不通。"衍"与"卫"字义相近,究竟作"衍"还是"卫"?笔者推测,杜佑《通典》因"衍""衍"二字形近而致错,此字应为"衍",而非"衛",毕竟"衍"与"衛"字形相差较大。"衍我神主",与上文"周溥""一鼓""舜禹"叶合为四韵,若作"玄神",则少一韵,下文"维新"等多一韵矣,故《唐文萃》有误。

第三十九,石本与《唐文萃》于"中宗绍运,旧邦惟新"之后,尚有"睿宗继明,天下归仁"一句,而《通典》《旧唐书》《唐会要》与《册府元龟》均阙。铭列先祖而独遗睿宗,下文"恭己南面"正以睿宗禅位为词,若接属中宗,意不相属,难以顺承至玄宗之世。正如《唐书合钞·礼三》小注云:"上文自高祖、太宗而下,历叙功德,不应颂中宗而反遗睿宗。且上下各以四韵,宜当有此二句。"②

第四十,石本、《旧唐书》《唐会要》《册府元龟》与《唐文萃》"匪功伐高,匪德矜盛",而《通典》误"伐"为"成",误"矜"为"务"。这里,"匪"假借为"非",表示否定,以示唐玄宗谦逊,

---

① 《毛诗正义》卷20,《十三经注疏》(上册),中华书局1980年版,第617页。
② (清)沈炳震:《唐书合钞》卷27《礼三》,《续修四库全书》第285册,上海古籍出版社2002年版,第625页。

第四章　泰山石刻与唐宋封禅

并非自矜功伐。"成"与"伐"、"务"与"矜"形近,故出错。

第四十一,石本"或禅弈弈,或禅云云",《通典》《旧唐书》《唐会要》与《册府元龟》为"或禅亭亭,或禅云云",《唐文萃》作"或禅社首,或禅云云"。"弈"意同"奕","奕,大也。"① "或禅弈弈",则表示泰山高大雄伟,这类似于《诗经·大雅·韩奕》"奕奕梁山"。"或禅弈弈",对"或禅云云",不必改"亭亭"或"社首"。

第四十二,石本与《唐文萃》"方士虚诞,儒书龌龊",而《通典》《旧唐书》《唐会要》与《册府元龟》改"龌龊"为"不足"。"龌龊"带有贬低儒书污秽、卑劣之义,这是后世著史者所不能接受的,故著录时改为"儒书不足"。正如武亿所云:"'儒书龌龊'盖指议封禅儒生所录,故以'龌龊'鄙之,作史者嫌其过诋儒书,遂删易以'不足'当之,斯不达其旨矣。"②

第四十三,石本、《通典》《旧唐书》《唐会要》与《唐文萃》均为"佚后求仙",而《册府元龟》误"佚"为"秩"。

第四十四,石本、《通典》《旧唐书》《唐会要》与《唐文萃》"诬神检玉",而《册府元龟》误"诬"为"巫"。

第四十五,石本、《通典》《旧唐书》《唐会要》与《唐文萃》"铭心绝岩",而《册府元龟》误"心"为"之"。

以上依据石本,对《旧唐书》等志本文献中的《纪泰山铭》文本作了对勘考辨,可知《通典》《册府元龟》所载不全,《旧唐书》《唐会要》与《唐文萃》亦有驳异。究其原因,或因传刻误脱,或容所据见不同,正如清代学者王昶所云:"《册府》不同者,或传刻有脱误,不足深论;《文萃》之不同,则似当时从唐人别本集录者。"③ 此外,还有一点,那就是文本上石或后世著录时,有意或无意改变文辞而致使文本差异。如志本"呼万岁",而石本为"千万岁";石本

---

① 《说文解字》卷10下,中华书局1963年版,第215页。
② (清)武亿:《授堂金石文字续跋》卷3,《续修四库全书》第892册,上海古籍出版社2002年版,第663页。
③ (清)王昶:《金石萃编》卷76《纪泰山铭》,《续修四库全书》第888册,上海古籍出版社2002年版,第448页。

"儒书龌龊",而志本却作"儒书不足",等等。

《纪泰山铭》的文本,不仅石本与志本有着较大差异,即便石本系统内部亦有出入。究其原因,《纪泰山铭》问世后,经过成百上千年的风雨剥蚀、人工垂拓、随意题名乃至恶意破坏,至明清之世早已变得残缺不全,磨泐难辨。明人王世贞曾亲览《纪泰山铭》,当时,"其下三尺许为拓工人恶寒篝火焚蚀,遂阙百余字"①。清人王澍在《竹云题跋》中也谈到《纪泰山铭》的状况:"下截模糊百余字,当由岁久,水土侵蚀,或为樵夫牧竖所击伤。"② 此外,还有一个重要原因,那就是摩崖高险,椎拓不易,流传者少,文本著录时缺少不同时期拓本以资参考。所以,不同时期的石本著录,也会或多或少存有讹阙。对此,我们必须以较早的拓本或刊校较佳的石本作为底本,并结合《旧唐书》等志本文献加以刊补。

北宋赵明诚《金石录》是最早对《纪泰山铭》予以著录的金石著作,但其记载仅寥寥十多字,云:"《唐纪太山铭》,明皇撰,并八分书,开元十四年九月"③,并无碑文载录。之后,王世贞《弇州四部稿》、赵崡《石墨镌华》、赵均《金石林时地考》、顾炎武《金石文字记》、朱彝尊《曝书亭金石文字跋尾》、王澍《竹云题跋》、聂鈫《泰山道里记》、武亿《授堂金石文字续跋》、阮元《山左金石志》、王昶《金石萃编》、林侗《来斋金石刻考略》、倪涛《六艺之一录》以及汪子卿《泰山志》、查志隆《岱史》、康熙《泰安府志》、雍正《山东通志》、乾隆《泰安府志》等均载此碑,但仅《山左金石志》、《金石萃编》、《岱史》、康熙《泰安府志》、乾隆《泰安府志》等录有完整的碑文。在此其中,阮元《山左金石志》与王昶《金石萃编》录文及考释最为详审,不过,仍存有讹阙。《山左金石志》之讹,如"则轨速易循","其速不见",但据拓本及《旧唐书》《唐会要》《册

---

① (明)王世贞:《弇州四部稿》卷135《文部·唐玄宗御书太山铭后》,《景印文渊阁四库全书》第1281册,上海古籍出版社1987年影印本,第232页。

② (清)王澍:《竹云题跋》卷3,《景印文渊阁四库全书》第684册,上海古籍出版社1987年影印本,第689页。

③ (宋)赵明诚:《金石录校证》卷5《目录五》,金文明校证,上海书画出版社1985年标点本,第96页。

府元龟》与《唐文萃》，"速"字误，均应作"迹"。《山左金石志》之阙，如"天符既至，人□既积"。阙字拓本已磨泐，但隐约可见，考《旧唐书》《册府元龟》与《唐文萃》均作"望"，细审之，果为"望"字。还如"张皇六师，震叠九□""以至于□宗""在地□神，网（罔）不咸举"等，阙字分别为"宇""岱"与"之"字。王昶所得拓本较为完善，唯"人望既积"之"望"字、"在地之神"之"之"字、"多于前功"之"前"字俱半阙，"震叠九寓"之"寓"字、"至于岱宗"之"岱"字俱全阙，"此五字之外，他无缺也"①。至于《岱史》《泰山志》《泰安府志》等方志文献，所载《纪泰山铭》更是错误百出，正如王昶所云："如《岱史》《泰安志》之互异，其书视《册府》《文萃》不啻曹桧之比，无足辨也。"② 兹不再一一举列。

二 从《纪泰山铭》看唐玄宗东封

《纪泰山铭》碑文可分为序辞、铭辞与碑后题名三部分，序辞自"朕宅帝位"至"观末而知本"，具体陈述了唐玄宗东封泰山的缘起、始末、仪节等；铭辞自"维天生人"至"播告群岳"，为封禅文诰；铭辞之后，为从封人员题名。下面，对《纪泰山铭》的碑文加以疏释，借此加深对唐玄宗东封史实的认识。

（一）《纪泰山铭》与唐玄宗东封的缘起及实施

唐玄宗于《纪泰山铭》文之始谦逊地表示：即位以来十四年间，"顾惟不德"，"憕于至道"，"任夫难任，安夫难安"，从而"获戾于上下"。这是其谦辞，事实上，他即位以后，力扫武、韦残余，巩固李唐政权，革除弊政，任贤尚能，发展生产，经过十多年的治理，国泰民安，百姓殷富，四夷交好，开创了"开元盛世"。正如《纪泰山铭》所云："赖上帝垂休，先后储庆，宰衡庶尹，交修皇极。四海会同，五典敷畅，岁云嘉孰，人用大和。""封禅，所以告成功。"③ 如

---

① （清）王昶：《金石萃编》卷76《纪泰山铭》，《续修四库全书》第888册，上海古籍出版社2002年版，第447页。

② 同上书，第448页。

③ 《新唐书》卷34《五行一》，中华书局1975年标点本，第889页。

此，唐玄宗便具备了封禅天地、报功告成的政治资本，正是"封泰山，禅梁父，答厚德，告成功"①的大好时机。于是，开元年间的封禅之议便由此上演。

关于此事，《旧唐书·礼仪志》记载："开元十二年，文武百僚、朝集使、皇亲及四方文学之士，皆以理化升平，时谷屡稔，上书请修封禅之礼并献赋颂者，前后千有余篇。"②其中，仅该年闰十二月就先后有四次上书之请：

第一次：辛酉日，以吏部尚书裴漼为首的文武百官奏请封禅，云："臣闻道协乾坤，圣人之元德，功存礼乐，王者之能事。……伏惟开元神武皇帝陛下，握符提象，出震乘图，英威迈于百王，至德加于四海。……臣幸遭昌运，谬齿周行，咸申就日之诚，愿睹封峦之庆，无任勤恳之至，谨于朝堂奉表陈情以闻。"唐玄宗谦逊地表示："自中朝有故，国步艰难，天祚我唐，大命集于圣真皇帝。朕承奉丕业，十有余年，德未加于百姓，化未覃于四海，将何以拟洪烈于先帝，报成功于上元？……其有日月之瑞，风云之祥，则宗庙社稷之余庆也。地平天成，人和岁稔，则群公卿士之任职也。抚躬内省，朕何有焉？"③唐玄宗将开元十几年来所取得的成就，上归功于"宗庙社稷之余庆"，下归功于"群公卿之士之任职"，婉言拒绝了裴漼等人的封禅之请。

第二次：甲子日，侍中源乾曜、中书令张说等人奏请封禅，云："臣闻自古受天命，居大宝者，必登崇高之邱，行封禅之事，所以展诚敬，报神祇，三五迄今，未之阙也。……且陛下即位以来，十有四载，创九庙，礼三郊，大舜之孝敬也。敦九族，友兄弟，文王之慈惠也。卑宫室，菲饮食，夏禹之恭俭也。道稽古，德日新，帝尧之文思也。怜黔首，惠苍生，成汤之深仁也。化元漠，风太和，轩皇之至理也。……正以地平天成，人和岁稔，可以报于神明矣。……陛下纵不欲以成功告天，岂不可以天休报德？臣等昧死上请以闻。"唐玄宗手

---

① 《旧唐书》卷23《礼仪三》，中华书局1975年标点本，第891页。
② 同上。
③ 《唐会要》卷8《郊议》，中华书局1955年版，第105页。

第四章 泰山石刻与唐宋封禅

诏回复云:"夫登封之礼,告禅之仪,盖圣人之能事,明王之盛业也。朕以眇身,托王公之上,夙夜祗惧,恐不克胜……"①再次拒绝封禅之请。

第三次:紧接着,张说、源乾曜等人再次奏请封禅云:"臣等考天人之际,稽亿兆之情,以为治定功成,登封告禅,鸿名盛则。……且今四海和平,百蛮率职,莫不含道德之甘实,咀仁义之馨香。……然犹蹑梁父,登泰山,飞英声,腾茂实。而陛下功德之美,符瑞之富,固以孕虞夏含殷周矣,有何退让逡巡于大礼哉?夫昭报天地,至敬也;严配祖宗,大孝也。厚福苍生,博惠也;登封纪号,丕业也。陛下安可以阙哉?况天地之符彰矣,祖考之灵著矣,苍生之望勤矣,礼乐之文备矣,陛下安可以辞哉?……臣等昧死重请以闻。"唐玄宗则再一次推辞云:"夫治定然后制礼,功成然后作乐。朕承奉宗庙,恐不克胜,未能使四海乂安,此礼未定也。未能使百蛮效职,此功未成也。焉可以扬景化,告成功?……"②

第四次:不久,张说、源乾曜等人第三次上请封禅云:"臣闻圣人者,与天地合德,故珍符休命,不可得而辞;鸿名盛典,不可得而让。陛下功格上天,泽流厚载,三五之盛,莫能比崇。登封告成,理叶幽赞",若再不封禅,就是"稽天意以固辞,违人事以久让。是和平而不崇昭报,至理而阙荐祖宗"③,言辞十分激烈。在文武百官、儒生墨客,特别是吏部尚书裴漼、侍中源乾曜、中书令张说等人再三恳请下,唐玄宗无疑已达到树立自己谦虚形象的目的,"不得已而从之"④。正如《纪泰山铭》所云:"百辟金谋,唱余封禅。谓孝莫大于严父,谓礼莫尊于告天。天符既至,人望既积,固请不已,固辞不获。"于是,颁布《允行封禅诏》云:"可以开元十三年十一月十日,式遵故实,有事泰山。所司与公卿诸儒详择典礼,预为备具,勿广劳人,务存节约,以称朕意。"⑤

---

① 《唐会要》卷8《郊议》,中华书局1955年版,第105—106页。
② 同上书,第106—107页。
③ 同上书,第107页。
④ 同上。
⑤ 同上书,第108页。

东封之行既定,"诏中书令张说、右散骑常侍徐坚、太常少卿韦绹、秘书少监康子元、国子博士侯行果等,与礼官于集贤书院刊撰仪注。"① 正如《纪泰山铭》所云:"肆余与夫二三臣,稽《虞典》,绎汉制"。他们综合比较研究《贞观礼》与《显庆礼》,反复商议,编定礼式。一切准备就绪后,开元十三年(725)十月辛酉日,"东封泰山,发自东都"②,百官、贵戚、四夷酋长从行,旌旗遍野,浩浩荡荡。"每置顿,数十里中人畜被野,有司荤载供具之物,数百里不绝。"③ 正如《纪泰山铭》所云:"张皇六师,震叠九寓,旌旗有列,士马无哗,肃肃邕邕,翼翼溶溶,以至于岱宗,顺也。"十一月丙戌,队伍顺利地到达泰山脚下。

(二)《纪泰山铭》与封禅仪节及始末

关于封禅大典的仪节及祭祀始末,《纪泰山铭》云:"故设坛场于山下,受群方之助祭;躬封燎于山上,冀一献之通神。斯亦因高崇天,就广增地之义也。乃仲冬庚寅,有事东岳,类于上帝,配我高祖,在天之神,网(罔)不毕降。粤翌日,禅于社首,侑我圣考,祀于皇祇。在地之神,网(罔)不咸举。"考《旧唐书·礼仪志》,唐玄宗采纳徐坚"奏改燔柴在祭前"的建议,决定"先奠璧而后燔柴、瘗埋",即"先奠后燔"。十一月庚寅日,"祀昊天上帝于山上封台之前坛,高祖神尧皇帝配享",唐玄宗初献,邠王守礼亚献,宁王宪终献。封坛东南设燎坛,积柴其上,唐玄宗就望燎位,"火发,群臣称万岁,传呼下山下,声动天地"。与此同时,群臣则于山下的祭坛祭祀五方帝及诸神。封祀礼毕,唐玄宗"自山上便赴社首斋次",迎候在那里的百官、贵戚以及蕃夷客使们争先迎贺。次日,唐玄宗在社首山祭皇地祇,"享皇地祇于社首之泰折坛,睿宗大圣贞皇帝配祀"。壬辰日,唐玄宗在帐殿接受朝觐,参加的有"文武百僚,二王后,孔子后,诸方朝集使,岳牧举贤良及儒生、文士上赋颂者,戎狄夷蛮羌胡朝献之国,突厥颉利发,契丹、奚等王,大食、谢颺、五天

---

① 《旧唐书》卷23《礼仪三》,中华书局1975年标点本,第892页。
② 《旧唐书》卷8《玄宗上》,中华书局1975年标点本,第188页。
③ 《资治通鉴》卷212"开元十三年十月辛酉"条,中华书局1956年标点本,第6766页。

十姓,昆仑、日本、新罗、靺鞨之侍子及使,内臣之番,高丽朝鲜王,百济带方王,十姓摩阿史那兴昔可汗,三十姓左右贤王,日南、西竺、凿齿、雕题、牂柯、乌浒之酋长"争先迎贺。正如《纪泰山铭》所云:"四方诸侯,莫不来庆"。唐玄宗在帐殿接受朝贺,并大赦天下,"封泰山神为天齐王,礼秩加三公一等"①。至此,封禅大典顺利完成。

(三)《纪泰山铭》与唐玄宗东封的政治蓝图

唐玄宗在《纪泰山铭》中述引《尔雅》《周官》之释,阐释了"岱宗"的含义,首次以御制文诰的形式确立了泰山的崇高地位:"《尔雅》曰:'太山为东岳。'《周官》曰:'兖州之镇山。'实惟天帝之孙,群灵之府。其方处万物之始,故称岱焉;其位居五岳之伯,故称宗焉。"唐玄宗的"岱宗"说源自东汉应劭《风俗通·山泽·五岳》:"东方泰山,《诗》云:'泰山岩岩,鲁邦所瞻。'尊曰'岱宗',岱者,长也,万物之始,阴阳交代……故为五岳之长。王者受命,易姓改制,应天功成,封禅以告天地。"②这就表明,泰山作为五岳之首的地位已得到官方的正式承认。唐玄宗从泰山作为"岱宗"之意,转入对"政治天命观"的历史追溯及封禅动机的说明。历代统治者无不对泰山加以封禅,"王者易姓而起,必升封泰山何?教告之义也。始受命之时,改制应天,天下太平,功成封禅,以告太平也。所以必于泰山何?万物所交代之处也。"③这是儒家传统对于封禅政治意图的经典阐述,以示君权受之于天。正如《纪泰山铭》所云:"自昔王者受命易姓,于是乎启天地,荐成功,序图录,纪氏号。"换言之,唐玄宗是代表承受天命、统续历史的李唐政权,并行使其帝王权力"兹率厥典"去泰山封禅的。对于自己东封的目的,唐玄宗在《纪泰山铭》中美其名曰:"朕统承先王,兹率厥典,实欲报玄天之眷命,为苍生而祈福,岂敢高视千古,自比九皇哉!"名为

---

① 《旧唐书》卷23《礼仪三》,中华书局1975年标点本,第899—901页。
② (汉)应劭:《风俗通义》卷10《山泽·五岳》,《景印文渊阁四库全书》第862册,上海古籍出版社1987年影印本,第409页。
③ (汉)班固:《白虎通义》卷下《德论下·封禅》,《景印文渊阁四库全书》第850册,上海古籍出版社1987年影印本,第36页。

报答玄天眷顾李唐之天命，并为天下苍生祈福，此言未免过于堂皇，炫耀自己的丰功伟业并重树李唐皇权的政治威势恐怕才是其真正意图。

继而，《纪泰山铭》描述了一个因封禅而出现的良好政治效应："天子膺天符，纳介福。群臣拜稽首，千万岁。庆答欢同，陈诚以德。大浑叶度，彝伦攸叙，三事百揆，时乃之功。万物由庚，兆人允植，列牧众宰，时乃之功。一二兄弟，笃行孝友。锡类万国，时惟休哉。我儒制礼，我史作乐，天地扰顺，时惟休哉。蛮夷戎狄，重译来贡，累圣之化，朕何慕焉。五灵百宝，日来月集，会昌之运，朕何感焉。"祭祀天地何以产生如此巨大的政治效果呢？《礼记》对此解释云："贤者之祭也，必受其福，非世所谓福也。福者，备也，备者，百顺之名也，无所不顺者谓之备。言内尽于己，而外顺于道也。"①按照《礼记》的解释，"福"就是"备"，"备"就是"顺"，虔诚地祭祀天地并遵从天道性理及其价值原则，符合当时的社会文化传统，会得到世人的认同，必然"无所不顺"；相反，一个缺乏对天地祖先、天道性理及其价值原则尊重的人，不可避免地为世人所嫌恶，这当然就不"顺"了。儒家祭祀文化的理念有一个"祭"则"顺"，"顺"则"备"，"备"则"福"的自然神学逻辑。

唐玄宗信誓旦旦，于封禅文中立重誓以明志，正如《纪泰山铭》所云："凡今而后，儆乃在位，一王度，齐象法，摧旧章，补缺政，存易简，去烦苛，思立人极，乃见天则。于戏！天生蒸人，惟后时义，能以美利利天下，事天明矣。地德载物，惟后时相，能以厚生生万人，事地察矣。天地明察，鬼神著矣。……余小子敢对扬上帝之休命，则亦与百执事尚绥兆人，将多于前功，而慭彼后患。一夫不获，万方其罪予，一人有终，上天其知我。朕维宝行三德：曰慈、俭、谦。慈者覆无疆之言，俭者崇将来之训，自满者人损，自谦者天益。苟如是，则轨迹易循，基构易守。"唐玄宗以天明命的态度彰显着天朝王道的根本宗旨，他向上天表明决心，要统一王法，权衡旧有规

---

① 《礼记正义》卷49《祭统》，《十三经注疏》（下册），中华书局1980年版，第1602页。

章，修补施政缺失，存简去繁，始终践行慈爱、节俭与谦逊三种美德。"一夫不获，万方其罪予"，如此超重的自我要求、誓言担当实属罕见，难怪他前面说"任夫难任，安夫难安"。由宗教信仰而产生的人为活动必为上天所知而面临天之赏罚的观念，是儒教传统中一个超验监督和精神激励机制，正如《尚书》所云："天监厥德，用集大命，抚绥万方。"① 然而，承受天命托付、谨守祖先基业、为民谋福等重任，均非易事。好景不长，唐玄宗不久便开始醉心于开元盛世之中，其豪言壮志尽抛脑后。王世贞在《弇州四部稿》中感慨："然窃有慨于帝之侈心也，木有蚀蠹入焉，当是时天下几小康，帝意以前薄秦皇汉武不足道，而不知太真、林甫、国忠、禄山之徒固已乘其侈而入之蠹矣。"② 在《纪泰山铭》序辞最后，唐玄宗阐明刻立此石的意图与目的："冀后人之听辞而见心，观末而知本。"

（四）《纪泰山铭》与唐玄宗东封的扈从人员

唐玄宗封禅泰山，皇子诸王、文武百官、蕃夷长使以及文学儒士等扈从东行，队伍庞大，人员众多。《纪泰山铭》后题刻诸王、群臣姓名凡四列，虽磨泐严重，但仍残存多字，依稀可辨，借此对从封人员作一简要考证。

1. 诸王

碑后题名上列"开府仪同"，中字磨泐，下有"宪"字，此人应为睿宗长子让皇帝李宪。考《旧唐书·睿宗诸子》，让皇帝李宪是睿宗长子，本名成器。初封永平郡王，文明元年（684）立为皇太子，长寿二年（693）改封寿春郡王，长安中累转左赞善大夫，加银青光禄大夫。中宗即位，改封蔡王，迁宗正员外卿。景云元年（710），进封宋王。睿宗践阼，拜左卫大将军。先天元年（712）八月，进封司空。开元四年（716），避昭成皇后尊号，改名宪，封为宁王。③ 开元二十九年（741）十一月辛未，"太尉、宁王宪薨，谥为让皇帝，

---

① 《尚书正义》卷8《太甲上》，《十三经注疏》（上册），中华书局1980年版，第164页。

② （明）王世贞：《弇州四部稿》卷135《文部·唐玄宗御书太山铭后》，《景印文渊阁四库全书》第1281册，上海古籍出版社1987年影印本，第231—232页。

③ 《旧唐书》卷95《睿宗诸子》，中华书局1975年标点本，第3009—3011页。

葬于惠陵。"① 据此可知，此题名当为"开府仪同三司宁王臣宪"。在封禅仪节中，唐玄宗初献，"邠王守礼亚献，宁王宪终献"②。

"□□□□岐王臣范"。考《旧唐书·睿宗诸子》，岐王范为睿宗第四子，本名隆范，后避玄宗连名，改单称范。初封郑王，寻改封卫王，长寿二年（693）徙封巴陵郡王。睿宗践祚，进封岐王。开元初拜太子少师，八年（720）迁太子太傅，开元十四年（726）病薨，谥为惠文太子，陪葬桥陵。③ 玄宗东封时职衔正为太子太傅，故阙字应为"太子太傅"。

"太子□□□□业"。"太子"下泐五字，仅存"业"字。考《旧唐书·睿宗诸子》，业乃睿宗第五子，本名隆业，后避玄宗"隆基"双字而改单名"业"。垂拱三年（687）封赵王，长寿二年（693）改封中山郡王，寻又改封彭城郡王。睿宗即位，"进封薛王，加封满一千户，拜秘书监，兼右羽林大将军，俄转宗正卿"。开元初历太子少保、同泾豳卫虢等州刺史，八年（720）迁太子太保，开元二十二年（734）正月薨，册赠惠宣太子，陪葬桥陵。④ 玄宗东封之时，业正为薛王、太子太保，故阙字应为"太保薛王臣"。

"司空邠□□□□"。考《旧唐书·高宗中宗诸子》，"司空邠"乃章怀太子李贤次子，本名光仁，垂拱初改名守礼，初封嗣雍王，神龙中遗诏进封邠王，先天二年（713）迁司空，开元二十九年（741）薨，赠太尉。⑤ "司空邠"下字虽残阙，当为"王臣守礼"。开元十三年（725）二月，"改豳州为邠州"⑥，此《纪泰山铭》刻于开元十四年（726），故从新改作"邠"。

"阝王臣涓"。考《旧唐书·玄宗诸子》，涓即鄂王涓，玄宗第五子，初名嗣初，开元二年（714）五月封为鄂王，十二年（724）改名涓，遥领幽州都督、河北道节度大使，二十一年（733）四月加太

---

① 《旧唐书》卷9《玄宗下》，中华书局1975年标点本，第214页。
② 《旧唐书》卷23《礼仪三》，中华书局1975年标点本，第899页。
③ 《旧唐书》卷95《睿宗诸子》，中华书局1975年标点本，第3016—3017页。
④ 同上书，第3018—3019页。
⑤ 《旧唐书》卷86《高宗中宗诸子》，中华书局1975年标点本，第2833—2834页。
⑥ 《旧唐书》卷8《玄宗上》，中华书局1975年标点本，第187页。

子太保,兼幽州都督,二十三年(735)改名瑶,二十五年(737)得罪废。①"王"上残缺之字,应为"鄂"。

"亻王臣氵"。据泐字所存部首,再考之于《旧唐书·玄宗诸子》,此四字应为"仪王臣潍"。潍为玄宗第十二子,开元十三年(725)五月封为仪王,十五年(727)授河南牧,二十三年(735)加开府仪同三司兼河南牧,并改名璲,永泰元年(765)二月薨,赠太傅。②

"永王□□"。考《旧唐书·玄宗诸子》,永王初名泽,玄宗第十六子,开元十三年(725)三月封为永王,十五年(727)五月遥领荆州大都督,二十年(732)七月加开府仪同三司,改名璘,后谋反被杀。③《纪泰山铭》刻于开元十四年,此时尚名泽,故阙字应为"臣泽"。

"□□臣清"。考《旧唐书·玄宗诸子》,清乃玄宗第十八子,开元十三年(725)三月封为寿王,十五年(727)遥领益州大都督、剑南节度大使,二十三年(735)加开府仪同三司,并改名瑁。④所以,阙字当为"寿王"。

"延王臣氵"。"延王臣"下只存"氵"旁,考《旧唐书·玄宗诸子》,玄宗第二十子玢,初名洄,开元十三年(725)封为延王,十五年(727)遥领安西大都护、碛西节度大使,二十三年(735)七月加开府仪同三司,改名玢,兴元元年薨。⑤故泐字当为"洄"。

"盛王臣沐"。考《旧唐书·玄宗诸子》,沐乃玄宗第二十一子,开元十三年(725)三月封为盛王,十五年(727)领扬州大都督,二十年(732)加开府仪同三司,改名琦,广德二年(764)四月薨,赠太傅。⑥

---

① 《旧唐书》卷107《玄宗诸子》,中华书局1975年标点本,第3261页。
② 同上书,第3263页。
③ 同上书,第3264—3266页。
④ 同上书,第3266页。
⑤ 同上书,第3267—3268页。
⑥ 同上书,第3268页。

"嗣韩王臣讷"。考《新唐书·宗室世系下》，有"嗣韩王太仆卿讷"①。考《旧唐书·高祖二十二子》："韩王元嘉，高祖第十一子也。……神龙初，追复元嘉爵土，并封其第五子讷为嗣韩王，官至员外祭酒。"②

此外，还有一些诸王题名，残损过于严重而无法释读。据此可知，从封泰山的诸王有：宁王宪、岐王范、薛王业、邠王守礼、鄂王涓、仪王璹、永王泽、寿王清、延王洄、盛王沐、韩王讷等。

2. 从臣

诸王之后为从臣题名，亦斑驳难辨。首列题名可辨者，有"臣卢从愿"与"臣卢龙秀"。卢从愿，《旧唐书》有传，相州临漳人，曾任工部侍郎、尚书左丞、中书侍郎、工部尚书等职。开元十三年（725），"从升泰山，又加金紫光禄大夫"。开元二十年（732）致仕乞归，二十五年（737）卒，赠益州大都督，谥曰"文"③。卢龙秀，附见《新唐书·桓彦范传》，中宗时官监察御史，并作"卢袭秀"④，当依石刻为正。

次列题名可辨者，有"御史大夫臣程""仪同三司太仆卿霍国""庭珪"与"开国公臣李仁德"等。"御史大夫臣程"，"程"下字磨泐，考《旧唐书》，此人当为开元年间御史大夫程行谌。新、旧《唐书》并无传，其事迹散见于《旧唐书·良吏下》《旧唐书·酷吏上》以及《新唐书·裴崔卢李王严》中。如《旧唐书·良吏下》记载："开元十四年，代程行谌为御史大夫。"⑤《新唐书·裴崔卢李王严》记载："子余事继母以孝闻，……时同舍李朝隐、程行谌以文法称，而子余以儒显。……卒，谥曰孝。时程行谌谥'贞'，中书令张说叹曰：'二谥可无愧矣！'"⑥ "仪同三司太仆卿霍国"，此人应为霍国公王毛仲。考《旧唐书·王毛仲传》：毛仲本高丽人，先天二年（713）七月，"预诛萧、岑等功，授辅国大将军、左武卫大将军、检校内外

---

① 《新唐书》卷70下《宗室世系下》，中华书局1975年标点本，第2058页。
② 《旧唐书》卷64《高祖二十二子》，中华书局1975年标点本，第2427—2428页。
③ 《旧唐书》卷100《卢从愿传》，中华书局1975年标点本，第3123—3125页。
④ 《新唐书》卷120《五王传》，中华书局1975年标点本，第4313页。
⑤ 《旧唐书》卷185《良吏下·崔隐甫传》，中华书局1975年标点本，第4821页。
⑥ 《新唐书》卷129《裴崔卢李王严》，中华书局1975年标点本，第4474—4475页。

第四章　泰山石刻与唐宋封禅

闲厩兼知监牧使,进封霍国公"。开元七年(719),"进位特进,行太仆卿"①。所以,题名当为"仪同三司太仆卿霍国公臣王毛仲"。"庭珪"阙姓,殆即张庭珪,"少以文学知名,弱冠,应制举。长安中累迁监察御史,开元中历迁太子詹事,封范阳县男"②。张庭珪既善楷隶,甚为时人所重。开国公李仁德,新、旧《唐书》均无传,其事迹不详。

三列磨泐严重,仅存"领军□将军□□""将军员外置"等职衔,未能考辨为何人。

四列题名可辨者:"□左中书门下平章事上柱国臣李元纮""柱国臣孙元庆""将作监右□左补臣陆去泰""贤院臣刘崇""臣尉大雅""贤院臣王敬之""书臣谭崇德"等。李元纮,《旧唐书》有传,曾任工部、兵部与吏部三侍郎,开元十三年(725)加中大夫,拜户部侍郎,十四年(726)擢中书侍郎、同中书门下平章事。③ 题名职衔正与《旧唐书》合。柱国孙元庆,新、旧《唐书》均无传,不详其生平事迹。陆去泰,附见《新唐书·褚无量传》,"历左右补阙内供奉"④,今衔名存"左补"二字,正相合。刘崇,新、旧《唐书》均无传,其题名职衔为"贤院",当为集贤院学士。尉大雅、王敬之、谭崇德等人,新旧《唐书》均无传,生平事迹不详,王敬之职衔"贤院",其亦当为集贤院学士。

此外,题名中还有一些残缺的职衔,如"寺中""舍人""员外郎""御史""右拾遗""置同正员驸马都(尉)""遥知造碑使中大夫守中书侍郎""将军""行左武卫将军""将作监""县主簿""都检校""朝散大夫行中书""玉册官""登山□玉册官",等等。由此可见,参与封禅的官员遍布于唐政府的各个机构,据《大唐开元礼》统计,有三公、太常寺、光禄寺、中书省、尚书省、殿中省、门下省、将作监、卫尉寺、御史台、秘书省、太仆寺、诸卫府等部门,如

---

① 《旧唐书》卷106《王毛仲传》,中华书局1975年标点本,第3252—3253页。
② (清)倪涛:《六艺之一录》卷327《历朝书谱》,《景印文渊阁四库全书》第837册,上海古籍出版社1987年影印本,第59页。
③ 《旧唐书》卷98《李元纮传》,中华书局1975年标点本,第3074页。
④ 《新唐书》卷200《儒学下·褚无量传》,中华书局1975年标点本,第5690页。

中书令张说、侍中源乾曜、礼部尚书苏颋、礼部侍郎贺知章、太仆卿王毛仲、骠骑大将军杨思勖，等等。无论是参祭人员数量，还是官品，此次封禅均为空前。当然，这些人员仅是从封队伍中的一小部分，还有更多的官吏、将士、文士等由于品秩低下而未能刻入《纪泰山铭》中。

（五）《纪泰山铭》与自信豪迈的唐玄宗

通观《纪泰山铭》全文，唐玄宗重言历史，傲视天下，一反秦皇、汉武在上天面前战战兢兢的形象，而表现出从容自信、雄健豪迈的气度，竟将神圣的封禅仪典办成了一场举国欢腾的庆贺大典，这在《纪泰山铭》铭辞中了然可见。

铭辞首先总结了数千年来的代际转换之道："维天生人，立君以理，维君受命，奉天为子。代去不留，人来无已，德凉者灭，道高斯起。"天子受命于天而治理万民，千百年来代去不留，人来无已，无德者灭，道高者兴。唐玄宗借此强调德行与功业才是维系政权的根本依据，而非权力本身，这既是历史经验，又是政治法则。接着，他面天陈职，回顾了唐王朝自高祖、太宗再到高宗、中宗与睿宗的高德大行："赫赫高祖，明明太宗，爰革隋政，奄有万邦。馨天张宇，尽地开封，武称有截，文表时邕。高宗稽古，德施周溥，茫茫九夷，削平一鼓。礼备封禅，功齐舜禹。岩岩岱宗，衍我神主。中宗绍运，旧邦惟新。睿宗继明，天下归仁。恭已南面，氤氲化淳。"陈述高祖以降先帝的道德与功业，这在封禅泰山如此庄严的场合里并非单纯地歌功颂德，考其义，此举乃是代表李唐政权向上天汇报丰功伟绩，从而证明权御天下的合法资格，以候天命赏罚之义。继而，唐玄宗在铭辞中抒发了自己虔诚祭祀天地以求"福我万姓"之情："缅余小子，重基五圣，匪功伐高，匪德矜盛。钦若祀典，丕承永命，至诚动天，福我万姓。"他历述以往君王封禅泰山之迹："古封太山，七十二君，或禅弈弈，或禅云云。其迹不见，其名可闻，祗遹文祖，光昭旧勋。"于是，斗胆放言："方士虚诞，儒书龌龊，佚后求仙，诬神检玉。秦灾风雨，汉污编录，德未合天，或承之辱。"在唐玄宗看来，秦汉封禅荒唐怪诞，玉牒、石检秘而不发，皆源于鬼神迷信，秦皇、汉武的功德尚不配封天禅地。这种贬抑秦汉、傲视千古的言论，言外之意，唯我大唐为最高。历史评价的标准是什么？对此，他在铭辞中说："道在观政，名非从欲，铭心绝岩，播告群岳。"君主的名声并非可以随心所欲地获取，治国是否有道当看实际的政治表现及治理实效，这充分反映了唐玄宗在开元盛世时的雄心壮志与务实施政的特点，同时也是唐代思想文化由神本向人本、由天命向民本演进的重要征记。唐玄宗一改以往封禅玉牒秘而不宣的惯例，堂而皇之地镌刻于泰山之上，宣示天下，可谓胸怀坦荡、气盖山河。正如汤贵仁在《泰山封禅与祭祀》一书中所说："这不是玄宗个人素质问题，而是时代的文化心态问题。秦始皇、汉武帝在上帝和群神面前诚惶诚恐，是重神轻人的表现，是神本位的标志；而唐玄宗李隆基在天帝面前信心百倍，是从神本位走向了政本位。"①

以上对《纪泰山铭》的文本作了简要考辨，并对碑文反映的唐玄宗东封史实加以考证。石本与志本之间存有较大的文辞差异，究其原因，文本上石或后世著录时有意或无意改变文辞，而更为重要的是，志本在辗转抄印过程中由于主观或客观原因而导致诸多讹误漏阙，从而造成志本与石本及志本系统内部的差异。对此，清代学者王昶曾云："凡此若不据碑以正之，则石本既艰于流传，而误书反垂诸日久，承讹袭谬，伊何底耶？"② 所以，我们在研究或利用《纪泰山铭》时，应该以石本为主要依据，而将之与志本结合起来，互参互证，对讹阙之处予以勘补，如此才能更好地为我们所使用。《纪泰山铭》是研究唐玄宗东封泰山的重要文献资料，借此可了解封禅之缘起、始末、仪节、参与人员以及唐玄宗的政治蓝图等，从而为我们展现出了一位自信豪迈的大唐盛世帝王。

第三节 《登泰山谢天书述二圣功德之铭》与宋真宗东封

北宋大中祥符元年（1008）十月，真宗赵恒东封泰山，御撰、

---

① 汤贵仁：《泰山封禅与祭祀》，齐鲁书社2003年版，第145页。
② （清）王昶：《金石萃编》卷76《纪泰山铭》，《续修四库全书》第888册，上海古籍出版社2002年版，第448页。

御书《登泰山谢天书述二圣功德之铭》，并刻立于岱顶德星岩及旧府城南门外，以雄示百代。对于此次封禅活动，学界对之研究颇多，并取得了丰硕成果。但令人遗憾的是，以往研究大多依据《宋史》《续资治通鉴长编》《续资治通鉴》等纸本文献，而忽视了对宋代封禅石刻的利用，从而未能对之作全面深入的解读。鉴于此，笔者在对《登泰山谢天书述二圣功德之铭》稽考的基础上，对宋真宗东封的相关史实予以疏释，但愿能对宋真宗封禅泰山研究有所裨益。

一 《登泰山谢天书述二圣功德之铭》相关问题考证

关于此碑，清人聂鈫《泰山道里记》记载："唐摩崖东为宋摩崖碑，真宗《述功德铭》磨勒于上。……是碑有二，一勒山上，一勒山下城南。其勒山下者，所谓'阴字碑'也；其勒山上者，文字径二寸，额字径八寸，明嘉靖间鄞人汪坦大书东安邵鸣岐等题名一则；又安阳人翟涛奉当事僚友同游，引汉陈、荀诸贤之象（聚），太史以德星奏一事自为题名，复书'德星岩'三字，并镌盖以（于）上。每行约毁三四十字，下截尚有字句可读，共得字二百二十有五，篆额'登泰山谢天书述二圣功德之铭'十三字，完好如初。"① 据此可知，《登泰山谢天书述二圣功德之铭》原刻两处，一在泰山下，一在岱顶唐磨崖之东。山下之碑，"碑石坚整，若三山屏风"②；"凡五巨石，合成一碑，并高九尺。第一石广三尺，第二石广二尺五寸，第三石广五尺三寸，第四石广四尺五寸，第五石广三尺，文共五十四行，行二十八字，正书。额高三尺五寸，广五尺，题曰'登泰山谢天书述二圣功德之铭'十三字，篆书，在泰安府城南门外东南濠岸东偏，北向。"③ 此碑为何北向而刻字于碑阴？"碑在城南郊原上……以圜台在

---

① （清）聂鈫：《泰山道里记》，《丛书集成初编》第3002册，中华书局1985年版，第19—20页。
② （金）元好问：《遗山集》卷34《记·东游略记》，《景印文渊阁四库全书》第1191册，上海古籍出版社1987年影印本，第393页。
③ （清）王昶：《金石萃编》卷127《谢天书述功德铭》，《续修四库全书》第890册，上海古籍出版社2002年版，第196页。

第四章 泰山石刻与唐宋封禅

山顶,故字从北面,取对越之义。"① 此碑俗称"阴字碑",明人汪子卿解释此称缘起云:"以字镌北面,从俗称也。《州志》曰'金字',谓当时以金涂饰也;或曰'禋祀',以精意享祀言也,皆声相近而义亦通。尝闻真宗东封,驻跸会真宫,故碑作屏制,镌北面,当宫南百余武,俗称'阴字'为是。宫今在城内,而碑限于外,故人罕知其镌意云。"② 不过,清代金石学家钱大昕却有着不同的看法:"碑北向,明巡按吴从宪篆刻其阴曰'泰阴碑',俗谓之'阴字碑'。"③ 清人王昶赞同钱氏之说:"碑北向,属泰山之阴,故阴题'泰阴碑'三字,以讹传讹,遂谓之'阴字碑'矣。"④ 由此看来,俗称"阴字碑"并非因碑文刻于阴面,而是因为碑阴刻"泰阴碑"三字之故。此碑毁于1952年,现仅存拓片,收录于《北京图书馆藏中国历代石刻拓本汇编》(第38册)、《泰山石刻大观》等文献中。山上所勒之碑,位于岱顶唐摩崖之东,高8.5米,宽4.1米,正书,铭文后被镵毁,今仅剩篆额"登泰山谢天书述二圣功德之铭"五行十三字。

关于《登泰山谢天书述二圣功德之铭》的刻立时间,据《山左金石志》所载山下之碑云:"大中祥符元年十月二十七日,御书院奉敕摹勒刻石。"⑤ 如此看来,此碑当刻立于大中祥符元年十月。然而,南宋王应麟《玉海》却有着不同的记载:"(大中祥符)二年五月戊午,出《泰山谢天书述二圣功德铭》、《玉女像记》示辅臣。十月丙午,以《御制泰山铭赞》赐丁谓等九轴,因请以御制泰山铭及九天司命天齐王、周文宪王、文宣武成王赞于朝堂,宣示百官,召近臣,就三司观之。帝曰:'此但记一时事,何足宣示?'宰臣王旦等固请

---

① (清)金棨:《泰山志》卷16《金石·宋登太山谢天书碑》,清嘉庆十三年(1808)刻本。

② (明)汪子卿:《泰山志校证》卷2《遗迹·帝王·阴字碑》,周郢校证,黄山书社2006年标点本,第205页。

③ (清)钱大昕:《潜研堂金石文跋尾续》卷4,《续修四库全书》第891册,上海古籍出版社2002年版,第482页。

④ (清)王昶:《金石萃编》卷127《谢天书述功德铭》,《续修四库全书》第890册,上海古籍出版社2002年版,第198页。

⑤ (清)阮元:《山左金石志》卷15《御制谢天书述功德碑》,《续修四库全书》第909册,上海古籍出版社2002年版,第623页。

从之。寻分赐近臣翌日称谢。十一月壬子朔，泰山太平顶摩崖刊圣制毕。"①《续资治通鉴长编》"大中祥符二年五月戊午"条亦记载："初登泰山，王钦若言唐高宗、玄宗二碑之东石壁，南向平峭，欲即崖成碑，以勒圣制。上曰：'朕之功德固无所纪，若须撰述，不过谢上天敷佑，叙祖宗盛美尔。'戊午，上出《登泰山谢天书述二圣功德铭》及九天司命保生天尊、周文宪王等赞、《玉女象记》示辅臣。"②可见，宋真宗御撰《登泰山谢天书述二圣功德之铭》于大中祥符二年五月戊午始出，同年十一月壬子朔才摹勒岱顶完毕，那么，山下之碑为何竟能刻成于大中祥符元年十月二十七日？稽考《宋史·真宗二》及《宋史·礼七·封禅》的记载，宋真宗于大中祥符元年十月丁未（二十日）次乾封县奉高宫，辛亥（二十四日）享昊天上帝于圜台，壬子（二十五日）禅社首，癸丑（二十六日）御朝觐坛之寿昌殿受群臣朝贺，甲寅（二十七日）发奉符。③如此看来，山下之碑所题"大中祥符元年十月二十七日"乃封禅礼毕、发奉符之日，在短短的两天内将上千字的《登泰山谢天书述二圣功德之铭》摹刻上石，并非易事。所以，山下之碑当非刻成于大中祥符元年十月二十七日。笔者在查翻了大量文献后，发现了王昶的相关解释，更加印证了此前的推测："碑以二年五月撰成，十一月刻成，其题'元年十月二十七日'者，追用礼成之日也。"④由此可见，碑题"祥符元年十月二十七日"并非真实刻成时间，而是封禅礼毕之日。那么，山下之碑究竟刻立于何时？是否与山上之碑同时刻立于大中祥符二年十一月壬子朔，抑或先后不同呢？马端临《文献通考》记载："王钦若言：'唐高宗、玄宗二碑之东石壁南向平峭，欲即崖成碑，以勒圣制。'上曰：'朕之功德，固无所纪。若须撰述，不过谢上天敷佑，叙祖宗

---

① （宋）王应麟：《玉海》卷32《圣文·御制记序·祥符泰山铭记》，江苏古籍出版社、上海书店1987年版，第616—617页。

② （宋）李焘：《续资治通鉴长编》卷71"大中祥符二年五月戊午"条，中华书局2004年版，第1606页。

③ 《宋史》卷7《真宗二》、《宋史》卷104《礼七》，中华书局1977年标点本，第138、2531—2534页。

④ （清）王昶：《金石萃编》卷127《谢天书述功德铭》，《续修四库全书》第890册，上海古籍出版社2002年版，第198页。

第四章 泰山石刻与唐宋封禅

盛美尔。'"① 无论是《文献通考》所载真宗与王钦若的君臣对话，还是《玉海》所记真宗将御撰《登泰山谢天书述二圣功德之铭》示于众臣并摹勒岱顶，都是有关岱顶刻石之事，并未提及山下所立之碑。此外，《登泰山谢天书述二圣功德之铭》云："勒铭山阿，用垂永世"，"藏封石累，刻字山嵋"。据此可知，《登泰山谢天书述二圣功德之铭》盖先经磨勒岱顶，后又立碑山下。正如钱大昕《潜研堂金石文跋尾续》所云："真宗《述功德铭》先经磨勒岱巅，后又立碑城南也。乃后人第知有城南之碑，不复知有岱顶之碑矣。"② 金棨《泰山志》亦持此说："又《东轩笔录》云：'吕升卿为京东察访，游泰山，题名于真宗御制封禅碑之阳，刊刻拓本传于四方。后二年，升卿判国子监，会蔡禧为御史，言其题名事，以为大不恭，遂罢升卿判监。'据此，则真宗之为是铭先经磨勒岱巅，又立碑城南也明矣。"③

关于《登泰山谢天书述二圣功德之铭》的书法成就，古代学者毁誉不一。明人赵崡批评此碑云："正书仅能方正，无少钩磔，想帝亦不能办此，或王旦辈为之润色，而尹熙古之流握管耳。碑方广几埒开元帝《太山铭》，字减小不能强半，而文笔手腕则不啻泰山之于邹峄矣。"④ 而清人全祖望却称颂此碑云："祥符《天书述》以颂太祖、太宗之功德，其真书绝佳，予得之丰城学士万卷楼。是石也，元文贞公遗山亲登岱宗，顾未及见，予得见之，幸矣。取以配唐开元太山石本，谁曰不宜？"⑤ 客观地说，从存世拓本来看，此碑书法颇为壮观，真书绝佳，可取配唐玄宗《纪泰山铭》。

---

① （元）马端临：《文献通考》卷84《郊社考十七·封禅》，商务印书馆1936年版，第771页。
② （清）钱大昕：《潜研堂金石文跋尾续》卷4，《续修四库全书》第891册，上海古籍出版社2002年版，第482页。
③ （清）金棨：《泰山志》卷16《金石·登泰山谢天书述二圣功德铭》，清嘉庆十三年（1808）刻本。
④ （明）赵崡：《石墨镌华》卷5《宋登太山谢天书碑》，《景印文渊阁四库全书》第683册，上海古籍出版社1987年影印本，第500页。
⑤ （清）全祖望：《鲒埼亭集》卷38《宋祥符天书磨崖石墨跋》，《续修四库全书》第1429册，上海古籍出版社2002年版，第321页。

二 《登泰山谢天书述二圣功德之铭》文本考辨

若研究《登泰山谢天书述二圣功德之铭》及有关宋真宗东封问题，必先对碑刻文本加以考辨。《登泰山谢天书述二圣功德之铭》作为中国古代最为著名的帝王封禅文诰之一，为后世所著录，主要存于三类文献中：一是金石志书，如赵崡《石墨镌华》、钱大昕《潜研堂金石文跋尾续》与《金石后录》、阮元《山左金石志》、王昶《金石萃编》、吴式芬《攈古录》等；二是方志文献，如汪子卿《泰山志》①，查志隆《岱史》，聂鈫《泰山道里记》，任弘烈原纂、邹文郁增修《泰安州志》，岳濬《山东通志》，颜希深《泰安府志》，唐仲冕《岱览》，金棨《泰山志》，葛延瑛《重修泰安县志》等；三是史志及文集，如李焘《续资治通鉴长编》、王应麟《玉海》、元好问《遗山集》、马端临《文献通考》、全祖望《鲒埼亭集》、嵇璜《续通志》等。令人不解的是，《宋史·礼志》载宋真宗封禅玉册、玉牒文，却未及此碑，《宋史纪事本末》《续资治通鉴》等亦未载录。《山左金石志》、《金石萃编》、汪氏《泰山志》、《岱史》、《泰安州志》、《山东通志》、《泰安府志》、《岱览》、金氏《泰山志》与《重修泰安县志》对《登泰山谢天书述二圣功德之铭》碑文予以载录，而其他文献或介绍碑刻的存地、形制、行款等，或考证碑文内容，或评析书法成就。《山左金石志》、《金石萃编》、汪氏《泰山志》等文献对《登泰山谢天书述二圣功德之铭》文辞的载录存有较大差异，鉴于此，笔者以《北京图书馆藏中国历代石刻拓本汇编》第38册所载拓本为主要依据，对此碑文本予以对勘考辨。

第一，《山左金石志》"考茂典而荐至诚"，而《金石萃编》、《岱史》、汪氏《泰山志》、《泰安州志》、《山东通志》、《泰安府志》、《岱览》、金氏《泰山志》与《重修泰安县志》均作"考茷典而荐至诚"。是"茂"还是"茷"？查核拓本，石花点点，不能判断字中是否有点。"茂典"，即盛美的典章、法则，如《旧唐书·肃宗纪》云：

---

① 后文中，汪子卿《泰山志》简称为"汪氏《泰山志》"，金棨《泰山志》简称为"金氏《泰山志》"，特此说明。

"至于汉武,饰以浮华,非前王之茂典,岂永代而作则。"① 而"茂"乃一中草药之名,并无"茂典"一词,故应作"茂"。

第二,拓本、《山左金石志》、《金石萃编》、汪氏《泰山志》、《岱史》、《泰安州志》、《山东通志》、《岱览》、金氏《泰山志》与《重修泰安县志》"登乔岳而答纯锡",而《泰安府志》误"纯锡"为"纯阳"。

第三,拓本、《山左金石志》、《金石萃编》、汪氏《泰山志》、《岱史》、《泰安州志》、《山东通志》、《泰安府志》、金氏《泰山志》与《重修泰安县志》"结绳已往",而《岱览》误"已"为"而"。

第四,拓本、《山左金石志》、《金石萃编》、汪氏《泰山志》、《泰安州志》、《山东通志》、《岱览》、金氏《泰山志》与《重修泰安县志》"方册所存,章章而可辨",而《岱史》作"方册所存,章章而可辦"。依据文意,当为"考辨典籍文献"之意,而作"辦"则语义不通。

第五,《金石萃编》"冈不开先流福","弗克嗣兴,冈识攸济","给祠祀者,冈有不至",其中三"冈"字,《山左金石志》、汪氏《泰山志》、《岱史》、《泰安州志》、《山东通志》、《泰安府志》、《岱览》、金氏《泰山志》与《重修泰安县志》均作"罔",是"冈"或"罔"?查核拓本,作"冈",为"罔"的别体字,而非"冈"。

第六,拓本、《山左金石志》、《金石萃编》、汪氏《泰山志》、《岱史》、《泰安州志》、《山东通志》、《泰安府志》、《岱览》与金氏《泰山志》 "故能禋祀上帝",而《重修泰安县志》误"祀"为"锡"。禋祀是古代一种祭天礼仪,先燔柴升烟,再加牲体或玉帛于柴上焚烧,如《诗经》郑笺云:"姜嫄之生后稷如何乎?乃禋祀上帝于郊禖,以袚除其无子之疾,而得其福也。"②"禋锡"则无此意。

第七,拓本、汪氏《泰山志》、《岱史》、《泰安州志》、《山东通志》与《泰安府志》"颙颙万民",而《山左金石志》与《重修泰安

---

① 《旧唐书》卷10《肃宗纪》,中华书局1975年标点本,第262页。
② 《毛诗正义》卷17《大雅·生民之什》,《十三经注疏》(上册),中华书局1980年版,第528页。

县志》作"容容万民",《岱览》为"嗯嗯万民",《金石萃编》为"罌罌万民",金氏《泰山志》因未能辨识而作"□□万民"。"颙颙"乃期待盼望貌,正与下句"籲天而仰诉"相对,而其他皆因避嘉庆皇帝"颙琰"名讳而改或留空。需要指出的是,"罌"并非一字,而代指"御名"二字,即嘉庆之"颙"。

第八,拓本、《山左金石志》、《金石萃编》、汪氏《泰山志》、《泰安府志》、《岱览》、金氏《泰山志》与《重修泰安县志》"积庆自始,受命无疆",而《岱史》《泰安州志》与《山东通志》误"庆"为"善"。"积庆"意为积德,如《宋史·后妃传上》云:"太祖曰:'臣所以得天下者,皆祖考及太后之积庆也。'"① 该铭文之意是太宗自始积德,故而受天之命无穷,而"积善"是指持续做善事,其意不若"积庆"雅正。

第九,拓本、《山左金石志》、《金石萃编》、汪氏《泰山志》与金氏《泰山志》"书轨毕臻,典彝无阙",而《岱史》《泰安州志》《山东通志》《泰安府志》《岱览》与《重修泰安县志》以"仪"代"彝"。"典彝"意指常典、法度,如《晋书·江统传》:"既违典彝旧义,且以拘攣小忌而废弘廓大道"②;而"典仪"意指典礼仪式,如《后汉书·儒林传上·刘昆》云:"每春秋飨射,常备列典仪,以素木瓠叶为俎豆,桑弧蒿矢,以射'菟首'。"③ 与前句"书轨"相对,只能是"典彝",而非"典仪"。

第十,拓本、《金石萃编》、汪氏《泰山志》、《岱史》、《泰安州志》、《山东通志》、《泰安府志》、《岱览》、金氏《泰山志》与《重修泰安县志》"上玄降鉴,虞舜之温恭",而《山左金石志》误"降"为"隆"。此句是说上天降予鉴戒,要像虞舜那样温恭治国爱民,作"隆"则误。

第十一,拓本、《山左金石志》、《金石萃编》、汪氏《泰山志》、《泰安州志》、《山东通志》、《泰安府志》、《岱览》、金氏《泰山志》

---

① 《宋史》卷242《后妃传上·太祖母昭宪杜太后》,中华书局1974年标点本,第8607页。
② 《晋书》卷56《江统传》,中华书局1974年标点本,第1537页。
③ 《后汉书》卷79上《儒林传上·刘昆》,中华书局1965年标点本,第2550页。

与《重修泰安县志》"重熙之盛，冠绝于古先"，而《岱史》以"千"代"于"。"于"表比较，"千"则误。

第十二，拓本、《山左金石志》、《金石萃编》、汪氏《泰山志》、《岱史》、《泰安州志》、《山东通志》、《泰安府志》、《岱览》与金氏《泰山志》"属以阳春届节，灵文锡庆"，而《重修泰安县志》误"届"为"屈"。

第十三，拓本、《山左金石志》、汪氏《泰山志》、《岱史》、《泰安州志》、《山东通志》、《泰安府志》、《岱览》、金氏《泰山志》与《重修泰安县志》"由是济河耆老"，而《金石萃编》以"曰"代"由"。"由是"为"因此"之意，此句是说：天降祥瑞，因此，济河耆老、邹鲁诸生不远千里来至阙庭，请求真宗封祀泰山，作"曰"则误。

第十四，《金石萃编》、汪氏《泰山志》、《岱史》、《泰安州志》、《泰安府志》、《山东通志》、《岱览》、金氏《泰山志》与《重修泰安县志》"不远千里，来至阙庭"，而《山左金石志》以"达"为"远"。此字拓本磨泐，据文中之意，应为"远"。

第十五，《山左金石志》、《金石萃编》、汪氏《泰山志》、《岱史》、《泰安府志》、《山东通志》、《岱览》与金氏《泰山志》"伏阁者万余"，而《泰安州志》与《重修泰安县志》作"伏阙者万余"。此字拓本虽磨泐，但细审之当为"阁"。"伏阁"是指朝臣俯伏阁下向天子奏事，如《旧唐书·崔仁师传》："会有伏阁上诉者，仁师不奏，太宗以仁师罔上，遂配龚州。"①

第十六，拓本、《山左金石志》、《金石萃编》、汪氏《泰山志》、《山东通志》、《岱览》与金氏《泰山志》"窃念乾坤垂祐"，而《岱史》《泰安州志》《泰安府志》与《重修泰安县志》作"切念乾坤垂祐"。"窃"置于句首指自己，表谦辞，作"切"则语意不通。

第十七，拓本、《金石萃编》、汪氏《泰山志》、《岱史》与金氏《泰山志》"宗祐储祉"，而《山左金石志》作"宗佑储祉"，《泰安州志》《泰安府志》《山东通志》《岱览》与《重修泰安县志》作

---

① 《旧唐书》卷74《崔仁师传》，中华书局1975年标点本，第2622页。

"宗社储祉"。"宗祐""宗社"同有"宗庙、社稷"之意，但应以拓本为准，而"宗佑"误。

第十八，拓本"□夫疆场以宁，干戈以息"，"□"磨泐难辨，《山左金石志》《金石萃编》《山东通志》与金氏《泰山志》作"唯"，而汪氏《泰山志》《岱史》《泰安州志》《泰安府志》《岱览》与《重修泰安县志》作"俾"。按查文意，上天及祖宗的恩德使干戈平息，风调雨顺，五谷丰登，故"□"当为"俾"，而非"唯"。

第十九，拓本、《山左金石志》、《金石萃编》、汪氏《泰山志》、《岱史》、《泰安州志》、《泰安府志》、金氏《泰山志》与《重修泰安县志》"然而序图篆，答殊祯，非眇躬之敢让也"，而《山东通志》以"征"代"祯"，《岱览》以"渺"代"眇"。"答殊祯"乃谓还报上天所赐特别的吉祥，而"殊征"是指特别的征兆，难符文意。"眇躬"，古代帝王自称之词，如《魏书》云："祚属眇躬，言及斯事，临纸惭恨，惋慨兼深。"① 而"渺躬"则无此意。

第二十，《山左金石志》《金石萃编》与金氏《泰山志》"升中燔柴，旧章斯在"，而汪氏《泰山志》《岱史》《泰安州志》《山东通志》《泰安府志》《岱览》与《重修泰安县志》作"升中燔燎，旧章斯在"。"柴"还是"燎"？此字拓本残泐。燔柴作为古代一种祭天仪式，是将玉帛、牺牲等置于积柴上而焚之，正如《尔雅·释天》所云："祭天曰燔柴。"② "燔燎"意同"燔柴"，如《礼记·郊特牲》云："取膟膋燔燎升首，报阳也。"③ 未知孰是。

第二十一，拓本、《泰安府志》与金氏《泰山志》"继成先志懿范"，《山左金石志》与《金石萃编》以"承"为"成"，而汪氏《泰山志》《岱史》《泰安州志》《山东通志》《岱览》与《重修泰安县志》作"绳"。"继成"意为继续完成，"继成先志懿范"是说继续完成先人的遗志与美好的道德风范，如《三国志·魏志·管宁传》

---

① 《魏书》卷21上《献文六王·北海王》，中华书局1974年标点本，第560页。
② 《尔雅注疏》卷6《释天》，《十三经注疏》（下册），中华书局1980年版，第2609页。
③ 《礼记正义》卷26《郊特牲》，《十三经注疏》（下册），中华书局1980年版，第1457页。

云："况宁前朝所表，名德已著，而久栖迟，未时引致，非所以奉遵明训，继成前志也。"①"承"与"绳"则误。

第二十二，《山左金石志》与《金石萃编》"遵已定之经"，而汪氏《泰山志》、《岱史》、《泰安州志》、《山东通志》、《泰安府志》、《岱览》、金氏《泰山志》与《重修泰安县志》作"遵已定之规"。是"经"还是"规"，拓本磨泐，未知孰是。

第二十三，《山左金石志》与《金石萃编》"祗事圜丘"，金氏《泰山志》以"邱"为"丘"，而汪氏《泰山志》《岱史》《泰安州志》《山东通志》《泰安府志》《岱览》与《重修泰安县志》作"祗事圜坛"。此四字拓本亦残泐严重，仅存"冂"，当是"圜"字无疑。圜丘，是古代帝王冬至祭天的地方，如《周礼·春官·大司乐》："冬日至，于地上之圜丘奏之。"贾公彦疏曰："土之高者曰丘，取自然之丘。圜者，象天圜。"②"圜坛"，意同"圜丘"，未知孰是。

第二十四，拓本、《山左金石志》、《金石萃编》、汪氏《泰山志》、《岱史》、《泰安州志》、《山东通志》、《岱览》、金氏《泰山志》与《重修泰安县志》"供朕身者，无必求丰"，而《泰安府志》误"必"为"心"。

第二十五，拓本、《山左金石志》、《金石萃编》、汪氏《泰山志》、《岱史》、《泰安州志》、《山东通志》、《泰安府志》、《岱览》与金氏《泰山志》"故玉币牺牲，朕之所勤也"，而《重修泰安县志》误"币"为"帛"。

第二十六，拓本、《山左金石志》、《金石萃编》、汪氏《泰山志》、《岱史》、《山东通志》、《泰安府志》、《岱览》、金氏《泰山志》与《重修泰安县志》为"精意笃志，夙兴夕惕"，而《泰安州志》以"情"为"精"，以"至"为"志"。"精意"指专心一意，如《国语·周语上》云："精意以享，禋也；慈保庶民，亲也。"③"笃志"指专心一志，如《论语·子张》云："子夏曰：'博学而笃志，切问而近思，仁在

---

① 《三国志·魏志》卷11《管宁传》，中华书局1959年标点本，第360页。
② 《周礼注疏》卷22《春官宗伯下·大司乐》，《十三经注疏》（上册），中华书局1980年版，第789—790页。
③ 《国语》卷1《周语上》，上海古籍出版社1988年标点本，第33页。

其中矣。'"① 而《泰安州志》作"情"与"至"均误。

第二十七，拓本、《山左金石志》、汪氏《泰山志》与金氏《泰山志》为"诚明洞达，显应沓彰"，"沓"字，拓本中为其繁体写法"遝"，而《金石萃编》与《岱史》误作"逯"，《泰安州志》《泰安府志》《山东通志》《岱览》与《重修泰安县志》误为"還"。

第二十八，《山左金石志》、《金石萃编》、汪氏《泰山志》、《岱史》、《山东通志》、《泰安府志》、《岱览》与金氏《泰山志》"朌蟸可期，奠献如睹"，"朌蟸"二字，《泰安州志》作"朔蟸"，《重修泰安县志》作"朌蟷"。拓本"朌"字较清，而"蟸"仅存上半。"朌蟸"意为"灵感通微"，正与上句"于时天神毕降，地祇毕登"相呼应。

第二十九，《山左金石志》《泰安府志》《岱览》与金氏《泰山志》为"其感也实在乎至諴"，而《金石萃编》、汪氏《泰山志》、《岱史》、《泰安州志》、《山东通志》与《重修泰安县志》作"其感也实在乎至诚"。"諴"还是"诚"？此字拓本虽有所残损，细辨之，为"諴"无疑。究其词意，"至諴"指极其和顺的德行，如《尚书·大禹谟》云："至諴感神"，孔传："諴，和。"孔颖达疏曰："帝至和之德尚能感于冥神。"②"至諴"正与前句"明德"相对。

第三十，拓本、《山左金石志》、《金石萃编》、汪氏《泰山志》、《岱史》、《山东通志》、《岱览》与金氏《泰山志》"遵甘泉之受计"，而《泰安州志》《泰安府志》与《重修泰安县志》误"遵"为"进"。

第三十一，拓本、《山左金石志》、《金石萃编》、汪氏《泰山志》、《岱史》、《山东通志》、《泰安府志》、《岱览》、金氏《泰山志》与《重修泰安县志》为"盖又两仪之纯嘏"，而《泰安州志》误"又"为"乂"。

第三十二，《山左金石志》为"唯当寤寐兢畏，夙夜惕厉"，依

---

① 黄怀信校释：《论语新校释·子张》，三秦出版社2006年版，第469页。
② 《尚书正义》卷4《虞书·大禹谟》，《十三经注疏》（上册），中华书局1980年版，第137页。

据拓本，《山左金石志》、汪氏《泰山志》、《岱史》、《泰安州志》、《泰安府志》与金氏《泰山志》之"唯"是，而非《金石萃编》《山东通志》《岱览》与《重修泰安县志》之"惟"，二字虽古时通用，但应以原碑为据。《山左金石志》、《金石萃编》、《岱史》、《泰安府志》、《岱览》、金氏《泰山志》与《重修泰安县志》之"畏"，拓本虽残泐，但仍存痕迹，当为"畏"，而非汪氏《泰山志》《泰安州志》与《山东通志》之"威"。《山左金石志》《金石萃编》与金氏《泰山志》作"厪"，汪氏《泰山志》《岱史》与《山东通志》作"厉"，《泰安州志》《泰安府志》《岱览》与《重修泰安县志》作"励"，此字拓本残损，"厂"框可识，其中构件难辨，但绝非"励"字。前句已作"夤畏"以表"敬畏戒惧"之意，后句若再作"惕厉"则稍显重复，而"厪"乃古"勤"字，正表"时时谨慎勤恳"之意。

第三十三，拓本、《金石萃编》、汪氏《泰山志》、《岱史》、《泰安州志》、《山东通志》、《泰安府志》、《岱览》、金氏《泰山志》与《重修泰安县志》为"宠绥庶国，茂育群伦"，而《山左金石志》误"茂"为"茇"。"茂育"，即"努力育养"之意，如《旧唐书·懿宗纪》载："况时属燠蒸，化先茂育，并赦罪戾，式顺生成。"①作"茇"则误。

第三十四，拓本、《山左金石志》、《金石萃编》、汪氏《泰山志》、《岱史》、《泰安府志》、《岱览》与《重修泰山县志》为"庶物伊始，玄感其彰"，而《泰安州志》《山东通志》与金氏《泰山志》误"彰"为"章"。

第三十五，《山左金石志》、《金石萃编》、汪氏《泰山志》、《岱史》、《泰安州志》、《山东通志》、《泰安府志》、金氏《泰山志》与《重修泰安县志》为"自昔受命，反始穹苍"，而《岱览》以"授"代"受"，拓本泐损。细审之，此句主语乃"节彼岱岳"，只能"受命"，而非"授命"。

第三十六，《山左金石志》、《金石萃编》、汪氏《泰山志》、《泰安州志》、《山东通志》、《岱览》、金氏《泰山志》与

---

① 《旧唐书》卷19上《懿宗纪》，中华书局1975年标点本，第677页。

《重修泰安县志》为"群情所迫，盛则爰修"，而《岱史》以"妥"为"爰"，拓本泐损。此句是说真宗迫于民意，因太平盛世而修封祀之典，"爰"为"于是"之意，作"妥"则误。

第三十七，《山左金石志》、《金石萃编》、汪氏《泰山志》、《泰安州志》、《山东通志》、《泰安府志》、《岱览》、金氏《泰山志》与《重修泰安县志》为"前王丕显，是曰告成"，而《岱史》以"月"为"曰"，拓本泐损。"是曰"意为"因此"，作"月"则误。

第三十八，《山左金石志》、《金石萃编》、汪氏《泰山志》、《岱史》、《泰安州志》、《山东通志》、《泰安府志》、《岱览》与金氏《泰山志》为"聿崇严祀，用达精诚"，而《重修泰安县志》以"答"为"达"，拓本泐损。依据文意，是说通过严格封祀之礼来实现至诚之心，"达"乃"实现"之意，作"答"则误。

第三十九，《山左金石志》、《金石萃编》、《岱史》、《泰安州志》、《山东通志》、《泰安府志》、《岱览》、金氏《泰山志》与《重修泰安县志》为"殊祥迭委，寓县奔驰"，而汪氏《泰山志》以"宇"为"寓"。拓本泐损，"寓县"与"宇县"意近，未知孰是。

以上依据拓本，对《山左金石志》《金石萃编》、汪氏《泰山志》、《岱史》、《泰安州志》、《山东通志》、《泰安府志》、《岱览》、金氏《泰山志》与《重修泰安县志》等文献中的《登泰山谢天书述二圣功德之铭》文本作了对勘考辨，均存有驳异。总的来看，《山左金石志》《金石萃编》等金石志书的错讹较少，而方志文献错讹较多，这与金石学家的专长及审慎态度有关。对此，我们必须以较早的拓本或刊校较佳的文本作为底本，并结合方志文献加以刊补。

三 从《登泰山谢天书述二圣功德之铭》看宋真宗东封

《登泰山谢天书述二圣功德之铭》可分为序辞与铭辞两部分，序辞自"朕闻一区宇而恢德教"至"勒铭山阿，用垂永世"，具体陈述了宋真宗东封泰山的缘起、始末等；铭辞自"节彼岱岳，岿然东方"至"蒸民永泰，繁祉常垂"，表达了宋真宗东封的政治意图。下面，对《登泰山谢天书述二圣功德之铭》碑文加以解读，借此对宋真宗东封史实予以疏释。

第四章 泰山石刻与唐宋封禅

(一)《登泰山谢天书述二圣功德之铭》与宋真宗东封的缘起

关于宋真宗东封的缘起,以往史书、学者多持"雪澶渊之盟之耻说"。如清人王昶云:"真宗封禅之事,成于天书,天书之事,源于雪澶渊受盟之耻。"[1] 其实,这种认识有失偏颇,洗雪澶渊之盟的屈辱只是激起宋真宗东封的直接原因或导火线,而非根本原因,依借东封之礼治国安民,并证明赵宋皇朝奉天承运,这恐怕才是宋真宗东封泰山的真正初衷所在,这体现在该铭文中。

1. 以封禅之礼治国安民

古代中国作为一个传统的礼制社会,"礼者,君之大柄也,所以别嫌明微,傧鬼神"[2]。礼是治国之本,"为国以礼"既是统治阶级的思维方式,又是政治运作模式,同时还赋予政权统治的合法与神圣性。"国之大事,唯祀与戎",因而作为古代礼制中为报答天地之功而举行的最高祭祀大典的泰山封禅,便成为封建王朝以礼法治国安民的重要内容,这对于赵宋王朝同样是必不可少的。宋真宗深刻地意识到这一点,他在《登泰山谢天书述二圣功德之铭》之始,追溯历史,回顾传统,认为封禅泰山乃历代治国之本:"朕闻一区宇而恢德教,安品物而致升平,此邦家之大业也。考茂典而荐至诚,登乔岳而答纯锡,此王者之昭事也。结绳已往,茫茫而莫知;方册所存,章章而可辨。罔不开先流福,累洽储休,长发其祥,永锡尔类。故能禋祀上帝,肆觐群后,追八九之遐躅,徇亿兆之欢心。是以武王剿独夫,集大统,而成王以之东巡;高帝平三猾,启天禄,而武帝以之上封。"历代圣明之君,无论是远古时期的炎帝、黄帝、颛顼等,还是后世的周成王、汉武帝等,在一统天下后,无不通过"恢德教""安品物"而"致升平",进而"考茂典"而"荐至诚","登乔岳"而"答纯锡"。"登乔岳"便是指登封泰山。封禅不仅是北宋皇权强有力的标志,也是传统礼俗社会以礼教万民、化天下的一种重要工具,依借盛大规模的封祀礼仪,从而证明赵宋皇权的合理性与合法性,整合礼治

---

[1] (清)王昶:《金石萃编》卷127《谢天书述功德铭》,《续修四库全书》第890册,上海古籍出版社2002年版,第198—199页。

[2] 《礼记正义》卷21《礼运》,《十三经注疏》(下册),中华书局1980年版,第1418页。

社会，强化意识形态与构建精神信仰。葛兆光曾云："古代中国王权是一种'普遍皇权'，它较一般意义上的帝制更深厚而且稳定，是因为它将政治统治、宗教权威与文化秩序合于一身，所以，每一个古代中国王朝，都经由天地宇宙神鬼的确认、历史传统与真理系统的拥有和军事政治的有效控制与管理，它才能获得合法性，尽管这种合法性在某种意义上说，不过就是皇室、士绅与民众暂时的'共识'。"① 当然，宋真宗东封泰山除了希冀借封禅之礼以镇服本国之民外，还有着其他的政治意图，那就是威慑北方的契丹。正如北宋政治家、史学家司马光在《涑水纪闻》中所云："戎狄之性，畏天而信鬼神，今不若盛为符瑞，引天命以自重，戎狄闻之，庶几不敢轻中国。"② 北宋王朝积贫积弱，内忧外患不断，契丹强兵压境，不断南下侵扰，这对赵宋奉天承运的"天命"是个严重威胁。宋真宗恪守宋初既定"守内虚外""重内轻外"的国策，力求边境安定，在军事上与契丹抗衡的同时，企图通过封禅之礼而在文化上威慑对方，正如该铭所云："玉帛之礼，蛮貊来同。"因为契丹习俗敬畏天命，"以祭山为大礼"③，正如《宋史》所云："宋自太宗幽州之败，恶言兵矣。契丹其主称天，其后称地，一岁祭天不知其几，猎而手接飞雁，鸨自投地，皆称为天赐，祭告而夸耀之。意者宋之诸臣，因知契丹之习，又见其君有厌兵之意，遂进神道设教之言，欲假是以动敌人之听闻，庶几足以潜消其窥觎之志欤？"④ 可见，宋真宗正是出于政治策略之需，利用契丹人敬畏天命的信仰，从而利用东封来夸耀天宠，神化大宋皇朝，取得在文化上威慑辽国的效果，打消其觊觎之心。以封禅泰山而彰扬宋朝的中华礼仪之邦的文化正宗、正统地位，"镇服四海，夸示夷狄"，也不失为一种极佳的精神武器。正如清初学者王夫之所云："钦若曰：'唯封禅可以镇服四海，夸示外国。'言诚诞矣。然而契丹愚昧，惑

---

① 葛兆光：《中国思想史》（第二卷）第二编《引言理学诞生前夜》，复旦大学出版社2001年版，第177页。
② （宋）司马光：《涑水纪闻》，《丛书集成初编》第2744册，中华书局1985年版，第62页。
③ 《辽史》卷56《仪卫志二》，中华书局1974年标点本，第905页。
④ 《宋史》卷8《真宗三》，中华书局1977年标点本，第172页。

于機祥，以戢其戎心者抑数十年。"①

2. 东封泰山以宣示赵宋政权乃天命所归

在中国古代社会，一个政权的存在是否合理、合法与神圣，其普遍逻辑法则和终极依据在于是否得"天命"。正如葛兆光所说：由于古代中国的皇权十分复杂，"它是一种把历史传统、军事权力以及思想、宗教、文化与精神上的权威叠加在一起的、复合式的'普遍皇权'，正是因为如此，要想取得权力的合法性和合理性，其过程也相当复杂，比如要通过仪式证明自己得到'上天'的符命及其象征性的承诺，要获得上一王朝的臣服以拥有民众对新的政权的信任，……以及建立一种新的观念系统和与之相应的文化风气"②。"帝王之事莫大乎承天之序，承天之序莫重于郊祀"③；"受命之君，天之所兴，四方莫敢违，夷狄咸率服故也。"④ 因此，宣示自己乃"天命"所归，维系民众对国家的认同感，为国家和权力取得无须论证的合法性，是历代君主治国首要之务。如何宣示与维系？手段众多，其中最为重要的便是在泰山封天禅地，这也是为何每一个大一统王朝都热衷于举行祭天告成封禅之礼的根本原因。宋真宗亦谙识此道，他在《登泰山谢天书述二圣功德之铭》中高度称颂太祖、太宗的功业，极力宣扬赵宋皇朝奉天承运的天命思想。太祖在唐末五代动乱之时，顺应天意民情而夺取天下，历尽艰辛而建立赵宋政权，该铭云："曩以五代陵夷，四方分裂，嗷嗷九域，顾影而求存。颤颤万民，吁天而仰诉。不有神武，多难何以戡？不有文明，至治何以复？恭惟太祖启运立极英武圣文神德玄功大孝皇帝，积庆自始，受命无疆。历试于艰难，终陟于元后。威灵震迭，玄泽汪翔。无往不宾，有来斯应。济民于涂炭，登物于春台。俾乂万邦，成汤之甚盛。咸宣九德，文王之有声。"太宗承

---

① （清）王夫之：《宋论》卷3《真宗》，《续修四库全书》第450册，上海古籍出版社2002年版，第384页。

② 葛兆光：《中国思想史》（第二卷）第一编《引言权力·教育与思想世界》，复旦大学出版社2001年版，第2页。

③ 《汉书》卷25下《郊祀志第五下》，中华书局1962年标点本，第1253—1254页。

④ （汉）班固：《白虎通义》卷下《德论下·文质》，《景印文渊阁四库全书》第850册，上海古籍出版社1987年影印本，第46页。

袭太祖所创基业,得上天垂佑,神道设教,礼兴乐盛,该铭曰:"启运于前,垂裕于后。太宗至仁应道神功圣德文武大明广孝皇帝,洪基载绍,景贶诞膺。如日之升,烛于率土。如天之广,覆于群生。人文化成,神道设教。尊贤尚德,下武后刑。金石之音,明灵是格。玉帛之礼,蛮貊来同。书轨毕臻,典彝无阙。上玄降鉴,虞舜之温恭。庶民不知,唐尧之于变。重熙之盛,冠绝于古先。增高之文,已颁乎成命。逡巡其事,谦莫大焉。"该铭所云"增高之文,已颁乎成命。逡巡其事,谦莫大焉",是指太宗欲东封但未成之事。关于此事,《文献通考》记载:"宋太宗皇帝太平兴国八年,泰山父老千余人诣阙请东封,上谦让不允。中外群臣献歌颂、称功德、请封禅者不可胜计。雍熙元年,群臣三上表陈请,诏以今年十一月有事于泰山,寻以乾元、文明二殿灾,诏罢封禅。"① 真宗上承太祖、太宗之成业,在其看来,"疆场以宁,干戈以息;风雨以顺,稼穑以登;无震无惊,既庶既富",这一切功业的取得,均归于"乾坤垂佑,宗祐储祉",即上天的垂赐予祖宗的福祉。

  历经唐末五代动乱而建立起来的赵宋政权,由于太祖、太宗未能封禅,至真宗时行封禅大典已势在必行。这是因为,从内部形势而论,自唐末五代以来,荒诞妖妄、符谶迷信思想流行泛滥,各种祥瑞吉兆充斥,凡割据一隅者皆称得"天命",致使统治阶级意识形态和核心思想无序混乱,这严重地威胁到赵宋的正统地位;从外部形势而论,赵宋并无四夷宾服的大一统局面,西夏、辽与宋廷分庭抗礼,战争不断,严重威胁着赵宋的政权安危。因此,赵宋皇朝以制礼作乐、举行泰山封禅这一传统祀典来证明统治的合法性、合理性并确立皇权的权威性、神圣性,已成为当时严峻政治形势下巩固统治、加强中央集权的首要大事。所以,澶渊之盟后,赵宋皇朝在内外形势暂时相对平定之时,既厌战又好功的宋真宗随即东封泰山,并在铭文中一再反复强调"自天垂恩","不可辞者天意,不可拒者群心","自昔受命,反始穹苍"等。

---

① (元)马端临:《文献通考》卷84《郊社考十七·封禅》,商务印书馆1936年版,第769页。

第四章　泰山石刻与唐宋封禅

由上可见，宋真宗东封泰山的缘起，并非以往史家认为对澶渊之盟涤耻洗辱的一场迷信活动所能一笔带过的，我们需要透过这一历史表象而深入地探析其背后的深层原因。

（二）《登泰山谢天书述二圣功德之铭》与宋真宗封禅始末

宋真宗在《登泰山谢天书述二圣功德之铭》中谦逊地表示："肆予冲人，获守丕构。其德不类，其志不明。弗克嗣兴，罔识攸济。"客观而论，真宗承嗣大业，德才平庸，并无丰功伟业，却行泰山封祀之举，有悖古代帝王封天禅地的资格。《史记·封禅书》云："自古受命帝王，易尝不封禅？盖有无其应而用事者矣，未有睹符瑞见而不臻乎泰山者也。虽受命而功不至，至梁父矣而德不洽，洽矣而日有不暇给，是以即事用希。"① 也就是说，符瑞祥应、功成德洽与日月有暇，是封禅必备的三个条件。宋真宗封禅缺乏必备的文治武功、治世仁德，只能借助神灵祥瑞来粉饰太平盛世，神道设教。王钦若曾对真宗云："天瑞安可必得，前代盖有以人力为之者，惟人主深信而崇之，以明示天下，则与天瑞无异也。"② 于是，大中祥符元年，真宗君臣编演了一场"天书降世"的剧目。《宋史》记载此事云："大中祥符元年春正月乙丑，有黄帛曳左承天门南鸱尾上，守门卒涂荣告，有司以闻。上召群臣拜迎于朝元殿启封，号称天书。"③ 在此背景下，兖州父老、文武百官迎合真宗之需，上书请求封禅，大中祥符年间的封禅之请便由此上演。正如该铭所云："属以阳春届节，灵文锡庆。由是济河耆老，邹鲁诸生，启予以神休，邀予以封祀，不远千里，来至阙庭。朕惕然而莫当，彼确乎而莫止。俄而王公藩牧、卿士列校，献封者五上，伏阁者万余，以为景命惟新，珍符纷委。"关于此事，《续资治通鉴长编》记载："（大中祥符元年三月）甲戌，兖州父老吕良等千二百八十七人诣阙请封禅，对于崇道殿。……知州邵晔又率官属抗表以请，亦不允。……己卯，诸道贡举人兖州进士孔谓等八百四十六人伏阙下请封禅。……夏四月辛卯朔，天书又降于大内之功德

---

① 《史记》卷28《封禅书》，中华书局1959年标点本，第1355页。
② 《宋史》卷282《王旦传》，中华书局1977年标点本，第9544页。
③ 《宋史》卷7《真宗二》，中华书局1977年标点本，第135页。

阁。先是，宰相王旦等率文武百官、诸军将校、州县官吏、蕃夷、僧道、耆寿二万四千三百七十人诣东上阁门，凡五上表请封禅。"① 在兖州父老、文武百官等人再三恳请下，宋真宗无疑已达到树立自己谦虚形象的目的，最终接受封禅之请，正如该铭所云："不可辞者天意，不可拒者群心。天意苟违，何以谓之顺道？群心苟郁，何以谓之从人？是宜登介丘，成大礼，敦谕虽至，勤请弥固。"

东封既定，君臣就燔燎仪节、玉璧牺牲及羽仪服御等问题，反复商议，编定礼式。正如该铭所云："升中燔柴，旧章斯在。继成先志懿范，遵已定之经；祇事圜丘，严配肃因心之孝。于是诏辅臣以经置，命群儒而讲习。给祠祀者，罔有不至；供朕身者，无必求丰。故玉币牺牲，朕之所勤也；羽仪服御，朕之所简也。"九月甲子，"奉天书告太庙"②，亦如该铭所云："粤以暮秋之初，恭飨清庙，告以陟配。"一切准备就绪后，大中祥符元年十月辛卯，宋真宗在庞大仪卫扈从下，以玉辂奉载天书先行，离京城东封泰山。关于封禅始末，该铭云："孟冬之吉，虔登岱宗，伸乎对越。奉宝箓于座左，升祖宗以并侑，礼之正也，孝之始也。乃禅社首，厥制咸若，于时天神毕降，地祇毕登。胎蠁可期，奠献如睹。"考《宋史》，十月丁未，"法驾入乾封县奉高宫"③。辛亥，真宗祀昊天上帝于圜台，"奉天书于坐左，太祖、太宗并配西北侧向，帝服衮冕，升台奠献，悉去侍卫，拂翟止于壝门，笼烛前导亦彻之。"④ 次日，禅社首，"奉天书升坛，以祖宗配。"⑤ 真宗在该铭中充满对天地神灵及太祖、太宗二帝的敬畏之情，表明至诚心愿，谨慎用事，"唯当寅寅兢畏，夙夜惕厉。不自满假，不自逸豫，宠绥庶国，茂育群伦，以答穹昊之眷命焉。……精意笃志，夙兴夕惕。诚明洞达，显应沓彰。自天垂恩，正真亲临于云驭。奉符行事，子育敢怠于政经。……其荐也虽惭乎明德，其感也实在乎

---

① （宋）李焘：《续资治通鉴长编》卷68"大中祥符元年三月"条，中华书局2004年版，第1528—1530页。
② 《宋史》卷7《真宗二》，中华书局1977年标点本，第137页。
③ 同上书，第138页。
④ 《宋史》卷104《礼七·封禅》，中华书局1977年标点本，第2532页。
⑤ 同上书，第2533页。

至诚。亦复酌鄝宫之前闻，遵甘泉之受计；百辟委佩，五等奉璋"。恭敬天，行孝道，敬意与孝心齐发，即能受天赐福，得祖庇佑，这一由封禅传达的教化意义昭然若揭。

（三）《登泰山谢天书述二圣功德之铭》与宋真宗东封的政治意图

宋真宗在《登泰山谢天书述二圣功德之铭》中极力称颂泰山崇高的地位，"节彼岱岳，峛然东方。庶物伊始，玄感其彰。自昔受命，反始穹苍"。从泰山作为"五岳之宗，万物之始"之意，转入对"政治天命观"的历史追溯及封禅动机的说明。"燔柴于此，七十六王"，历代统治者无不对泰山加以封禅，"王者易姓而起，必升封泰山何？教告之义也。始受命之时，改制应天，天下太平，功成封禅，以告太平也。所以必于泰山何？万物所交代之处也。"① 这是儒家传统对封禅政治意图的经典阐述，以示君权受之于天。正如该铭所云："告成功，纪徽号"，"序图箓，答殊祯。"换言之，宋真宗是代表承受天命、接续传统的赵宋政权而封禅泰山。对于自己东封的目的，宋真宗在该铭中美其名曰："肆眚施仁，举善劝治；稽考制度，采摭风谣。文物声明，所以扬二圣之洪烈；欢娱庆赐，所以慰百姓之来思。盖又两仪之纯嘏，七庙之余庆，邦家之盛美，蒸黎之介福"，名为报答玄天眷顾赵宋之天命，并为天下苍生祈福，此言未免过于堂皇，树立赵宋皇权的政治威势，强化道德教化，致力天下太平，这恐怕才是真宗举行封禅的真正意图。刻石颂功，将祭者的政绩功德"传之无穷，永存不朽"②，这是历代统治者热衷于封禅的一大动机，也是封禅制度得以绵延的内在原因。宋真宗登泰山封禅是"一区域而恢德教，安品物而致升平"的国家大业，当然值得"勒铭山阿，用垂永世"。与从容自信、雄健豪迈的唐玄宗及其《纪泰山铭》形成鲜明反差的是，《登泰山谢天书述二圣功德之铭》全文中无不体现出宋真宗在上天及太祖、太宗二圣面前诚惶诚恐的心态，"顾惟寡薄，恭嗣洪猷。干干

---

① （汉）班固：《白虎通义》卷下《德论下·封禅》，《景印文渊阁四库全书》第850册，上海古籍出版社1987年影印本，第36页。
② 《旧唐书》卷23《礼仪三》，中华书局1975年标点本，第882页。

栗栗,虽休勿休。元符昭锡,余庆遐流。群情所迫,盛则爱修。前王丕显,是曰告成。伊予冲眇,无德而名。永怀眷佑,祗答景灵。聿崇严祀,用达精诚。殊祥迭委,寓县奔驰。礼无违者,神实格思。藏封石累,刻字山嵋。蒸民永泰,繁祉常垂。"究其原因,这不仅是真宗个人的素质问题,更是北宋内忧外患背景下社会文化心态的必然。

  以上对《登泰山谢天书述二圣功德之铭》及其文本作了简要考辨,并对碑文反映的宋真宗东封史实加以疏证。我们在研究或利用《登泰山谢天书述二圣功德之铭》时,应该以拓本为主要依据,并将之与金石志、方志等文献相结合,互参互补,如此才能更好地发挥其学术价值。《登泰山谢天书述二圣功德之铭》是研究宋真宗东封泰山的重要文献资料,借此可了解封禅之缘起、始末等,从而为我们展现出了一位卑恭、虚饰的大宋守成之君。宋真宗在该铭中昭告昊天上帝,陈述大宋开国功勋,彰示皇权正统、强化道德教化的政治用意清晰明了。如果我们能以更开阔的历史视野来对宋真宗东封泰山的政治文化和社会思想背景进行审视与考量,就可以洞察到这一场盛大的祭祀礼仪活动的初衷,不仅仅是为了洗雪"澶渊"之耻,更是为了表达其承天继祖、躬陟乔岳的决心,突出大宋承天受命、永世承传的法统。

  总之,泰山封禅石刻是历代帝王东封泰山的历史见证,借之不仅可以了解封禅活动背后的政治、文化、宗教等因素以及封禅始末、仪节、参与人员等,同时能够解读出帝王们的性格心志与政治宏图。泰山封禅石刻是泰山历史文化的重要组成部分,对于泰山文化的塑造起到重要的作用,丰富了泰山作为政治山、文化山、宗教山的外在形式美感。

第五章　石刻中山东古代先贤
——郑玄与范仲淹

山东古为齐鲁之地，历史悠久，文化灿烂，文人学士辈出，自先秦时期的孔子、晏子、孟子，至明清时期的王士禛、郝懿行、陈介祺等，不胜枚举。在这其中，有两人不能不提，一是东汉著名的经学大师、文献学家、教育家郑玄，一是北宋杰出的思想家、政治家、文学家范仲淹[①]，二人以不同的方式分别影响了汉、宋及其以后时代，得到了世人一致的推崇与赞誉，人们遂为之建庙立祠，树碑撰文。碑刻不仅记述了郑玄与范仲淹的生平事迹，更是反映了其在后世学者心目中的历史形象。笔者正是依据高密、淄川郑公祠及邹平范公祠中的碑刻，对郑玄与范仲淹的相关史事进行探析，以见其历史形象变迁之一斑。

第一节　郑公祠碑刻及其反映的郑玄历史形象

郑玄（127—200），字康成，东汉北海高密（今山东高密）人。自幼好学，诵五经，先后事师京兆第五元先、东郡张恭祖及关右马融。游学归里之后，复客耕东莱，聚徒讲学，弟子达数千人。党锢之祸起，遭禁锢，闭门潜心著述，以古文经学为主，兼采今文经说，遍注群经，百万余言，世称"郑学"，为汉代经学的集大成者。郑玄去世后，弟子后学为其建庙立祠，一个在故里高密潍水旁砺阜山下郑公墓前（今高密市双羊镇后店村西），另一个在其曾讲学著书的淄川黉

[①]　范仲淹籍贯本为苏州吴县，因幼年丧父，母亲改嫁而占籍淄州长山。

山之阳。祠中有数方不同年代的碑刻,如武则天万岁通天元年（696）邢州刺史史承节撰、金章宗承安五年（1200）重刻的《郑公祠碑》,元宪宗五年（1255）济南府长山张泰亨撰《郑康成庙记》,元至正六年（1346）从仕郎般阳府路福山县尹潘守义撰《重修郑公庙记》,明嘉靖五年（1526）知县张文全撰《重修郑公庙记》,明嘉靖二十四年（1545）知县王琮撰《增修汉大儒郑康成庙碑文》,清乾隆六十年（1795）阮元撰《重修郑公祠碑文》等,不仅记载了郑玄的生平事迹及郑公祠的修建始末,更反映了不同时代郑玄的历史形象。

一　郑公祠碑刻

（一）高密郑公祠碑刻

郑玄祠墓前最早的碑刻,当属郑玄弟子赵商所撰之碑。《唐会要·贡举下》载刘子玄《孝经注议》称"赵商作郑先生碑铭"[①];阮元在《重修郑公祠碑文》中亦曾云:"赵商汉碑,未传于著录。"之后,东晋戴逵"以鸡卵汁溲白瓦屑作《郑玄碑》,又为文而自镌之,词丽器妙,时人莫不惊叹"。[②]北魏郦道元《水经注·潍水》"又北过高密县西"条云:"水西有厉阜,阜上有汉司农卿郑康成冢,石碑犹存。"[③]郦道元所称石碑,清人王鸣盛认为:"或即《晋书》、《御览》所载,戴逵撰。"[④]遗憾的是,此二碑至唐初已经亡毁,正如史承节撰《郑公祠碑》所称:"年代古而碑阙亡,德音复而诗书在","旧碑先没,新石再彰"。唐武则天万岁通天元年（696）,银青光禄大夫使持节邢州诸军事邢州刺史上柱国琅琊郡开国男史承节,奉敕访察于河南道,至高密,因父老之请为文,文成未刻而卒。唐玄宗开元十三年（725）八月,正议大夫使持节密州诸军事刺史上柱国郑杳,"巡兹属

---

① 《唐会要》卷77《贡举下·论经义》,上海古籍出版社1991年版,第1663页。
② 《晋书》卷94《隐逸传·戴逵》,中华书局1974年标点本,第2457页。
③ （北魏）郦道元:《水经注校证》卷26《潍水》,陈桥驿校证,中华书局2007年标点本,第632页。
④ （清）王鸣盛:《蛾术编》卷59《说人九·郑氏碑碣》,商务印书馆1958年版,第894页。

县，敬谒先宗，钦承坟墓之间，筹度碑石之侧"。同年冬闰十二月，命参军刘胐"校理旧文，规模新勒"，立于郑玄墓前，此即史承节撰《郑公祠碑》。但未知何因，至北宋末，此碑已毁。金章宗承安五年（1200）三月，修缮郑公祠，重刻史承节所撰《郑公祠碑》，此即《重刻唐史承节郑公祠碑》。于钦在《齐乘·古迹·康成祠墓》云："墓前有庙，庙之南有唐开元碑。"① 于氏所言有误，彼时所见之碑并非开元碑，而是金承安年间重刻之碑。后因祠宇颓没，承安重刻之碑为流沙掩埋。清乾隆五十九年（1794）十月，山东学政阮元赴高密拜谒东汉大经学家郑玄祠墓，在对祠墓修复的过程中，于积沙中掘得金承安五年《重刻唐史承节郑公祠碑》，重立于郑公祠前（见图5-1）。对于此事，阮氏在《小沧浪笔谈》中记载："汉高密郑司农祠墓，在潍水旁砺阜山下，承祀式微，不能捍采樵者，潍沙乘风内侵，其深及墙，祠宇颓没。元率官士修之……是役也，掘沙之工，半于土木。赵商汉碑见于著录，今求之不得，得金承安重刻唐万岁通天史承节所撰碑。拓其文读之，知承节之文，乃兼取谢、承诸史，非蔚宗一家之学，其补正范书、昭雪古贤心迹，非浅也。"② 此碑现存高密市双羊镇郑公后店村西郑公祠前阶东，面西而立，有小碑楼覆之。碑阳，额雕四龙蟠绕，篆书"大金重修郑公碑记"，碑身字迹残泐较为严重，正

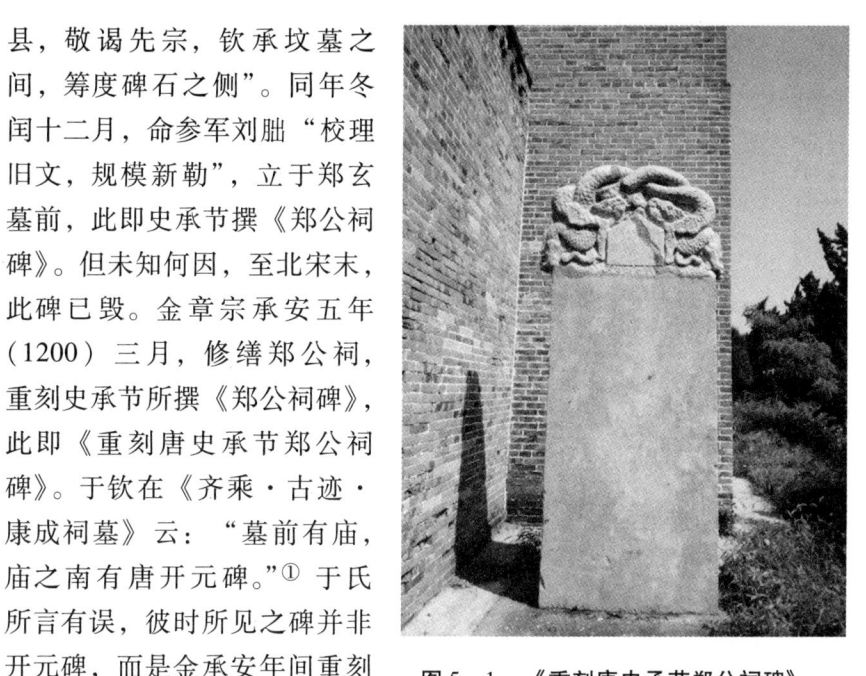

图 5-1 《重刻唐史承节郑公祠碑》

---

① （元）于钦：《齐乘校释》卷5《古迹·康成祠墓》，刘敦愿等校释，中华书局2012年标点本，第490页。
② （清）阮元：《小沧浪笔谈》卷4《重修郑公祠碑》，《丛书集成初编》第2600册，中华书局1985年版，第102页。

书,凡二十九行,"乡贡进士□安中书丹,征事郎前行密州高密县主簿兼管勾常平仓事綦□裔篆额,大金承安五年岁次庚申三月一日勒成,柴渊立石,潍阳刘元、纪仙、本店于全刊字。"碑文中不见唐时书人名氏,据赵明诚《金石录·目录五》记载:"《唐郑司农碑》,史承节撰,双思贞行书"①。碑阴,额篆"汉大司农郑公之碑",碑身镌刻众多题衔,当为重修时的赞助者。郑公祠前阶西,为乾隆六十年(1795)山东学政阮元所立《重修郑公祠碑》(见图5-2)。此碑样式少见,省却碑首,碑身上方中间凿一未透之穿,左刻三条上窄下宽之弧,右阳刻隶书"重修郑公祠碑",阮元撰并书额,历城县廪生郭敏胳书丹。郑公祠内,有两方明代拜谒题刻:一是祠内东侧郑玄之子益恩塑像身后墙壁上,明弘治六年(1493)张浩草书谒祠石刻,多漫漶不清;一是西侧郑玄之孙小同塑像身后墙壁上,镶有弘治七年(1494)高密知县刘凤仪正书《谒郑公祠墓有感次韵》云:"拜瞻遗像读残碑,人物文章百世师。岁久可嗟瘴故冢,道高犹见腴新祠。圣功远继真难掩,流俗诬崇断不缁。千载汉儒昭耿耿,莱人愚昧正堪悲。时大明弘治岁次甲寅春三月吉旦,赐进士第知高密县事襄垣刘凤仪拜识。"郑公祠后,有郑玄墓,墓前有高密知县钱廷雄乾隆十四年(1749)立"汉郑康成先生之墓碑"。郑公祠南门内附近有咸丰十年(1860)《德政碑》,当为后来移置。祠中其他古代碑刻多毁于兵燹,皆不可考。

改革开放后,高密郑公祠受到中央及地方政府文物部门的保护,

---

① (宋)赵明诚:《金石录校证》卷5《目录五·唐郑司农碑》,金文明校证,上海书画出版社1985年标点本,第96页。

屡加修复，并立碑记事。院内东南角有碑亭一座，内有1988年郑公祠筹备委员会立《修复郑公祠碑记》，碑阴为《修复郑公祠募捐纪念碑》。稍北，有高密市文化局于2000年立《重修郑公祠碑记》与2004年立《重塑金像记》，还有"学子宗师"大石碑与祠平行。院内西南角，沿几级台阶而上，有小亭一座，名曰"问经亭"，抱柱楹联草书"司农未征砺山浩气，先生犹在潍水经魂"。亭北有2004年潍坊市文化局与高密市文化局立《新立郑公法像碑记》。

（二）淄川郑公祠碑刻

淄川郑公祠碑刻，如元宪宗五年（1255）张泰亨撰《郑康成庙记》、至正六年（1346）福山县尹潘守义撰《重修郑公庙记》、嘉靖五年（1526）《知县张文全重修郑公庙记》（撰者未详）、嘉靖二十四年（1545）知县王琮撰《增修汉大儒郑康成庙碑文》等。这些碑刻现均已亡毁，文存嘉靖《淄川县志》卷三《建设志·祠祀》与乾隆《淄川县志》卷七《艺文》，但其形制、行款、字体等信息并未记载。

二 《重刻唐史承节郑公祠碑》及其考证

（一）对阮元《山左金石志》所录《重刻唐史承节郑公祠碑》碑文的校补

阮元《山左金石志》是最早录载《重刻唐史承节郑公祠碑》且最为权威的版本之一，但仍存有数处讹阙。笔者依据原碑，并结合《后汉书》卷三五《郑玄传》、《金石萃编》卷七六《郑康成碑》、《全唐文》卷三三〇《郑康成祠碑》、康熙《高密县志》卷十《碑铭》以及乾隆《高密县志》卷九《艺文》等，对《山左金石志》的录文予以校补。

后汉大司农郑公之碑，唐银青光禄大夫使持节邢州诸军事邢州刺史上柱国琅琊郡开国男史承节撰。

夫囊括宇宙者文字，发明道业者典坟，所以圣人作而万物睹，贤人述而百代通。礼乐得之以昭明，日月失之而寒忒；宣尼彰[1]删缉之功，秦始速焚烧之祸。迨乎群儒在汉，传注瑶

□[2]，莫不珠玉交辉，纤微洞迹。同见集于芸阁，独有辍于环林。岂若经教奥义，图纬深术，兼行者多，无如我郑公也。公讳玄，字康成，北海高密人也。八世祖崇，哀帝时为尚书仆射。公少为乡啬夫，不乐为吏，遂造太学受业，师事京兆第五元，始通《京氏易》、《公羊春秋》、《三统历》、《九章算术》。又从东郡张钦祖受《周官》、《礼记》、《左氏春秋》、《韩诗》、《古文尚书》。摄斋问道，抠衣请益，去山东而入关右，因卢植而见马融。考论图纬，乃召见而升楼；精通礼乐，以将东而起叹。三载在门，十年归邑。及党事起，遂杜门不出，隐修经业。于是，针《左氏》之膏肓，起《穀梁》之废疾，而又操入室之戈矛，发何休之《墨守》。陈元、李育，校论古今；刘瓌、范升，宪章文议。何进延于几杖，经宿而逃；袁隗表为侍中，缘丧不赴。孔融之相北海，屐履造门；陶谦之牧徐州，接以师礼。比南山之园皓，乡曰"郑公"；类东海之于君，门称"通德"。汉公车征为大司农，给安车一乘，所过长吏送迎，公乃以病，自乞还家。董卓迁都长安，公卿举公为赵相，道断不至。会黄巾寇青部，乃避地徐州。建安元年，自徐州还，道遇黄巾贼数万，见公皆拜，相约不敢入县境。时大将军袁绍总兵冀州，遣使邀公，大会宾客，乃延升上坐。身长八尺，饮酒一斛，秀眉明目，仪容温伟。客多豪俊，并有才说，见公儒者，未以通人许之，竞设异端，百家互起。公依方辨答，咸出问表，皆得所未闻，莫不嗟服。时[3]汝南应劭亦归于绍，因自赞曰："故太山守应仲远，北面称弟子何如？"公笑曰："仲尼之门，考以四科，回、赐之徒，不称官阀。"劭有惭色。门人相与撰公答诸弟子问五经，依《论语》作《郑志》八篇。公所注《周易》、《尚书》、《毛诗》、《仪礼》、《周官》、《礼记》、《孝经》、《尚书大传》、《中候》、《乾象历》，又著《天文七政论》、《鲁礼禘祫义》、《六艺论》、《毛诗谱》、《驳许慎五经异义》、《答临孝存[4]周礼难》，凡百余万言。经传洽[5]熟，称为纯儒，其所撰注，今并通习。是知书有万卷，公览八千也，齐鲁间宗之。公后尝疾笃，自虑，以书戒其子益恩曰："吾家旧贫，为父母群弟所容，去厮役之吏，游学周、秦之都，往来幽、并、

第五章 石刻中山东古代先贤

兖、豫之域,大儒得意,有所受焉。遂博稽六艺,粗览传记,时观秘书纬术之奥。年过四十,乃归乡,假田播殖,以娱朝夕。后举方正贤良有道,辟大将军三司府。公车再征,比牒并名,早为宰相。惟彼数公,懿德大雅,克堪王臣,故宜式叙。吾自忖度,无任于此[6],但念述先圣[7]之元意,思整百家之不齐,亦庶几以竭吾才,故闻命罔从。而黄巾为害,萍浮南北,复归乡邦。入此岁来,已七十矣。宿素衰落,仍有失误,案之礼典,便合传家。今我告尔以老,归尔以事,将闲居以安性,覃思以终业。自非拜国君之命,问族亲之忧,展敬坟墓,观省野物,胡尝扶杖出门乎?家事大小,汝一承之,咨尔茕茕一夫,曾无同生相依。勖求君子之道,研钻勿替,敬慎威仪,以近有德。显誉成于[8]僚友,德行立于已志。若致声称,亦有荣于所生,可不深念耶!可不深念耶!吾虽无绂冕之绪,亦有让爵之高。自乐以论赞之功,庶不遗后人羞。凡某所愤愤者,徒以吾亲坟垄未成,所好群书,率皆腐弊,不得于礼堂写定,传与后人。日西方暮,其可图乎!家今差多于昔,勤力务时,无恤饥寒。菲饮食,薄衣服,节夫二者,尚可令吾寡恨。若忽忘不识,亦已焉哉!"五年春,梦孔子告之曰:"起,起,今年岁在辰,来年岁在巳。"既寤,以谶合之,知命当终。有顷,寝疾。享年七十有四,以其年六月卒。遗令薄葬,自郡守以下,尝受业者,缞绖赴会千余人。乃葬于高密县城西北一十五里,砺阜山之原。呜呼哀哉!有子益恩,孔融在北海,举为孝廉。及融为黄巾所围,遂赴难陨身。有遗腹子,公以其手文似已,名曰小同,精通六经,乡人尊之。时为侍中,尝诣司马文王,文王有密疏,未之屏也,如厕还,问曰:"卿见吾密疏乎?"答曰:"不见。"文王曰:"宁我负卿,无卿负我。"致鸩而卒。悲夫!自夫子没后,大道方丧。公之网罗遗典,探颐今犹,特立郁然,时季途屯,志不苟变,全身远害。美欤!美欤!及范晔作论,有曰:"王文豫章君每考先儒经训,长于公,常以为仲尼之门不能过也。及传受生徒,专以郑氏家注云。"晋中兴,戴逵字[9]安道,以鸡卵汁溲白瓦屑,为公作碑,手自书写。文

□□□,语亦妙绝。年代古而碑阙亡,德音夐而诗书在。承节以万岁通天元年,奉敕于河南道访察,观风省俗,激浊扬清。行至州界,见高密父老云:"郑先生,汉代鸿儒,见无碑记。"不以庸妄,遂托为文。往以会府务殷,□无暇景,岁序迁贸,执笔无由。今者,罢职含香,悉居分竹,属以闲隙,乃加修撰。耆旧者惟闻其名,后生者不睹其事。今故寻源讨本,握椠怀铅,兼疏本传之文,并序前言之目。发九泉之冥昧,播千载之□□,翦以繁华,不为雕饰。文先成讫,石又精磨,碑未建而承节卒。正议大夫使持节密州军州事刺史上柱国郑杳,以开元十三年秋八月,巡兹属县,敬谒先宗,钦承坟墓之间,筹度碑石之侧。公心至清,不欲费□;公性至静,不欲劳烦。乃命参军刘朏,校理旧文,规模新勒。未间,朏又罢职,仍令终事。冬闰十二月,公伺其岁隙,因遣巡团,便令建立,惠而不费,允协人神。承节铭曰:

焕乎人文,图籍典坟。烦乱事翦,定自孔君。中途湮没,秦帝俱焚。汉兴儒教,郑氏超群。膏腴美地,簪绂宏规。啬夫罢署,京兆寻师。《中侯》、《乾象》、《左氏》、《韩诗》。虽称积学,殆若生知。公之挺生,大雅之懿。囊括坟典,精穷奥秘。六艺殊科,五经通义。小无不尽,大无不备。好学慕道,深思远虑。来往周秦,经过兖豫。侍中不仕,司农罢署。卢植东遇,马融西去。作者谓圣,述者谓明。躬违三辟,门传五更。周官东部,汉题西京。白玉遍地,黄金满籝。占卜潜桥,行途过沛。陶谦师友,孔融高盖。山启簧扉,草生书带。七十归老,三年赴会。经传洽熟,齐鲁攸宗。爵禄不受,赞论为功。礼乐今去,吾道皆东。类于标德,比皓称公。阍尹擅贵,禁锢连年。乃逢宥罪,方从举贤。南城避难,东莱假田。诞膺五百,终览八千。今年在辰,来午在巳。呜呼不憗,十嗟到此。劳我以生,息我以死。道该八索,神交千祀。潍水之曲,砺阜之阳。通德为里,郑公为乡。云愁庙古,月暗坟荒。旧碑先没,新石再彰。词愧黄绢,心凄白□[10]。明于不朽,终古脱[11]□[12]。

乡贡进士□安中书丹,征事郎前行密州高密县 主 [13] 簿兼管勾常平仓事綦□裔篆额，大金承安五年岁次庚申三月一日勒成，柴渊立石，潍阳刘元、纪仙、本店于全刊字。

【校勘记】

［1］据原碑及《金石萃编》补。

［2］"瑶□"二字，康熙《高密县志》卷十《碑铭》、乾隆《高密县志》卷九《艺文》均作"缥缃"。乾隆《高密县志》据万历乙巳本而多所裁省，不知明人所见《碑文》较为完整，还是出于纂修者之臆改。

［3］原书作"将"，据原碑及《金石萃编》正。

［4］原碑及原书均作"庄"，误。阮元云："'孝存'作'孝庄'者，唐碑本行书，石或剥落，金时不省，而误'存'为'庄'，'庄'为汉讳，未有不避者。"

［5］原书作"治"，词义不通，原碑残泐，据《金石萃编》正。

［6］此三阙字原碑残泐，据《后汉书》《全唐文》补。

［7］此五阙字原碑残泐，据《后汉书》《全唐文》补。

［8］此阙字原碑残泐，据《后汉书》《全唐文》补。

［9］原书作"寄"，据原碑及《金石萃编》正。

［10］此阙字原碑残泐，《全唐文》作"杨"。

［11］此字原碑残泐，《金石萃编》作"腾"。

［12］此阙字原碑残泐，《金石萃编》作"芳"。

［13］此阙字原碑残泐，据《金石萃编》补。

（二）《重刻唐史承节郑公祠碑》与《后汉书》记载郑玄生平史事的差异及考辨

透过《重刻唐史承节郑公祠碑》的碑文，不难看出史承节撰碑时应当参考了范晔《后汉书·郑玄传》，不过，二者对郑玄生平史事的记载，既存在用字措辞上等无关紧要的差别，也存有事实上的根本歧异与史事编辑先后顺序的不同。对此，笔者加以对比，以表格的形式举例如下：

表5-1 《后汉书·郑玄传》与《重刻唐史承节郑公祠碑》差异

《后汉书·郑玄传》	《重刻唐史承节郑公祠碑》
"师事京兆第五元先"	"师事京兆第五元"
"东郡张恭祖"	"东郡张钦祖"
征为大司农及与袁绍之会数事皆次于《戒子益恩书》后	征为大司农及与袁绍之会数事皆次于《戒子益恩书》前
"故太山太守应中远"	"故太山守应中远"
注《周易》《尚书》《毛诗》《仪礼》《礼记》《论语》《孝经》《尚书大传》《中候》《乾象历》	注《周易》《尚书》《毛诗》《仪礼》《周官》《礼记》《孝经》《尚书大传》《中候》《乾象历》
"答临孝存"	"答临孝庄"
"不为父母群弟所容"	"为父母群弟所容"
"获觐乎在位通人，处逸大儒，咸从捧手，有所受焉"	"大儒得意，有所受焉"
"乃归供养"	"乃归乡"
"遇阉尹擅势，坐党禁锢"	"阉尹擅贵，禁锢连年"
"举贤良方正"	"举方正贤良"
"公车再召"	"公车再征"
"其勖求君子之道"	"勖求君子之道"
"末所愤愤者"	"凡某所愤愤者"
"亡亲坟垄未成"	"吾亲坟垄未成"

通过上表，可以看出二者差别较大的主要有以下八个方面：

第一，《后汉书》为"师事京兆第五元先"，而《重刻唐史承节郑公祠碑》为"师事京兆第五元"。

"第五"为姓，正如《后汉书·第五伦传》解释其由来："其先齐诸田，诸田徙园陵者多，故以次第为氏。"① "第五"为东汉京兆平陵大姓，如《后汉书》中的第五伦、第五种、第五文休、第五访、第五永等人。究竟名"元"，还是"元先"呢？一说，"第五元"。文

---

① 《后汉书》卷41《第五伦传》，中华书局1965年标点本，第1395页。

第五章　石刻中山东古代先贤

献中所见持此说的，如宋王应麟《玉海》云："（郑玄）事第五元，通《京氏易》、《公羊春秋》、《三统历》、《九章算术》。"① 又如明人朱睦㮮撰《授经图义例·诸儒传略》称："郑玄字康成，北海高密人，尚书仆射崇八世孙也。师事京兆第五元，通《京氏易》，又从东郡张恭祖受《周官》、《礼记》、《左氏春秋》、《韩诗》、《古文尚书》。"② 明万历年间凌迪知撰《万姓统谱》亦云："第五元，通《京氏易》、《公羊春秋》、《三统》。"③ 自乾隆五十九年（1794）《重刻唐史承节郑公祠碑》从泥沙中掘出后，阮元以碑为据，认定是第五元，《后汉书》记载有误。持同样看法的，还如清代学者陈鳣、黄彭年等人。陈氏在《简庄缀文·元本后汉书跋》中云："今本《郑康成传》'师事京兆第五元'，是本'元'下多'先'字。"④ 黄氏云："凡言'元先'者，'先'字当衍。"⑤ 而与此相对，《郑玄别传》与《后汉书》相一致，认为是"第五元先"，并且还曾任职过兖州刺史。《世说新语·文学篇》注引《郑玄别传》记载："（郑玄）年二十一，博极群书，精历数图纬之言，兼精算术，遂去吏，师故兖州刺史第五元先。"⑥ 笔者查翻《后汉书》，姓"第五"并担任过兖州刺史一职的仅有一人，他就是东汉名臣第五伦的曾孙第五种。据《后汉书·第五种传》记载：第五种，字兴先，"少厉志义，为吏，冠名州郡。"永寿中，拜高密侯相，迁兖州刺史。后受中常侍单超迫害，"匿于闾、甄氏数年"，后赦出，直至卒于家。⑦ 第五种与第五元先是什么关系？

---

① （宋）王应麟：《玉海》卷42《艺文》，台湾大化书局1977年版，第838页。
② （明）朱睦㮮：《授经图义例》卷19《诸儒传略》，《景印文渊阁四库全书》第675册，上海古籍出版社1987年影印本，第319页。
③ （明）凌迪知：《万姓统谱》卷135，《景印文渊阁四库全书》第957册，上海古籍出版社1987年影印本，第790页。
④ （清）陈鳣：《简庄缀文》卷3《元本后汉书跋》，心矩斋民国十五年（1936）据抱经堂版补刻。
⑤ （清）黄彭年：《陶楼文钞》卷13《答唐鄂生书》，《续修四库全书》第1553册，上海古籍出版社2002年版，第134页。
⑥ （刘宋）刘义庆撰，刘孝标注，龚斌校释：《世说新语校释》卷4《文学》，上海古籍出版社2011年标点本，第367页。
⑦ 《后汉书》卷41《第五种传》，中华书局1965年标点本，第1403页。

清代学者胡元仪①认为二者为同一人，他在《北海三考·师承考》中云："按种者，九谷始播之称也，故名种，字兴先，名字相辅也。疑'元先'即'兴先'之改字，盖种匿于间、甄氏时，避乱而改耳。史仍称其旧字，故异也。"② 在胡氏看来，第五种在匿于同县间子直及高密甄子然期间，因避祸而改名第五元先。果真若此的话，郑玄受业之时，当在第五兴先避乱赦出还家居京兆之时。胡元仪对阮元的看法并不认同，在《北海三考》中批驳曰："第五元先，实系字非名，范书及别传皆然，惟《史承节碑》作'第五元'，显系脱去'先'字，而阮太傅《山左金石志》反从其误，未免好新太过矣。"③ 持此观点的还如，北宋王钦若等撰《册府元龟》卷五九八《学校部·教授》："郑玄，北海人也。造太学受业，师事京兆第五元先，始通《京氏易》、《公羊春秋》。"④ 南宋徐天麟《东汉会要》卷一二《文学中·五经诸儒》："郑玄字康成，少造太学受业，师事京兆第五元先，始通《京氏易》、《公羊春秋》、《三统历》、《九章算术》。"⑤ 清人迮鹤寿在《蛾术编·说人八·郑康成·郑氏出处》中注云："《弟（第）五伦传》云：伦字伯鱼，京兆长安人。……曾孙《种传》云：种字兴先，永寿中为兖州刺史，中常侍单超兄子匡负势贪放，种收之，匡以事陷种，坐徙朔方。徐州从事藏冥上书讼之曰：故兖州刺史弟（第）五种非有大恶，云云。会赦出，卒于家。《弟（第）五访传》云：访字仲谋，京兆长陵人，司空伦之族孙。据此考之，则弟（第）五氏其先为京兆人，与《康成本传》所云'师事京兆弟（第）五'合矣。种于永寿中为兖州刺史，后坐罪免，既与康成同时，而藏冥又

---

① 胡元仪（1848—1908），字子威，号兰莐，湖南湘潭人，光绪十一年（1885）拔贡。师事王闿运，尤精《三礼》《毛诗》，著有《毛诗谱》1卷、《北海三考》6卷、《步姜词》2卷等。

② （清）胡元仪：《北海二考》卷5《师承考第三上·兖州刺史京兆第五元先》，《续修四库全书》第549册，上海古籍出版社2002年版，第678页。

③ （清）胡元仪：《北海三考》卷1《事迹考第一上》，《续修四库全书》第549册，上海古籍出版社2002年版，第621页。

④ 《册府元龟》卷598《学校部二·教授》，凤凰出版社2006年标点本，第6897页。

⑤ （宋）徐天麟：《东汉会要》卷12《文学中·五经诸儒》，上海古籍出版社1978年标点本，第177页。

称之曰'故兖州刺史弟（第）五种'，正与《别传》所称合，然则元先岂即兴先欤？"①笔者认为，"第五元先"更为可信，《重刻唐史承节郑公祠碑》删掉"先"字实在缺乏足够证据，抑或漏刻"先"字，亦未可知。

第二，《后汉书》为"东郡张恭祖"，《重刻唐史承节郑公祠碑》作"东郡张钦祖"。

张恭祖，东郡人，东汉末年经学家，郑玄曾从之学习《周官》《礼记》《左氏春秋》《韩诗》《古文尚书》等。《重刻唐史承节郑公祠碑》之所以改"恭"为"钦"，乃因金承安五年重刻唐史承节碑时，为避金显宗"完颜允恭"讳之故。

第三，《后汉书》载《戒子益恩书》于郑玄与袁绍相会及征为大司农之前，而《重刻唐史承节郑公祠碑》与之相反。

阮元依据《重刻唐史承节郑公祠碑》，认为郑玄作《戒子益恩书》乃归老疾笃时事，故宜在汉公车征为大司农及袁绍邀至冀州诸事后，"而范书反载书文于前，使事迹先后倒置。"②究竟郑玄征为大司农及袁绍邀至冀州之事与撰写《戒子益恩书》孰先孰后？这就需要考证各自的时间。据《后汉书·郑玄传》记载："建安元年，自徐州还高密，道遇黄巾贼数万人，见玄皆拜，相约不敢入县境。玄后尝疾笃，自虑，以书戒子益恩曰：'吾家旧贫……入此岁来，已七十矣。……'"③由"入此岁来，已七十矣"一语可知，郑玄作《戒子益恩书》是在建安元年（196）七十岁时，这与记其建安五年（200）七十四岁卒正相吻合。《太平广记》卷二一五《算术·郑玄》转引《郑玄别传》曰："郑康成以永建二年七月戊寅生。"二书相证，其在建安元年（196）应当可靠。再考证一下郑玄与袁绍相会及征为大司农二事的时间。据《后汉书·郑玄传》记载："时大将军袁绍总兵冀州，遣使

---

① （清）王鸣盛：《蛾术编》卷58《说人八·郑康成·郑氏出处》，商务印书馆1958年版，第869页。

② （清）阮元：《山左金石志》卷20《重刻唐史承节郑公祠碑》，《续修四库全书》第910册，上海古籍出版社2002年版，第79—80页。

③ 《后汉书》卷35《郑玄传》，中华书局1965年标点本，第1209页。

要玄，大会宾客，玄最后至，乃延升上坐……"①《后汉书》虽未明确记载袁绍遣使邀请郑玄的时间，但透露了一个信息，那就是当时袁绍已封任大将军一职。袁绍何时封为大将军呢？据《后汉书·袁绍传》记载："（建安）二年，使将作大匠孔融持节拜绍大将军，锡弓矢节钺，虎贲百人，兼督冀、青、幽、并四州，然后受之。"②同样，袁宏《后汉纪》亦记载：建安二年秋七月，"即拜太尉袁绍为大将军"③。对于袁绍封为大将军的时间，《后汉书》与《后汉纪》一致，均为建安二年（197），大将军袁绍遣使邀郑玄当发生在建安二年（197）七月以后。再考郑玄征为大司农的时间。《后汉书·郑玄传》云："公车征为大司农，给安车一乘，所过长吏送迎。玄乃以病自乞还家。"④《后汉书》只记载了征为大司农一事，并未涉及具体时间。而袁宏《后汉纪·孝献皇帝纪四》则明确记载：建安三年（198）九月，"征郑玄为大司农，不至"⑤。也就是说，建安三年（198）郑玄七十二岁时被征为大司农。由此可知，郑玄征为大司农及袁绍邀至冀州之事均发生于撰写《戒子益恩书》之后。

确定益恩之死的时间，也是解决该问题的一个关键。据《后汉书·郑玄传》记载："玄唯有一子益恩，孔融在北海，举为孝廉；及融为黄巾所围，益恩赴难陨身。"⑥《三国志·三少帝纪》注引《郑玄别传》云："玄有子，为孔融吏，举孝廉。融之被围，往赴，为贼所害。"⑦《太平御览·人事部三》转引《郑玄别传》曰："玄一子名益，字益恩。年二十三，相国孔府君举孝廉。府君以多寇屯都昌，为贼管亥所围，乃令从家将兵奔救，遇贼见害，时年二十七也。"⑧可

---

① 《后汉书》卷35《郑玄传》，中华书局1965年标点本，第1211页。
② 《后汉书》卷74上《袁绍传》，中华书局1965年标点本，第2389页。
③ （东晋）袁宏：《后汉纪》卷29《孝献皇帝纪》，《两汉纪》（下册），中华书局2002年标点本，第556页。
④ 《后汉书》卷35《郑玄传》，中华书局1965年标点本，第1211页。
⑤ （东晋）袁宏：《后汉纪》卷29《孝献皇帝纪》，《两汉纪》（下册），中华书局2002年标点本，第557页。
⑥ 《后汉书》卷35《郑玄传》，中华书局1965年标点本，第1212页。
⑦ 《三国志》卷4《三少帝纪》，中华书局1959年标点本，第142页。
⑧ 《太平御览》卷362《人事部三·姓名》，中华书局1960年版，第1670页。

见，对于益恩之死的时间，无论《后汉书》还是《郑玄别传》均未明确记载。再查《后汉书·孔融传》："时黄巾复来侵暴，融乃出屯都昌，为贼管亥所围。融逼急，乃遣东莱太史慈求救于平原相刘备。备惊曰：'孔北海乃复知天下有刘备邪？'即遣兵三千救之，贼乃散走。"① 《三国志·太史慈传》记载："时融以黄巾寇暴，出屯都昌，为贼管亥所围。慈从辽东还，……融欲告急平原相刘备，城中人无由得出，慈自请求行。"② 可见，管亥之围时刘备任职平原相。据《三国志·魏武帝纪》记载，兴平元年（194）冬，刘备以平原相代陶谦为徐州牧③，也就是说，管亥之围都昌、太史慈求救刘备以及益恩之死均不过兴平元年（194）。果真若此，郑玄如何能在建安元年（196）自徐州还高密后作《戒子益恩书》呢？更不用说建安三年（198）郑玄征为大司农以后了。事实上，益恩并非死于《郑玄别传》所谓的管亥之围，而是袁谭之攻。据《后汉书·孔融传》记载："建安元年，为袁谭所攻，自春至夏，战士所余裁数百人，流矢雨集，戈矛内接。融隐几读书，谈笑自若。城夜陷，乃奔东山，妻子为谭所虏。"④ 则益恩之死，必当是在建安元年（196）春夏间往救袁谭之攻时，前此郑玄自徐州还高密后疾笃而作《戒子益恩书》。若《戒子益恩书》真的如阮元所云是在征为大司农及袁绍邀至冀州之后，既然益恩已于建安元年（196）死去，郑玄又如何能够在建安三年（198）后戒子益恩呢？正如孙星衍《郑司农年谱》中所云："案《戒子书》作于建安元年，时益恩犹在也，若依《别传》谓死于管亥之难，管亥之围在孔融初到北海一二年，时刘备为平原相，至兴平元年陶谦死，备已代为徐州牧矣，遑复逮及建安乎？"⑤《郑玄别传》的作者将管亥之围与袁谭之攻混而为一，而范晔《后汉书》的《郑玄传》与《孔融传》又分别记为黄巾军与袁谭，并非自相矛盾，实有其因。《后汉书·袁

---

① 《后汉书》卷70《孔融传》，中华书局1965年标点本，第2263页。
② 《三国志》卷49《太史慈传》，中华书局1959年标点本，第1187页。
③ 同上书，第12页。
④ 《后汉书》卷70《孔融传》，中华书局1965年标点本，第2264页。
⑤ （清）孙星衍：《郑司农年谱》，载（清）黄奭辑《高密遗书》，光绪十九年（1893）刻本。

绍传》记载：建安元年，袁绍上书曰："……黄巾十万焚烧青、兖，黑山、张杨蹈籍冀域。臣乃旋师，奉辞伐叛。金鼓未震，狡敌知亡，故韩馥怀惧，谢咎归土，张杨、黑山同时乞降……"①《三国志·袁绍传》注引《英雄记》亦载袁绍收降陶升黑山军，"以陶升为建义中郎将"②。据此推测，袁谭以黑山降卒围攻孔融，故范晔《后汉书》的《郑玄传》与《孔融传》，一言黄巾军，一言袁谭。

通过以上考证可知，郑玄作《戒子益恩书》是在公车征为大司农及袁绍邀至冀州诸事之前，范晔《后汉书》叙次不误。胡元仪在《北海三考·事迹考》中批驳阮元云："按史承节撰此《碑》，全本范蔚宗《后汉书·郑君传》，不过约其事实裁为偶句，以类相从，事迹先后，非所考究也。故《戒子书》列于后，行文顺便，不足怪者也。阮太傅好新太过，从而为之词，又疑其本于谢承《后汉书》，失之武断矣。"③ 实际上，正如胡氏所论，《重刻唐史承节郑公祠碑》"不过约其事实裁为偶句，以类相从，事迹先后，非所考究也"，若真的机械依照碑文叙事先后而认定其时间先后的话，那么该碑所云："汉公车征为大司农，给安车一乘，所过长吏送迎，公乃以病，自乞还家。董卓迁都长安，公卿举公为赵相，道断不至"，董卓迁都长安岂能也在郑玄征为大司农之后？

由此，笔者将郑玄晚年生平简历条缕如此：建安元年（196），七十岁，郑玄自徐州还高密，后尝疾笃，自虑，以书戒子益恩。孔融为袁谭军围攻，益恩奔救而殒身，时年二十七岁。建安二年（197），七十一岁，袁绍封为大将军，兼督冀、青、幽、并四州，遣使邀请郑玄至邺。建安三年（198），七十二岁，汉献帝征郑玄为大司农，受命，托疾未赴。建安五年（200），七十四岁，袁绍与曹操相拒于官渡，令其子谭遣使逼玄随军，不得已，载病到元城县，疾笃，不进，六月卒于元城沙鹿。

第四，郑玄遍注群经，《后汉书》无《周官》，而《重刻唐史承

---

① 《后汉书》卷74上《袁绍传》，中华书局1965年标点本，第2386页。
② 《三国志》卷6《袁绍传》，中华书局1959年标点本，第193—194页。
③ （清）胡元仪：《北海三考》卷2《事迹考第一下》，《续修四库全书》第549册，上海古籍出版社2002年版，第644页。

节郑公祠碑》无《论语》。

郑玄注《周官》，这在《隋书》与《旧唐书》之《经籍志》中均有记载，不过，二者对其卷数记载稍有出入。《隋书·经籍志》云："《周官礼》十二卷，郑玄注"①；《旧唐书·经籍志上》曰："《周官礼》十三卷，郑玄注。"② 钱大昕认为：《三礼》皆康成注，"流传至今，乃《本传》有《仪礼》、《礼记》而无《周礼》，此转写之脱漏"③。胡元仪在其《北海三考》中亦云："载郑君所注书，《仪礼》下有'周官'二字，今本《范书》脱'周官'二字，蔚宗家传郑学《周官注》至今尚存，蔚宗何得不载？据此碑证之，《传》刻脱去明矣。"④ 由《重刻唐史承节郑公祠碑》证之，郑玄所注实有《周官》。

郑玄注《论语》，无论是《后汉书·郑玄传》，还是《隋书·经籍志》《旧唐书·经籍志》《新唐书·艺文志》《册府元龟》《通志》等都有记载。如《隋书·经籍一》"《论语》十卷"下小字注曰："郑玄注。梁有《古文论语》十卷，郑玄注。又王肃、虞翻、谯周等注《论语》各十卷。亡"；又"《论语》九卷"下小字注曰："郑玄注，晋散骑常侍虞喜赞。"⑤ 可见，《隋书·经籍一》著录的《论语》有九卷与十卷本。《旧唐书·经籍上》记载："《论语》十卷，何晏集解。又十卷，郑玄注，虞喜赞。"⑥《新唐书·艺文一》记载："《论语》，郑玄注，十卷。"⑦ 实际上，罗振玉所编《鸣沙石室古籍丛残》就收有郑注《论语》残本。除了郑注《论语》外，郑玄还有《论语释义注》，《旧唐书·经籍上》记为十卷，《新唐书·艺文志》记为一卷。对于二者卷数的不同，清人郑珍在《郑学录·书目》解释说：

---

① 《隋书》卷32《经籍一》，中华书局1973年标点本，第919页。
② 《旧唐书》卷46《经籍上》，中华书局1975年标点本，第1971页。
③ （清）钱大昕：《廿二史考异》卷11《后汉书二》，《续修四库全书》第454册，上海古籍出版社2002年版，第131页。
④ （清）胡元仪：《北海三考》卷2《事迹考第一下》，《续修四库全书》第549册，上海古籍出版社2002年版，第644页。
⑤ 《隋书》卷32《经籍一》，中华书局1973年标点本，第935页。
⑥ 《旧唐书》卷46《经籍上》，中华书局1975年标点本，第1981页。
⑦ 《新唐书》卷57《艺文一》，中华书局1975年标点本，第1443页。

"按两志卷数差别太远,'十'恐'一'之误。此书所释何义不可知,遗文无一存者。"① 可知,郑玄所注《论语》在《重刻唐史承节郑公祠碑》中失载。

第五,《后汉书》为"《答临孝存周礼难》",而《重刻唐史承节郑公祠碑》为"《答临孝庄周礼难》"。

据《毛诗·棫朴》唐孔颖达疏云:"临硕并引《诗》三处六师之文,以难《周礼》"②,则临孝存名硕,"孝存"为其字。又据《后汉书·孔融传》记载:"郡人甄子然、临孝存知名早卒,融恨不及之,乃命配食县社。"③ 可知,临孝存与孔融同乡,亦北海郡人。为何《重刻唐史承节郑公祠碑》误"存"为"庄"呢?阮元解释说:"'孝存'作'孝庄'者,唐碑本行书,石或剥落,金时不省而误'存'为'庄','庄'为汉讳,未有不避者。"④ 武亿亦云:"'存'与'庄'字形涉似,亦或致误,而后人因循莫正。"⑤

第六,《后汉书》"不为父母群弟所容",《重刻唐史承节郑公祠碑》无"不"字。

《后汉书》所载"不为父母群弟所容"问题,困扰元以后学界已久,一介汉代名儒为何不为父母群弟所容呢?乾隆五十九年(1794)《金承安五年重刻唐史承节郑公祠碑》的出土,为该疑惑的解决提供了契机,阮元据此碑校正范晔《后汉书》之讹云:"'为父母群弟所容'者,言徒学不能为吏,以益生产,为父母群弟所含容,始得去厮役之吏,游学周秦,故《传》曰:'少为乡啬夫,得休归,常诣学官,不乐为吏,父数怒之。'夫父怒之而已,云为所容,此儒者言也。

---

① (清)郑珍:《郑学录》卷3《书目》,《续修四库全书》第515册,上海古籍出版社2002年版,第43页。

② 《毛诗正义》卷16《棫朴》,《十三经注疏》(上册),中华书局1980年标点本,第514页。

③ 《后汉书》卷70《孔融传》,中华书局1965年标点本,第2263页。

④ (清)阮元:《山左金石志》卷20《重刻唐史承节郑公祠碑》,《续修四库全书》第910册,上海古籍出版社2002年版,第80页。

⑤ (清)武亿:《授堂金石文字续跋》卷3《后汉大司农郑公碑跋》,《石刻史料新编》第一辑第25册,新文丰出版公司1977年版,第19189页。

范书因为父怒，而妄加'不'字，与司农本意相反"①。《重刻唐史承节郑公祠碑》无"不"字，郑玄自述"吾家旧贫，为父母昆弟所容"，犹言幸为父母兄弟所包容，遂得以"去厮役之吏，游学周、秦之都"，所有疑惑便涣然冰释。那么，该讹误究竟源本于范晔《后汉书》，还是后世传刻时所致？查翻宋人所编《太平御览》《通志》等文献，《太平御览·人事部一百·鉴戒下》转引《郑玄别传》曰："玄病困，戒子益恩曰：'吾家旧贫，为父母群弟所容，去厮役之吏，游周秦之都……'"②《通志·郑玄传》记载："玄后尝疾笃，自虑，以书戒子益恩曰：吾家旧贫，为父母群弟所容，去厮役之吏，游学周秦之都，往来幽并兖豫之域……'"③ 该二书均无"不"字，可见讹误并非源自《后汉书》，而是后世传刻所致。宋代雕版兴盛后，《后汉书》有了刻本，那么，是何时刊刻误增的呢？清代学者俞正燮认为是宋代以后，他说："《后汉书·郑康成传·戒子益恩书》云：'吾家旧贫，不为父母群弟所容。'元以后人多持此语，谓康成非圣贤。今高密有金承安五年立唐万岁通天元年史承节所作碑，云兼疏《本传》之文，载此书，则曰：'吾家旧贫，为父母群弟所容'，是唐以前本如此。《太平御览·人事部》载《郑玄别传·戒益恩书》曰：'吾家旧贫，为父母群（弟）所容'。是宋以前本如此，'不'字宋以后字匠误多也。"④ 而清代校勘家陈鳣在其《简庄缀文·元本后汉书跋》中则认为是元代以后误增，他说："元大德九年重刊宋景祐元年刻淳化本，此句无'不'字，与《碑》合。盖自后校书者，因《传》前有'父数怒之语'，遂疑此书'为父母群弟所容'，意不相合，辄妄加'不'字耳。"⑤ 钱泰吉同样认定元代以后增加"不"字，其《曝

---

① （清）阮元：《山左金石志》卷20《重刻唐史承节郑公祠碑》，《续修四库全书》第910册，上海古籍出版社2002年版，第80页。
② 《太平御览》卷459《人事部一百·鉴戒下》，中华书局1960年版，第2111页。
③ （宋）郑樵：《通志》卷108《郑玄传》，《十通》第四种，商务印书馆1935年版，第1569页。
④ （清）俞正燮：《癸巳存稿》卷7《郑君戒子书》，《续修四库全书》第1160册，上海古籍出版社2002年版，第49—50页。
⑤ （清）陈鳣：《简庄缀文》卷3《元本后汉书跋》，心矩斋民国十五年（1936）据抱经堂版补刻。

书杂记》卷上云:"异时读郑康成《戒子书》'吾家旧贫,不为父母群弟所容。'谓康成大儒,出语不应如是。……泰吉按:郑公心事,为浅人所诬久矣,得此乃大白。有元刻可证,则亦非《范史》妄加也,校书之有功于先儒如此。"① 许利平在其《〈后汉书〉版本研究》一文中,对《后汉书》的各代版本及其传承作了系统考察,认为宋时所刻淳化、景祐、嘉祐、蜀大字本构成元、明、清三代《后汉书》刻本的四大底本系统,清代流行的殿本所据底本乃明万历北监本,而北监本的源头又是南宋高宗绍兴初蜀刊大字本,"蜀大字本正做'不为父母昆弟所容'"②,所以便导致了"不"字增衍之误的代代沿袭。可见,《后汉书·郑玄传》误增"不"字是在宋代,校书者正因前文"不乐为吏,父数怒之",遂疑此书"为父母昆弟所容",语意不相符,遂妄加"不"字。

第七,《后汉书》为"末所愤愤者",《重刻唐史承节郑公祠碑》作"凡某所愤愤者"。

对于"末"字之义,向来学者有不同看法。清人郑珍(字子尹)将"末"字与上句"羞"字连属,即"自乐以论赞之功,庶不遗后人之羞末",并解释云:"'末'义当如《左传》'不为末减'之'末',训'薄也',言不为后人差薄也。"③ 对此,胡元仪并不赞同,他认为"末"字当属下句,即"末所愤愤者","末"字之义,"当如'武王末受命'之'末',末,老也,末,晚暮也,犹云晚暮所愤愤也,文义显然矣"④。在笔者看来,胡氏解释更为可取,无绂冕之绪、让爵之高及论赞之功,均是郑玄步入暮年之前所为,正与亡亲坟垄未成、所好齳书未定之事相隔。另外,从《戒子益恩书》通篇来看,文字多讲究对仗,"庶不遗后人之羞",正与上句"自乐以论赞之功"

---

① (清)钱泰吉:《曝书杂记》卷上,《续修四库全书》第926册,上海古籍出版社2002年版,第18页。
② 许利平:《〈后汉书〉版本研究》,硕士学位论文,西北大学,2009年,第46页。
③ (清)郑珍:《郑学录》卷1《传注》,《续修四库全书》第515册,上海古籍出版社2002年版,第21页。
④ (清)胡元仪:《北海三考》卷2《事迹考第一下》,《续修四库全书》第549册,上海古籍出版社2002年版,第635页。

相对,若将"末"与"羞"连属,那就无法相对了。根据上下文,郑玄之义是说:"我平生虽然没有做高官显贵的业绩,但颇有谦让爵位的高风亮节。使我感到欣慰是,在论赞先贤方面做了一些事情,没有留下让后人指责而感到羞愧的地方。只是时至暮年,还有两件事令我感到忧虑不安,那就是亡亲坟茔尚未建毕,所治之书破乱不堪,不能去写成定本以传后人。"对于《重刻唐史承节郑公祠碑》作"凡某所愤愤者",胡元仪在《北海三考·事迹考》中考证云:"'末'字,《碑》作'某',误矣。若作'某',是郑君称名,戒子而自名,恭而无礼矣。'先'字之脱,'末'之作'某',疑非史承节之误,盖金人重刊此碑者之所为也。承节作碑文,在万岁通天元年,至开元十三年乃刻石,刘䏠于碑文末续书一百二十余字。北宋末,碑已毁,金承安五年重立石,至今犹存。据拓本录之,以祛后贤之惑云。"① 另外,又玩下文"徒以"云云,则"愤愤"者只此二事,加"凡"字亦不合词意。

第八,《后汉书》"亡亲坟垄未成",《重刻唐史承节郑公祠碑》作"吾亲坟垄未成"。

郑玄作《戒子益恩书》之时,双亲已亡,在此,"亡亲"与"双亲"之义并无大的区别,只不过此语出于郑玄自述,"吾亲"更能显出郑玄作为孝子,不忍双亲亡世之义。笔者查翻相关文献,均是"亡亲",并未见"吾亲",应当是史承节立碑之时所改。

以上笔者将《后汉书·郑玄传》与《重刻唐史承节郑公祠碑》记载的不同之处作了对照、分析,由此可以看出碑刻文献在校补史志中的价值具有两面性:虽然碑刻有不易篡改之优点,大多固然可信,但是也会存有讹误,或因书碑者个人情感而造成的夸耀不实之词,甚至因个人好恶而捏造,屈服于权势而曲诬,溺于私情而讳饰,或因写碑人抄刻不精而错讹,或因石工学识浅陋而舛误,等等。显然,金承安年间《重刻唐史承节郑公祠碑》属于后一种情况,因重刻而致误。不管是无意失真,还是有心虚构,都使得金石文献的史料价值大为降

---

① (清)胡元仪:《北海三考》卷2《事迹考第一下》,《续修四库全书》第549册,上海古籍出版社2002年版,第645页。

低。针对这些情况，我们不能过于盲从，而需细察明辨，依据史志文献而对碑刻的讹误、阙略予以补正。

三　历代对郑公祠的建修与祭祀

郑公祠在每一次建修之后，总会刻碑立石以纪功德，所记内容，一是郑玄的生平史事，另一就是建修始末及参与人员。笔者依据高密与淄川郑公祠内的碑刻资料，对历史上郑公祠的建修情况加以考察，以见历代对郑玄尊崇之一斑。

（一）对高密郑公祠的建修

关于高密郑公祠的始建时间，民国时期单步青撰《汉尚书郑崇碑》记载："贞观中，诏去墓而十步禁民樵采，并于墓前建祠，春秋祭祀，迄今不衰。"①《重刻唐史承节郑公祠碑》虽未明确记载祠庙建于何时，但据该碑中史承节铭曰"云愁庙古，月暗坟荒"一语来看，应该距离史承节撰碑的唐武则天万岁通天元年（696）较远的时代，毕竟，单步青《汉尚书郑崇碑》所云"贞观中"对于史承节来说并不能称得上古老。所以，高密郑公祠应当始建于唐代以前，不知单步青所记有何史料依据。武则天万岁通天元年（696），银青光禄大夫使持节邢州诸军事刺史上柱国琅琊郡开国男史承节，奉敕访察于河南道，至高密，因父老之请为郑公祠撰文立碑，文成未刻而卒。唐玄宗开元十三年（725）八月，正议大夫使持节密州诸军事刺史上柱国郑杳，巡查高密，敬谒郑玄祠墓，筹度立碑。同年冬闰十二月，命参军刘胐校理旧文，新勒碑石，立于郑玄墓前。从《重刻唐史承节郑公祠碑》碑文来看，史、郑二人仅是撰碑立石而已，并未对郑公祠加以修建，否则不会不提的。关于金代承安年间重刻史承节碑之事，《重刻唐史承节郑公祠碑》仅在碑文之末记载了此次书丹、篆额者及刻立时间："乡贡进士□安中书丹，征事郎前行密州高密县主簿兼管勾常平仓事綦□裔篆额，大金承安五年岁次庚申三月一日勒成，柴渊立石，潍阳刘元、纪仙、本店于全刊字"，而其他信息丝毫没有留下，未知

---

① 民国《高密县志》卷16《杂稽志·坟墓》，《中国地方志集成·山东府县志辑》第41册，凤凰出版社2004年版，第650页。

第五章 石刻中山东古代先贤

是否有修建之举。元至正年间，秦裕伯任高密县尹，曾修建郑公祠，并购置祀田，正如礼部郎中明善撰《秦尹去思碑记》所载："为汉儒郑康成立祠，买田以供祀事。"① 有明一代，无论史籍还是高密的方志文献（康熙、乾隆、光绪与民国《高密县志》），并未有关郑公祠修建的记载。入清后，对郑公祠的修建次数逐渐增多。据乾隆《高密县志·杂稽志·古迹》记载：雍正九年（1731），郑玄裔孙山东布政使郑禅宝重修祠墓，并置祭田二十八亩，邑人单伦又续捐祭田十亩；② 乾隆十年（1745），邑人李道林又重修郑公祠。③ 清代大规模修建郑公祠，当是乾隆五十九年（1794）山东学政阮元所为。据阮元撰《重修郑公庙碑文》记载：乾隆五十九年（1794）十月，阮元赴高密拜谒东汉大经学家郑玄祠墓，有感于"圮陁实甚，宰木不捍于樵采，惊沙坐见其飞积，赵商汉碑未传于著录，承节摹碣埋蚀于泥土"④，遂率领官属缙绅，鸠工庀财，重修郑公祠。此举始于乾隆五十九年（1794）冬十月，次年秋八月告成。正是在修复的过程中，于积沙中掘得金承安五年《重刻唐史承节郑公祠碑》，重立于郑公祠前。此次重修工程较大，正如阮元在《小沧浪笔谈》跋中所云："祠南门外积沙深远，遂改门东向。植松杨行栗于西南，以杀风势。修齐正殿，改书木主，增建旁屋三楹，为官吏祭宿地。建坊书'通德门'，以复孔文举之旧。祠外田庐号郑公庄者三，散据高密、安邱、昌邑三县地。郑氏苗裔百数十人居之，务农少文，而谱系世守犹可考。择其裔孙宪书，请于礼部，札为奉祀生，给田庐使耕且读。是役也，掘沙之工半于土木。"⑤ 民国二十二年（1933），邑人单步青、傅骏名、傅宝善等人为郑玄八世祖郑崇扩地建碑，又为离狐令郑公立神道碑，倡捐筹办，"蒇事后，公议由康成后裔种祭田者，每岁自所种地中无论丰歉，抽提大洋二十八圆，作为租息，储备修理祠墓。呈请余县长有林批准

---

① 康熙《高密县志》卷10《碑铭》，康熙四十九年（1710）刊本。
② 乾隆《高密县志》卷10《杂稽志·古迹》，乾隆十九年（1754）刊本。
③ 乾隆《高密县志》卷2《坛庙》，乾隆十九年（1754）刊本。
④ 此碑现存高密郑公祠前阶西。
⑤ （清）阮元：《小沧浪笔谈》卷4，《丛书集成初编》第2600册，中华书局1985年版，第102页。

立案，永久奉行。"①

对高密郑公祠的祭祀，据乾隆《高密县志·秩祀》记载，每年集中有两次，即三月三日与九月九日。②至于百姓个人的祭祀活动，自然不受此限制，可随时进行，正如明人邱橓所撰《王烈妇祠堂记》所云："吾闻兹邑之东曰'郑公乡者'，汉儒郑康成祠在焉。……今人有过之者，其孰不瞻拜致肃，即数百里外村民田妇，亦皆结社而往，香火之盛，至于东土之山川等是。"③

（二）对淄川郑公祠的修建

淄川郑公祠，位于城东北五千米的黉山，嘉靖《淄川县志·山川》记载："嶂峦屏列，镇奠一方，上有汉儒大司农郑康成之庙，春秋致祭。"④黉，就是古代的学校，换言之，山谓之黉，意即山上建有学校。据《太平寰宇记》记载："郑玄刊注诗书日，栖迟于此山。上有古井不竭，独生细草，叶形似薤，俗为'郑公书带草'。"⑤嘉靖《淄川县志》记载：郑玄"游学淄川，居黉山，授生徒五百人，四方文学之士多宗焉。"⑥嘉靖二十四年（1545）知县王琮撰《增修汉大儒郑康成庙碑文》记载："县治之东，距十里余，有山曰黉山。汉儒郑康成关陕业经之后，避地于斯，以经学教淄土，因卜筑于山之麓，故今有晒书台，有鞭书草，炳炳在人传说，铭碣不及也。"⑦可见，郑玄自关右东归乡里后，曾在这里结庐讲学，著书立说，这便是郑公书院（康成书院）最早源头。书院设于何年，史料未有记载，不知

---

① 民国《高密县志》卷16《杂稽志·坟墓》，《中国地方志集成·山东府县志辑》第41册，凤凰出版社2004年版，第651页。

② 乾隆《高密县志》卷4《秩祀》，乾隆十九年（1754）刊本。

③ 万历《安丘县志》卷11《艺文考》，《四库全书存目丛书》第200册，齐鲁书社1996年版，第261页。

④ 嘉靖《淄川县志》卷1《山川》，《天一阁藏明代地方志选刊》第43册，上海书店1961年据嘉靖二十五年（1546）刻本影印。

⑤《太平寰宇记》卷19《河南道十九·淄州》，中华书局2007年标点本，第377—378页。

⑥ 嘉靖《淄川县志》卷6《人物传·乔寓》，《天一阁藏明代地方志选刊》第43册，上海书店1961年据嘉靖二十五年（1546）刻本影印。

⑦ 嘉靖《淄川县志》卷3《建设志·祠祀》，《天一阁藏明代地方志选刊》第43册，上海书店1961年据嘉靖二十五年（1546）刻本影印。

是郑玄关中得道东归后设立，抑或后世据黉山胜概追述而建。郑公书院见于嘉靖《淄川县志·杂志·八景》，并附有淄川教谕吴俸的赞诗："康成遗庙照山川，无限春风桃李妍。袅袅青云绕书屋，鹅湖白鹿接风烟。"① 由此诗可知，郑公书院与郑公祠同在一起，这正符合中国古代庙中建学、学中立祠的传统。明嘉靖五年（1526）《知县张文全重修郑公庙记》记载："汉儒郑公讲学于是山之巅，生徒远迩从之者千有余人，盖是入关师融之后也。……后人又即其讲学之所构祠塑像而祀之，所以记其出处之颠末。"② 郑公祠肇创于何时，亦无可考，据元宪宗五年（1255）张泰亨撰《郑康成庙记》记载："淄川自古山东一名郡，州治之东北行十里许，有山曰梓桐，山之阳有汉代司农之庙，庙无碑记可考，但故老相传云，此方历代相承，祭祀不绝者，不知其几何年耳。昨因金季天下大乱，风驱电掣，靡物不碎，此庙所以火而不存。"③ 据碑文所记可知，郑公祠是毁于宋金战火，也就是说最迟在宋朝之前就已存在。又据碑文"历代相承，祭祀不绝"一语判断，郑公祠不可能建于宋金时期，对于元人而言，"历代相传"至少应该始自隋唐时期，甚或郑玄故后的魏晋时期。文献中对黉山郑公祠的修建进行明确记载，最早始于元代，大规模修建的共有两次：

第一次，元宪宗五年（1255）知县事张孚重修郑公祠。

济南府长山张泰亨撰《郑康成庙记》记载了此次重修始末，不过对于重修时间并无明确记载，而至正六年（1346）福山县尹潘守义撰《重修郑公庙记》却有所提及："般阳去郡之东北十里许有山，曰梓橦山，山之阳有庙，郡人以为汉大司农郑公之庙，凡水旱虫灾，皆于斯焉祷，以其官望之也。创建莫详其始。国初为州时，节度使张夔因金代遗址重修，见于前进士长山张泰亨所撰乙卯年碑文，又历延祐

---

① 嘉靖《淄川县志》卷6《杂志·八景》，《天一阁藏明代地方志选刊》第43册，上海书店1961年据嘉靖二十五年（1546）刻本影印。

② 嘉靖《淄川县志》卷3《建设志·祠祀》，《天一阁藏明代地方志选刊》第43册，上海书店1961年据嘉靖二十五年（1546）刻本影印。

③ 同上。

己（乙）卯以迄今，岁月滋久，风飘雨渍，栋宇瓦甓，日就朽败。"①《重修郑公庙记》中所云梓橦山之阳有误，当为黉山之阳，梓橦山南侧紧连黉山，故混二山为一山，嘉靖《淄川县志·山川》将二者分别著录就是明证。另外，《重修郑公庙记》所言张夔重修郑公庙一说，亦不准确，当为县令张孚所修。张孚曾请示节度使张夔，张夔欣然从之。潘守义所言"乙卯年"是何年？蒙元自1206年铁木真于斡难河称汗建立蒙古国，至1368年覆灭，其间共有两个乙卯年，即元宪宗五年（1255）与元仁宗延祐二年（1315）。另外，《重修郑公庙记》所言张夔重修郑公庙一说，亦不准确，当为县令张孚修建。张孚曾请示于节度使张夔，张夔欣然从之。潘守义《重修郑公庙记》又云："又历延祐己卯以迄今"，延祐为元仁宗年号，自1314年至1320年，并无己卯年，当为"乙卯"之误。据潘氏之意，自国初张孚重建郑公祠后，又经历了一个乙卯年（延祐乙卯），以至其撰碑之时（至正六年）。又潘守义《重修郑公庙记》云："国初为州时，节度使张夔因金代遗址重修。"淄川为州乃中统五年（1264）以前事，考之于《元史·地理一》："先是，淄州隶济南路总管府。（中统）五年，升淄州路。……（至元）二年，改淄州路为淄莱路。（至元）二十四年，改般阳路，取汉县以为名。"② 所以，可以肯定地说，张孚建修郑公祠是在元宪宗五年（1255）。关于此次重建，张泰亨《郑康成庙记》记载：淄川郑公祠在金末战火中被毁，延祐二年，淄川知县事张孚一日对同僚说："此庙毁已久矣，若不一新之，甚不副邦人瞻仰奉祀之意。幸斯时也，政有余暇，民有余力，盍经营之？"在请得知州事张夔的同意后，命功德主王穗等人鸠材督工，"使匠者输其力，役者殚其能，不日之间，新庙奕奕，神像赫赫，焕然可观。民得以岁时致享，使公遗风余烈晦而复明。"③

第二次，元至正六年（1346）般阳路照磨王礼重修郑公祠。

---

① 嘉靖《淄川县志》卷3《建设志·祠祀》，《天一阁藏明代地方志选刊》第43册，上海书店1961年据嘉靖二十五年（1546）刻本影印。
② 《元史》卷58《地理一》，中华书局1976年标点本，第1373页。
③ 嘉靖《淄川县志》卷3《建设志·祠祀》，《天一阁藏明代地方志选刊》第43册，上海书店1961年据嘉靖二十五年（1546）刻本影印。

第五章 石刻中山东古代先贤

对于此次重修,至正六年(1346)从仕郎般阳府路福山县尹潘守义撰《重修郑公庙记》有详细记载。郑公祠自宪宗五年(1255)知州张孚重修以来,岁月滋久,风飘雨渍,"栋宇瓦甓,日就朽败;神像欹倚,壁饰剥落。几案集尘埃,檐楹喧鸟雀;披蓬高而前,殆难以奠香火,陈祭祀"。至正六年(1346)夏,平阳王公通议来总是郡,"威德并立,神人是依"。王公名何?据乾隆《淄川县志·秩官》记载:"王礼,至正六年为般阳路照磨。"① 可知,《重修郑公庙记》所云"王公",就是王礼。该年秋天,淄川发生蝗灾,王礼率僚属至郑公祠中祈禳,许诺若能消除蝗灾,则修葺祠庙。"越明日,虫尽毙,禾寻熟,公大骇,扬言于庭曰:'神之灵若是,吾不食言。'"于是,王礼出资若干,命袁福、张仲杰、刘忠信等人董理修建之事。在众多捐资者中,有参与宪宗五年(1255)重修郑公祠的知州事张夔的侄孙,名张惠,字济民,"于民为大家,由其伯祖尝经始是,遂施财至倍"。此次重修,始于至正六年冬,止于次年春。"望之翼然而高,即之宛然而新,崇以恒幐,饰其庙貌,斫削朽墁之动,黝垩丹青之施,极技尽能,不遗余力。"②

碑刻所记明代重修郑公祠有三次:第一次,明嘉靖五年(1526)知县张文全重修。据嘉靖五年《知县张文全重修郑公庙记》记载:郑公祠"世远年湮,堂室栋梁隘窄偏陋,不堪以栖先生之灵,况又鸟栖狐冢,不无风雨摧蠹之患"。早在正德十六年(1521),保定新成张文全(字德备)来宰淄川,遇水旱蝗灾,祷祝于郑公祠,每祷必应,"六七年间,境无鸡犬之警者"。嘉靖五年(1526),张文全有感郑公祠残破不堪,遂有修建之举,"张植以桧柏,壮以基图,捐己俸而增葺之"。在张文全的带动下,邑民郭忠义、道士仇守魁等人,"殚厥心力,疏以民财,募工而充拓之,修其门堂,增其寝室,缭以墙垣,覆以瓦石,遂塑像而列祀焉。"次年,重修工作完毕,"庙貌

---

① 乾隆《淄川县志》卷4《秩官》,《中国地方志集成·山东府县志辑》第6册,凤凰出版社2004年版,第175页。
② 嘉靖《淄川县志》卷3《建设志·祠祀》,《天一阁藏明代地方志选刊》第43册,上海书店1961年据嘉靖二十五年(1546)刻本影印。

焕然而一新，而一方之瞻仰，后学之依归，莫不皆敛容之有自矣。"①第二次，知县李性重修郑公祠。此次重修并无留题碑记，不过嘉靖二十四年（1545）知县王琮撰《增修汉大儒郑康成庙碑文》却有所提及："按庙旧址，自前侯束鹿李君性修葺以往，官兹土者迁废不常。"查嘉靖《淄川县志·皇明秩官表·知县》："李性，束鹿人，举人，嘉靖十二年。"②李性之后，继任知县的是龙駷，"广东人，监生，嘉靖十六年。"③知县王琮《增修汉大儒郑康成庙碑》并未记载李性何时修建郑公祠，但我们可以确定是在嘉靖十二年至嘉靖十六年之间。第三次，嘉靖二十四年（1545）知县王琮增修。王琮，长乐人，举人，嘉靖二十三年始任淄川县令。④据嘉靖二十四年《增修汉大儒郑康成庙碑》记载："按庙旧址，自前侯束鹿李君性修葺以往，官兹土者迁废不常，寖以颓芜，盗得窃其檩椽。余治淄之岁，余深用怵恻，且痛民迷，谓废之不可以不举也。遂商诸同寅阳曲吕君廷辅经略之，捐以俸余，济之赎金，凿山丈余，用广厥基，鸠功计庸，不月余而功告成。"⑤此次修建，主要包括前堂、庖房以及祠垣。大量淄川民众参与此次修建，各出己力，捐献资材，"例亦得书于碑之阴"。

关于清代郑公祠的修建，并无碑刻文献可凭，方志中也未有此方面记载，不过，高珩、蒲松龄分别撰有《修梓橦山郑公祠书院疏》与《代韩县公募修郑公书院序》，可借此了解清初对郑公祠、郑公书院修建的一些信息。高珩《修梓橦山郑公祠书院疏》云：

> ……山之腰有康成故祠，祠之后有楼岿然，盖邑人勒石，王君所捐赀而特创者已数年。于兹矣，登楼四望，若在云中，西俯山城，万家烟火；东眺村落，灿列丹青。城之西为焕山，再西则

---

① 嘉靖《淄川县志》卷3《建设志·祠祀》，《天一阁藏明代地方志选刊》第43册，上海书店1961年据嘉靖二十五年（1546）刻本影印。
② 嘉靖《淄川县志》卷5《皇明秩官表·知县》，《天一阁藏明代地方志选刊》第43册，上海书店1961年据嘉靖二十五年（1546）刻本影印。
③ 同上。
④ 同上。
⑤ 嘉靖《淄川县志》卷3《建设志·祠祀》，《天一阁藏明代地方志选刊》第43册，上海书店1961年据嘉靖二十五年（1546）刻本影印。

第五章 石刻中山东古代先贤

长白副岳,晡睨天孙……予弟某将鸠工,而补其缺者,以楼板则须榆柳,以廊庑则须瓴甋,广之以为邑士藏修之地,且将久要以订之曰修业,固士人分内事,且黾逭固不待言矣。吾愿后之居此者,咸以邹鲁为高曾,而弓裘翼翼,孝于家,忠于国,出而经营四方,则为商霖;归而训淑一邑,则同通德。使邑人视履而藏,蒙业而安。则是山也,固东岳之所分灵,而东鲁之可接统者也……①

蒲松龄撰《代韩县公募修郑公书院序》云:

盖以振厉斯文,事关名教;表彰盛迹,责在儒生。游人之茶灶笔床,尚须安顿之处;酒楼之瓦缺椽蠹,犹伤樵牧之心。而况山高水长,大贤之所栖隐,廉顽立懦,百世之所奋兴者哉!淄有黉山,昔汉司农郑公康成读书于此。年年春草,还生书带之香;岁岁明禋,时酹梓橦之庙。第千秋风雨,久没居庐;四壁荒凉,仅存院落。遣员赍俎豆而至,则莎径铺毡;游客瞻庙貌而来,则荆根系马。云封孤殿,微茫丹嶂之间;烟绕残碑,零落夕阳之下。行人为之悼叹,名士过而低徊。嗟乎!彼夫白足之徒,黄冠之侣,庄严奈苑,则缥碧成宫;瞻瞩鸿天,则金银为阙。若沐先贤之余泽,自号闳通;乃听大儒之遗踪,日就澌灭。兴思及此,良足羞也。余谪薄禄于蓬池,分专城于般水。夙参经义,心操入室之戈;偶谒斋房,神想伏楯之展。思创几间书屋,使闻风者近浃音徽;兼买百亩义田,俾设帐者不愁薪水。庶几王翰之侧,可以卜邻;张霸之旁,无烦僦屋。亦四境之伟观,千古之盛事也。其如一行作吏,釜止游鱼;两载居官,枥惟斋马。意中有千间广厦,奈惭萧涩之囊;日后作五窟香堂,尚属虚空之锦。不意诸生某等,锐身自任,雅意好修。如王缙之敛钱,非图冥报;似维摩之多病,皆为群生。用质此心之同,必有为善之乐。有希望之修

---

① 乾隆《淄川县志》卷7《艺文》,《中国地方志集成·山东府县志辑》第6册,凤凰出版社2004年版,第363页。

行，止可名为小舍；无际岸之功德，窃愿公诸同人。既资蠹简之荣，宜共持乎风教；苟识兔园之册，勿自外于儒林。效武夷之讲堂，重开精舍；俾子云之田亩，复近元亭。负笈如云，即郑公之乡里；担登成市，尽通德之门人。雾雨山中，雅堪豹隐；扶摇天外，时见鹏飞。破壁腾骧，固壮山灵之色；满窗灯火，亦生殿宇之光。即为妆点游观，应亦欣于解橐；况且功俾教化，岂复吝于倾囊。愿趁丰年，共成雅业，但从人便，莫负余心。①

高珩（1612—1697），字葱佩，号念东，晚号紫霞道人，淄川人，明崇祯癸未进士，入清朝后官至刑部侍郎。② 高珩与蒲松龄关系密切，诗书往来频繁。蒲松龄醉心科举，但屡试不第，仕途失意，穷困潦倒，高珩将他推荐给淄川毕际友私塾任教授徒。康熙十八年（1679），《聊斋志异》成书时，高珩为之作序一篇，末题"康熙己未春日谷旦，紫霞道人高珩题"。蒲松龄的《代韩县公募修郑公书院序》，是代为韩县公所写，"韩县公"，即韩义仙，"三秦名士，丙戌岁以内翰出令淄，慈惠廉平淡薄，复能自甘"③。丙戌岁，即康熙四十五年（1706）。从以上两篇疏文内容来看，当在郑公祠（郑公书院）修建之前所撰写，或许是为了扩大宣传，以得到地方政府与民众的支持。高珩《修梓橦山郑公祠书院疏》与蒲松龄《代韩县公募修郑公书院序》所称修建郑公祠，并非指同一事，因为韩义仙是在康熙四十五年（1706）才任职淄川的，也就是说《代韩县公募修郑公书院序》作于康熙四十五年之后，此时高珩早已去世。高珩《修梓橦山郑公祠书院疏》中所说"予弟某将鸠工，而补其缺者"之"予弟某"是谁？不得而知，应当是此次修建的组织者。由此来看，郑公祠（郑公书院）在清初至少得到两次修建，先是高珩之弟，后是韩义仙。

---

① （清）蒲松龄：《聊斋文集》卷2《代韩县公募修郑公书院序》，《续修四库全书》第1416册，上海古籍出版社2002年版，第370—371页。
② （清）嵇璜、刘墉等纂：《清朝文献通考》卷234《经籍考二十三》，《十通》第九种，商务印书馆1936年版，第6939页。
③ （清）蒲松龄：《聊斋文集》卷3《代毕韦仲为义仙韩邑侯寄子记》，《续修四库全书》第1416册，上海古籍出版社2002年版，第404页。

对淄川郑公祠（郑公书院）的祭祀，一年两次，祭以春秋二仲月。①

四 从碑刻看郑玄历史形象的变迁

（一）从《重刻唐史承节郑公祠碑》看唐代郑玄的历史形象

金承安年间重刻唐史承节撰《郑公祠碑》，是郑公祠中刻辞为我们所知的最早碑刻。此碑简要地记载了郑玄的生平事迹，主要从以下几个方面对其历史形象加以塑造：

第一，郑玄的籍贯与家世。

《重刻唐史承节郑公祠碑》云："公讳玄，字康成，北海高密人也。八世祖崇，哀帝时为尚书仆射。"北海郡，西汉景帝时置，辖营陵、都昌、安丘、密乡、寿光等县，大致相当于今潍坊地区，先治营陵（今昌乐东南），东汉徙治剧（今寿光东南）。郑玄的先世，《重刻唐史承节郑公祠碑》中仅提到八世祖郑崇。据《后汉书·郑崇传》记载：郑崇，字子游，少为郡文学史，后至丞相大车属。哀帝时，擢为尚书仆射，"数求见谏争，上初纳用之"②。最终，因直言规谏而冤死狱中。其实，郑玄先世做官的并非郑崇一人，如四世祖郑吉，"以卒伍从军，数出西域，由是为郎"，封安远侯，后旋故里，卒谥缪侯。③《重刻唐史承节郑公祠碑》仅着重提到郑崇，笔者以为，一是因其声名最显，二来因其不畏权贵、敢于直谏，影响了家世之风，以示郑玄淡泊名利、刚正不阿之德其来有自。

第二，郑玄的游学经历。

《重刻唐史承节郑公祠碑》较为详尽地记述了郑玄的游学经历："公少为乡啬夫，不乐为吏，遂造太学受业，师事京兆第五元（先），始通《京氏易》、《公羊春秋》、《三统历》、《九章算术》。又从东郡张钦（恭）祖受《周官》、《礼记》、《左氏春秋》、《韩诗》、《古文尚书》。摄斋问道，抠衣请益，去山东而入关右，因卢植而见马融。考

---

① 乾隆《淄川县志》卷2《祀典》，《中国地方志集成·山东府县志辑》第6册，凤凰出版社2004年版，第104页。
② 《汉书》卷77《郑崇传》，中华书局1962年标点本，第3255页。
③ 《汉书》卷70《郑吉传》，中华书局1962年标点本，第3005—3006页。

论图纬，乃召见而升楼；精通礼乐，以将东而起叹。三载在门，十年归邑。"该碑文中所载《戒子益恩书》再次提及郑玄的求学经历："吾家旧贫，为父母群弟所容，去厮役之吏，游学周、秦之都，往来幽、并、兖、豫之域，大儒得意，有所受焉。遂博稽六艺，粗览传记，时观秘书纬术之奥。年过四十，乃归乡，假田播殖，以娱朝夕。"郑玄志存高远，自"去厮役之吏"后，广泛游学，周、秦、幽、并、兖、豫之域都留下了他的足迹（其中就包括淄川黉山），先后事师东郡张恭祖、故兖州刺史第五元先以及关中马融。广泛的游学经历，不断的求师问学，知识来源的多样性，开阔了郑玄的视野，造就了其日后治学的素养。

第三，郑玄著述授徒之绩。

《重刻唐史承节郑公祠碑》云："及党事起，遂杜门不出，隐修经业。于是，针《左氏》之膏肓，起《穀梁》之废疾，而又操入室之戈矛，发何休之《墨守》。陈元、李育，校论古今；刘璟、范升，宪章文议。……门人相与撰公答诸弟子问五经，依《论语》作《郑志》八篇。公所注《周易》、《尚书》、《毛诗》、《仪礼》、《周官》、《礼记》、《孝经》、《尚书大传》、《中候》、《乾象历》，又著《天文七政论》、《鲁礼禘祫义》、《六艺论》、《毛诗谱》、《驳许慎五经异义》、《答临孝庄（存）周礼难》，凡百余万言。经传洽熟，称为纯儒，其所撰注，今并通习。是知书有万卷，公览八千也，齐鲁间宗之。"郑玄游学归里，遭党锢之禁，遂隐修经业，著述授徒，"凡百余万言"。在史承节心目中，郑玄"经传洽熟，称为纯儒"，评价极高，并非任何一位治学有成者可称"纯儒"，只有如郑玄广注六经、集两汉经学之大成者才可相配。

第四，郑玄屡赐爵禄而不受。

郑玄作为当时名儒，当权者屡屡授爵赐禄，以作礼贤下士之饰，但不为郑玄所动。《重刻唐史承节郑公祠碑》记载："何进延于几杖，经宿而逃；袁隗表为侍中，缘丧不赴。孔融之相北海，屣履造门；陶谦之牧徐州，接以师礼。比南山之园皓，乡曰'郑公'；类东海之于君，门称'通德'。汉公车征为大司农，给安车一乘，所过长吏送迎，公乃以病，自乞还家。董卓迁都长安，公卿举公为赵相，道断不

第五章 石刻中山东古代先贤

至。……时大将军袁绍总兵冀州，遣使邀公，大会宾客，乃延升上坐。身长八尺，饮酒一斛，秀眉明目，仪容温伟。客多豪俊，并有才说，见公儒者，未以通人许之，竞设异端，百家互起。公依方辨答，咸出问表，皆得所未闻，莫不嗟服。时汝南应劭亦归于绍，因自赞曰：'故太山守应仲远，北面称弟子何如？'公笑曰：'仲尼之门，考以四科，回、赐之徒，不称官阀。'劭有惭色。"该碑文塑造出了一个不慕名利、不媚权贵、恪守淡泊的正直高洁形象。

第五，郑玄终老及其子孙之事。

《重刻唐史承节郑公祠碑》云："五年春，梦孔子告之曰：'起，起，今年岁在辰，来年岁在巳。'既寤，以谶合之，知命当终。有顷，寝疾。享年七十有四，以其年六月卒。遗令薄葬，自郡守以下，尝受业者，缞绖赴会千余人。乃葬于高密县城西北一十五里，砺阜山之原。"

由上可见，《重刻唐史承节郑公祠碑》较为细致地勾勒出一幅郑玄完整的人生轨迹图，自少辞吏求学，至学成东归、授徒注经，再至晚年戒子益恩、公车征为大司农以及终老等。郑玄在该碑中被塑造成一名"纯儒"的形象，字里行间都流露出了撰文者对之景仰之情，高度赞誉其遍注群经以续孔孟之学的功绩，正如该碑所云：

> 焕乎人文，图籍典坟。烦乱事剪，定自孔君。中途湮没，秦帝俱焚。汉兴儒教，郑氏超群。膏腴美地，簪绂宏规。啬夫罢署，京兆寻师。《中候》、《乾象》、《左氏》、《韩诗》。虽称积学，殆若生知。公之挺生，大雅之懿。囊括坟典，精穷奥秘。六艺殊科，五经通义。小无不尽，大无不备。好学慕道，深思远虑。来往周秦，经过兖豫。侍中不仕，司农罢署。卢植东遇，马融西去。作者谓圣，述者谓明。躬违三辟，门传五更。周官东部，汉黩西京。白玉遍地，黄金满簏。占卜潜桥，行途过沛。陶谦师友，孔融高盖。山启簧扉，草生书带。七十归老，三年赴会。经传洽熟，齐鲁攸宗。爵禄不受，赞论为功。礼乐今去，吾道皆东。类于标德，比皓称公。阉尹擅贵，禁锢连年。乃逢宥罪，方从举贤。南城避难，东莱假田。诞膺五百，终览八千。……

《重刻唐史承节郑公祠碑》之所言并非过誉,真实地反映出了郑玄在唐代学者心目中的地位。郑玄治经,以古文经说为主,兼顾今、古,广采群言,择善而从,加以己见,从而使今、古文熔铸于一炉,逐渐取代了原来各守门户的今文经学与古文经学,使汉代今、古文长期纷争的局面宣告结束,使经学重新获得统一,在中国经学史上影响极为深远。正如清初著名学者朱彝尊赞云:"可谓集诸儒之大成,而大有功于经学者。"① 郑玄所注的儒家经典,从汉魏之际开始,长期被列于学官,设立博士,流传甚广。唐代统一经学,孔颖达奉诏撰《五经正义》,其中的《毛诗》《礼记》皆采郑玄笺注;贾公彦又撰《周礼义疏》《仪礼义疏》,亦是依据郑玄注。可见,郑玄所撰经注,后世通习,对于儒学的传播起了很大的作用。正如《重刻唐史承节郑公祠碑》所云:"自夫子没后,大道方丧。公之网罗遗典,探赜今犹,特立郁然,时季途屯,志不苟变,全身远害。猗欤!美欤! 及范晔作论,有曰:'王文豫章君每考先儒经训,长于公,常以为仲尼之门不能过也,及传受生徒,专以郑氏家注云。'"

(二) 元代碑刻中郑玄的历史形象

元政权为蒙古族所建,入主中原后,逐渐吸纳汉法,尊孔崇儒便是其一。总的来看,有元一代对儒学的推崇虽远不及两宋,但出于实行汉法、稳固政权之需,对儒学还是采取了鼓励和优待的政策。如至元三十一年(1294)秋七月,元成宗"诏中外崇奉孔子",并宣布"凡庙学公事,诸人勿得沮坏。"② 大德三年(1299),元成宗又诏曰:"三教鼎立甚久,而儒教乃三纲五常所自出,于世道为最切"③。元成宗的这一政策,基本上得到此后几代元帝的执行。另外,也可以从元代文人的论述中得到证明,如余阙认为:"大元之兴,百有余年,列圣丕

---

① (清)朱彝尊:《曝书亭集》卷60《郑康成不当罢从祀议》,《景印文渊阁四库全书》第1318册,上海古籍出版社1987年影印本,第317页。
② 《元史》卷18《成宗纪一》,中华书局1976年标点本,第386页。
③ (元)佚名:《庙学典礼》卷6《蠲定儒户免役》,《景印文渊阁四库全书》第648册,上海古籍出版社1987年影印本,第401页。

第五章　石刻中山东古代先贤

承，日务兴学以为教，党庠塾序遍于中国，虽成周之盛，将不是过。"①郑玄作为中国古代历史上影响深远的儒学大师，自然受到元人的尊崇，其在碑刻中的历史形象一如既往地高大伟岸，甚至由人而神，这主要体现在张泰亨撰《郑康成庙记》与潘守义撰《重修郑公庙记》中。

元宪宗五年（1255），淄川知县事张孚重修郑公祠，济南府长山张泰亨撰有《郑康成庙记》。碑文首先简要介绍了郑玄的生平行事及学术成就："讳玄，字康成，北海高密人也。幼好学，游关中，师事马融。融尽授其业，既归，辞融，融曰：'吾道东矣。'北海相孔融深敬重之，号曰'郑公乡'，号其门曰'通德门'。时袁绍领冀州，举公茂才，公车征为大司农，因病还家，随绍军赴官渡，至元城卒，年七十四。公注《周易》、《尚书》、《诗》、《礼》、《论语》、《孝经》，凡百余万言，皆行于世，齐鲁之间生徒从者常数千人。"该碑中郑玄的形象，一方面沿袭《重刻唐史承节郑公祠碑》的基调，作为一名纯儒，在儒学传承中发挥着极大作用："物有废而复兴者，因乎其时也；道有塞而或通者，存乎其人也。当无事之时，则无物不盛；遇有为之人，则无道不弘，此固自然之理也。……公以儒术润色教化，启迪后学，使万世咸赖其功。"另一方面，郑玄被逐渐神话，赋予了地方保护神的角色："此土间遇水旱螟蝗之灾，民尝往祷之，未尝不旋踵而应以效光灵者也。……公精爽在天，惟德是监，人能以精诚之至恳祀之，其福之也必矣，又何疑焉？……况祭法云：'有功于民则祀之'……其有功于民不浅，其祀之也，不亦宜乎？"②如此，郑玄便超越了以往儒学大师的形象，达到了神鬼之境，这在至正六年（1346）福山县尹潘守义撰《重修郑公庙记》中表现得更为明显：

> 般阳去郡之东北十里许有山，曰梓橦山，山之阳有庙，郡人以为汉大司农郑公之庙，凡水旱虫灾，皆于斯焉祷，以其官望之也。……至正丙戌夏，平阳王公通议来总是郡，威德并立，神人

---

① （元）余阙：《青阳先生文集》卷3《穰县学记》，《四部丛刊续编》本，台湾商务印书馆1966年据常熟瞿氏铁琴铜剑楼藏明刊本影印。
② 嘉靖《淄川县志》卷3《建设志·祠祀》，《天一阁藏明代地方志选刊》第43册，上海书店1961年据嘉靖二十五年（1546）刻本影印。

是依。秋，适有螟作，公亟率僚属庙中求禳。去，许以葺理。越明日，虫尽毙，禾寻熟。公大骇，扬言于庭曰："神之灵若是，吾不食言。"……吾党之士，可谓知敬神之灵，知奉公之命矣。方今年夏将告成，值大旱，赤民谕境，民不聊生。时公承帅府檄，督捕大盗，浃旬，罪人斯得。既还郡，如前致祷，期三日，雨盈尺，百谷以兴，转愁叹为讴歌。盖神者，体物不遗，无处无之，诚至则享，不然则否。①

由以上二碑可见，元代郑玄突破了此前纯儒的形象，而兼具农业保护神的角色，民众凡遇水旱蝗灾，总是祷祀于郑公祠。究其原因，郑玄曾被汉献帝征为大司农一职（尽管以病托词，自乞还家，并未真正履职，但后人仍以"郑司农"称之），在民众看来，郑玄生前任司农一职，专掌农事②，死后亦然，仍为农业的保护神，水旱虫灾自然在其职权范围之内。《礼记·祭法》云："夫圣王之制祭祀也，法施于民则祀之，以死勤事则祀之，以劳定国则祀之，能御大灾则祀之，能捍大患则祀之。"③ 由人而神，这是中国古代民间崇祀的一个既定模式，正如《重修郑公庙记》所云："若郑公之明德重望，为一时大儒，为百世宗师，与造物为徒，岂非老子所谓'死而不亡'者乎？"

（三）明代碑刻中郑玄的历史形象

明嘉靖五年（1526），知县张文全重修淄川郑公祠，留有《知县张文全重修郑公庙记》（撰文者不详）。与唐、元之碑相比，该碑首次谈到郑玄讲学于黉山及从祀孔庙之事："淄川城东十里许，有山名梓橦，围袤亘十余里，怪石巉岩，涧壑邃曲，幽旷僻静，鸟啄人稀，为一方之胜概。汉儒郑公讲学于是山之巅，生徒远迩从之者千有余人，盖是入关师融之后也。公讳玄，字康成，本东莱高密人，在汉时为大司农，其有功于世教，有裨于生民，故既从祀孔庙，后人又即其讲学之所构祠塑

---

① 嘉靖《淄川县志》卷3《建设志·祠祀》，《天一阁藏明代地方志选刊》第43册，上海书店1961年据嘉靖二十五年（1546）刻本影印。
② 其实，东汉司农并不掌管农事，而掌钱谷之事。
③ 《礼记正义》卷46《祭法》，《十三经注疏》（下册），中华书局1980年版，第1590页。

像而祀之"①。郑玄从祀孔庙，始于唐代。据《通典·礼十三》记载："（贞观）二十一年，制以左丘明、卜子夏、公羊高、穀梁赤、伏胜、高堂生、戴圣、毛苌、孔安国、刘向、郑众、杜子春、马融、卢植、郑玄、服虔、何休、王肃、王弼、杜元凯、范宁、贾逵总二十二人，并为先师"②。宋大中祥符元年（1008），诏封大司农郑康成"高密伯"③。此碑沿袭前代传统，所塑造的郑玄形象，既作为汉代大儒，有功于世教，有裨于生民，还具有地方保护神的角色，"遇旱祷而应，遇蝗祷而应，邑中灾异祷而应，故邑侯政清、刑简、民服。六七年间，境无鸡犬之警者，未必不由先生精英默赞之力也"④。

嘉靖二十四年（1545），知县王琮增修淄川郑公祠，撰有《增修汉大儒郑康成庙碑文》。此碑一如《张文全重修郑公庙记》，介绍了郑玄讲学于黉山之事以及与之相关的遗迹："县治之东，距十里余，有山曰黉山。汉儒郑康成关陕业经之后，避地于斯，以经学教淄土，因卜筑于山之麓，故今有晒书台，有鞭书草，炳炳在人传说，铭碣不及也。"⑤ 但与此前碑刻有着鲜明区别的是，作者对于民众将郑玄视作稼穑之神加以祭祀深表不满，究其原因，一则，郑玄虽为大司农，但汉代大司农与周代大司农职掌不同，劝课农桑并不包括在内，正如王琮在该碑中所云："村翁野老，岁时祈禳，亦往往有应，淄人遂以公在汉官为司农，故其神司稼穑，以此崇祀……汉官司农，非周官司稼之属，如大司徒古以掌教，今以掌储。官名职掌，古今不同，类是者多，顾使民眩之，舛亦甚矣"；二则，民众无知郑玄的注经之功与世教之绩，而仅将之当作如同"水浒之神"一样加以祷祀，"经学渐淑之功浅，而祸福报应之感大矣。"在王琮看来，"盖秦烬，孔壁全经疮痍，虽云汉儒传会，而注疏之学，解释名物，开蒙万古，则毛郑

---

① 嘉靖《淄川县志》卷3《建设志·祠祀》，《天一阁藏明代地方志选刊》第43册，上海书店1961年据嘉靖二十五年（1546）刻本影印。
② 《通典》卷53《礼十三》，《十通》第一种，商务印书馆1935年版，第305页。
③ （元）马端临：《文献通考》卷43《学校考四》，《十通》第七种，商务印书馆1936年版，第410页。
④ 嘉靖《淄川县志》卷3《建设志·祠祀》，《天一阁藏明代地方志选刊》第43册，上海书店1961年据嘉靖二十五年（1546）刻本影印。
⑤ 同上。

之功，自有不可少者，用是秩之以常享也。若曰水旱蝗虫，有求如响，则公之神犹崖浒矣，岂不甚亵也哉？"① 郑玄作为一代儒学大师，在民众的心目中竟如同水边神祇，专门用来祈禳水旱蝗之灾的，而忽视了其集经义之大成之功，这是当时读书人所不能容忍的。王琮的不满，正表达了士大夫的共同心声，也反映出了郑玄在明代地位的下降。究其原因，嘉靖九年（1530），大学士张璁倡言先师祀典应当有所变更，嘉靖皇帝命礼部与翰林诸臣商议，最终，"林放、蘧瑗、卢植、郑众、郑玄、服虔、范宁，各祀于其乡。"② 自此，郑玄被罢从祀孔庙，改祀郑乡。直到雍正二年（1724），特允儒臣之请，恢复郑玄从祀孔庙资格，《清朝文献通考》记载："明嘉靖时厘定祀典，改祀于乡者七人，林放、蘧瑗、郑康成、郑众、卢植、服虔、范宁；罢祀者四人，秦冉、颜何、戴圣、何休，今俱宜复其从祀也。"③

（四）清代碑刻中郑玄的历史形象

清乾隆五十九年（1794）十月，山东学政阮元修复高密郑公祠，不仅重立积沙中掘得的金承安五年《重刻唐史承节郑公祠碑》，还另立新碑，即《重修郑公庙碑》④。此碑除了记述修复始末，余尽是对郑玄的评述之辞，赞誉其德高功显、声教流芳。该碑云："元尝博综遗经，仰述往据，行藏挈乎孔、颜，微言绍乎游、夏，则汉大司农高密郑公其人矣。公当炎祚陵夷，清流沈锢，泊然抱道，邃情坟典，却谢车服，隐德弥修，所学《易》、《书》、《诗》、《礼》、《春秋》、《论语》、《孝经》，笺注百余万言，石渠会议无以逮其详贯，扶风教授不足拟其旨趣，又尝比核算数，甄极毖维，两京学术，用集大成，天下师法，久而弥笃，所学固不以齐鲁域焉。今皇帝惇崇儒术，表章经学，纂定《三礼义疏》，多采郑说，是以海内学人翕然依向，言性天道，无敢骋其虚悟，礼度书文，靡不通其原本，庶几孔壁简策得以训

---

① 嘉靖《淄川县志》卷3《建设志·祠祀》，《天一阁藏明代地方志选刊》第43册，上海书店1961年据嘉靖二十五年（1546）刻本影印。
② 《明史》卷50《礼四》，中华书局1974年标点本，第1300页。
③ （清）嵇璜、刘墉等纂：《清朝文献通考》卷74《学校考十二》，《十通》第九种，商务印书馆1936年版，第5540页。
④ 此碑现存高密郑公祠前阶西。

言，儒生耳目未伤瞽瞆，被公之教，斯为至矣。"阮元修复郑公祠，不仅为了保存郑公遗迹，祭祀讲息有所，更是为了砥砺后学，承继先贤德业，以利来者，正如该碑所言："荣听事度筵，则长吏祭祀所止息也；第庐栖亩，则贤裔耕读便蠲除也。复将擢彼秀异，用请于朝，以奉登俎，世世无绝，庶使大儒之祀不致忽诸之叹，治经之士无歉仰止之怀，居其乡者绩学砥行，感愤而起"。

清道光举人任延煃①撰有《拟郑司农祠碑文》，仍沿袭以往对郑玄形象塑造的格调，记述其求学授徒之事与治学之绩："高密郑司农康成先生，阜山毓秀，特降哲人；墨水钟灵，笃生杰士。九重闻履，绍仆射之家声；万卷窥编，弃啬夫之吏职。居山东而绝少通儒，入关西而爰求博学，旁搜远绍，倍费辛勤，提要钩玄，独摅己见。食而不化，诸生空腐，蠹乾萤讹，则能订此老辨鲁鱼焉马，遂使千古之微言大义藉以彰明，而《六经》之断简残编并归完好矣。爰乃居家教授，大有生徒；闭户披吟，不求闻达。春风拟坐，共修北面之仪；时雨思霑，用广东方之化。异谈经于虎观，朝绅依芸阁以纡青；溯讲学于箕山，书带映蒲编而垂绿。潜光隐曜，明德实怀；《起废》、《针盲》，名流咸服。师原事马三年，亲绛帐之光；贼或屯蜂数万，下黄巾之拜。讵必牛能触字，迹印红墙；非徒鸡可铭碑，屑溲白瓦。且也知诗有婢，风雅堪观；垂戒惟儿，声称足致。未绾大夫之绶，乡号'郑公'；宜容长者之车，门标'通德'。孔文举亲劳屣履，能令大雅倾心；何遂高见以幅巾，肯向贵家托足？忘轩冕则聘却蒲轮，息邱园则名高梓里。殁而可祭，固应祀比桐乡；久而愈彰，遂见祠留莱国。盖入两庑而陪列黉宫，聿隆释菜之文；而专一室以趋承乡邑，用表传薪之报。"任氏睹物思人，触景生情，表达了对先贤郑玄的崇敬之情："礼堂何在，校壁经而曾费心神；书册常昭，阅笺注而还留手泽。岂可使先贤之灵庙，莫壮观瞻；并难同晏相之穿碑，堪深景仰。然而丝绣平原，偏增希慕；金镕范蠡，倍切怀思。劳仔想于夷门，五家特置；寄流连于

---

① 据民国《高密县志》卷14上《人物·任延樟》记载："延煃，字重辉，道光辛卯举人，举孝廉方正，辞不就，裁成后，进雅号通儒。"（《中国地方志集成·山东府县志辑》第41册，凤凰出版社2004年版，第479页）

随会，九原可从。况夫冠冕儒生，圭璋俊士，阐前人之窔奥，引后学于津梁。经明行修，典型具在；家尸户祝，风韵犹存。信精爽之式凭，巍然庙貌；冀神明之来格，洁尔溪毛。昔占岁在龙蛇噩梦，聿协两楹之奠；今看贺来燕雀祠堂，永立百世之基。因思陵迁谷变，慨寄成侯；山高水长，慕深范相。岘山顶上，犹存堕泪之名；浯水溪边，尚著摩厓之迹。邓士则希陈太邱之德，心欲为仪；蔡中郎铭郭有道之徽，色堪无愧。惟楷模渺而企仰无穷，故梗概陈而流传不朽。"①

综观碑刻中郑玄历史形象的演变，由唐代的"集经学之大成"的先师纯儒，到元明时期的由人而神，再到清代去神化而回归于单纯的儒学先师，人们对他的认识更加理性，更为看重其经学成就及学术影响。另外，碑刻中所反映的高密与淄川两地民众心目中郑玄的历史形象有所差别，前者仅是将之作为古代圣贤加以祭祀，而后者将之神化，纯儒兼具稼穑之神。为何有如此差别呢？笔者以为，第一，高密郑公祠建在郑玄墓前，让人感觉到郑玄的真实存在，让人意识到他只是一位经学成就极大的普通"凡人"，并非神鬼；相反，淄川民众则不能感觉到郑玄的真实存在，遂沿袭了中国古代既定的思维方式，由最初的"有功于民则祀之"，到最终将之神化，并与郑玄曾任职东汉大司农相连，如此便成了掌管农事的民间神灵。第二，淄川具有更为浓厚的地方鬼神文化，民众善于创造鬼神，蒲松龄撰写《聊斋志异》就是一个明证。

今郑公祠内有一副对联，上联"含海岱之纯异"，下联"体大雅之洪则"，横批"海岱宗师"；祠门两侧对联为"文章凭人论，经学赖公传"。这两副对联客观地评价了郑玄的学术成就及历史地位，正是对其笺注群经、集汉儒之大成的真实写照。

第二节　长山*范公祠碑刻与范仲淹形象的历史变迁

北宋名臣范仲淹，以力倡"先天下之忧而忧，后天下之乐而乐"

---

① 民国《高密县志》卷15中《艺文》，《中国地方志集成·山东府县志辑》第41册，凤凰出版社2004年版，第587—588页。

* 今山东省邹平县长山镇。

而著称于世,在其生前身后,都得到了世人一致的推崇与赞誉。宋英宗治平二年(1065),山东长山知县韩泽始建范公祠。此后,范公祠得到不断修缮,前后达18次之多①,并留下了《新建范公祠记》《增修范公祠记》《重修怀范楼记》《重修范公祠记》《重建范公祠记》等众多碑刻②,在一定程度上展现了时人心目中的范仲淹形象。兹以长山范公祠碑刻为主要依据,探求范仲淹形象自宋至清变迁的轨迹,并着力揭示制约这一变迁的众多历史因素。

一 宋代范仲淹形象的塑造及制约因素

(一)宋代碑刻中的范仲淹形象

北宋仁宗皇祐四年(1052),名臣范仲淹去世。宋英宗治平二年(1065),长山知县韩泽始建范公祠,从其所撰《新建范公祠记》的内容来看,主要是从三个方面对范仲淹的形象加以描述:

第一,范仲淹的家世:"公家世姑苏,幼则孤弱,无父所怙,而后随其母氏来居兹土,留而不去,遂为邑人。"③

第二,范仲淹早年的求学经历:"及其长也,卓有所立,乡人奇之,尝庐于长白,日自讽诵,虽刻苦不暇,每患其寡友。一日,超然遐举,四走方外,求老师巨儒,以成就其业。不数日间,大通六籍,声名倾动世。"④

第三,范仲淹的仕宦功绩:文治方面,"祥符中,会明天子诏天下举贤能者,公素擅乡间之誉,为乡大夫之所宾兴,一上而中殊科。寻补职任,骤历台谏,丕谟硕德,恩加乎生民,鲠议谠言,忠许于当国。……时以海内即安,邦国无事,乃擢二枢府参预机务,天下之人,欢然相语曰:'范公用矣,但翘首跂足以待太平尔!'公自是负

---

① 据嘉庆《长山县志》《邹平文史资料选辑》等记载,范公祠宋代始建,元代重修2次,明代重修6次,清代重修5次,民国重修1次,20世纪90年代修建2次,21世纪初又加以修缮。

② 原碑均已毁,文存嘉庆《长山县志·艺文志》中,今长山范公祠碑廊中的碑刻均系后人摹刻。

③ 嘉庆《长山县志》卷13《艺文志·记》,载《中国地方志集成·山东府县志辑》第27册,凤凰出版社2004年版,第509页。

④ 同上。

土重责,谓其功不可亟成,必待驯致,故其所为,志在远大,移风易俗,厘革颓弊,下缉臣仪,上裨衮职,欲行之以久而冀效于后也";武功方面,"领边郡,握兵权,谈笑樽俎之间,折冲方面之难,威声远播,坐镇犷俗,以致疆场尘清,投烽释警,敌不敢犯边,盗不敢入寇,天子倚之如金汤,视之如腹心,何患乎西陲?何忧乎北塞?"①

韩泽《新建范公祠记》奠定了长山范公祠碑刻中范仲淹形象的基调,不过,基本局限在范仲淹早年不幸的家世、刻苦求学的经历以及出将入相、卓然可赞的文治武功,从所达到的高度上讲,当是"爵位高","功烈显",由此较为成功地塑造了"励志功业型"的范仲淹形象。

(二)宋代范仲淹形象塑造的制约因素

韩泽《新建范公祠记》的形象塑造是基于整个宋代统治阶层给予范仲淹高度褒扬的广大社会背景之中的,宋仁宗及其以后的统治者无不对其推崇有加。如《续资治通鉴长编》记载:"初,仲淹病,帝尝遣使赐药存问,既卒,嗟悼者久之,又遣使就问其家。既葬,帝亲篆其碑曰'褒贤之碑'。"②此处"帝",即宋仁宗,"遣使赐药",并亲篆"褒贤之碑",一方面体现出仁宗对于范仲淹不仅仅是普通的君臣关系,"始终有一份感情上的亲近"③,另一方面,也体现出皇帝希望借褒赏之举,发挥榜样的力量,以此教化官员、民众,进而有助于天下的治理,这一点在韩泽《新建范公祠记》中也有所体现:

> 古之治天下,所谓不赏而民劝者,非谓绝而不赏之也,赏一善而百善进也。何哉?自京师至于郡县,郡县至于乡党,其间有德行节义可称者,取而旌之,生爵于朝廷,死表其门闾,如此风俗莫不劝勉也。汉唐之间虽不及于三代,而亦号为治者,此道素行也。且今之天下,何异于古之天下,而风俗未厚于古者,

---

① 嘉庆《长山县志》卷13《艺文志·记》,载《中国地方志集成·山东府县志辑》第27册,凤凰出版社2004年版,第509页。
② (宋)李焘:《续资治通鉴长编》卷172"仁宗皇祐四年"条,中华书局2004年版,第4146页。
③ 诸葛忆兵:《论范仲淹与宋仁宗之关系》,《江苏社会科学》2010年第5期。

得非此道之废欤？故文正公范希文之于陵也，岂特德行节义而已哉？……公没之后也，里无传焉，噫！古之人有德行节义，取而旌之，犹能以励其风俗，况有功于天下者乎？……使夫十室之民，朝夕耳倾而目属（瞩），自非鬼琐之类，得无耸激？薄者敦，懦者立，如是何患风俗之不及古也？故曰："不赏而民劝"，谓此矣。愚之所以建公祠者，非止为乎公也，为民也；非止为乎民也，为天下也！①

碑文字里行间流露出韩泽对范仲淹的崇敬之情，通过表现手法的寓情于文，达到表达效果的情文交融。范仲淹不仅为最高统治者所褒扬，亦为士大夫所赞誉，如欧阳修称："学古居今，持右入圆……举世之善，谁非公徒？"② 司马光云："前不愧于古人，后可师于来哲"③；富弼哀叹其去世，致使"世无哲人，吾道穷矣"④。欧阳修、司马光与富弼三人，可谓上顺君意，中抒友谊，下合民情，他们的称颂开启了历代士大夫赞誉范仲淹之风气，并逐渐在士人的心里播下了范仲淹正面形象的种子，有宋一代，写文章悼念称颂范公的大有人在，除了上述三人外，还有蔡襄、王安石、苏轼、朱熹等。总之，宋仁宗为范仲淹撰写"褒贤之碑"这一举措，在当时皇权专制的时代无疑以国家意志的形式宣布了范仲淹的高大形象及舆论宣传的正面取向，决定了碑刻中的范仲淹只能以正面的形象出现。韩泽任长山知县虽然始于治平二年，但是前朝所定的政治基调决然不可背离，加之韩泽本身对范仲淹的崇敬之情，所有这些都使得他在塑造范仲淹形象时只能以正面褒誉为主。

---

① 嘉庆《长山县志》卷13《艺文志·记》，载《中国地方志集成·山东府县志辑》第27册，凤凰出版社2004年版，第509—510页。
② 《范仲淹全集》附录九《历代祭祝赞文·祭资政范公文》，李勇先、王蓉贵校点，四川大学出版社2002年标点本，第1238页。
③ 《范仲淹全集》附录九《历代祭祝赞文·代韩魏公祭范文正公文》，李勇先、王蓉贵校点，四川大学出版社2002年标点本，第1244页。
④ 《范仲淹全集》附录九《历代祭祝赞文·祭范文正公文》，李勇先、王蓉贵校点，四川大学出版社2002年标点本，第1238页。

二 元代范仲淹形象的塑造及制约因素

(一) 元代碑刻中的范仲淹形象

蒙元入主中原后,受汉族农业文明的熏陶,逐渐走上汉化的道路,尽管此过程有些迂回曲折,但这是总的历史趋势。对于范仲淹等前代汉儒学士,元朝统治者们还是极力推崇的,这在元贞元年(1295)《重修怀范楼记》、至治元年(1321)《增修范公祠记》等碑刻中有所体现。元成宗元贞元年(1295)秋,县尹安承务重修怀范楼,长山教谕郑士隆撰《重修怀范楼记》云:

> 侯(指安承务,笔者注)因公余,登楼故址,缅想文正公少在长白笃志读书,身荣显宦,文章勋业,著在方策,昭然可见,故不可不为重建,以为后矜式。……侯之意,盖以文正公之在当时文章事业,至今宛然犹在人耳目,欲使后之学者登斯楼也,举首见文正公祠宇,必当效其勤,习诵其文章,怀其德行,观其勋业,想象而准则之,依仿而景慕之。夫如是,则学校兴,人才盛,苟能相与诵习,何患名不成而身不立哉!①

"长白笃志读书"是言范仲淹早年的求学状况,"身荣显宦"是言其仕宦功绩,除了这两方面延续了韩泽碑文的基调之外,还首次谈到了范氏"文章"与"德行"值得效法。在此碑之后,元英宗至治元年(1321)八月,张临撰《增修范公祠记》称:

> 俗因五季之后,廉耻道丧,士昧出处,贤不肖漫滤,先生以刚大毅决之资,拔出众人之中,进退超迈,萎靡之世为变,尊王黜霸,明义去利,凛然有洙泗之风。其后真儒辈出,圣学复明,辟之发洙泗之堙,先生实指其处。其可不谓之有功于圣门乎?事

---

① 嘉庆《长山县志》卷13《艺文志·记》,载《中国地方志集成·山东府县志辑》第27册,凤凰出版社2004年版,第511页。

业巍巍者不足为先生道。①

此碑没有延续以往基调,而是另辟蹊径,着重阐述了范仲淹对士风、道学的影响,以高大伟岸的身姿重振封建儒家意识形态,从而使范仲淹的形象变得更加丰满。

(二)元代范仲淹形象塑造的制约因素

在蒙古贵族入主中原、政治经济中心南移的形势下,大量阻碍社会进步的蒙古旧制在"祖述"的幌子下得以长期保存,统治者中大多数人始终对汉族典章制度、思想文化持有偏见,如民族歧视政策的推行等。然而,对于范仲淹这一科举出身的汉族知识分子,蒙古贵族还是较为推崇的,这实际上是当时统治者内部民族态度以及民族政策矛盾性的一种表现。剥去表面的矛盾之象,从根本上来讲,这是为维护统治、治理天下之需。据《元史·裕宗传》记载:

> (元世祖至元)二十年春,辟刘因于保定,因以疾辞。固辟之,乃至,拜右赞善大夫,以吏部郎中夹谷之奇为左赞善大夫。是时,已立国子学,李栋、宋衟、李谦皆以东宫僚友,继典教事。至是,命因专领之,而以衟等仍备咨访。尝曰:"吾闻金章宗时,有司论太学生廪费太多,章宗谓养出一范文正公,所偿顾岂少哉。其言甚善。"②

该史料虽然主要记载了裕宗(时为皇太子)不惜廪费,重视教育,培养人才,不过,我们从其引用章宗之语"养出一范文正公",则可以看出他对范仲淹尊崇之情。另据《元史·察罕传》记载:

> (察罕)尝入见……帝尝问张良何如人,对曰:"佐高帝,兴汉,功成身退,贤者也。"又问狄仁杰,对曰:"当唐室中衰,

---

① 嘉庆《长山县志》卷13《艺文志·记》,载《中国地方志集成·山东府县志辑》第27册,凤凰出版社2004年版,第513页。

② 《元史》卷115《裕宗传》,中华书局1976年标点本,第2891页。

能卒保社稷,亦贤相也。"因诵范仲淹所撰碑词甚熟。帝叹息良久曰:"察罕博学如此邪。"尝译《贞观政要》以献。帝大悦,诏缮写遍赐左右。①

在这里,元仁宗与察罕间的对话谈及前代名臣,如汉代张良、唐代狄仁杰,而宋代只提到了范仲淹,来自西域的察罕竟然能够"诵范仲淹所撰碑词甚熟",这足以说明朝廷重臣对范仲淹的熟悉与推崇,而这在一定程度上也会对仁宗产生影响。元朝统治者对汉族知识分子的态度以及政策的矛盾性,一方面使得汉族知识分子能够为范仲淹这一出自他们群体的典型代表建祠立碑,并加以褒扬赞誉;另一方面,又感叹今不及古,士风不在,儒学不盛,将自己的满腔忧思寓于对范仲淹的形象塑造中。当时知识分子的矛盾与挣扎,在郑士隆《重修怀范楼记》与张临《增修范公祠记》中亦有反映。郑士隆《重修怀范楼记》进一步塑造了范仲淹"励志功业型"的形象,究其原因,一方面或许因为自己的教谕身份,责任使然,希望借此发挥榜样的力量,兴学育人,实现读书人功成名就的理想;另一方面,也是作者在当时知识分子受压抑的氛围中借"侯之意"而发自内心的宣泄式独白,此种独白里蕴含了对自我人生出路不甘放弃的痛苦挣扎。张临在当时被称作"长白先生",终生讲授理学,撰写《增修范公祠记》时正值英宗朝,尽管科举取士已开,且他本人被授予国子司业的官职,但并不意味着此种矛盾的消除。以元代乡试为例,"按照不同行省、宣慰司和蒙古人、色目人、汉人、南人分配不同录取名额,并让他们在出榜、试题、场次等方面享受不同的待遇,这又直接反映了元统治者民族分化与民族压迫的国策"②。正如《增修范公祠记》开篇所论:"古今仕其贵同,何古人声震天下,事业巍巍,而后世不能也吁?能者未必得为,得为者未必能者也。虽然能者不难其人,而得为者每难其时。文正先生范公,事业巍巍者,屡进屡黜,卒之摈斥,难其时如此。"至此,我们明白,张临之所以赞誉范仲淹以高大伟岸的身躯改

---

① 《元史》卷137《察罕传》,中华书局1976年标点本,第3311页。
② 李治安:《元代乡试新探》,《南开学报》(哲学社会科学版)1999年第6期。

变唐末五代之后"廉耻道丧,士昧出处,贤不肖漫漶"的局面,进而重振儒学盛世,其目的在于通过选取、放大范仲淹"有功于圣门"这一人生侧面,抒发自己作为知识分子一员在所处矛盾夹缝中的士人心境,感叹"难其时如此",渴求当世能够再出一位如范公一样的人物,一扫元代对儒学、汉族知识分子的压抑与不平等对待,从而力挽狂澜,重建儒学盛世。

三 明代范仲淹形象的塑造及制约因素

（一）明代碑刻中的范仲淹形象

明朝建立后不久,便对范公祠进行重修,洪武三年（1370）长山县丞余景望撰《重修范公祠记》记载:

> 范文正公,平江人也,儿时姓朱氏,名悦,又为长山县人。初,公早丧父,家贫,赀产不给,长山人朱氏宦游平江,母夫人改适焉。时公甫四岁,随母来长山,遂以朱为氏。既长,登进士第,上书于执政者,乃复本姓,更名仲淹。公幼有大志,夫人历以商贾技艺诸事试之,公一无所乐,性嗜便静,乃求去读书长白山中。有醴泉寺僧怜其贫,敬其笃学也,每食设四饼以馈公,遇食或咕哔不暇,既而顾所馈饼屡减。公臆之曰:"寺僧厌我贫,居寺日久,意稍懈矣。"一夕,见白鼠来啗饼,趣起追之,鼠惊,匿阒下。公寻发一甄,窥鼠穴有器焉,蓄白金其中。公亟覆之,终不言。后公为西帅,寺废于火,寺僧遣人诣公告急,公款之弥月,已而以空书遗寺僧。寺僧发书,甚恚。得所言穴鼠事,又诟其绐己,乃辟地视之,赀宝巨万。僧大怪服,寺再兴。公帅青日,道经长山县,父老迎之郭西,公下车拜谒,见甚恭,后人因名其地曰"礼参坡",尝赋其诗以遗县人,终篇皆劝人为学之辞。①

---

① 嘉庆《长山县志》卷13《艺文志·记》,载《中国地方志集成·山东府县志辑》第27册,凤凰出版社2004年版,第518页。

此碑延续以往范公祠碑刻基调的同时，对范仲淹早年家世变迁的记载更为详细：由韩泽碑文中的"家世姑苏"，具体到"平江人也"；首次提到范仲淹的姓名变迁，由儿时的"朱悦"变为后来的"范仲淹"；对范母改嫁之事，尽去回护之笔，直言"改适"，并将改嫁的原因由韩泽碑文"幼则孤弱，无父所怙"，具体到"公早丧父，家贫，赀产不给"。余景望在碑中还记载了范仲淹求学长白山醴泉寺时的两则故事及道经长山礼参父老之事，从其不乐商贾技艺以及遇窖金不取，足见范仲淹求学之志坚；从一顿四饼到后来遭寺僧厌弃屡减，足见其求学之艰难；从官居高位却对父老"下车拜，谒见甚恭"，足见其谦恭知礼，感恩不忘。余景望对范仲淹形象的塑造是建立在前代基础之上的，并实地调查，"退求朱氏子孙，询公之祠宇、事迹，大抵抑塞湮没，仅得闻其一二"，最后"辄采父老所言，以示后人"①，从而使范仲淹的形象变得更加生动、鲜活。到了明英宗天顺二年（1458），义官许进修范公祠，翰林学士倪谦撰《重建范公祠记》云：

> 山东长山，文正公穷约所居之地也。公本苏人，幼孤，母贫无依，改适朱氏，携公来斯，遂冒其姓，名悦。后举进士，始复本姓，名仲淹。公之蚤（早）年也，修学长白山醴泉僧舍，日作粥一器，画为四块，蚤（早）暮各取二块，以盐齑数茎啖之，其清苦如此。及后贵显，门中如贫贱时，赐金悉以遗将佐，俸余悉以赡宗族，孟子所谓"富贵不能淫者"，此也，非由其气之素养乎？平居尝自诵曰："士当先天下之忧而忧，后天下之乐而乐"，其抱负如此。及得位，治民筑捍海之堤，握兵破西贼之胆，立朝殚献纳之诚，孟子所谓"自任以天下之重者"，此也。非由其志之所素存乎？盖公生际有宋极盛之时，钟天地间生之气，故其出也，光明正大，卓为伟人，学必师圣贤，道必本仁义，所至爱民利物，竭忠尽节，用致功被当时，泽流后世，巍然三代之佐，而

---

① 嘉庆《长山县志》卷13《艺文志·记》，载《中国地方志集成·山东府县志辑》第27册，凤凰出版社2004年版，第518页。

第五章　石刻中山东古代先贤

非汉唐以下人才可伦也，宜朱子以杰出之材称之。①

此碑与以往范公祠碑相类，但内容稍有增创，虽也谈到"断齑画粥"的故事，但将余景望碑"每食四饼"变成"日食粥四块"，更加凸显了范仲淹身虽贫困但求学意志之坚定，同时，还首次记述了范仲淹的义举，如赡养宗族、修筑捍海堰等，体现了其爱民之意。文中引用孟子之言作为点睛之笔，运用儒家伦理标准从正面对范仲淹极尽吹捧赞美之能事。这里对范仲淹形象的塑造，自始至终以儒家思想为纲，叙论结合，从而使范仲淹的形象得以深化，达到了士大夫精神风范的制高点——"卓为伟人""三代之佐"。

（二）明代范仲淹形象塑造的制约因素

洪武三年（1370），知县徐奇、县丞余景望重建范公祠②，这是入明以后首次修建。此时，明朝初建，天下方定，百政待兴，为什么要迫不及待地修建范公祠呢？或许正如余景望在碑中所言"以示后人"。既然是"以示后人"之作，无论是从主观还是从客观层面讲，实际的教化作用不言而喻。因此，从当时的形势来看，知县徐奇与县丞余景望修建范公祠的目的性很强，既为了当时人心思定，又为了保存范公遗迹以利来者。基于这些原因，余景望所撰《重修范公祠记》只能延续宋代韩泽所确立的政治基调，不过，仍有创新之处。如对范仲淹因母"改适"至长山直言不讳，这是因为距离范仲淹时代较远，且当时刚刚开国，风气未定，故而没有任何忌讳。在经历了"土木堡之变""夺门之变"等政治动荡后，至天顺年间，言论环境较以往大为宽松，士人心态有所变化，由畏首畏尾到开始张扬士大夫之气。正如天顺二年（1458）翰林学士倪谦所撰《重修范公祠记》对范仲淹形象的塑造，借用孟子之言，融入"气""志"之说，进而总结论述，将其推到"光明正大，卓为伟人"的高度，甚至"巍然三代之佐，而非汉唐以下人才可伦也，宜朱子以杰出之材称之。"这是范仲

---

① 嘉庆《长山县志》卷13《艺文志·记》，载《中国地方志集成·山东府县志辑》第27册，凤凰出版社2004年版，第519页。

② 嘉庆《长山县志》卷2《祠宇》，载《中国地方志集成·山东府县志辑》第27册，凤凰出版社2004年版，第299页。

淹形象由之前"励志功业型"向康熙年间臻于"神鬼之境"转变之始。值得注意的是，碑文引用朱子之言对范仲淹加以评价称颂，实际上是以朱子的人才价值为标尺的。明朝自洪武十七年（1384）定科举程式以后，一直取法程朱理学，因此在塑造、评价范仲淹时不可避免地以朱子的标准为标准。从另一方面讲，在作者看来，符合朱子的标准便是对范仲淹士大夫形象的最高褒扬了。倪谦身为翰林学士，却肯为一县之祠庙撰写碑记，这在长山范公祠碑刻中是仅有的，其中缘由，自是复杂。一方面如前所述，借风气之开，张扬士人之"气"与"志"，以达到教化邦人之意，诚如该文作者在碑中所言："独以公大过人者，本于穷约，所志所养，足以廉顽而立懦，故特举以告邦人。俾吾党之士，凡修容于是祠者，歆慕激昂，靡不存其志，养其气，以追踪前哲"。另一方面，范仲淹的功业道德、学术文章自有可讴歌之处，该文作者作为读书人，心有仰慕之情。第三方面的缘故，该文作者在碑文中有所提及："邹平孙公续宗，嘉可升尊贤之义，为征予言记之"。此处"可升"，乃长山县一义官，姓许名进，字可升，曾捐资修葺范公祠，而"孙公续宗"，则是天顺年间英宗皇帝之母孙太后之弟，邹平人。早在宣德年间，孙氏由于受到宣宗宠幸而大受封赏[1]，后因在"夺门之变"中发挥了重要作用而受到英宗的封赏[2]，孙家越发显耀，直至嘉靖十六年（1537）爵位才被废止。由此看来，一方面，许、孙等人的义举值得记载，"可升是举于名教岂小补哉？是则可升之好义，孙公之乐施，皆可书也"[3]；另一方面，在笔者看来，倪谦撰写此碑或许有着被胁迫之嫌，身为翰林学士，他不得不考虑孙续宗的家族势力，既然是"可升之好义，孙公之乐施"，所以于范仲淹的形象就只能以正面为主，否则将置可升的"好义"、孙公的"乐施"于何处？

---

[1] 《明史》卷113《后妃一》，中华书局1974年标点本，第3514页。
[2] 《明史》卷108《外戚恩泽侯表》，中华书局1974年标点本，第3273—3274页。
[3] 嘉庆《长山县志》卷13《艺文志·记》，载《中国地方志集成·山东府县志辑》第27册，凤凰出版社2004年版，第520页。

四 清代范仲淹形象的塑造及制约因素

（一）清代碑刻中的范仲淹形象

清代碑刻对范仲淹形象的塑造，主要是以康熙五十五年（1716）知县孙衍所撰《重修范公祠记》为代表，它突破了以往韩泽的基调，使范仲淹完全超越了士大夫形象，达到了神鬼之境，正如碑文所云："盖公之神在天下，所谓水在地中，无所往而不在者。至长山，乃公之游寓之地，谊同桑梓，则魂魄犹应恋此也。……呜呼，云山苍苍，江水泱泱，先生之风，山高水长，此公记严子陵祠堂语也，可以作今日自记矣。"① 至此，碑刻中的范仲淹形象达到了封建时代的巅峰。纵观长山范公祠碑刻中范仲淹形象的演变，肇始并奠基于宋代，经过元代以及明初，其形象愈加丰满，至明代中后期，已然达到了士大夫精神风范的制高点，逐步实现了由"功烈爵位之高""文章事业之著"的"励志功业型"，向"卓为伟人""三代之佐"的"圣贤士大夫型"的转变，至康熙年间更是登峰造极，达到死而不朽的神鬼之境。

（二）清代范仲淹形象塑造的制约因素

碑刻中的范仲淹形象为何至清代达到最高点？我们还需通过史籍记载来探寻其中缘由。清朝统治者对范仲淹可谓推崇备至，最突出的表现就是在康熙年间将范仲淹入祀孔庙。其实，早在南宋时期，著名学者李焘就曾向宋孝宗提议将范仲淹入祀孔庙，《宋史·李焘传》记载此事云："（淳熙）四年，驾幸太学，以执经特转一官。焘论两学释奠：从祀孔子，当升范仲淹、欧阳修、司马光、苏轼，黜王安石父子；从祀武成王，当黜李勣。众议不叶，止黜王雱而已。"② 李焘之请虽然未成，却开后世倡议范仲淹入祀孔庙之始。至明代，国子监祭酒顾锡畴"请正（孔庙）从祀位次"③，再次提及范仲淹入祀孔庙事，《东林列传·顾锡畴》记载："崇祯初召用，升赞善，历谕德，迁国子监祭酒。奏复积分旧制，厘正从祀位号。有《从祀议》言：'十哲

---

① 嘉庆《长山县志》卷13《艺文志·记》，载《中国地方志集成·山东府县志辑》第27册，凤凰出版社2004年版，第538页。
② 《宋史》卷388《李焘传》，中华书局1977年标点本，第11917页。
③ 《明史》卷216《顾锡畴传》，中华书局1974年标点本，第5721页。

中适进有若、南宫适,而降予、求。先儒中宜进诸葛亮、狄仁杰、范仲淹也。'"① 不过,顾锡畴此次提议仍未成功。直到清康熙五十四年(1715)十一月,在江南提督学政余正健的请求下,康熙皇帝才恩准范仲淹入祀孔庙,《清圣祖仁皇帝实录》记载此事云:"(康熙五十四年乙未十一月)辛丑,以宋儒范仲淹从祀孔庙,从江南提督学政余正健请也。"② 这在孙衍所撰《重修范公祠记》中亦有体现:"今上御极之五十五年,人道化成,崇儒重道,特念有宋楚国文正范公,先忧后乐,以天下为己任,是诚明体达用,可以绍洙泗而光俎豆也。爰召天下诹吉正月二十四日,置主从祀孔子庙庭,位列司马温公之上。"③ 康熙五十五年(1716)正月二十四日,范仲淹正式入祀孔庙,位列司马光之上。此举使范仲淹的地位得以飙升,完成了自我形象的蜕变与升华,达到死而不朽的"神鬼之境"。范仲淹之所以能最终入祀孔庙,最根本的原因在于最高统治者康熙帝对范仲淹的推崇,当然,如此做法有着强烈的政治目的,正如清范能濬《御书亭记》所云:"皇上追奖先臣,正所以勉励后嗣。……一日之间,迭膺荣宠,虽捐糜顶踵,何以仰答隆恩,此不独臣一家感戴,凡厥臣庶观瞻者,仰见我皇上推恩及数百年前之臣子,念其成绩,锡以芳名,自莫不踊跃奋兴,砥砺臣节,教忠教孝,圣德之生成无量……"④ 由此可见,康熙帝恩宠范仲淹有两重效果,其一,有勉励范仲淹后世子孙之效,使其精忠报国,上对得起皇恩,下对得起祖宗;其二,为了教化、鞭策其他官员,使其"踊跃奋兴","砥砺臣节",尽心国事。

五 余论

自宋至清,碑刻中的范仲淹形象逐渐实现了由宋代韩泽笔下的

---

① (清)陈鼎:《东林列传》卷12《顾锡畴传》,广陵书社2007年版,第247—248页。
② 《清圣祖仁皇帝实录》卷266,中华书局2008年版,第5556页。
③ 嘉庆《长山县志》卷13《艺文志·记》,载《中国地方志集成·山东府县志辑》第27册,凤凰出版社2004年版,第538页。
④ 《范仲淹全集》附录八《历代亭堂泉记·御书亭记》,四川大学出版社2002年版,第1225页。

"励志功业型"，到元明时期的"圣贤士大夫型"，再到清代孙衍笔端臻于"神鬼之境"的转变，而这一系列转变的实现伴随着众多因素的推动。

其一，从范仲淹本身来讲，他在"立德""立功""立言"上皆有可圈可点之处，尽管碑刻将其正面形象加以放大，但是范仲淹不平凡的一生始终为碑刻形象的塑造提供了基本的事实与逻辑起点。

其二，从统治者层面来看，自宋仁宗起，历代统治者都对范仲淹推崇有加，这就奠定了范仲淹形象塑造的官方基调。封建统治者之所以高扬范仲淹这面大旗，有着鲜明的政治目的，因为范仲淹勤政爱民的形象有益于风俗教化，有利于激励人心，"以刚大毅决之资，拔出众人之中，进退超迈，萎靡之世为变，尊王黜霸，明义去利，凛然有洙泗之风。"[①] 统治者正是怀着这种政治目的，才乐此不疲地抬高范仲淹的正面形象，而长山范公祠碑刻正好顺应了此种政治要求与趋势。

其三，从士人层面来说，统治者对范仲淹的推崇在广大士人中产生了极大影响，加之欧阳修、司马光、富弼、朱熹等士人代表对范仲淹的称颂，更是影响了天下读书人。于是，在士人阶层中便逐渐弥漫开一种推重、赞誉范仲淹的风气，这自然也影响到长山范公祠碑刻的撰写者。从宋代韩泽到清代孙衍，对范仲淹都十分景仰，他们通过引用孔孟儒家先哲的言论，遣词造句，强化了对范仲淹形象的正面塑造。需要指出的是，在范仲淹形象塑造的过程中，撰文者的视角因时代、士风不同而不同，故而范仲淹的形象难免带有个性化以及变异失真的色彩。

其四，从民众层面来看，其力量不容小觑，不但亲自参与了范公祠的修建，也直接影响到了范仲淹的形象塑造。碑刻撰文者为了使范仲淹的形象更加丰满、鲜活而进行实地考察，"辄采父老之言，以示后人"，民众从而将其世代相传的有关范仲淹的故事传说经由撰文者之笔而展现于碑石之上，反过来，碑刻中范仲淹形象的塑造又促使范仲淹形象更广泛地传播。"这种由传说至文本再到传说的传布和延伸

---

① 嘉庆《长山县志》卷13《艺文志·增修范公祠记》，载《中国地方志集成·山东府县志辑》第27册，凤凰出版社2004年版，第513页。

过程被人们形象地称为'反哺'现象"①，在代代相传的过程中，记录范仲淹言行故事的"事语类史料"，便逐渐具有了鲜明的集体记忆特征。可以说，范仲淹的形象里凝聚、传承了历代民众共同的道德理想、仰慕情结以及美好愿望等集体记忆特征。所以，长山民众始终对范公祠充满热情，不断地加以重修，这也是范仲淹正面形象不断加以塑造的现实动力之一。

最后，从塑造的历史延续与积淀上说，自宋代以来，对范仲淹形象自上而下的塑造，形成了一种弘扬范仲淹正面、高大形象的历史氛围，在这种氛围中，只要是对范仲淹形象加以"锦上添花"，无论"花"真实与否，都会得到人们的广泛认可与拥护。实际上，这是一种可怕的"叠加效应"在起作用，而这种"叠加效应"是由历代来自各阶层的人们特别是来自政界、学界有影响的人物合力推动形成的，在此种"叠加效应"中，每个参与者都是影响力不同的"叠加因子"，而不同的"叠加因子"超越时空对范仲淹众口一词的赞美，汇聚成了一股强大的力量，产生了强大的"叠加效应"，其结果便是在历史的长河中逐渐淹没了对范仲淹的负面评价，几乎形成了"一边倒"的"叫好"形势。由于历史的延续与积淀带给人们强大的思维惯性，这便使得"叠加效应"能够赋予自身以"加速度"，进而使得此股由历史延续与积淀而形成的褒扬范公之势像滚雪球般越滚越大，终于到康熙时达到顶峰。康熙皇帝审时度势，顺水推舟，自然而然地将范仲淹入祀孔庙，使其成为古代社会少有的"先儒"之一，其地位和影响无以复加，或许只有"神鬼之境"才能与之匹配。然而，"叠加效应"的遮蔽作用也在显现，在不断的"锦上添花"中，那个历史上真实存在的范仲淹形象逐渐迷失在碑刻中了。

总之，在内外因素的共同作用下，长山范公祠碑刻中的范仲淹形象悄然发生着变化，而凝聚着时代记忆的碑刻则成为我们透视范仲淹形象变迁的历史依据，通过对碑刻的解读以恢复范仲淹的真实面貌，这才是我们研究历史的真正目的。

---

① 宁登国、赵立伟：《先秦口头传播与"事语"类史料的形成》，《甘肃社会科学》2008年第4期。

第六章 《济州刺史任公屏盗碑》与五代地方贼患治理

唐末五代是我国历史上政权更迭频繁、割据纷争的时期，由于连年的战乱、官府的残酷统治以及水旱灾害等原因，致使该时期社会动荡，饥荒连年，贼患严重，"所在盗起，往往据州县"①。贼患对社会治安乃至封建统治秩序造成严重威胁，五代统治者无不采取措施加以屏盗息民。为了表彰那些在贼患治理中功绩卓著的地方官吏，而刻立屏盗碑。留存至今的五代时期的屏盗碑数量十分稀少，其中以后周的《济州刺史任公屏盗碑》最具代表性，这是研究五代地方社会治理的一种重要资料。兹以《济州刺史任公屏盗碑》为主要依据，对五代地方社会的贼患治理加以管窥，但愿能对五代史研究有所裨益。

第一节 《济州刺史任公屏盗碑》及校补

一 《济州刺史任公屏盗碑》简介

《济州刺史任公屏盗碑》（见图6-1）立于周世宗显德二年（955），原存于山东省巨野县城北门外，由于历代黄河泥沙淤积，致使碑身大部淹埋于地下。直到2002年，巨野县文管部门才将之发掘出土，移立于永丰塔之阳，并修建碑亭加以保护。该碑青石质，上窄下宽，呈梯形，通高5.16米，宽1.42—1.58米，厚0.5米左右。龟趺螭首，上雕八龙，额间篆书"大周任史君屏盗之碑"三行九字，为军事判官、朝议郎、试大理司直兼殿中侍御史张穆所篆。碑阳刊文

---

① 《新五代史》卷41《钟传传》，中华书局1974年标点本，第446页。

图6-1 《济州刺史任公屏盗碑》

26行,行75字不等,共计1500多字,字径约4厘米,行书。撰文者为朝议郎、行左拾遗、文集贤殿修撰李昉,据《宋史·李昉传》记载:李昉,字明远,深州饶阳人。后汉乾祐年间举进士,入仕后周后,累官左拾遗、集贤殿修撰、屯田郎中、翰林学士等职,正与《济州刺史任公屏盗碑》列衔同。周世宗赏爱其才,"益善昉诗,而称赏之曰:'吾久知有此人矣。'"①《济州刺史任公屏盗碑》乃李昉三十岁时奉敕撰写,修辞法度谨严,层次分明,述论并茂,文字精练,令人拍手称绝。正如阮元所云:"此碑辞句华赡,洵为称旨之作。"②《济州刺史任公屏盗碑》书丹者,为翰林待诏、朝议大夫、行司农丞张光振。张光振史志无载,但就其奉敕书丹来看,应为当时著名书家,不知史书为何漏载。此碑书体明快流畅,结体婉丽,筋骨分明,"遒劲有法"③。《济州刺史任公屏盗碑》向以文好、书佳、刻精而著称,气宏势凝,久享盛名,为"三绝碑"。始自五代,历经宋元明清,至今已千余载,而笔画基本完好,弥足称奇。它不仅为证史补史提供了可靠的实物资料,而且对于研究古地理环境和地貌变迁以及文学、书法艺术的发展具有极其重要的价值和意义。

二 对《济州刺史任公屏盗碑》的校补

《济州刺史任公屏盗碑》至今虽存,但一些碑文残泐殊甚。阮元

---

① 《宋史》卷265《李昉传》,中华书局1977年标点本,第9135页。
② (清)阮元:《山左金石志》卷14《济州刺史任公屏盗碑》,《续修四库全书》第909册,上海古籍出版社2002年版,第610页。
③ 道光《巨野县志》卷20《金石》,《中国地方志集成·山东府县志辑》第83册,凤凰出版社2004年版,第437页。

第六章 《济州刺史任公屏盗碑》与五代地方贼患治理

《山左金石志》是录载《济州刺史任公屏盗碑》较为权威的版本之一，但仍有数处讹阙。笔者依据原碑及《北京图书馆藏中国历代石刻拓本汇编》第36册所录拓片，对《山左金石志》所录碑文加以校补。

大周推诚奉义、翊戴功臣、特进捡校太保、使持节济州诸军事、行济州刺史兼御史大夫、上柱国、西河郡开国公、食邑二[1]千三百户任公屏盗碑铭并序，朝议郎、行左拾遗、充[2]集贤殿修撰臣李昉奉空五字敕撰。

翰林待诏、朝议大夫、行司农丞臣张光振奉空五字敕书。

降娄鲁之分，济河惟兖州。大野既荒，西狩获麟之地。崇山作镇，东暝见日之峰。郡国已来，土赋称大；旧制非便，必惟具新。盖民众吏少，则奸易生；治称任平，则时克乂。皇朝建济州于巨野县，犹魏室分厌次为乐陵郡耶。我太祖圣神恭肃文武孝皇帝，发天机，张地纪，皇建丕祚，空三字帝于万邦。不枉政以厚民生，不克法以重民命。以为分是理，颁是条，施之一方而用宁，通之四海而不泥者，其惟良二千石乎？故所[3]选牧守，咸用贤能。得人者昌，于斯为盛。今皇帝嗣守洪业，光扬空三字圣谟。率勤俭为天下先，惟几微成天下务。所谓空三字皇王纲统之道明矣，邦国纪律之务成矣。而研核精炼，日不暇给，以戒弛堕之患。所谓视听聪明之德充矣，内[4]外上下之情通矣。而启迪开纳，国无留事，以防壅塞之弊。凡[5]军国机要，刑政枢务，事无巨细，必详于听览。凡公侯卿士，牧伯长吏，任无轻重，必考其才器。是以设爵愈重，分职愈精。人人自谓我民康，家家自谓我土乐。粤嗣位元年冬十月，诏以前赵州刺史任公捡校太保牧于济。济，新造之郡也，麟州之名，其废已久。岁月差远，土风寖醨，民忘其归，或肆为梗。重以控地既大，苞荒用遐。山幽薮[6]深，亡命攸萃。灌莽悉伏戎之地，藿蒲为聚盗之资。妖以人兴，啸召或成于风雨。法由贪弊，羁縻遂至于逋逃。良田有蟊，实害嘉谷。惟夫年号丰稔，时无札瘥。滞穗余粮，栖偃于千亩。京仓坻庚，阜衍于九年。犹或胁游堕之夫，释耒耜之用，钩锄弦木，窃弄于乡闾之间，矧饥冻之岁乎？至乃野无战血，天藏杀机。巩甲瑒戈，戢锋铓于武库。庸租井赋，缓征督于乡胥。尚或诱轻主之民，聚无赖之族，巢枭穴狡窃发于海溟之中，矧兵革之际乎？民既病而畴思其治，医虽良而药或未工。盖用有所长，才难求备。文吏束名教之捡，则必曰导之以德。盗用侮而益暴，法家持刚猛之断[7]，则必曰齐之以刑，盗用骇而弥逸。自非文武兼资之用，英雄断制之才，茬是任而居是邦者，厥惟艰哉。公天授将才，生知理本。以战则胜，元机出应变之先。以化则孚，心术同希微之表。抗一旅而戾止，抚万室以瞻言。以为川壅污潢，利源派而尝宜浚亩。田荒蘼蓤，树嘉苗而必极芟夷。于是令以先庚，申之后甲。介马负先驰之勇，阴门提夜出之兵。猎丛社以平妖，尽诛其类。狩平林而得貐，悉伏其辜。狂童震惊，四野竦骇。狼心尽革，民患皆除。乃峻以堤防，敛其窘窄。决狱尽疏其留滞，穷源用涤其瑕疵。分命乡民，设其警候。伏乙夜以蒐慝，扼冲途而伺奸。盗迹之来，若罹置毕。申命降寇，招其叛徒。恩信著用，以结其心。慑伏羁留，以杜其变。盗意之改，若愈膏肓。非夫术以变通，奸由惠照。太阿所击，刺洪钟而不留。玉弩载张，应灵机而自发。其孰能如此耶？甚矣哉！除盗之难，其来有素。中古浇醨之后，群心变诈之兴。纵燎夷荒，或败萧兰之秀。寻柯伐蠹，因伤杞梓之材。唯贤者之用心，则是非而无混。故公嫉盗之意切，而诛盗之令严。去盗之术行，而屏盗之誉显。夫盗既去矣，民将息矣，然后缓之以约束，宽之以法令，养之以惠爱，劝之以礼让，化之无或戾，信之无或欺，则龚黄之风，彼亦奚尚。是以黄发鲐背之叟，农工商贾之类，含哺而嬉，既舞且咏。以为康庄播颂，虽昭盛德之容，琬炎栽碑，宜耀披文之质。郡将官吏，唱言佥同，乃诣阙上陈，愿塞群望。帝用嘉许，纶言式敷。诏左拾遗李昉，俾文其事，以述济民之请。微臣不才，孤奉空三字明旨，揣阖秘思，惧遗休声，稽实课虚，斯谓无愧。而太史氏纪功臣之绩云。

公名汉权，蜀国人也。以武略事累朝，以战功登贵仕。亟握兵要，连分使符。初牧于丹，有排乱折冲之绩。移治于赵，有安边镇静之功。所至皆有能名,而济之人独能宣其事业,以示不朽,亦可谓贤矣。系曰:事有该于谣俗,传于耆旧者,千载之下,尚为美谭。矧文之以铭,而勒之于石乎?他日知使君之政者,其将质于此。故其词云:

道失其要,淫刑而暴,人心用违,良民为盗。令严而申,政肃而淳,人心用依,盗为良民。民即盗也,盗亦民也,善恶之化,实由乎人。猗欤使君,克善其治,始以严诛,去其奸宄。申以约束,静其乡里,里无堕农,乡无狡童。曾未逾月,澄清四封,相彼林矣,岂无犴虎。暴心不生,与麟为伍,循彼陔兮,亦有荆棘。恶蔓既除,与兰同色,使君之贤,如山如渊。济民之颂,声闻于天,刻石播美,垂千万年。

军事判官、朝议郎、试大理司直兼殿中侍御史张穆篆额,显德二年岁次乙卯闰九月一日丙申朔建。

【校勘记】

[1] 此字原书作"一",据原碑及拓本正。
[2] 此字原书作"文",据原碑及拓本正。
[3] 此阙字据原碑及拓本补。
[4] 此阙字据原碑及拓本补。
[5] 此字原书作"非",据原碑及拓本正。
[6] 此阙字据原碑及拓本补。
[7] 此阙字,原书仅有"斤"部,据原碑及拓本,应为"断"。

第二节 五代地方贼患产生的原因分析

在中国古代,封建史家将反抗官府、破坏社会稳定的人及武装力量一概称为"盗贼"。实际上,"盗贼"的性质不尽相同,既有以打家劫舍、杀人越货为目的鸡鸣狗盗者,但更多的则是在走投无路的困境下被迫拿起刀枪反抗官府的普通民众。前者是真正意义上的刑事犯罪的盗贼,而后者则属于农民起义的范畴。然而,封建政府及史家们常常将二者等同视之，统称为"盗贼"。五代时期地方贼患的产生由多种因素造成，下面予以简要分析。

一 割据纷争的军事战乱

唐末五代时期，是我国历史上政权更迭频繁、动荡不安的时期。自唐哀帝天祐四年（907）朱温篡唐建立后梁，至宋建隆元年（960）赵匡胤陈桥驿兵变建立北宋，中原地区先后建立了后梁、后唐、后晋、后汉与后周五个政权，即"五代"。与此同时，中原地区之外存有前蜀、后蜀、吴、南唐、吴越、闽、楚、南汉、南平、北汉十个割据政权，即"十国"。五代十国是唐朝藩镇割据的延续，各政权间互有征伐，战乱不止，引发了此起彼伏的贼患，这主要表现在两个方面：一是纪律不严明的军队对民众造成严重的骚扰，导致民众的逃亡反抗。如后唐明宗长兴元年（930）十二月，后唐发兵征讨割据四川的董璋、孟知祥，由于道路险狭，进军不易，运输更难，"关右之人疲于转饷，往往窜匿山谷，聚为盗贼"[1]。又如，后周世宗显德三年（956）七月，后周出师征南唐，"及周师至，争奉牛酒迎劳。而将帅不之恤，专事俘掠，视民如土芥。民皆失望，相聚山泽，立堡壁自固，操农器为兵，积纸为甲，时人谓之'白甲军'。周兵讨之，屡为所败，先所得唐诸州，多复为唐有"[2]。南唐民众本来"奉牛酒迎劳"，然而由于后周军队俘掠民众，故遭到民众的坚决抵抗，这些白甲军对后周朝廷而言，当然是"盗贼"。正如陆游《南唐书》所云："周侵淮南，中外震骇，盗投罅多窃发。"[3] 二是逃亡、溃败、被遣散或反叛的军队转而为"盗"。五代时期，一些军阀、将帅对待士卒苛酷，使士卒产生离心而逃亡。按军法，逃亡者当斩，因而不敢回乡，只能聚集山林川泽为"盗"。如后梁时，"梁、晋兵争山东，群盗充斥道路，行者必以兵卫"[4]。不论出自何种原因，反叛朝廷的军人都

---

[1] 《资治通鉴》卷277，中华书局2011年标点本，第9179—9180页。
[2] 《资治通鉴》卷293，中华书局2011年标点本，第9690页。
[3] （宋）陆游：《南唐书》卷8《三徐三王二朱胡申屠乔睦列传第五》，《景印文渊阁四库全书》第464册，上海古籍出版社1987年影印本，第430页。
[4] 《新五代史》卷47《李周传》，中华书局1974年标点本，第524页。

被封建统治者视为"盗贼",在统治者看来,这些手执锐利兵器,占据坚城,且训练有素的"盗贼",比其他各类"盗贼"对封建统治的威胁更大,因而及时镇压乃当务之急。在平叛后,常常还要对参与者施以族诛酷刑。其实,对待此类"盗贼",招安往往比残杀更为有效。另外,朝廷在形势危急之时,感觉到正规军队不敷所需,临时抱佛脚,将乡民组织起来,加以训练,并给予一定优待,冀望成为正规军的后备力量。如果一旦发现这些乡兵不堪所用,或危急形势解除,为了节省财政开支,朝廷常常采取遣散乡兵的办法。乡兵迷恋于由朝廷供养的生活方式,不愿归农,对遣散不满,便群聚为"盗贼",攻击官府,掳掠乡间。

二 繁重的赋役及频发的自然灾荒

五代时期连年战乱,致使人口锐减,经济凋敝。然而,庞大的官僚、军事机构所需钱粮巨大,加之频繁的平叛战争及繁重的工事修筑,致使民众赋役沉重,处于水深火热之中。不仅如此,频繁多发的自然灾荒,使得本已凋敝的社会经济更是雪上加霜,饥荒随之而来。民众不得不背井离乡,四处"就食",成为流民。"若不为盗,惟有忍饥。"① 流民不但不能得到官府的有效救济,反而常被奸吏欺压,官逼民反。正是在这种绝境下,许多民众被迫起而执械为"盗",劫杀官府,抢掠县邑。如后晋开运三年(946)夏四月乙亥,"曹州奏,部民相次饥死凡三千人。时河南、河北大饥,殍殣甚众,沂、密、兖、郓寇盗群起,所在屯聚,剽劫县邑,吏不能禁。兖州节度使安审琦出兵捕逐,为贼所败"②。七月,"河南、河北诸州郡饿死者数万人,群盗蜂起,剽略县镇,霖雨不止,川泽泛涨,损害秋稼"③。八月,"秦州雨,两旬不止,邺都雨水一丈,洛京、郑州、贝州大水,邺都、夏津临清两县,饿死民凡三千三百。盗入临濮、费县"④。

---

① (北宋)苏轼:《东坡全集》卷52《奏议六首·论河北京东盗贼状》,《景印文渊阁四库全书》第1107册,上海古籍出版社1987年影印本,第719页。
② 《旧五代史》卷84《晋书·少帝纪第四》,中华书局1976年标点本,第1114页。
③ 同上书,第1116页。
④ 同上书,第1117页。

三 鸡鸣狗盗及犯罪之徒转化为盗

在五代动荡之世，一些游手好闲、品行不端之人，不甘贫贱，处于社会底层，不能安分守己，但又不学无术，妄图通过打家劫舍、杀人越货等非正常途径而过上富足生活，这是真正意义上的刑事犯罪的盗贼。如唐末丁会，寿州寿春人，"幼放荡纵横，不治农产，恒随哀挽者学绋讴，尤嗜其声。既长，遇乱，合雄儿为盗"①。又如，后晋郭金海，"本突厥之族，少侍昭义节度使李嗣昭，常从征伐。金海好酒，所为不法，自潞州过山东，入邢洺界为劫盗，嗣昭虽知之，然惜其拳勇，每优容之。"②再如，后周幽州良乡人王进，"少落魄，不事生业，为人勇悍，走及奔马，尝聚党为盗，封境患之。"③

此外，罪犯转化为盗。历代封建统治者都信奉"乱世用重典"，因此，五代时期，不论是中原王朝，还是周边割据政权，都制定了严酷的法律，民众摇手触禁。既已违法犯禁，为了免遭严刑处罚，犯罪者只得抛妻弃子，逃离家园，转而为"盗"。这些犯罪为盗者虽然以个体为主，但因为是"亡命之徒"，无所顾忌，为图生存，不得不打家劫舍，抢掠行旅，成了社会秩序的危害因素，民众都期望官府严厉惩处此类害民之盗。

四 浇漓的民风及山幽薮深的自然地理环境

民风在传统的乡村治理中发挥着重要的作用，"人心为风俗之本，未有人心浇漓而风俗朴厚者。"④ 与此同时，民风又影响了人心，民风朴厚，可教化人心，催人向上；民风浇漓，则使人心败坏，诲奸导淫，无恶不作。与此同时，济州山幽薮深的自然地理环境为贼患的存在提供了一个天然庇护所，是贼患多发的地区。据《济州刺史任公屏盗碑》记载：济州古来多盗，"岁月差远，世风寖醨，民忘其归，或肆为梗"，最为难治。后周太祖郭威深以为忧，于周广顺二年（952）

---

① 《旧五代史》卷59《唐书·丁会传》，中华书局1976年标点本，第789页。
② 《旧五代史》卷94《晋书·郭金海传》，中华书局1976年标点本，第1248页。
③ 《旧五代史》卷124《周书·王进传》，中华书局1976年标点本，第1630页。
④ （清）昭梿：《啸亭杂录》卷2《德济斋夫子》，中华书局1980年版，第37页。

九月，新建济州，治于巨野。"其地望为上，割兖州任城、中都，单州金乡等县隶之。至其年十二月，又割郓州郓城县隶之，中都县却隶郓州。"① 济州"控地既大，苞荒用遐，山幽薮深，亡命攸萃。灌莽悉伏戎之地，蘴蒲为聚盗之资"，这正为聚匪为盗提供了天然有利场所。虽然，"年号丰稔，时无札瘥；滞穗余粮，栖偃于千亩；京仓坻庾，阜衍于九年"，"庸租井赋，缓征督于乡胥"。然而，一些"游惰之夫""诱轻主之民"，仍旧"释耒耜之用，钩锄弦木，窃弄于乡间之间"，"巩甲䦆戈，戢锋铓于武库"，"聚无赖之族，巢枭穴狡窃发于海滨之中"。于是，"妖以人兴，啸召或成于风雨"。显然，李昉对于贼患的发生言过其实，对于一般百姓来说，衣食若有所保障，断然不会聚众为盗的，除非那些"鸡鸣狗盗"的刑事惯犯。不过，浇漓的民风及山幽薮深的自然地理环境确实是该地区贼患猖獗的重要因素，北宋宋江领导的水泊梁山农民起义便发生于此地即明证。五代贼寇多利用山林川泽为据点与官军展开持久斗争，规模一般都较小，力量分散，不能像力量强大的唐末"盗贼"那样采取流动作战方式，攻城略地，所至克捷，对封建统治造成了极大的冲击。所以，只能占据易守难攻或偏僻的山林川泽，作为斗争的据点，积蓄力量。这给官军的征讨、镇压造成了很大的困难。五代"盗贼"普遍存在且延绵不断，这是其中原因之一。

第三节　从《济州刺史任公屏盗碑》看后周地方贼患治理

"盗贼"危害极大，冲击官府，掠夺民众资财，劫杀行旅，破坏社会安定，历代封建统治者始终将其视为心腹大患。北宋欧阳修曾云："边隅者皮肤之患，尚可治，盗贼者腹心之疾，深可忧。"② 为巩固封建统治，稳定社会秩序，后周统治者采取诸多措施，对地方贼患

---

① 《旧五代史》卷150《郡县志》，中华书局1976年标点本，第2014页。
② （宋）欧阳修：《文忠集》卷98《再论王伦事宜札子》，《景印文渊阁四库全书》第1103册，上海古籍出版社1987年影印本，第31页。

加以剪除，我们可借《济州刺史任公屏盗碑》以见其一斑。

一　审才授职，任官唯贤

"致理之本，惟在于审。量才授职，务省官员。故《书》称：'任官惟贤才。'……致安之本，惟在得人。"① 官吏是执掌兵刑钱谷的重要工具，为了维护自身的政治与经济利益，历代统治者都比较重视选贤任能，并将此视为治国理政的关键。良吏不仅德高品贤，能为国为民尽责，而且有治国之才，能够有效地管理一方，治理井然有序，民居乐业。正如《卫州刺史郭公屏盗碑》所云："臣闻宣宗知民间之事，则曰：'共理者，其臣惟良。'唐太宗为天下之君，且云：'刺史，乃我当自择。'……失人则苛政逾于猛虎，得士则善吏譬之良鹰，可不慎乎？可不重乎？"② 后周太祖郭威即位后，努力革除唐末以来的积弊，重用有才德的文臣，改变后梁以来军人专权的局面，"不枉政，以厚民生；不克法，以重民命。以为分是理，颁是条，施之一方而用宁，通之四海而不泥者，其惟良二千石乎？故所选牧守，咸用贤能。得人者昌，于斯为盛"③。可见，周太祖已清醒地认识到善用良吏以治盗的重要性。周世宗柴荣嗣位后，勤于理政，唯才是用，正如《济州刺史任公屏盗碑》所云："今皇帝嗣守洪业，光扬圣谟。率勤俭为天下先，惟几微成天下务。所谓皇王纲统之道明矣，邦国纪律之务成矣。而研核精炼，日不暇给，以戒弛堕之患。所谓视听聪明之德充矣，内外上下之情通矣。而启迪开纳，国无留事，以防壅塞之弊。凡军国机要，刑政枢务，事无巨细，必详于听览。凡公侯卿士，牧伯长吏，任无轻重，必考其才器。是以设爵愈重，分职愈精。人人自谓我民康，家家自谓我土乐。……民既病而畴思其治，医虽良而药或未工。盖用有所长，才难求备。"

---

①《贞观政要》卷3《论择官》，《景印文渊阁四库全书》第407册，上海古籍出版社1987年影印本，第410—412页。

②（清）王昶：《金石萃编》卷121《卫州刺史郭公屏盗碑》，《续修四库全书》第890册，上海古籍出版社2002年版，第65页。

③（后周）李昉：《济州刺史任公屏盗碑》，载北京图书馆金石组编《北京图书馆藏中国历代石刻拓本汇编》第36册，中州古籍出版社1989年版，第137页。

第六章 《济州刺史任公屏盗碑》与五代地方贼患治理

济州作为"新造之郡","岁月差远,土风寡醨,民忘其归,或肆为梗。重以控地既大,苞荒用遐。山幽薮深,亡命攸萃。灌莽悉伏戎之地,蒹蒲为聚盗之资。妖以人兴,啸召或成于风雨。法由贪弊,羁縻遂至于逋逃。……尚或诱轻主之民,聚无赖之族,巢枭穴狡窃发于海滨之中,矧兵革之际乎?"① 正是鉴于济州贼患治理的极大难度,显德元年(954)十月,周世宗诏命政绩卓著的前赵州刺史任汉权移治济州,治理贼患。任汉权,新、旧《五代史》均无传,但据《济州刺史任公屏盗碑》记载可知,为四川人,"以武略事累朝,以战功登贵仕。亟握兵要,连分使苻。初牧于丹,有排乱折冲之绩。移治于赵,有安边镇静之功。所至皆留能名"。任汉权作为后周时期地方贼患治理的名臣,曾任赵州刺史,有治声,故受到周世宗的褒扬,委之以济州刺史之重任。

二 重典治盗,武力剿杀

乱世用重典,是历代封建统治者信奉的一条治世原则。如五代后汉时,天下多贼患,宰相苏逢吉尤爱刑戮,朝廷患诸处"盗贼",遣使捕逐,"逢吉自草诏意云:'应有贼盗,其本家及四邻同保人,并仰所在全族处斩。'……时有郓州捕贼使臣张令柔尽杀平阴县十七村民,良由此也。"② 后周建国,周太祖郭威诏诸州曰:"朕以敷政之勤,惟刑是重,既未能化人于无罪,则不可为上而失刑。"③ 据《旧五代史·刑法志》记载:后周广顺二年(952)二月,"中书门下奏:'准元年正月五日赦书节文,今后应犯窃盗赃及和奸者,并依晋天福元年已前条制施行……,乃下诏曰:'赦书节文,明有厘革,切虑边城远郡,未得审详,宜更申明,免至差误。其盗贼,若是强盗,并准自来格条断遣;其犯窃盗者,计赃绢满三匹已上者,并集众决杀,其绢以本处上估价为定,不满三匹者,等第决断……'"④ 不仅"盗贼"

---

① (后周)李昉:《济州刺史任公屏盗碑》,载北京图书馆金石组编《北京图书馆藏中国历代石刻拓本汇编》第36册,中州古籍出版社1989年版,第137页。
② 《旧五代史》卷108《汉书·苏逢吉传》,中华书局1976年标点本,第1424页。
③ 《旧五代史》卷147《刑法志》,中华书局1976年标点本,第1973页。
④ 同上书,第1963页。

要受诛戮，还要籍没财产。① 至显德五年（958）七月，制定《大周刑统》，严厉打击"盗贼"。不仅后周，其他政权对于"盗贼"亦是重刑惩治。如天福五年（940）十月，后晋高祖诏曰："今后窃盗赃满五匹者处死，三匹以上者决杖配流，以盗论者准律文处分。"②

统治者对"盗贼"有着刻骨之恨，杀戮是他们自然而且常用的对策之一。朝廷在"盗贼"多发之地设有"捕贼使""捕贼将""捕贼兵"，专司捕"盗"，对捕得之"盗"通常是"悉诛之"，未必都严格按刑律规定执行。由于最高统治者对"盗贼"残杀的政策取向，地方官吏便有恃无恐，对"盗贼"大事杀戮，甚至有些残忍成性的官吏随意把无辜的平民诬陷成"盗"而加以残杀，惨不可言。如后周隰州刺史许迁，"切于除盗，嫉恶过当，或钉磔贼人，令部下脔割。误断不合死罪人，其家诣阙致讼，诏下开封府狱。"③ 济州"除盗之难，其来有素。中古浇醨之后，群心变诈之兴。纵燎夷荒，或败萧兰之秀。寻柯伐蠹，因伤杞梓之材。"④ 任汉权任济州刺史后，对于境内贼患，先以法令加以诫告，其次予以武力剿杀，正如《济州刺史任公屏盗碑》所云："以为川壅污潢，利源派而尝宜浚亩。田荒麓蓊，树嘉苗而必极芟夷。于是令以先庚，申之后甲。介马负先驰之勇，阴门提夜出之兵。猎丛社以平妖，尽诛其类。狩平林而得貐，悉伏其辜。狂童震惊，四野辣骇。狼心尽革，民患皆除。……故公嫉盗之意切，而诛盗之令严。去盗之术行，而屏盗之誉显。"

三 赦罪招抚，加强防备

一味地残杀，会使"盗贼"顽抗到底，而招抚则是以柔克刚，能更有效地分化瓦解"盗贼"队伍。如后晋天福二年（937）四月，高祖制曰："应诸道州府管界，有自伪命抽点乡兵之时，多是结集劫盗，因此畏惧刑章，藏隐山谷，宜令逐处晓谕招携，各令复业。自今年四

---

① （宋）王溥：《五代会要》，上海古籍出版社1978年版，第153—155页。
② 《旧五代史》卷79《晋书·高祖纪五》，中华书局1976年标点本，第1043页。
③ 《旧五代史》卷129《周书·许迁传》，中华书局1976年标点本，第1703页。
④ （后周）李昉：《济州刺史任公屏盗碑》，载北京图书馆金石组编《北京图书馆藏中国历代石刻拓本汇编》第36册，中州古籍出版社1989年版，第137页。

第六章 《济州刺史任公屏盗碑》与五代地方贼患治理

月五日以前为非者,一切不问。如两月不归业者,复罪如初。"① 又如后周攻克南唐寿春城后,对南唐境内的"盗贼"进行赦免,诏云:"州民受唐文书聚山林者,并召令复业,勿问罪;有尝为其杀伤者,毋得雠讼"②。在招抚中,封建官府常用官职作为诱饵,并且将"贼帅"与"贼众"加以区别对待,对于"盗贼"中的胁从之辈,如能回心转意,改邪归正,当与加恩,必不问罪;如能齐心合力,枭斩"贼帅",或举镇寨归化,则除厚加赏赐外,还奖以官爵。如后周世宗显德元年(954),"诏诸道募山林亡命之徒有勇力者,送于阙下,仍目之为强人。帝以趫捷勇猛之士,多出于群盗中,故令所在招纳,有应命者,即贷其罪,以禁卫处之"③。许多本为"盗贼"出身之人,被招抚后委以重任,步入仕途。如冀州南宫人王继弘,"少尝为盗,攻剽闾里,为吏所拘,械系于镇州狱,会赦免死,配隶本军,时明宗作镇,致之麾下。晋高祖为明宗将,署为帐中小校"④。再如幽州良乡人王进,"少落魄,不事生业,为人勇悍,走及奔马,尝聚党为盗,封境患之。符彦超为河朔郡守,以赂诱置之左右"⑤。又如冀州枣强县人赵凤,"幼读书,举童子。既长,凶豪多力,以杀人暴掠为事,吏不能禁。……广顺初,用为宋、亳、宿二州巡检使。凤出丁伏莽,尤知盗之隐伏,乃诱致盗魁于麾下,厚待之,每桴鼓之发,无不擒捕,众以为能,然平民因捕盗而破家者多矣。"⑥

济州刺史任汉权对于境内贼患,在武力剿杀的同时,施以赦罪招抚。"申命降寇,招其叛徒。恩信著用,以结其心。慴伏羁留,以杜其变。盗意之改,若愈膏肓。非夫术以变通,奸由惠照。太阿所击,刺洪钟而不留。玉弩载张,应灵机而自发。"⑦ 同时,加强军事防备,时刻提防贼患的揭竿再起。"乃峻以隄防,敛其窀穸。决狱尽疏其留

---

① 《旧五代史》卷76《晋书·高祖纪二》,中华书局1976年标点本,第1000页。
② 《资治通鉴》卷293"显德四年二月"条,中华书局2011年标点本,第9700页。
③ 《旧五代史》卷114《周书·世宗纪一》,中华书局1976年标点本,第1511页。
④ 《旧五代史》卷125《周书·王继弘传》,中华书局1976年标点本,第1643页。
⑤ 《旧五代史》卷124《周书·王进传》,中华书局1976年标点本,第1630页。
⑥ 《旧五代史》卷129《周书·赵凤传》,中华书局1976年标点本,第1704页。
⑦ (后周)李昉:《济州刺史任公屏盗碑》,载北京图书馆金石组编《北京图书馆藏中国历代石刻拓本汇编》第36册,中州古籍出版社1989年版,第137页。

滞,穷源用涤其瑕疵。分命乡民,设其警候。伏乙夜以蒐慝,扼冲途而伺奸。盗迹之来,若罹罝毕。"①

四 政治宣教,宽惠爱民

严刑峻法,残酷杀戮,但往往收效甚微,贼寇剿而又生,屡杀不止。而与此相对,一些地方州县治理方法得当,"齐之以刑,导之以德",加以政治宣教,宽惠爱民,屏盗息民,澄清四封,百姓安居乐业。济州前任官员惩治贼患,往往持以刚猛,但收效极其甚微,正如《济州刺史任公屏盗碑》所云:"盗用侮而益暴,法家持刚猛之断,则必曰齐之以刑,盗用骇而弥逸。自非文武兼资之用,英雄断制之才,苟是任而居是邦者,厥惟艰哉。"任汉权任济州刺史后,认为"文吏束名教之捡,则必曰导之以德",因此,"缓之以约束,宽之以法令,养之以惠爱,劝之以礼让,化之无或戾,信之无或欺,则龚黄之风,彼亦奚尚。是以黄发鲐背之叟,农工商贾之类,含哺而嬉,既舞且咏。"②里无惰农,乡无狡童,农工商贾,康庄播颂,百姓安居乐业。

济州刺史任汉权的贼患治理,受到当地百姓的拥戴,时朝野文人,感其功高德厚,上陈朝廷,详陈"其治有声望,群盗屏迹,惩盗化民"③之政绩,为其请命树碑颂德。周世宗恩准,下诏书以褒尚,命碑颂以揄扬,此即显德二年(955)《济州刺史任公屏盗碑》。

总之,五代时期"盗贼"公行,成为一种严峻的社会问题,这与当时的社会政治形势密切相关。军阀割据,战争连绵,社会动荡,政治败坏,经济凋敝,民众备受煎熬,无以为生,被迫铤而走险,啸聚山林,以农器为兵,与官府、官军展开不屈不挠的斗争。五代各封建政权都以重典残酷地对待"盗贼",而"盗贼"问题却难以得到根

---

① (后周)李昉:《济州刺史任公屏盗碑》,载北京图书馆金石组编《北京图书馆藏中国历代石刻拓本汇编》第36册,中州古籍出版社1989年版,第137页。
② 同上。
③ 同上。

第六章 《济州刺史任公屏盗碑》与五代地方贼患治理

治。"固本维何？在民者矣。"① 其实，盗与民之间并无天壤的界限，"道失其要，淫刑而暴，人心用违，良民为盗。令严而申，政肃而淳，人心用依，盗为良民。民即盗也，盗亦民也，善恶之化，实由乎人"②。所以，欲治理贼患，必须实现社会稳定，改良政治，重用良吏，发展经济，让民众安居乐业，同时礼法并用，德刑并施，贼患问题才可迎刃而解，这是《济州刺史任公屏盗碑》留给我们的启示。

---

① （清）王昶：《金石萃编》卷121《卫州刺史郭公屏盗碑》，《续修四库全书》第890册，上海古籍出版社2002年版，第65页。
② （后周）李昉：《济州刺史任公屏盗碑》，载北京图书馆金石组编《北京图书馆藏中国历代石刻拓本汇编》第36册，中州古籍出版社1989年版，第137页。

第七章　纪游石刻与山东古代旅游

旅游是中国古代社会生活中一个不可缺少的组成部分，上到官僚仕宦，下到普通百姓，为了身心解放与精神欢娱，赴名山胜水旅游观光。在怀古览胜之际，往往题文于石，或记录游踪，或畅发感慨，长篇短札，不拘一格。这些纪游石刻见证了千百年来人们的旅游活动，为我们研究山东古代旅游提供了重要资料。笔者以纪游石刻为主要依据，对山东古代旅游活动的缘起及特点进行考察，以期能对中国旅游文化史的研究有所裨益。

第一节　山东纪游石刻概述

山东历史文化悠久，旅游资源丰富，既有孔庙、孟庙、岱庙、灵岩寺等祠庙殿宇，又有泰山、沂山、仰天山、云峰山等名山胜水，可谓自然与人文交相辉映。千百年来，人们慕名而至，朝祭览胜，并留下众多纪游石刻。从现存状况来看，山东纪游石刻最早见于汉魏时期，唐代开始逐渐增多。至宋代，由于商品经济的繁荣，旅游逐渐成为一种时尚，纪游石刻大兴。因此，从时间分布上来看，山东的纪游石刻大多刻立于宋代及其以后时期。从空间分布上来看，纪游石刻在山东全境都有分布，而泰山、岱庙、孔庙、孟庙、灵岩寺、千佛寺、沂山、仰天山、云门山、云峰山、崂山等地相对集中。

从石刻形制来看，山东纪游石刻主要有摩崖题刻与纪游碑刻两种形式。历代文人墨客都有摩崖题刻的风尚，在名山胜水之际，古刹幽谷之间，游赏之余，兴之所至，赋诗作文，题名纪游，镌刻于崖壁，以求传之久远。如《泰山振衣冈题名》《岱顶题名》等，便是游人登览泰山后所留题。纪游碑刻则是在碑石上留题纪游文字，其数量多，分布广，多存于庙宇宫观、亭台楼阁等处。如曲阜孔庙中的大观三年（1109）《林荩谒孔庙题名碣》、元至元十二年（1275）《郭守敬谒孔碣》等，都是游人拜谒孔子后所刻立。

从石刻内容来看，山东纪游石刻主要有题名、题记与题诗三类。题名之风，始于汉而盛于宋，湖山佳处，游览所及，率留题有姓名与年月。如位于长清区的孝堂山石室，自汉而魏晋，题名累累林立，其中有云："平原湿阴邵善君，以永建四年四月二十四日来过此堂，叩头谢贤明。"[1] 与题名相比，题记的内容则更为丰富，除了题有姓名与年月外，还有对游踪的详细记载及对内心情感的抒发。如《李尧文游灵岩题记》就记载了山阳李尧文于北宋政和六年（1116）闰正月十九日游玩灵岩寺一事，云："山阳李尧文，自汶以事至东武，由奉高祠岳过灵岩，瞻礼观音像，登证明龛，尽得游览之胜"[2]。题诗则是游览者在游览之余刻诗于石，或记载游踪，或描绘水光山色，或抒发内心情感。山东境内的题诗滥觞于北魏郑道昭之云峰山诗刻，兴盛于唐宋以后，其中不乏出自名家之手者，文学性与艺术性极高。如郑道昭曾在云峰山西峰留题《观海岛诗》云："山游悦遥赏，观沧眺白沙。云路沉仙驾，灵章飞玉车。金轩接日彩，紫盖通月华。腾龙霭星水，翻凤暎烟家。往来风云道，出入朱明霞。雾帐芳霄起，蓬台植汉邪。流精丽旻部，低翠曜天花。此瞩宁独好，斯见理如麻。秦皇非徒驾，汉武岂空嗟。"[3] 又如丘处机曾于泰和七年（1207）到莱州大基山道士谷游览，留题《长春子道士谷春日登览诗刻》云："淡荡春风暖，暄和晓日迟。褰裳登诘屈，绝顶玩幽奇。北海洪涛阔，南山大泽危。东峰青鸟下，西岭白云垂。眼界空濛极，烟光缥缈随。精神何洒

---

[1] （清）阮元：《山左金石志》卷7《孝堂山画像》，《续修四库全书》第909册，上海古籍出版社2002年版，第458—459页。

[2] （清）阮元：《山左金石志》卷18《李尧文游灵岩题记》，《续修四库全书》第910册，上海古籍出版社2002年版，第25页。

[3] （清）阮元：《山左金石志》卷9《郑道昭观海岛诗》，《续修四库全书》第909册，上海古籍出版社2002年版，第500—501页。

落,道德自扶持。仿佛丹霄外,参差碧汉涯。那烦采芝术,直赴上仙期。"① 诗歌描写了作者踏着和舒春风,迎着温暖朝日,登览绝顶,极目远眺,北海波涛、南山大泽、东峰青鸟与西岭白云尽收眼底,如此缥缈之美景,令人仿佛置身于丹霄之外,一派逍遥洒脱之状跃然纸上。

第二节　从纪游石刻看山东古代旅游活动的缘起

尽管追求身心解放与精神愉悦是古人旅游的一个重要目的,但其缘起并非单纯如此,而是多种多样。下面,依据纪游石刻,对山东古代旅游活动的缘起作一简要探析。

一　为镇服四海、夸示国外的帝王巡游

封建帝王虽贵为天子,但也有七情六欲,也向往山水田园的旖旎风光,其旅游愿望主要通过巡游活动得以实现。帝王巡游既有政治目的,又有观光览胜的实际效果。如北宋大中祥符元年(1008),宋真宗东巡封禅泰山,又拜谒阙里孔庙,这在《御制谢天书述功德碑》《御制文宣王赞碑》中有所记载。宋真宗的巡游活动在当时虽然有镇服四海、夸示国外的意图,但是在内容与形式上都具有旅游的某些性质,对于其个人来说就是旅游活动。对此,当时个别大臣也极为认同,如龙图阁待制孙奭就认为宋真宗的这些活动是"远劳民庶,忘社稷之大计,慕萧鼓之盘游"②。当然,封建帝王的巡游是一种特殊的旅游形式,它对社会政治、经济、文化的影响均非普通民众所能比拟。

二　为祭拜孔子、孟子等儒家先贤而进行的朝圣之旅

自汉武帝表彰六艺、独尊儒术而奠定了"尊儒贵学"的政治文化

---

① 光绪《三续掖县志》卷1《古迹》,《中国地方志集成·山东府县志辑》第45册,凤凰出版社2004年版,第196页。

② (宋)李焘:《续资治通鉴长编》卷74"大中祥符三年十二月辛未"条,中华书局1995年版,第1700页。

传统之后，随着现实政治的日趋儒教化，封建统治者们不仅倾心服膺孔圣之经义，而且逐步走上了崇儒的制度化与常规化的道路，使得本是一介布衣学者的孔子、孟子等儒家先贤，成为中国古人心目中最具影响力的圣人。上到帝王、官员，下到士子、百姓，为了表达对孔、孟等人的尊崇，纷纷踏上赴曲阜、邹县的朝圣之旅。"远者数千里，近者数百里，往往不惮其劳，必伏谒庙下，徘徊历览"①，以此表达慕圣之情，我们可以通过孔庙与孟庙中众多的纪游石刻看出其一斑。如《黄辅国等谒林庙题名碑》②记载：宋徽宗大观元年（1107）八月，建安黄辅国，率领东都蔡渊、元城石采、瀔江尹天民等人，"奠谒林冢并庙下，周行曲阜，访阙里，登皋门，临泮水，酌逵泉"。又如，元代著名的水利专家郭守敬，曾于元世祖至元十二年（1275）赴曲阜拜谒孔子，《郭守敬谒孔碣》③记载此事云："至元十二年□□朔中月，□夫都水监郭守敬，□□□官边源□□事，同进义校尉兖州□□李元□□阙里，恭谒林□□退"。再如，河南汜水县国子生苌贵，于明洪武十三年（1380）四月远赴邹鲁，祭拜孔子、孟子与颜子，苌贵《谒庙记》④记载此事云："国子生河南汜水县苌贵，实来于邹，拜谒亚圣邹国公林庙、曲阜宣圣林庙、兖国复圣公庙，俱尽礼"。

三 因敬拜神佛而进行的朝山之旅

山东境内的泰山、灵岩山、千佛山、沂山、崂山等地，庙宇宫观众多，那些寻求精神寄托的人们来此进香朝拜，以祈求神灵保佑，此类活动称为"朝山"。人们在拜神之余，进行观光游览，朝山遂成为一种宗教旅游活动。以灵岩寺为例，千百年来，这里一直香火兴盛不衰，是民众拜佛、游览的胜地，正如北宋崇宁五年（1106）吴拭在《灵岩寺诗刻》中所赞颂："余赴治历下，谨拜香于灵岩道场。灵岩

---

① 至元元年《王元庆等谒庙题名碣》，现存曲阜孔庙西斋宿北墙，东起第9石。
② 此碑现存曲阜孔庙十三碑亭院西北墙栏内西墙。
③ 此碑现存曲阜孔庙西斋宿南墙，东起第13石。
④ 此碑现存邹城孟庙致敬门内院西壁。

固东州胜绝处，余闻之旧矣，然不知与武夷升真洞天相若也。"① 北宋龙图阁直学士张掞，曾两次到灵岩寺游览，刻立于宋仁宗嘉祐六年（1061）的《张掞留题灵岩寺诗刻》云："再见祇园树，流光二十年。依然山水地，况是雪霜天。阁影移寒日，钟声出暝烟。粗官苦奔走，一宿亦前缘。"② 又如，金正隆元年（1156）仲夏初七日，同知东平总尹张汝为来灵岩寺游览，《张汝为灵岩寺题记》记载此事云："余素好林泉之清胜，久闻灵岩名山，乃自昔祖师之道场也。所慊尘缘衮衮，未获游览，比虽守官汶上，邻封咫尺，亦无一到兹。因被檄赏劳徐、宿、邳州屯守军，兵还，登岱宗，故不惮迂远行役之劳，惠然而来，周览上方胜概"③。可见，灵岩寺成为人们心中的一方圣土，吸引着众多游人拜佛览胜。游客在朝山时，往往怀有对神佛的某种祈愿，如风调雨顺、身体康健、仕途通达，等等。以祈求雨雪为例，不仅普通民众，甚至地方官员也加入到祈愿的行列之中。如《赵子明灵岩谢雨记》记载：宋徽宗政和五年（1115），长清县"经春不雨"，长清县令赵子明祷雨于灵岩寺法定圣像，"诚心一启，甘泽随降，遂涓吉辰，诣灵光致谢，因览诸泉，经日而还"④。石刻中的此类记载还有很多，虽似无稽之谈，但可能是某种巧合，雨雪从天而降，才使人们愈信其灵验。

四 为追思先人而游览故地

中华民族素有孝亲的美德，一些后世子孙为了表达对已故父祖的追思，沿着他们的足迹重游故地。如北魏光州刺史郑道昭，喜游山水，掖县（今莱州）云峰山、平度天柱山等都留下了他的足迹。后来，其子郑述祖同任光州刺史，为了缅怀父亲，于北齐河清三年

---

① （清）阮元：《山左金石志》卷17《灵岩寺诗刻》，《续修四库全书》第910册，上海古籍出版社2002年版，第16页。

② （清）阮元：《山左金石志》卷16《张掞留题灵岩寺诗刻》，《续修四库全书》第909册，上海古籍出版社2002年版，第658页。

③ （清）阮元：《山左金石志》卷19《张汝为灵岩寺题记》，《续修四库全书》第910册，上海古籍出版社2002年版，第45页。

④ （清）阮元：《山左金石志》卷18《赵子明灵岩谢雨记》，《续修四库全书》第910册，上海古籍出版社2002年版，第25页。

（564）五月二十四日重游云峰山。《郑述祖重登云峰山石刻》记载此事云：

> 先君之临此州也，公与仲兄豫州敬祖、叔弟光州遵祖、季弟北豫州顺祖，同至此镇。于时，公年始十一，雅好琴文，登山临海，未尝不从。……只为前踪，诚所愿也，便以此夏，斯愿方遂，忻慰登途，若归桑梓。入境叹曰："吾自幼游此，至今五十二年。昔同至者，今尽零落，唯吾一人，重得来耳。"于是凄感，殆不自胜。因南眺诸岭，指云峰山曰："此山是先君所名，其中大有旧迹。"未几，遂率僚佐，同往游焉。对碣观文，发声哽塞，临碑省字，兴言泪下。次至两处石诗之所，对之号仰，弥深弥恸，哀缠左右，悲感傍人，虽复曾闵之诚，讵能过也。①

郑述祖登游云峰山，表达了对父亲的深深哀思，情谊深长，令人感怀。天统元年（565）五月，郑述祖又登游天柱山，题刻有《郑述祖天柱山铭》，阮元跋此碑云："述祖为羲之孙，道昭之子，祖孙父子三世，皆刺东郡，可谓衣冠盛事。碑述祖父遗轨，抒写孝思，词旨凄恻"②。

五　因探访古迹、稽古验志而进行游览

游览对于人们开阔视野、探求知识具有重要作用，"读万卷书，行万里路"成为古人的共识。一些心怀大志的学者，跋山涉水，深入城乡山野，进行游览兼考察。如北宋金石学家赵明诚，为了搜访金石碑刻，遍游泰山、沂山与仰天山，其所到之处，多有留题。据阮元《山左金石志》记载，赵明诚在山东题名共有五种：泰山有一种，在唐开元摩崖东侧，宋徽宗政和三年（1113）与王贻同游。沂山有三

---

① （清）阮元：《山左金石志》卷10《郑述祖重登云峰山石刻》，《续修四库全书》第909册，上海古籍出版社2002年版，第514—515页。
② （清）阮元：《山左金石志》卷10《郑述祖天柱山铭》，《续修四库全书》第909册，上海古籍出版社2002年版，第516页。

种：一题"余以大观戊子之重阳，与李□德□同登兹山。乙丑皿①□，又□□□导甫□德□□肇元门、谢克明如晦同来。今岁中秋□来游，页②□□□王蔚□□李绿仲□傅察□□□。政和辛卯，赵明诚德父题"；一题"卢彦丞、赵明诚、□谢克明，辛丑四月廿五日同游"；一题"卢格之、赵仁甫、德甫、能父、谢叔子同游，宣和辛丑夏四月廿六日"③。仰天山有一种，即《赵德甫等水帘洞题名》，无年月，题云："赵仁约子文、赵明诚德父、谢克明叔子"④。赵明诚的访碑之旅，既欣赏了泰山、沂山与仰天山的自然风光，又获得了众多碑刻资料，可谓一举两得。

六　因公出差或为官赴任而顺路进行游览

在中国古代，由于受交通条件限制，因公出差或为官赴任非短期可达，为了打发途中寂寞无聊的时光，遂边行边游。利用出差之机顺路对沿途的山川形胜进行游览，如《泰山振衣冈题名三种》之一记载：宋哲宗绍圣二年（1095）十月七日，京兆上官均"以使事抵奉高，同靖恭杨升游岳顶，观日出，揽历代遗迹"⑤。又如《黄相仰天山题名》记载：益都府少尹兼山东东路兵马副都总管、安远大将军黄相，于金章宗泰和元年（1201）三月初十日，"因捕盗，遍历仰天，谒诸洞府"⑥。再如，《敬谒孟子祠庙恭赋》记载：乾隆三十年（1765）秋日，吉林德保"典试江西，道经邹县，敬谒孟子祠庙"⑦。为官赴任途中的旅游，如《泰山振衣冈题名三种》之二记载："开封赵令绯，绍圣改元，济南从事罢官，敬谒帝祠，时穷冬不能游岱宗，

---

① 此字下半为"皿"底。
② 此字右半为"页"部。
③ （清）阮元：《山左金石志》卷18《赵德甫等沂山题名三种》，《续修四库全书》第910册，上海古籍出版社2002年版，第21页。
④ （清）阮元：《山左金石志》卷18《赵德甫等水帘洞题名》，《续修四库全书》第910册，上海古籍出版社2002年版，第21页。
⑤ （清）阮元：《山左金石志》卷17《泰山振衣冈题名三种》，《续修四库全书》第910册，上海古籍出版社2002年版，第11页。
⑥ （清）阮元：《山左金石志》卷20《黄相仰天山题名》，《续修四库全书》第910册，上海古籍出版社2002年版，第80页。
⑦ 此碑现存邹城孟庙承圣门外西侧北壁，南向。

怏恨而去。明年,为东鲁别驾,□得以职事思造祠下,遂登绝顶,东望日出,遍观古迹,巡山张佖、邑尉刘迹同行,绍圣三年四月朔。"①又如明人郑木,于洪武四年(1371)七月持节山东,途经邹县,遂拜谒孟庙。《拜谒邹国亚圣公庙记》记载此事云:"仆幼读圣贤之书,思睹圣贤之像,常恨生居南鄙,弗得造邹鲁之境,而至孔、孟之室焉。今上奄有华夷,孜孜图治,择有德行学问之士,以司风纪。本以菲寸叨膺是选,持节山东,按部于济岱之间,窃喜得以酬夙愿矣。"②

七 纯粹为了休闲欢娱而进行旅游

在闲暇时光或岁时节日,呼朋唤友,踏青登高,饮酒赋诗,不亦快哉!此类旅游,纯粹以休闲欢娱为目的。如北魏郑道昭,在光州、青州刺史任上,政务之暇,喜欢闲游云峰山、天柱山、大基山,正如他在《郑道昭大基山诗刻》中所云:"伊余莅东国,杖节牧□壃。乘务惜暂暇,游此无事方。"③又如北宋名臣富弼,在宋仁宗庆历八年(1048)任职青州时,闲游云门山。《富弼等云门山题名》记载此事云:"庆历八年十月十二日,东路安抚使、知青州事洛阳富弼彦国,暇日肃宾,逮仲弟仪彦容,游云门山大云顶,题记洞壁"④。此时,河北、京东正值水灾,灾民大量流入青州境内,而富弼仍有闲情逸致登游云门山,如若不是谋之有素,固然是不可能从容若此。

第三节 从纪游石刻看山东古代旅游活动的特点

透过山东纪游石刻的内容,我们可以看出山东古代旅游活动的如下特点:

---

① (清)阮元:《山左金石志》卷17《泰山振衣冈题名三种》,《续修四库全书》第910册,上海古籍出版社2002年版,第11页。
② 此碑现存邹城孟庙致严堂院东壁。
③ (清)阮元:《山左金石志》卷9《郑道昭大基山诗刻》,《续修四库全书》第909册,上海古籍出版社2002年版,第501页。
④ (清)阮元:《山左金石志》卷16《富弼等云门山题名》,《续修四库全书》第909册,上海古籍出版社2002年版,第656页。

一 从旅游者的性别构成来看，是以男子为主，有时也有妇女随行

山东古代旅游者的性别构成，是以男子为主，究其原因，中国古代社会是一个男权社会，男子可以在外抛头露面，而女子则常常被禁在深宅内院中。所以，出门旅游的女子人数很少，如若外出游玩，也只能以男子侍从者的身份随行。如位于岱顶仰天洞的《刘仁愿等题名》记载：唐高宗乾封元年（666）二月，鲁成县开国公上柱国刘仁愿游览仰天洞，侍行者有"颍川郡夫人，陈大□□□出身□□二男怀、瓒，任弘文馆学生，女一人，新妇窦二，新妇于"①。至宋代，由于商品经济的繁荣，女性旅游者开始逐渐增多，其旅游过程与男性旅游者一样，是自由的、开放的，正彰显了愉悦、自主与自由的旅游本质。如《曹夫人游灵岩题记》记载：宋徽宗政和元年（1111）季春廿五日，"大宁夫人韩氏，朝拜东岳，回游灵岩观音道场……使女熹奴从行。"② 不过，此时的女性旅游者仍残留着一定的附属性，其独立性与主动性相对较差一些。

二 从旅游者的身份构成来看，是以士大夫为主，也有其他身份者参与

山东古代旅游者以士大夫为主，也有普通民众、僧道、军人等群体参与。士大夫包括哪些人？这里需对"士大夫"的范畴作一界定。著名史学家吴晗先生认为："官僚、士大夫、绅士、知识分子，这四者实在是一个东西，虽然在不同的场合，同一个人可能有几种身份，然而，在本质上，到底还是一个。"③《辞源》给"士大夫"一词的释义也包含两个主旨，即居官有职位的人与文人。④ 如此看来，士大夫主要包括两部分人：官僚与文人。士大夫旅游者是一个人数相当可观

---

① （清）阮元：《山左金石志》卷11《刘仁愿等题名》，《续修四库全书》第909册，上海古籍出版社2002年版，第542页。
② （清）阮元：《山左金石志》卷18《曹夫人游灵岩题记》，《续修四库全书》第910册，上海古籍出版社2002年版，第21页。
③ 吴晗、费孝通：《皇权与绅权》，天津人民出版社1988年版，第66页。
④ 《辞源》，商务印书馆1983年版，第640页。

的群体，如《李东阳代告阙里庙记碑》①所记载的明孝宗弘治十七年（1504）奉御香告庙者，皆为官员，应该是一个规模不小的旅游团，其名虽是奉御香告庙，但却行了旅游之实，他们的旅游是以官员身份出现的，带有公务旅游的性质。如果《李东阳代告阙里庙记碑》所记尚属公务旅游，旅游活动在这里还是附属的、被动的话，那么，北宋绍圣五年（1098）《李迪游灵岩诗刻》②所记大丞相李迪游览灵岩山，则完全是一种主动的、休闲性质的旅游。

普通民众是人数最多、居住最广的社会阶层，他们的生产、生活活动代表着时代的潮流，影响着社会的发展。但是，普通民众常年忙于生计，生存尚且困难，何谈外出旅游？不过，从宋代开始，由于商品经济的繁荣，旅游进入到一个新的发展时期，旅游者的阶级成分正不断地向社会中下层平民延伸，这在石刻中有所反映。如《泰山麓白龙池题名二十九种》之十三记载："元符三年十月一日，奉高人石匠吕全、周通同游"③。又如，《巢鹤岩题名八种》之六记载："宣和二年三月十九日，税户孙东元题"④。石匠吕全、周通与税户孙东元，是普通民众的一员，这正彰显出了下层民众正逐渐地参与到旅游活动中来。再如，嘉祥县洪山顶有《段在等登高会题字》⑤，是金章宗明昌七年（1196）登高会成员段在等二十三人登高游览后所题刻。登高会应该是一种民众自发组织的"登高俱乐部"，在农忙之暇，参加登高游览。当然，由于社会地位的相对低下，经济实力的弱小，普通民众旅游者的人数还是有限的。

僧人的旅游，在纪游石刻中也有反映。如《王有道等龙洞题名》记载：宋徽宗政和八年（1118）五月十三日，"华阳王有道、林□

---

① 此碑现存曲阜孔庙同文门西，南起第5石。
② （清）阮元：《山左金石志》卷17《李迪游灵岩诗刻》，《续修四库全书》第910册，上海古籍出版社2002年版，第12页。
③ （清）阮元：《山左金石志》卷16《泰山麓白龙池题名二十九种》，《续修四库全书》第909册，上海古籍出版社2002年版，第660页。
④ （清）阮元：《山左金石志》卷18《巢鹤岩题名八种》，《续修四库全书》第910册，上海古籍出版社2002年版，第22页。
⑤ （清）阮元：《山左金石志》卷20《段在等登高会题字》，《续修四库全书》第910册，上海古籍出版社2002年版，第72页。

夏、侯景彦，同明慧大师来游"①。又如元代僧人圆照（号复庵），两度游览灵岩寺，《灵岩寺诗刻五种》中有其所作《中统二年六月旦日重游方山少林》一首，诗云："再到灵岩古道场，俨然乔木蔽云房。十分山色四时好，一味松风六月凉。老树挂藤侵石壁，落花随水入池塘。主人乞与禅床卧，梦里似闻天上香。"② 道人对旅游的热情，毫不逊色于僧人。如位于泰山王母池北小蓬莱的《小蓬莱题名五种》之三记载：后梁乾化二年（912）秋社日，"主簿颜志道、尉杨子章，同观主张义之到是峪。水声寒玉，山色迷霭，深得仁智之趣，观夕阳忘归。"③ 他们为山峪美景所陶醉，竟然忘记归返，其情可叹！又如《长春子谷山诗刻》记载：金章宗泰和七年（1207）八月，长春子登览谷山，题诗《道士谷山春日登览》云："淡荡春风暖，暄和晓日迟。褰裳登诘屈，绝顶玩幽奇。……那须采芝术，直赴上仙期。"④

军人是中国古代社会的一个特殊群体，是否也参与旅游呢？从山东纪游石刻资料来看，可作肯定的回答。如《灵岩寺碑》碑阴题云："冠氏帅赵侯、济河帅刘侯，率将佐来游，好问与焉，丙申三月廿五日题。"⑤ 又如，金章宗泰和四年（1204）正月八日，奉政大夫益都少尹兼山东东路兵马副都总管夹谷璋，率领众多将领僚属游览云门山。《夹谷璋等云门山题名》记载此事云："时孟春初吉，退食之暇，奉政大夫益都少尹兼山东东路兵马副都总管夹谷璋，暨同僚武义将军山东东路兵马都总管判官何景仁、中议大夫益都府判官赵璧、承德郎山东东路转运户籍判官郭俣、承务郎益都府录事完颜仲良、怀远大将军益都县令术甲良弼、将仕郎益都县主簿完颜君佐、明威将军益都县

---

① （清）阮元：《山左金石志》卷18《王有道等龙洞题名》，《续修四库全书》第910册，上海古籍出版社2002年版，第27页。

② （清）阮元：《山左金石志》卷24《灵岩寺诗刻五种》，《续修四库全书》第910册，上海古籍出版社2002年版，第168页。

③ （清）阮元：《山左金石志》卷14《小蓬莱题名五种》，《续修四库全书》第909册，上海古籍出版社2002年版，第602页。

④ （清）阮元：《山左金石志》卷20《长春子谷山诗刻》，《续修四库全书》第910册，上海古籍出版社2002年版，第82页。

⑤ （清）阮元：《山左金石志》卷20《灵岩寺碑》，《续修四库全书》第910册，上海古籍出版社2002年版，第72页。

尉完颜邦用、忠勇校尉山东路统军司译书完颜礼祥、山东路统军司令史术鲁回……共登此山。是日也，天晴气煦，颇称登览，徜徉谈笑，飞觞举白，兴尽乃归"①。由此看来，军人不仅有闲暇、有兴趣，而且实实在在地参与了旅游。

三 从旅游的组织形式来看，多是众人结伴而游，也有独自出游者

山东古代的旅游活动多是众人结伴而游，或为部属同僚，或为一家老小，或为亲朋好友，三五同行，乃至成群结队，这可通过纪游石刻看出其一斑。携部属同僚而游者，如《王懿臣云门山题名》记载：宋仁宗嘉祐四年（1059）正月十九日，"平山王举元懿臣，权领东泰，率府僚某某等同游"②。又如，《重修文宣王庙碑》碑阴记载：元仁宗延祐六年（1319）六月二十五日，朝列大夫山东东西道肃政廉访副使刘文，因理东原等处郡邑狱囚，路经曲阜，拜谒孔子林庙，协行者有分司书吏徐介、周瑞、奏差罗文、郁从等人。③携一家老小而游者，如《泰山麓白龙池题名二十九种》之六题云："山阳龚无党，被漕檄权宰奉高，因率儿侄辈游此，时元祐庚午中冬十一日"；之九题云："董元康，政和甲午重九日，携家来游"④。又如《纥石烈定速仰天山题名》记载：金章宗明昌五年（1194）九月初十日，"权府副将军纥石烈定速，挈家游此。"⑤邀集亲朋好友而游者，如《邱希仁等九龙山题名》记载："邱希仁、李于向，政和二年九月五日，孙光

---

① （清）阮元：《山左金石志》卷20《夹谷璋等云门山题名》，《续修四库全书》第910册，上海古籍出版社2002年版，第81页。

② （清）阮元：《山左金石志》卷16《王懿臣云门山题名》，《续修四库全书》第909册，上海古籍出版社2002年版，第658页。

③ （清）阮元：《山左金石志》卷20《重修文宣王庙碑》，《续修四库全书》第910册，上海古籍出版社2002年版，第75页。

④ （清）阮元：《山左金石志》卷16《泰山麓白龙池题名二十九种》，《续修四库全书》第909册，上海古籍出版社2002年版，第660页。

⑤ （清）阮元：《山左金石志》卷20《纥石烈定速仰天山题名》，《续修四库全书》第910册，上海古籍出版社2002年版，第68页。

远,同来闲饮于此。"① 也有于独自出游者,如《范致君泰山麓后土殿题名》记载:宋徽宗大观元年(1107)正月廿三日,"武夷范致君,久慕仙风,自楚之鲁,遂登泰山,以望八极之表。"②

四 从旅游时间与地域来看,士大夫不大受限制,而乡村民众则有着季节性与地域性的特征

从纪游石刻的记载来看,山东古代士大夫的旅游时间较为分散,地域范围较广。究其原因,他们的闲暇时间较多,既有法令规定的公假与私假,又有因公出差、为官赴任途中的忙里偷闲,故一年四季都有出游的可能;同时,得益于较为殷实的经济实力,他们旅游的地域范围较广。与此不同,乡村民众的旅游活动则明显具有季节性与地域性的特征,因为他们一年之中大多时间都忙于农事劳作,正如范成大所说:"乡村四月闲人少,才了蚕桑又插田"③,只有农闲时节、时令节日、宗教节日或庙会之时才能出游。而且,受其经济条件限制,旅游目的地多在离家不远的地方,在这其中,佛道胜迹尤受青睐,因为对他们来说,祈求神祖保佑比欣赏湖光山色更具实用性。如长清五峰山莲花洞是民众烧香礼佛的重要场所,洞内有一通匠人张庆题名碑,刻立于宋英宗治平元年(1064)正月。阮元《山左金石志》记载此碑云:"嘉祐九年正月立……右题名六行,字多残阙,惟存匠人张庆等名。"④ 由此可以推知,在嘉祐九年⑤新春正月的某一天,匠人张庆怀着某种祈愿,来到莲花洞拜佛游览。诸如此类石刻还有很多,此不再赘述。

---

① (清)阮元:《山左金石志》卷18《邱希仁等九龙山题名》,《续修四库全书》第910册,上海古籍出版社2002年版,第22页。
② (清)阮元:《山左金石志》卷17《范致君泰山麓后土殿题名》,《续修四库全书》第910册,上海古籍出版社2002年版,第17页。
③ 孔凡礼辑:《范成大佚著辑存》之《诗词·村居即景》,中华书局1983年版,第3页。
④ (清)阮元:《山左金石志》卷16《张庆等莲花洞题名》,《续修四库全书》第909册,上海古籍出版社2002年版,第659页。
⑤ 宋仁宗于嘉祐八年(1063)三月去世,次年改元治平,并无嘉祐九年,应当是刻石人未知改元,或疏忽刻错。

第七章 纪游石刻与山东古代旅游

以上依据纪游石刻资料，对山东古代旅游活动的缘起及特点做了粗略考察。尽管旅游活动的缘起不一，但是追求身心解放与精神欢愉是其重要目的之一，这是旅游永恒不变的主题。同时，纪游石刻还反映出了山东古代旅游活动的四个特点：旅游者的性别构成是以男性为主，旅游者的身份构成是以士大夫为主，旅游的组织形式是以众人结伴而游为主，旅游时间与地域上士大夫与乡村民众有着不同的特征。总之，纪游石刻以生动的笔触真实地记录了山东古代旅游者游观的经历与感受，成为研究中国古代旅游不可或缺的资料。

第八章　胶东石刻与金元时期全真教

胶东背山靠海、山水清幽的自然环境，自古以来就成为修仙养性的极佳盛地。金大定七年（1167），全真教祖师王重阳自陕西东赴胶东宣教，相继收徒七人，即"全真七子"，为马钰（丹阳子）、丘处机（长春子）、谭处端（长真子）、王处一（玉阳子）、郝大通（太古子）、刘处玄（长生子）和孙不二（清静散人），后以昆嵛山为中心，在宁海、登州、莱州广泛传教，使全真教遍布胶东半岛。尤其是第五任掌教丘处机，掌教时间长达二十三年（1204—1227），积极发挥全真教的社会、政治影响，受到金、蒙古统治者的宠信，使全真教发展至鼎盛时期。胶东地区宫观林立，全真七子及其后嗣弟子尹志平、李志常、张志敬、宋德方、范志敦、范全生、李道元、刘志坚等众高道均曾在此修炼，并留下大量与之相关的石刻，如《王重阳悟真歌石刻》《归山操碑》《刘长生大基山诗刻》《元太祖征丘真人制碑》《玄都观碑》《宁海州亦思马因令旨碑》《长生万寿宫披云真人制词碑》《抱元真静清贫李真人道行碑》等。这些石刻不仅见证了金元时期胶东全真教的发展与兴盛状况，而且也反映出了彼时的社会历史。兹主要依据丰富的石刻文献资料，对金元时期胶东全真教发展状况加以探析。

第一节　胶东的自然地理与道教渊源

"所礼天下名山大川，八神而其三居东莱之境。"[①] 神仙高道为何

---

① 光绪《增修登州府志》卷65《东华紫府辅元立极大帝君碑》，《中国地方志集成·山东府县志辑》第49册，凤凰出版社2004年版，第346页。

第八章 胶东石刻与金元时期全真教

多喜居于胶东呢？这与此地清幽的自然地理环境及深远的道教文化渊源密切相关。

一 胶东的自然地理

胶东地区，一般是指胶莱谷地以东的低山丘陵地区，即今之青岛、烟台与威海三市。据《金史·地理中》记载，金代胶东地区隶属山东东路，设有莱州（掖县、莱阳、即墨、胶水、招远）、登州（蓬莱、福山、栖霞、黄县）与宁海州（牟平、文登）。①至元代，胶东地区隶属于山东东西道肃政廉访司般阳府路之莱州（掖县、胶水、招远、莱阳）、登州（蓬莱、黄县、福山、栖霞）、宁海州（牟平、文登）与山东东西道宣慰司益都路胶州（胶西、即墨）。②

胶东濒临大海，多山地丘陵，境内有昆嵛山、云峰山、大基山、寒同山、铁槎山、崂山、岠嵎山、鹤山、大泽山等名山，峰峦叠嶂，林木幽深，溪瀑遍布，环境优美。如全真东祖庭东华宫所在地——昆嵛山，又称根余山，横亘烟台、威海两地，北靠渤海，南临黄海，方圆百里，巍峨耸立，万仞钻天，峰峦绵延，林深谷幽，古木参天，多有清泉飞瀑。昆嵛山因其独特的自然地理环境，自古就是神仙栖居之地，据说东华帝君王玄甫就曾在此山栖息，麻姑也曾修道于昆嵛山北峰姑余山上。民国《牟平县志》记载："昆嵛山，在县东南四十里，一名根余。……山横亘牟平、文登二县界，南北约百里，东西约八九十里，为海上诸山之祖。"③昆嵛山秀美的自然风光在碑刻中有所描述，如金贞祐二年（1214）《玉虚观碑记》对昆嵛山圣水岩的山水风光加以赞誉："东牟之昆嵛，昔麻姑洞天也。诸山绵亘相属，秀异峭拔，为东方冠。山之足蹈于海者三，相距皆不满百里，蓬莱、瀛州、方丈，朝夕相望于晻霭间。盖天地英灵自然之气，独钟于此，故世多神仙异人焉。直南秀色可餐，林壑尤美者，圣水岩也。水不见发源，但嵌嵚之下，裂石而出，激激如线，味甘冷且清，春秋不变，水旱不

---

① 《金史》卷25《地理中》，中华书局1975年标点本，第612—613页。
② 《元史》卷58《地理一》，中华书局1976年标点本，第1371—1375页。
③ 民国《牟平县志》卷1《地理志一·山水》，《中国地方志集成·山东府县志辑》第55册，凤凰出版社2004年版，第29页。

知,蛙黾之属,未尝产焉,此亦异也。"① 又如元大德九年(1305)《宁海州紫府洞白石神像记》称:"文登西有山,曰崐嵛,高出天半,岿然南向,俯瞰巨海。诸山皆左右环拱。有泉曰灵源,渊沦喷薄,上连青松白鹤溪,傍引白玉台之九池,合流下注,底于穷谷。由山之右,夹岸两山对峙,重冈回合,老木瘦藤,湍流激石,景趣古澹,复若世外。南一峰曰紫金,最为奇秀。千仞矗起,是盖崐嵛绝胜处也。"② 再如元至正三年(1343)《东华宫玉皇阁记》云:"大哉仙也,清静无为,超乎物表,以名山洞府、云谷林泉、芝房石室为幽栖之地。文邑之西,有崐嵛山,巍然磅礴,环据数百余里。上接碧霄牛斗之间,俯瞰平野锦绣之川,南回沧海瀛洲之际。危冈叠巘,回合拱峙。山之阳惟紫金之峰,特占一山之秀。长松怪石,清泉巨壑,盘绕萦纡。中有灵境一区,洞天隐隐,地势峨峨,状若偃掌且宽平矣。又有石坛芝圃,丹灶神炉,犹然存乎其间。"③ 正因为崐嵛山秀美幽奇的自然地理环境,成为金、元全真教著名的洞天福地,在此地兴建了大批道教宫观,如崐嵛山南麓圣经山的紫府洞、西北麓的麻姑殿、烟霞洞与神清观(见8-1)、紫金峰的契遇庵与东华宫、山前圣水岩的

图 8-1 神清观

玉虚观,等等。如烟霞洞位于崐嵛山西北岩,风景秀丽,静雅清幽,确为修道栖真之胜地。王重阳曾赋诗《烟霞洞》云:"古洞无门掩碧沙,四山空翠锁烟霞。天开玉树三清府,池涌青莲七子家。阐教客来

---

① 民国《牟平县志》卷9《文献志·金石》,《中国地方志集成·山东府县志辑》第55册,凤凰出版社2004年版,第405页。
② 王宗昱:《金元全真教石刻新编》,北京大学出版社2005年版,第43页。
③ 光绪《文登县志》卷4中《寺观》,《中国地方志集成·山东府县志辑》第54册,凤凰出版社2004年版,第80页。

第八章　胶东石刻与金元时期全真教

传道法，游仙人去换年会。可怜此地今谁管，春暖桃夭自发花。"①
昆嵛山东南则为崂山，虽然海拔不高，但是山峦峭拔耸秀，山海相连，云飞霞飘，组成一幅雄伟、生动的画面，有"九宫八观七十二庵"之说。正如元延祐四年（1317）《重地建上清宫碑》所称颂道："历海诸山，峻极秀丽，为天东之首瞻，经志之所载者，惟崂山焉。晏谟《齐记》云：'泰山虽云高，不如东海崂。'以其蟠根巨浸，神龙攸居，峰霭五云，仙灵所集，真浮世之洞天，人间之福地也。在昔郑司农康成，尝教授于斯，宋初昌陵与华盖真人际遇，乃赐宫额曰'上清'。金源氏正隆间，重阳祖师，自西徂东，遨游海上，全真教兴，其徒长春子邱真人寓是，爱其青峰突兀，翠峨峻蹭，宛如鳌负蓬瀛，丹书刻题曰'鳌山'，赋诗云：'五岳曾经四岳游，群山未必可相俦，只因海角天涯背，不得高名贯九州。'中有微意存焉。"② 碑文将崂山的自然环境与神仙气息相结合，体现了对所处之地的认同。可以说，胶东全真教石刻中充斥着对此地优美自然环境的描写与赞誉。

道教徒喜欢那些接近自然、远离尘埃的地方作为隐修之地，以追求人与自然的合一，返璞归真，故林壑幽美的山区遂成为其绝好选择，如昆嵛山的东华宫、烟霞洞、玉虚观、神清观，铁槎山的延寿宫、云光洞，崂山的太清宫、上清宫、太平宫、明霞洞等，寒同山的神仙洞，等等。丘处机曾赋诗称颂秀美的崂山正是修仙的天然场所："青山本是道人家，况此仙山近海崖。海阔天空无浊物，云深地僻转清嘉。"③ 道教崇山还有一个原因，那就是高山胜岳系天地灵气之所钟，是神仙的居所辖境，选择天下名山作为"洞天福地"，便可以在这样的环境下感觉神仙的气息，与仙同游，当然也就是采日月精华，吸山水神慧。"就道教的所有仙境而言，海中的十洲三岛可望而不可即，天上的三十六重天更是虚无缥缈，唯有地上的洞天福地比较实在可及。道教相信，在山水秀美、峰峦奇峭、洞壑幽奥、气象万千的名山洞府建宫立观，创设人间仙境，居此修道之人如果不能马上道成仙

---

① 薛瑞兆、郭明志编：《全金诗》第1册，南开大学出版社1995年版，第236页。
② 此碑现存青岛崂山上清宫。
③ 周至元：《崂山志》卷6《金石志》，齐鲁书社1993年版，第196页。

去,至少也可以吸引仙真从天而降,从而与之栖息同游,体验仙乐。"① 道教徒认为山川为神仙所钟爱,亦诚如元至元十一年(1274)《重修磐石上清观记》所云:"齐之山海为天下冠,而东莱之间,山水形势,雄深伟丽,又为齐冠,而大泽之秀,又为东莱之最。自秦汉以来,高人胜士,多隐于此焉,号为神仙窟宅。"②

二 胶东的道教渊源

胶东自古就有着浓厚的神仙信仰,其道教文化可谓源远流长。此地濒临大海,海市蜃楼的明灭变幻,远近海岛的迷茫隐显,驾舟航海的艰险神奇,加之各种海外奇闻流传不绝,都激发了人们无尽的遐想,因而盛行"海上神山"和"不死之民"的传说,这刺激了胶东民众对长寿永生的强烈愿望及各种养生术的探求。为了得到神山上的仙人和不死之药,齐威王、齐宣王都曾派人入海求取。据《史记·封禅书》记载:"自威、宣、燕昭使人入海求蓬莱、方丈、瀛洲。此三神山者,其传在渤海中,去人不远;患且至,则船风引而去。盖尝有至者,诸仙人及不死之药皆在焉。其物禽兽尽白,而黄金银为宫阙。未至,望之如云;及到,三神山反居水下。临之,风辄引去,终莫能至云。世主莫不甘心焉。"③ 此后,秦始皇与汉武帝对仙人、仙药的寻找更为执着。秦始皇统一天下后,多次巡游海上,至成山,登芝罘,游碣石,"冀遇海中三神山之奇药"④,并使人携童男女入海求之,然不知所终。汉武帝亦热心于长生成仙,宠信方士李少君、公孙卿等人,"遣方士入海求蓬莱安期生之属",寻长生仙药,至死方止。上有所好,下必甚焉,故司马迁说:"海上燕齐怪迂之方士多相效,更言神事矣。"⑤ 自此以后,胶东地区的神仙信仰愈加兴盛。兹以昆嵛山与崂山为例,以窥胶东地区道教文化渊源久远之一斑。

---

① 宇汝松:《道教洞天福地的文化韵意》,《世界宗教文化》2006年第2期。
② 民国《平度县续志》卷3《疆域志·金石》,《中国地方志集成·山东府县志辑》第43册,凤凰出版社2004年版,第426页。
③ 《史记》卷28《封禅书》,中华书局1959年标点本,第1369—1370页。
④ 同上书,第1370页。
⑤ 《史记》卷12《孝武本纪》,中华书局1959年标点本,第455页。

第八章　胶东石刻与金元时期全真教

昆嵛山既有着山海相连的秀丽风光，又有着神仙道教的文化底蕴，是道教发展的理想之地，素有"仙山之祖"之美誉。金人国偀撰《玉虚观碑记》云："山之足蹈于海者三，相距皆不满百里，蓬莱、瀛州、方丈，朝夕相望于晻霭间。盖天地英灵自然之气，独钟于此，故世多神仙异人焉。"① 昆嵛山道教渊源很早，传说东华帝君王元甫曾栖于此山修道。《金莲正宗仙源像传》云："（王玄甫）得太上之道隐昆嵛山，号东华帝君。"② 秦志安《金莲正宗记》对东华帝君有更为翔实的记载：

> 帝君姓王氏，字玄甫，道号东华子。生有奇表，幼慕真风，白云上真见而爱之，曰："天上谪仙也。"乃引之入山，授之以青符玉篆、金科灵文、大丹秘诀、周天火候、青龙剑法。先生得之，拳拳服膺，三年精心，尽得其妙。遂退居于昆嵛山烟霞洞，颐神养浩。久之，结草庵以自居，篆其额曰"东华观"。韬光晦迹百有余年，而人未之知也。后徙居代州五台之阳山中，今有紫府洞天，山下有道人县。在人间数百岁，殊无衰老之容。开阐玄宗，发挥妙蕴，阴功济物，玄德动天，故天真赐号曰"东华帝君"，又曰"紫府少阳君"③。

虽然上述关于王玄甫的说法未必可信，但是这些史料的产生却能从一个侧面反映出昆嵛山的道教文化的浓厚。后来，王重阳开创全真教，将东华帝君尊为教祖，其《满庭芳》云："汝奉全真，继分五祖，略将宗派称扬。老君金口，亲付与西王圣母，赐东华教主。东华降钟离承当，传玄理，富春刘相，吕祖悟黄粱。"④ 元至元六年（1269）《崇道诏书碑》中刻有宋德方《全真列祖赋》，这是全真教早期的一篇极其重要

---

① 民国《牟平县志》卷9《文献志·金石》，《中国地方志集成·山东府县志辑》第55册，凤凰出版社2004年版，第405页。
② （元）刘志玄：《金莲正宗仙源像传》，《正统道藏》第3册，文物出版社、上海书店、天津古籍出版社1988年版，第370页。后文文献凡是出自《正统道藏》，不再赘注版本。
③ （元）秦志安：《金莲正宗记》卷1《东华帝君》，《正统道藏》第3册，第344页。
④ （元）彭致中编：《鸣鹤余音》卷3，《正统道藏》第24册，第268页。

的文献，它以无名道人回答绝相公子提问的方式，论述了全真教的历史传承，明确说明东华帝君姓王，其师为白云叟。该赋云：

> 无名道人闲居于丈室，绝相公子□进而问曰："我闻吾子参全真出世之宗，习太上不言之教久矣乎，必能深究其宗派首末也。其祖何先，其宗何始，仆虽不敏，亦可得而闻乎？"对曰："何□□之发问造次也。……龙汉以前，赤明之上，全真之教固已行矣，但圣者不言而天下未之知耳。逮我东华帝君王公者，分明直指曰：此全真之道也，然后天下惊骇倾向而知所归依矣。帝君乃结庵于青海之滨，受诀于白云之叟，种黄芽于岱阜，煅绛雪于昆嵛，阴功普被于生民，密行远沾于后裔。然后授其道于正阳子钟离公者，暗剖琼符，潜分玉篆，锡以大丹之秘诀，付之蕊笈之灵章，传周天起火之经，教飞龙铸剑之法，炼形如鹤，养气如龟，然后授其道于纯阳子吕公者……①

另外，邓文原元皇庆元年（1312）所撰《东华紫府辅元立极大帝君碑》亦称："昔仙人东华君常栖真于此，吾全真教之宗也。……东华者，木公炳灵，受青阳元真之气，有白云上真者，授之以符篆灵文，金丹火候，青龙剑法。白云尝得之金母，金母得之太上者也。"②由于全真教为蒙元统治者所宠信，故东华帝君的地位亦日益抬高，元世祖至元六年（1269），始赐号曰"东华紫府少阳帝君"，元武宗至大三年（1310），复赐号曰"东华紫府辅元立极大帝君"。

另外，金元时期昆嵛山全真教的兴起，还与此地的麻姑信仰密不可分。"东牟之昆嵛，昔麻姑洞天也"③，传说道教神仙麻姑就是在此修炼，道成飞升。于钦《齐乘》记载："大崑崙山，州东南四十里。峿夷岸海名山也，秀拔为群山之冠。《仙经》云：'姑余山，麻姑于

---

① 陈垣编纂，陈智超、曾庆瑛校补：《道家金石略》，文物出版社1988年版，第593页。
② 此碑现存文登昆嵛山紫金峰前，碑文亦载光绪《增修登州府志》卷65《金石上》（《中国地方志集成·山东府县志辑》第49册，第345页）。
③ 民国《牟平县志》卷9《文献志·金石·金玉虚观碑》，《中国地方志集成·山东府县志辑》第55册，凤凰出版社2004年版，第405页。

第八章 胶东石刻与金元时期全真教

此修道上升，余趾（址）犹存，因名姑余。'后世以'姑余'、'昆嵛'声相类，而讹为'昆嵛'，然今东夷人止名'昆嵛'。"① 东晋葛洪《抱朴子》曾多次引述《仙经》，可见《仙经》成书甚早，那么仙姑的传说就应当更早。现存文献中最早对麻姑进行记载的，当属东晋葛洪《神仙传·王远传》：

> 王远字方平，东海人也。……麻姑至，蔡经亦举家见之，是好女子，年十八九许，于顶中作髻，余发散垂至腰。其衣有文章，而非锦绮，光彩耀日，不可名字，皆世所无有也。入拜方平，方平为之起立。坐定，召进行厨，皆金玉杯盘无限也，肴膳多是诸花果，而香气达于内外，擘脯而行之，如松柏炙，云是麟脯也。麻姑自说接待以来，已见东海三为桑田，向到蓬莱，水又浅于往昔会时略半也，岂将复还为陵陆乎？……②

元末明初陶宗仪《说郛》卷一一三下专门立有《麻姑传》，与《神仙传》记载相类，二者皆无王远与麻姑有何亲属关系的记述，这与传说中二人是兄妹关系不同，当为后人所增益者。如元人赵道一《历世真仙体道通鉴后集》谓："麻姑乃王方平之妹，修道得仙年可十八许。"③

昆嵛山有着众多有关麻姑的遗迹，如麻姑祠、麻姑冢、麻姑梳妆阁等。麻姑祠，位于昆嵛山泰礴顶北侧姑余山之岳姑殿左侧，其创建不知其伊始，"重修于唐光华中，又修于宋太平兴国四年，元丰间有碑述仙迹颇详"④。麻姑冢在麻姑祠基址下，"道光己丑翻修，掘旧址深三尺，见冢穴，亟掩之。堂北石壁平如削，有'麻姑大仙冢'五

---

① （元）于钦：《齐乘校释》卷1《山川·宁海山·大昆嵛山》，刘敦愿等校释，中华书局2012年标点本，第50—51页。
② （东晋）葛洪：《神仙传》卷3《王远》，《景印文渊阁四库全书》第1059册，上海古籍出版社1987年影印本，第270页。
③ （元）赵道一：《历世真仙体道通鉴后集》卷3《麻姑》，《正统道藏》第5册，第465页。
④ 同治《重修宁海州志》卷26《仙释·麻姑》，《中国地方志集成·山东府县志辑》第54册，凤凰出版社2004年版，第573页。

字,斗大,深寸许,石泐尚可辨。"① 麻姑信仰在唐宋时期极为兴盛,民间流传着许多与之相关的传说。如康熙《莱阳县志·外纪志》记载:"唐玄宗长安大会道流,麻姑仙自昆嵛山三千余里往赴之。帝见其衣冠异常,问其所自。对曰:'自东海。'问:'来几时?'对曰:'卯兴而辰至。'会终,遣二侍臣随之。麻姑令二人入袍袖中,戒其闭目。二人入袖,但觉身如飞腾。适过莱阳,其一一闻市声,开目视之,遂堕兹土,人祀之,号'仆射庙'。"② 又雍正《山东通志·仙释志》:"麻姑,王方平妹,修道于牟之姑余山,语见《续文献通考》。今宁海州姑余山,一名昆嵛山,仙迹具存。唐太宗东征军至邹平之昌阳镇,麻姑显异,运饷助军,军士筑台表之。"③ 明彭大翼《山堂肆考》记载:"刘氏鲤堂前有大槐树,忽梦一女官(冠),自称麻姑,乞此树修庙。刘谩许之,既寤,异其事。后数日,风雷大作,失槐所在,即诣麻姑庙视之,槐已卧其前矣。"④ 麻姑信仰亦受到北宋统治者的宠信,政和六年(1116),宋徽宗封麻姑为"虚妙真人";重和元年(1118),又赐麻姑祠为"显异观"⑤。至金代,昆嵛山的麻姑信仰依然盛行。全真七子之一马钰是宁海人,传说他出生时,母唐氏孕时夜梦麻姑赐丹一粒,"吞之,觉而分瑞"⑥。他后来在一些赠给道姑的诗词中,也把麻姑作为她们修行的榜样,可见麻姑在当地影响之大。麻姑信仰在昆嵛山一带的广泛传播,促进了昆嵛山道教的兴起,使昆嵛山成为一座道教名山,这为后来王重阳以昆嵛山为中心创立全真教营造了良好的氛围。至今,麻姑作为长寿、正直、纯洁的象征,仍受到当地人的崇拜,在其升仙的四月十五定为庙会,并成为胶东地区最大的庙会。

---

① 同治《重修宁海州志》卷26《仙释·麻姑》,《中国地方志集成·山东府县志辑》第54册,凤凰出版社2004年版,第573页。
② 康熙《莱阳县志》卷9《外纪志·怪异》,《中国地方志集成·山东府县志辑》第53册,凤凰出版社2004年版,第114页。
③ 雍正《山东通志》卷30《仙释志》,乾隆元年(1736)刻本。
④ (明)彭大翼:《山堂肆考》卷150《仙人·乞树》,《景印文渊阁四库全书》第977册,上海古籍出版社1987年影印本,第92页。
⑤ 同治《重修宁海州志》卷26《仙释·麻姑》,《中国地方志集成·山东府县志辑》第54册,凤凰出版社2004年版,第573页。
⑥ (元)赵道一:《历世真仙体道通鉴续编》卷1《马钰》,《正统道藏》第5册,第418页。

第八章　胶东石刻与金元时期全真教

崂山是胶东道教的另一重镇，临海雄峙，风景如画，气势非凡，自古就有"神仙之宅，灵异之府"之称。《史记·孝武本纪》云："天下名山八，而三在蛮夷，五在中国。中国华山、首山、太室、泰山、东莱，此五山黄帝之所常游，与神会。"① 其中东莱，即指牢（崂）山。崂山道教渊源亦十分久远，多有修真之士栖息其中，如徐福、安期生、乐正子长等人。黄宗昌《崂山志》记载："乐正子长，不知何许人也。尝遇仙于崂山，授以巨胜赤散方，服之，年过百八十，颜如童。入崂深处，不知所终。"② 秦始皇、汉武帝巡游海上，寻求仙人、仙药，都曾到过此地。李唐统治者自称老子之后，极度崇信道教，崂山更是成为天下道教的兴盛之区，建有东华宫、玉皇庙、延寿宫等宫观。唐玄宗久慕崂山盛名，天宝年间派孙昙、王旻、姜抚等术士来崂山为其采药炼丹，至今山中仍有刻石记载。崂山棋盘石现存一摩崖刻石，题"敕采仙药孙昙遗祭山海求仙石"，稍西一石，题"大唐天宝二年三月六日采仙药孙昙山房"③。天宝四年（745），王旻至崂山为唐玄宗炼长生之药，《太平广记》记载此事云："太和先生王旻，得道者也，常游名山五岳。……旻乃请于高密牢山合炼，玄宗许之，因改牢山为辅唐山，许旻居之。"④ 宋州（今河南商丘）术士姜抚，自言能通仙人不死之术，尝对玄宗言："服常春藤，使白发还鬓，则长生可致。"然而，"民间以酒渍藤，饮者多暴死。……抚内惭悸，请求药牢山，遂逃去。"⑤ 可见，崂山非常受当时修道之人青睐。北宋缔造者赵匡胤在夺取天下之前，曾得到一些道士的支持，故赵宋皇室一直都极为尊崇道教。该时期崂山最为著名的道士当属刘若拙，受到宋太祖赵匡胤的极度宠信。《续资治通鉴长编》记载："若拙，蜀人，自号华盖先生。善服气，年九十余不衰，步履轻疾。每水

---

① 《史记》卷12《孝武本纪》，中华书局1959年标点本，第468页。
② （明）黄宗昌：《崂山志》卷5《仙释》，《藏外道书》第19册，巴蜀书社1992年版，第651页。
③ 周至元：《崂山志》，齐鲁书社1993年版，第194页。
④ 《太平广记》卷72《王旻》，上海古籍出版社1990年标点本，第362页。
⑤ 《新唐书》卷204《方技传·姜抚》，中华书局1975年标点本，第5811—5812页。

旱，必召于禁中，设坛场致祷，其法精审，上甚重之。"① 宋太祖敕巨资为刘若拙在崂山修建道场，这就是著名的太平宫、太清宫与上清宫。正如元泰定二年（1325）张起岩撰《劳山聚仙宫记》所云："当五代时，有华盖真人刘姓者，自蜀而来，遁迹兹山。宋祖闻其有道，召至阙庭。留未几，坚求还山。敕建太平兴国院以处之。上清、太清二宫，其别馆也。"② 宋太祖开赵宋朝廷崇道之始端，继其后，宋太宗、宋真宗，尤其是在宋徽宗崇道的热潮中，一个以崂山为中心的道教文化重镇在胶东兴起，成为胶东滨海地区继昆嵛山之后又一个道教文化中心。

由上可见，胶东地区神仙传统源远流长，道教文化氛围极其浓厚，这就潜移默化地影响着当地民众的生活。全真七子作为胶东人，他们的思想亦受到胶东浓厚道教文化的熏陶。王重阳选择胶东半岛作为宣教基地，以及后来全真七子的入道，都与胶东的这种宗教氛围及儒释道包容的文化环境密不可分。像马钰、王处一、郝大通等，他们都曾出身于世家大族，后转而入道。马钰在入道之前，就曾对仕途不放于心，《创建马真君碑亭记》云："壮岁以儒书刀笔之能选充本州吏，总权六曹，德服众望，但夙禀仙姿，克绝俗念。每以访道为兢兢。一朝遇祖师王公，获悟真传，辄弃人间事，拂袖长往。"③ "真人（马钰）悬实道教宗师□□之一世□□□□寓东牟卯时，心已在风尘表。"④ 由此可以看出，马钰在王重阳来胶东传教之前，就"心已在风尘表"。丘处机在知遇王重阳之前，就已到充满道教文化氛围的昆嵛山入道，正如《寓真资化顺道真人唐四仙姑祠堂碑》记载："仙姑宁海牟平人……径诣昆嵛山危岩之下，结庵而独居焉。其山险峭幽邃，树木蓊蔚，猛兽纵横，人迹罕到。姑处之恬然，殊无动虑。久而，人见其心志坚确，修炼精专，深造元元之妙，大加敬奉，遂以仙

---

① （宋）李焘：《续资治通鉴长编》卷13"开宝五年冬十月"条，中华书局2004年版，第290页。
② 乾隆《莱州府志》卷13《艺文·记》，《中国地方志集成·山东府县志辑》第44册，凤凰出版社2004年版，第281页。
③ 乾隆《福山县志》卷11《文翰·记》，《中国地方志集成·山东府县志辑》第51册，凤凰出版社2004年版，第615页。
④ 王宗昱：《金元全真教石刻新编》，北京大学出版社2005年版，第63—64页。

姑称之。初长春真人年方弱冠,甫入道门。"①

总之,胶东秀美的自然地理环境与悠久的道教文化传统,加之浸润日久的儒学与佛学文化背景,这都为道教徒修行提供了绝好去处。当然,金元时期全真教能够在胶东地区兴起,还与当时的社会历史背景有关,金、南宋与蒙古之间矛盾错综复杂,互有战争。在如此一个社会动荡的年代里,令人感到朝不保夕,心灵与生命如浮萍飘尘,难以安顿。这迫切需要一种能慰藉心灵的良药,恰恰为全真教的兴起与迅速发展提供了一个契机。

第二节 金元时期胶东全真教石刻概述

伴随着全真教在胶东的创立与发展,大量与之相关的石刻被刻立,或关于建宫立观之始末,或为金元政府颁发的护教令旨,或记录仙真高道的修炼经历,或为道人题记诗刻等,种类多样,数量繁多。笔者依据方志、金石志、史志等文献,并加之实地考察,对金元时期胶东全真教石刻加以初步整理(见表8-1、表8-2)。当然,由于自身条件所限,甚或疏忽,肯定还有一些石刻被遗漏,待日后加以增补。兹对金元时期胶东全真教石刻的时空分布、撰文、书篆与刻石者、石刻形制及类别等加以概述,以期对之有整体了解。

一 金元时期胶东全真教石刻的时空分布

表8-1　　金元时期胶东全真教石刻时空分布统计

石刻名称	刻立时间	存地②	资料依据③
遇仙园石刻	金大定九年(1169)	掖县长生观	《山左金石志》卷19

---

① 光绪《增修登州府志》卷65《金石上》,《中国地方志集成·山东府县志辑》第49册,凤凰出版社2004年版,第356页。
② "存地"一栏的处所,若依据史志文献,则采用当时旧称;若是笔者考察所得,则采用今名。
③ "资料依据"一栏,若由文献记载所得,则填写文献名称及卷数;若为实地考察所得,则填写"实地考察"。

续表

石刻名称	刻立时间	存地	资料依据
王重阳画像诗刻	金大定二十二年（1182）①	掖县青罗观②	《山左金石志》卷19
归山操碑	金大定二十三年（1183）	宁海范园	光绪《增修登州府志》卷65
马丹阳普救歌碑	金大定二十三年（1183）	福山通仙宫	《山左金石志》卷19
登州福山县黄箓大醮记	金大定二十三年（1183）	福山通仙宫	民国《福山县志稿》卷6
马钰述怀诗并画像刻石	金大定二十三年（1183）	福山通仙宫	民国《福山县志稿》卷6
重阳悯化妙行王真人诗刻石	金大定二十三年（1183）	福山通仙宫	民国《福山县志稿》卷6
归山操跋石刻	金大定二十四年（1184）	宁海马钰故宅	光绪《增修登州府志》卷65
丹阳真人马公登真记	金大定二十五年（1185）	不详	《甘水仙源录》卷1
刘长生大基山诗刻	金大定二十九年（1189）	掖县大基山	《山左金石志》卷20
刘长生灵虚宫倡和诗刻③	金大定二十九年（1189）	掖县灵虚宫	《山左金石志》卷20
王重阳《挂金灯词》石刻	金大定二十九年（1189）	掖县（具体存地不详）	《山左金石志》卷20
李术鲁骠骑节使园亭记碑	金大定二十九年（1189）	掖县武安村长生殿	《山左金石志》卷20
玉虚观牒	金承安二年（1197）	乳山玉虚观	《道教金石略》
长春子道士谷春日登览诗刻	金泰和七年（1207）	掖县大基山道士谷	光绪《三续掖县志》卷1
崂山白龙洞丘长春诗刻二十首	金泰和八年（1208）	崂山白龙洞	实地考察
崂山上清宫丘长春《青玉案》诗刻	金大安元年（1209）	崂山上清宫	实地考察
崂山上清宫丘长春诗刻十首	金大安元年（1209）	崂山上清宫	实地考察

① 此诗刻由马钰撰文、立石，关于其刻立时间，阮元《山左金石志》卷19《王重阳画像诗刻》记载："壬寅仲夏月丙午日。"此"壬寅"是何年？书中并未指明。不过，由马钰逝世于大定二十三年（1183），可以推知，此"壬寅"必是大定二十二年（壬寅，1182）。

② 原书作"掖县青萝馆"，误。

③ 此碑阳面于刘长生倡和诗之后还刻有范怿的跋，碑阴刻有范怿七律诗一首。

第八章 胶东石刻与金元时期全真教

续表

石刻名称	刻立时间	存地	资料依据
崂山太清宫丘长春诗刻十首	金大安元年（1209）	崂山太清宫	实地考察
玉虚观碑	金贞祐二年（1214）	宁海圣水岩玉虚观	《山左金石志》卷20
王重阳《悟真歌》石刻	金代（具体年月不详）	掖县（具体存地不详）	《山左金石志》卷21
青罗观王重阳诗词石刻	金代（具体年月不详）	掖县青罗观	《山左金石志》卷22
昆嵛山丹阳顺化慈愿马先生次韵	金代（具体年月不详）	存地不详	民国《福山县志稿》卷6
谭处端《示门人》诗刻	金代（具体年月不详）	青岛华楼山	实地考察
范怿和刘长生大基山诗刻	金代（具体年月不详）	掖县大基山	光绪《三续掖县志》卷1
烟霞洞记	金代①（具体年月不详）	宁海烟霞洞	《金元全真教石刻新编》
长春子梨花诗词石刻	金代（具体年月不详）	掖县武官灵虚宫	《山左金石志》卷21
元太祖征丘真人制碑	元太祖十四年（1219）	栖霞太虚宫丘祖殿②	光绪《栖霞县志》卷10
护教文圣旨	元太祖十八年（1223）	崂山太清宫三皇殿门外	实地考察
金虎符牌文	元太祖十八年（1223）	崂山太清宫三皇殿门外	实地考察
神仙洞圣旨碑	乃马真后四年（1245）	掖县神仙洞	《北图汇编》③第48册
哈鲁罕大王懿旨碑④	元定宗元年（1246）	宁海神清观	《金元全真教石刻新编》
宁海州亦思马因令旨碑	海迷失后二年（1250）	宁海神清观东北清风岭	《金元全真教石刻新编》
太真观残碑	元宪宗四年（1254）	掖县太真观	《山左金石志》卷21
兴仙观碑	元宪宗七年（1257）	掖县兴仙观	《山左金石志》卷21

① 此碑由丘处机撰文，依据《金元全真教石刻新编》所录此碑文"盖贞祐元年（1213），东牟彭城先生首创也"，可推断此碑刻立于贞祐元年（1213）之后、丘处机去世的正大四年（1227）以前。

② 此碑现存烟台博物馆。

③ 《北京图书馆藏中国历代石刻拓本汇编》（中州古籍出版社1990年版）简称为"《北图汇编》"，以下皆同。

④ 原书作"神清宫圣旨碑"。

续表

石刻名称	刻立时间	存地	资料依据
灵源观记	元宪宗七年（1257）	黄县灵源观	光绪《增修登州府志》卷65
玄都观碑	元宪宗八年（1258）	宁海范园	光绪《增修登州府志》卷65
神清观碑	元宪宗八年（1258）	宁海神清观	《山左金石志》卷21
灵虚宫改额加号记①	元中统四年（1263）	掖县武官灵虚宫	《山左金石志》卷21
三师祠堂记	元至元二年（1265）	掖县三师祠	《北图汇编》第48册
重建太微观碑	元至元四年（1267）	掖县太微观	《山左金石志》卷21
滨都重建太虚观记	元代②（具体年月不详）	栖霞滨都太虚观	《金元全真教石刻新编》
长生万寿宫披云真人制词碑	元至元七年（1270）	掖县万寿宫	《山左金石志》卷21
金华宫碑	元至元八年（1271）	黄县金华宫	光绪《增修登州府志》卷65
长春子《清天歌》石刻	元至元十年（1273）	掖县（具体存地不详）	《山左金石志》卷21
重修磐石上清观记	元至元十一年（1274）	平度磐石上清观	民国《平度县续志》卷3
灵神洞明贞晦真人道行记	元至元十六年（1279）	文登（具体存地不详）	光绪《文登县志》卷12
万寿宫令旨碑③	元至元十六年（1279）	掖县万寿宫	《北图汇编》第48册
万寿宫圣旨碑④	元至元十七年（1280）	掖县万寿宫	《北图汇编》第48册
长生万寿宫碑	元至元二十七年（1290）	掖县神山万寿宫	《北图汇编》第48册

---

① 《北京图书馆藏中国历代石刻拓本汇编》第48册第31页亦载此碑，作"灵虚宫碑"。

② 此碑由姬志真撰文，无刻立年月记载。据史传记载，姬志真（1192—1267），道号"知常子"，是栖云真人王志瑾门下大弟子，至元五年（1268）十二月病逝，享年七十六岁。据此，可以推断此碑刻立最晚不晚于至元五年（1268）。

③ 《北京图书馆藏中国历代石刻拓本汇编》第48册名此碑为"万寿宫圣旨碑"，按碑文"皇帝福荫里，势都儿大王令旨"，乃系势都儿大王授予披云真人弟子万寿宫住持石真人收执。所以，应为"令旨"，而非"圣旨"。势都儿大王是元朝的一个宗王，成吉思汗大弟哈撒儿的孙子。至元二十四年（1287）叛乱，为元世祖忽必烈击败投降。

④ 此碑亦云"万寿宫披云真人令旨碑"。

第八章 胶东石刻与金元时期全真教

续表

石刻名称	刻立时间	存地	资料依据
清虚纯德辅教真人祠堂记	元至元二十八年（1291）	栖霞邱祖殿后三仙祠	光绪《栖霞县续志》卷10
长春真人道行碑	元元贞二年（1296）	栖霞滨都宫	《山左金石志》卷22
重修集元观碑	元元贞二年（1296）	胶州石梁社	民国《增修胶志》卷36
八不砂大王令旨	元元贞三年（1297）	青岛华楼山碧落岩	实地考察
卢山延真宫碑	元大德元年（1297）	黄县卢山延真宫	《山左金石志》卷22
碧落岩丘长春诗刻两首	元大德二年（1298）	青岛华楼山碧落岩	实地考察
吕洞宾《青天赤》诗刻	元大德二年（1298）	青岛华楼山三阳洞后	实地考察
华楼山道家修炼之法诀刻石	元大德二年（1298）	青岛华楼山翠屏岩与华楼峰间	实地考察
离山老母作	元大德二年（1298）	青岛华楼山碧落岩	实地考察
华楼山《归山操》	元大德二年（1298）	青岛华楼山碧落岩	实地考察
《双双燕》诗刻	元大德二年（1298）	青岛华楼山碧落岩	实地考察
华楼山曲道明诗刻	元大德二年（1298）	青岛华楼山	实地考察
丘处机华楼宫诗刻	元大德四年（1300）	青岛华楼山华楼宫后	实地考察
披云真人道行碑	元大德四年（1300）	掖县通仙观	《山左金石志》卷22
三千师父作	元大德四年（1300）	青岛华楼山	实地考察
云岩子刻洞明真人与刘长生诗刻	元大德四年（1300）	青岛华楼峰	实地考察
刘师父丘师父游上清宫来看崂山道士	元大德四年（1300）	华楼山凌烟崮南侧	实地考察
重阳真人凌烟崮诗刻	元大德四年（1300）	华楼山凌烟崮南侧	实地考察
长春真人凌烟崮诗刻	元大德四年（1300）	华楼山凌烟崮南侧	实地考察
华楼山重阳师父作	元大德四年（1300）	华楼山翠屏岩之东	实地考察
华楼山马师父答	元大德四年（1300）	华楼山翠屏岩之东	实地考察

续表

石刻名称	刻立时间	存地	资料依据
沁园春·丹阳师父题长生师父	元大德四年（1300）	华楼山凌烟崮南侧	实地考察
酹江月·兖州小东门董师父赠云岩子	元大德四年（1300）	华楼山凌烟崮南侧	实地考察
赠马钰先生诗刻	元大德年间（具体年月不详）	华楼宫东北	实地考察
赠丹阳	元大德年间（具体年月不详）	华楼宫东北	实地考察
丹阳继韵	元大德年间（具体年月不详）	华楼宫东北	实地考察
三才诗刻	元大德年间（具体年月不详）	华楼宫与华楼峰间	实地考察
上丹霄·兖州小董师父赠云岩子	元大德年间（具体年月不详）	华楼山凌烟崮南侧	实地考察
凌烟崮云岩子刻孙真人诗刻	元大德年间（具体年月不详）	华楼山凌烟崮	实地考察
华楼山云岩子作	元大德年间（具体年月不详）	华楼山凌烟崮	实地考察
昆嵛山东华宫记	元大德九年（1305）	文登东华宫	《山左金石志》卷22
宁海州紫府洞白石神像记	元大德九年（1305）	文登紫府洞	光绪《文登县志》卷4
重修凝真观碑	元大德十年（1306）	青岛崂山凝真观	实地考察
华楼玉皇洞碑	元至大二年（1309）	青岛华楼山玉皇洞	实地考察
紫府洞诏文碑	元皇庆元年（1312）	文登紫府洞	《山左金石志》卷22
东华洞五华碑八种	元皇庆元年（1312）	文登东华洞①	《山左金石志》卷22
紫府洞碑	元皇庆元年（1312）	文登紫府洞	《山左金石志》卷22
东华帝君碑	元皇庆元年（1312）	文登东华宫	《山左金石志》卷22
丹阳真人归葬记	元皇庆二年（1313）	莱阳游仙宫	《山左金石志》卷22

---

① 东华洞，一名"紫府洞"。

第八章 胶东石刻与金元时期全真教

续表

石刻名称	刻立时间	存地	资料依据
重地建上清宫碑	元延祐四年（1317）	青岛崂山上清宫	实地考察
重修童真宫碑	元延祐年间（具体年月不详）	青岛城阳童真宫	实地考察
抱元真静清贫李真人道行碑	元至治三年（1323）	文登东华宫	光绪《文登县志》卷4
开真观碑	元泰定元年（1324）	文登开真观	光绪《文登县志》卷4
聚仙宫记	元泰定二年（1325）	即墨聚仙宫	乾隆《莱州府志》卷13
重修修真观碑	元泰定二年（1325）	文登修真观	光绪《文登县志》卷4
云岩子道行碑	元泰定三年（1326）	青岛华楼山	实地考察
万寿宫圣旨碑	元泰定四年（1327）	掖县万寿宫	《北图汇编》第49册
寓真资化顺道真人唐四仙姑祠堂碑	元泰定五年（1328）	宁海唐四仙姑祠堂	光绪《增修登州府志》卷65
神山牛讲师碑	元天历二年（1329）	掖县神山①	《山左金石志》卷23
云真渊静明道真人武道彬道行碑	元天历三年（1330）	文登东华宫	光绪《文登县志》卷12
祝圣道院碑	元元统三年（1335）	福山祝圣道院	民国《福山县志稿》卷6
灵虚宫褒封刘真君碑	元后至元六年（1340）	掖县灵虚宫	《山左金石志》卷24
云光洞延寿宫碑	元后至元六年（1340）	荣成铁槎山延寿宫前	实地考察
重修上清宫宗派记	元至正二年（1342）	平度上清宫	民国《平度县志》卷3
东华宫玉皇阁记	元至正三年（1343）	文登东华宫	光绪《文登县志》卷4
重修兴延查山云光洞增福延寿宫碑	元至正三年（1343）	荣成铁槎山延寿宫前	实地考察
增修东华宫记	元至正六年（1346）	文登东华宫	光绪《文登县志》卷4
创建马真君碑亭记	元至正七年（1347）	福山芝阳真武殿	乾隆《福山县志》卷11
重修增福延寿宫碑记	元至正七年（1347）	荣成铁槎山三清宫前	实地考察

① 神山，即今之寒同山。

续表

石刻名称	刻立时间	存地	资料依据
烟霞洞碑	元至正十五年（1355）	宁海烟霞洞	《山左金石志》卷24
重修鹤山遇真庵碑	元至正二十年（1360）	即墨鹤山遇真庵	实地考察
丹阳真人马公归真录	元至正年间（具体年月不详）	具体存地不详	光绪《增修登州府志》卷65
契遇庵石刻	元代（具体年月不详）	文登契遇庵	实地考察

通过上表我们可以看出金元时期胶东全真教石刻的时空分布有以下特点：

第一，从时间上看，金元时期胶东全真教石刻主要分布于金大定至元至正年间（1169—1360），这与全真教在金元时期的发展历程相关。

金大定七年（1167），王重阳自陕西至胶东传教布道，收马钰、丘处机、谭处端、王处一、郝大通、刘处玄与孙不二七人为徒，此后在文登、宁海、福山、登州、莱州等地创立了"三教七宝会""三教金莲会""三教三光会""三教玉华会""三教平等会"五大法会，正式创建全真教。在王重阳及七位弟子的致力弘扬下，全真教得以迅速发展壮大起来。胶东最早的一方全真教石刻为金大定九年（1169）《遇仙园石刻》，为丘处机立于掖县长生观前。随着全真教的社会影响日益扩大，逐渐得到金元统治者的支持。尤其是第五任掌教丘处机，积极发挥全真教的社会、政治影响，受到元太祖成吉思汗的召见，使全真教发展至鼎盛时期。元太祖以后的历代蒙元统治者大多奉行崇奉全真教的政策，使之得以继续发展，宫观修建持续不断，而见证这一历史的石刻，也就不断产生。不过，至元顺帝末年，随着元朝统治危机的加深及国力衰微，对全真教的扶持力度相应减小，加之教内出现了末流贵盛、高层腐化的现象而对全真教的发展造成不良影响，致使全真教逐渐衰弱。所以，这一时期胶东地区全真教石刻数量逐渐减少。

第二，从空间上看，金元时期全真教石刻在胶东地区分布广泛，尤其以宁海（今牟平）、文登、掖县（今莱州）、栖霞、崂山等地为最，这些都是全真教早期发展的重镇。

第八章 胶东石刻与金元时期全真教

宁海是"七真"之马钰、谭处端、郝大通与孙不二等人的故里，也是全真教最先传布的地区。金大定七年（1167），马钰在宁海乡宦范怿之侄范明叔园内①与王重阳契遇，受点化而入道。此后，王重阳携马钰、谭处端、丘处机、王处一四人修道于烟霞洞、神清观等处，全真教开始以宁海为中心而向胶东地区扩散。所以，宁海留下了众多有关全真教的石刻，如范园的《归山操碑》、马丹阳故宅的范寿卿《归山操跋石刻》、玄都观的《玄都观碑》、神清观的《神清观碑》、唐四仙姑祠的《寓真资化顺道真人唐四仙姑祠堂碑》、烟霞洞的《烟霞洞碑》，等等。

文登为金元时期全真教势力繁盛的地区之一，境内昆嵛山乃全真教的发祥地，王重阳及七真人均曾在这里传经布道，宫观道庵连绵迭起，如东华宫、紫府洞、契遇庵等，石刻碑碣遍布山涧。据光绪《文登县志》记载："东华宫在城西五十里紫金山前，金大定二十二年，马丹阳过而喜之，曰此洞天福地，名胜处也，遂于白玉台下创筑契遇庵。丹阳又以紫金峰前为古仙人东华帝君故宅，复营殿堂曰东华宫，有邑人于怀瑾碑，郭天锡书。贞佑（祐）之兵，山东大乱，宫遂废，王玉阳命其徒扈庆真复葺之。元大德六年，李真人道元来自云州，竭力兴筑，开石洞曰紫府洞，俗名东华洞，建五碑，俗名五华碑，以石为亭四柱，皆刻字，中为东华帝君碑。亭之下为石狮，登者蹴狮乃可上。碑额篆书'东华紫府辅元立极大帝君碑'十二字，横列，邓文原撰文，张仲寿书丹，赵孟𫖯篆额，皇庆元年立碑，载阮元《山左金石录（志）》中。又至治三年《李真人道行碑》，张仲寿撰并书篆。又大德九年碑，焦养直撰，张仲寿书丹，谭振宗篆额。又至正六年《增修东华宫记》，东牟处士秦才篆额，东牟逸士崔佐撰并书。"② 由

---

① 范怿在《重阳教化集序》（《正统道藏》第25册，第769页）中言："大定丁亥中元后一日，真人抵郡，竹冠弊衣，携笠策杖，径入于余侄明叔之南园，憩于遇仙亭。"由此可知，范怿的侄子名范明叔，遇仙亭乃范明叔所有。而《牟平县志》却记载："范怿，字寿卿，一字明叔"，显然错误。又据《玄都观碑》亦云："郡城之南，相去三里之许……即赡闻宿儒范公明叔之花园也。"

② 光绪《文登县志》卷4中《寺观》，《中国地方志集成·山东府县志辑》第54册，凤凰出版社2004年版，第78—79页。

此可见，昆嵛山中宫观碑刻众多，其中著名者，如东华宫的《昆嵛山东华宫记》《东华帝君碑》《抱元真静清贫李真人道行碑》《云真渊静明道真人武道彬道行碑》《东华宫玉皇阁记》《增修东华宫记》，契遇庵的《契遇庵石刻》，紫府洞的《东华洞五华碑八种》《紫府洞白石神像记》《紫府洞诏文碑》与《紫府洞碑》等。

掖县（今莱州），处于胶东半岛的西北，濒临渤海，境内有著名的云峰山、大基山、寒同山等道教名山，是刘处玄、宋德方、尹志平等高道的家乡，为早期全真教的重要活动区域。先有全真教祖师王重阳率领高徒马钰等人在莱州布教，成立"平等会"，后有刘处玄、丘处机亲建并主持灵虚观与昊天观，丘处机也正是从这里西赴成吉思汗万里之召的。金大定九年（1169），刘处玄学仙于王重阳祖师，"与丹阳马君、长真谭君、长春丘君为方外人，世号'丘刘谭马'，皆亲之重阳席下"①。金承安四年（1199），金章宗赐刘处玄居庵为灵虚观，灵虚观由此大兴。此后，他还修建了太微观，正如《重修太微观记》所云："州城之东北六十余里，里有朱桥焉。……距桥之西才数十举武，有观曰太微，乃长生刘真人之所建。……亦尝宿留于此，爱其景物之胜，因构筑以居其徒焉。泰和间，□□有司，得以太微观为名□。"② 此外，掖县的宫观还如通仙观、长生观、太真观、三师祠、兴仙观、青罗观、万寿宫、神仙洞等，都有着众多全真教石刻，如灵虚宫的《刘长生灵虚宫倡和诗刻》与《灵虚宫改额加号记》，长生观的《遇仙园石刻》，青罗观的《王重阳画像诗刻》，兴仙观的《兴仙观碑》，三师祠的《三师祠堂记》，万寿宫的《长生万寿宫披云真人制词碑》与《万寿宫圣旨碑》，通仙观的《披云真人道行碑》，神仙洞的《神仙洞圣旨碑》《长生万寿宫碑》《长生万寿宫披云真人制词碑》《万寿宫令旨碑》，等等。

栖霞是"七真"之一丘处机的故乡，也是金元时期胶东全真教发展的中心地区之一。丘处机十九岁出家为道，在昆嵛山拜土重阳为

---

① 北京图书馆金石组编：《北京图书馆藏中国历代石刻拓本汇编》第48册《灵虚宫碑》，中州古籍出版社1989年版，第31页。

② 北京图书馆金石组编：《北京图书馆藏中国历代石刻拓本汇编》第48册《重修太微观记》，中州古籍出版社1989年版，第41页。

第八章　胶东石刻与金元时期全真教

师，后返回栖霞传道设教，创立全真教龙门派，建太虚观，视为东方道林之冠，受到金元朝统治者及达官贵人的敬奉。时宋、金、蒙古争战北方，三政权争相结纳丘处机，宋宁宗、金宣宗先后相召，丘处机皆辞不赴。元太祖十四年（1219）冬，成吉思汗在西域遣使召请，丘处机毅然应命。翌年，率弟子宋德方等十八人前往。元太祖十七年（1222），成吉思汗在大雪山十分隆重地接见了丘处机、宋德方等师徒一行，对丘处机大为赞赏，赐以"神仙""大宗师"之尊号。此诏后刻于石，即《元太祖征丘真人制》，立于太虚宫丘祖殿①。此外，太虚宫还有《长春真人道行碑》《滨都重建太虚观记》《清虚纯德辅教真人祠堂记》等众多石刻。

　　崂山因道教而闻名于古今中外。崂山虽然海拔不高，但是山峦峭拔耸秀，山海相连，云飞霞飘，组成一幅雄伟、生动的画面。正如延祐四年（1317）《重地建上清宫碑》所称颂云："历海诸山，峻极秀丽，为天东之首瞻，经志之所载者，惟崂山焉。晏谟《齐记》云：'泰山虽云高，不如东海崂。'以其蟠根巨浸，神龙攸居，峰霭五云，仙灵所集，真浮世之洞天，人间之福地也。在昔郑司农康成，尝教授于斯，宋初昌陵与华盖真人际遇，乃赐宫额曰'上清'。金源氏正隆间，重阳祖师，自西徂东，遨游海上，全真教兴，其徒长春子邱真人寓是，爱其青峰突兀，翠峨峻蹭，宛如鳌负蓬瀛，丹书刻题曰'鳌山'，赋诗云：'五岳曾经四岳游，群山未必可相俦。只因海角天涯背，不得高名贯九州。'中有微意存焉。"②碑文将崂山的自然环境与神仙气息相结合，体现了对所处之地的认同。两千年前崂山就被称为"神窟仙宅"，历代不少有名的方士道人、文人墨客前来修炼、游览，尤其在宋金时期，刘若拙、丘处机等人先后来崂山传教，更使此地道教势力愈加兴盛。丘处机曾于金泰和八年（1208）来崂山，因山名"牢"甚违雅致，于是观崂山之形，而易其名曰"鳌山"，并作序云："东莱即墨之牢山，三围大海，背负平川，巨石巍峨，群峰峭拔，真洞天福地，一方之胜境也。然僻于海曲，举世鲜闻，其名亦不佳。予

---

① 此碑原镶嵌于太虚宫丘祖殿墙壁上，现存烟台博物馆。
② 此碑现存青岛崂山上清宫。

自昌阳①醮罢，抵于王城永真观，南望烟霭之间，隐隐而见。道众相邀，迁延数日而方届，遂闲吟二十首，易为鳌山，因畅道风云耳。"②丘处机赋诗二十首，现存崂山太平宫北二三里处白龙洞，如其一云："卓荦鳌山出海隅，霏微灵秀满天衢。群峰削蜡几千仞，乱石穿空一万株。道祖二宫南镇海，王明三崮北当途。是知物外仙游境，不向人间作画图。"崂山有"九宫八观七十二庵"之说，著名者如太清宫、上清宫、太平宫、华楼宫、遇真宫等。在宫观内外、山崖石壁上，留下了众多与全真教有关的石刻，或是统治者颁布的令旨，如《八不砂大王令旨》；或关于宫观修建，如《重建太平宫碑》《重修凝真观碑》《重地建上清宫碑》《华楼玉皇洞碑》；或为道人的修炼法诀、诗刻，如《吕洞宾〈青天赤〉诗刻》《华楼山道家修炼之法诀刻石》《华楼山碧落岩诗刻》《丘处机华楼宫诗刻》《三千师父作》《谭处端〈示门人〉诗刻》《凌烟崮云岩子刻孙真人诗刻》《云岩子刻洞明真人与刘长生诗刻》，等等。

除此之外，福山通仙宫、祝圣道院、真武殿，莱阳游仙宫，乳山玉虚观，黄县（今荣口）灵源观、金华宫与延真宫，平度磐石上清观，即墨聚仙宫与遇真庵等，也都分布着众多金元时期全真教石刻，如《马丹阳普救歌碑》《登州福山县黄箓大醮记》《马钰述怀诗并画像刻石》《重阳悯化妙行王真人诗刻石》《创建马真君碑亭记》《祝圣道院碑》《丹阳真人归葬记》《玉虚观碑记》《灵源观记》《金华宫碑》《卢山延真宫碑》《重修磐石上清观记》《重修上清宫宗派记》《聚仙宫记》《重修鹤山遇真庵碑》，等等。

另外，金元时期胶东全真教石刻在空间上还有一个分布特点，那就是多分布于山地，如昆嵛山上的东华宫、烟霞洞、紫府洞、神清观等石刻，昆嵛山余脉上的玉虚观、玉阳洞和圣水岩等石刻，崂山太清宫、神清宫、太平宫、明霞洞等石刻，华楼山华楼宫、凌烟崮、玉皇洞、翠屏岩等石刻，大基山道士谷石刻，等等，当然这与道教徒喜欢清静幽僻的自然环境而将道观建造于山中有关。

---

① 今山东莱阳。
② （金）丘处机：《磻溪集》卷2，《正统道藏》第25册，第819页。

二 金元时期胶东全真教石刻撰文、书篆与立石者身份分析

金元时期,上至中央官僚,下至州县官吏,再到普通的文人道众,都积极参与到全真教石刻的撰文、书篆与刻立中去。只有对该时期胶东全真教石刻的撰文、书篆及立石者的身份作进一步统计分析,才能更好地深入探究全真教与社会各阶层的关系,并加以综合分析(见表8-2)。需要说明的是,表8-2石刻名目及排序与表8-1相同,按照时间顺序排列。

表8-2　金元时期胶东全真教石刻撰文、书篆与立石者统计

石刻名称	撰文者	书篆人	立石人
遇仙园石刻	全真宗师丘处机	全真宗师丘处机	全真宗师丘处机
王重阳画像诗刻	全真宗师马钰	不详	全真宗师马钰
《归山操》碑	全真宗师马钰	范怿之子范景仁	宁海州学正范怿
马丹阳普救歌碑	全真宗师马钰	不详	不详
登州福山县黄箓大醮记	不详	不详	王弈（身份不详）
马钰述怀诗并画像刻石	全真宗师马钰	不详	不详
重阳悯化妙行王真人诗刻石	全真祖师王重阳	不详	不详
《归山操》跋石刻	宁海州学正范怿	范怿之子范景仁	宁海州学正范怿
丹阳真人马公登真记	邑子张子翼	不详	不详
刘长生大基山诗刻	全真宗师刘处玄	全真宗师刘处玄	全真宗师刘处玄
刘长生灵虚宫倡和诗刻	全真宗师刘处玄	全真宗师刘处玄	骠骑节使李术鲁
王重阳《挂金灯词》石刻	全真祖师王重阳	全真宗师刘处玄	宁海州学正范怿 全真宗师刘处玄
李术鲁骠骑节使园亭记碑	宁海州学正范怿	不详	骠骑节使李术鲁
玉虚观牒	不详	不详	知观杨道玄
长春子道士谷春日登览诗刻	全真宗师丘处机	全真宗师丘处机	全真宗师丘处机
崂山白龙洞丘长春诗刻二十首	全真宗师丘处机	全真宗师丘处机	栖岩洞主紫悟真、野人王志心、刘志宽

续表

石刻名称	撰文者	书篆人	立石人
崂山上清宫丘长春《青玉案》诗刻	全真宗师丘处机	不详	不详
崂山上清宫丘长春诗刻十首	全真宗师丘处机	不详	不详
崂山太清宫丘长春诗刻十首	全真宗师丘处机	不详	不详
玉虚观碑	朝散大夫前中都左警巡使赐紫金鱼袋国偊	文山进士王良臣书丹，州学进士范景纯篆额	知观门事韩道温、刘道渊等人
王重阳《悟真歌》石刻	全真祖师王重阳	全真宗师丘处机	全真宗师丘处机
青罗观王重阳诗词石刻	全真祖师王重阳	不详	不详
昆嵛山丹阳顺化慈愿马先生次韵	全真宗师马钰	不详	不详
谭处端《示门人》诗刻	全真宗师谭处端	不详	不详
范怿和刘长生大基山诗刻	宁海州学正范怿	宁海州学正范怿	宁海州学正范怿
烟霞洞记	全真宗师丘处机	不详	不详
长春子梨花诗词石刻	全真宗师丘处机	不详	不详
元太祖征丘真人制碑	元太祖成吉思汗	不详	不详
护教文圣旨	元太祖成吉思汗	不详	不详
金虎符牌文	元太祖成吉思汗	不详	不详
神仙洞圣旨碑	元太宗窝阔台乃马真后	不详	披云真人宋德方
哈鲁罕大王懿旨碑	哈鲁罕大王	不详	不详
宁海州亦思马因令旨碑	宁海王亦思马因	不详	不详
太真观残碑	不详	不详	不详
兴仙观碑	丁珢（身份不详）	杜春（身份不详）	高道柳□升、鞠清虚
灵源观记	不详	牢峰羽士述提控苗源书丹，教授迟忠篆额	崇和大师战道清

第八章　胶东石刻与金元时期全真教

续表

石刻名称	撰文者	书篆人	立石人
玄都观碑	东山老人高晔（身份不详）	东山老人高晔书丹，栖霞羽士刘德中篆额	知宫门事刘德永、赐紫通真大师张德真
神清观碑	李志鼎（身份不详）	东山漫叟高晔书丹并篆额	超然大师赵□□、葆光大师姜志□
灵虚宫改额加号记	全真道士史志经	不详	益都府路都提举、本宫知宫王志静
三师祠堂记	古郯进士王麟	不详	提点赐紫徐志□、知宫赐紫王志静
重建太微观碑	燕京大长春宫教门都提举高志朴	宋志方（身份不详）	益都路教门都提举、灵虚宫提点王志静
滨都重建太虚观记	全真道士姬志真	不详	不详
长生万寿宫披云真人制词碑	元世祖忽必烈	不详	不详
金华宫碑	林溪居士杨庭杰	林溪居士杨庭杰书丹，古黄士人迟恕篆额	悟真大师王志和、知宫王志义等
长春子《清天歌》石刻	全真宗师丘处机	不详	不详
重修磐石上清观记	正奉大夫山东淮南行省参议山阴张杞	虚白道人陈志道书丹，澹然子韩志柔篆额	特进行山东淮南尚书省事杨妙真
灵神洞明贞晦真人道行记	全真道士史志经	不详	不详
万寿宫令旨碑	势都儿大王	不详	不详
万寿宫圣旨碑	势都儿大王	不详	不详
长生万寿宫碑	福□进士□□□	承务郎、前江东建康道提刑按察司经历朱犟书丹	提点余志真、通徽纯素大师知州郑□希
清虚纯德辅教真人祠堂记	登州学正王瑞	不详	不详
长春真人道行碑	翰林学士王之纲	翰林学士王之纲书，张□仙（身份不详）篆额	不详
重修集元观碑	诚静致和大师三洞讲经师王道显	前本州权儒学正王文昌书丹，敕授彰德路教授刘世杰篆额	玄学讲经权讲前本州道正王道和

续表

石刻名称	撰文者	书篆人	立石人
八不砂大王令旨	八不砂大王	全真道士王道坚	全真道士王道坚
卢山延真宫碑	不详	不详	不详
碧落岩丘长春诗刻两首	全真宗师丘处机	全真道士刘志坚 全真道士王道坚	全真道士刘志坚 全真道士王道坚
吕洞宾《青天赤》诗刻	全真祖师吕洞宾	全真道士刘志坚	全真道士刘志坚
华楼山道家修炼之法诀刻石	不详	全真道士刘志坚	全真道士刘志坚
离山老母作	离山老母（身份不详）	全真道士刘志坚	全真道士刘志坚
华楼山《归山操》	全真宗师马钰	全真道士刘志坚	全真道士刘志坚
《双双燕》诗刻	全真宗师丘处机	全真道士刘志坚	全真道士刘志坚
华楼山曲道明诗刻	石匠曲道明	全真道士刘志坚	全真道士刘志坚
丘处机华楼宫诗刻	全真宗师丘处机	全真道士刘志坚	全真道士刘志坚
披云真人道行碑	承务郎前江东建康道提刑按察司经历朱犟	承务郎前江东建康道提刑按察司经历朱犟	不详
三千师父作	三千师父（身份不详）	全真道士刘志德	全真道士刘志坚
云岩子刻洞明真人与刘长生诗刻	全真宗师刘处玄 全真宗师祁志诚	全真道士刘志德	全真道士刘志坚
刘师父丘师父游上清宫来看崂山道士	不详	全真道士刘志坚	全真道士刘志坚
重阳真人凌烟崮诗刻	全真祖师王重阳	全真道士刘志坚	全真道士刘志坚
长春真人凌烟崮诗刻	全真宗师丘处机	全真道士刘志坚	全真道士刘志坚
华楼山重阳师父作	全真祖师王重阳	全真道士刘志坚	全真道士刘志坚
华楼山马师父答	全真宗师马钰	全真道士刘志德	全真道士刘志坚
沁园春　丹阳师父题长生师父	全真宗师马钰	全真道士刘志德	全真道士刘志坚
酹江月　兖州小东门董师父赠云岩子	董师父（身份不详）	全真道士刘志德	全真道士刘志坚

第八章 胶东石刻与金元时期全真教

续表

石刻名称	撰文者	书篆人	立石人
赠马钰先生诗刻	全真祖师王重阳	全真道士刘志坚	全真道士刘志坚
赠丹阳	全真祖师王重阳	全真道士刘志坚	全真道士刘志坚
丹阳继韵	全真祖师马钰	全真道士刘志坚	全真道士刘志坚
三才诗刻	张果老（身份不详）	不详	不详
上丹霄 兖州小董师父赠云岩子	董师父（身份不详）	全真道士刘志德、朱志成	全真道士刘志坚
凌烟崮云岩子刻孙真人诗刻	全真宗师孙不二	全真道士张志通	全真道士刘志坚
华楼山云岩子作	全真道士刘志坚	姜玄童（身份不详）	姜玄童（身份不详）
昆嵛山东华宫记	集贤大学士焦养直	翰林学士承旨知制诰编修国史张仲寿书丹，谭振宗（身份不详）篆额	不详
宁海州紫府洞白石神像记	集贤大学士焦养直	不详	不详
重修凝真观碑	不详	不详	不详
华楼玉皇洞碑	全真道士姜志平	全真道士姜志平	全真道士姜志平
紫府洞诏文碑	元仁宗爱育黎拔力八达	不详	不详
东华洞五华碑八种	元世祖忽必烈 元武宗海山	不详	诸路道教都提点陈德定等人
紫府洞碑	翰林修撰从仕郎同知制诰兼国史编修官邓文原	翰林学士承旨知制诰编修国史张仲寿书丹，集贤学士同知尚服院事杨光祖篆额	不详
东华帝君碑	翰林修撰从仕郎同知制诰兼国史编修官邓文原	翰林学士承旨知制诰编修国史张仲寿书丹，翰林侍读学士知制诰同修国史赵孟頫篆额	全真宗师常志清
丹阳真人归葬记	翰林学士承旨知制诰兼修国史张仲寿	翰林学士承旨知制诰兼修国史张仲寿	全真宗师常志清
重地建上清宫碑	承务郎前江东建康道提刑按察司经历朱橐	不详	不详

续表

石刻名称	撰文者	书篆人	立石人
重修童真宫碑	达鲁花赤普颜不花	不详	不详
抱元真静清贫李真人道行碑	前翰林学士承旨资善大夫知制诰兼修国史张仲寿	前翰林学士承旨资善大夫知制诰兼修国史张仲寿	高道耿道清 高道田道丰
开真观碑	不详	不详	不详
聚仙宫记	翰林侍讲学士中奉大夫知制诰同修国史同知经筵事张起岩	不详	高道沈志和
重修修真观碑	不详	不详	不详
云岩子道行碑	学士赵世延	不详	前益都路道门提点本宫宗门提点黄道盈等
万寿宫圣旨碑	泰定帝也孙铁木儿	不详	不详
寓真资化顺道真人唐四仙姑祠堂碑	鞠孝恭（身份不详）	蒋本敬（身份不详） 毕居敬（身份不详）	不详
神山牛讲师碑	不详	不详	不详
云真渊静明道真人武道彬道行碑	翰林侍讲学士中奉大夫知制诰同修国史同知经筵事张起岩	不详	高道王道安 高道刘道永
祝圣道院碑	翰林侍讲学士中奉大夫知制诰同修国史同知经筵事张起岩	张起岩书丹，朝列大夫太禧宗禋院判官兼供应神御殿事韩□□篆额	全真道士崔德敬、林德荣等立石
灵虚宫褒封刘真君碑	元武宗海山	姜象先（身份不详）书丹并篆额	颜璧（身份不详）
云光洞延寿宫碑	不详	不详	不详
重修上清宫宗派记	前特恩进士将仕佐郎般阳府路胶水县主簿李惟彦	前特恩进士将仕佐郎般阳府路胶水县主簿李惟彦	不详
东华宫玉皇阁记	东牟逸士崔佐	不详	不详
重修兴延查山云光洞增福延寿宫碑	不详	不详	不详
增修东华宫记	东牟逸士崔佐	东牟逸士崔佐 东牟处士秦才	不详
创建马真君碑亭记	教谕武思恭	不详	不详

第八章 胶东石刻与金元时期全真教

续表

石刻名称	撰文者	书篆人	立石人
重修增福延寿宫碑记	不详	不详	不详
烟霞洞碑	东牟逸士崔佐	东牟逸士崔佐 东牟处士秦才	不详
重修鹤山遇真庵碑	不详	不详	不详
丹阳真人马公归真录	不详	不详	不详
契遇庵石刻	圆明道人李道昌	圆明道人李道昌 住庵道人谭致真	住庵道人谭致真

通过上表我们可以看出金元时期胶东全真教石刻的撰文者、书篆者与立石者有以下特点：

第一，自《遇仙园石刻》至《长春子梨花诗词石刻》的早期[①]全真教石刻，其撰文、书篆与立石者多局限于王重阳、马钰、刘处玄、谭处端、丘处机等全真教内部人士及少量与之关系密切的官僚士人，如宁海州学正范怿及其子范景仁、骠骑节使李术鲁等人，参与者的范围并不广泛。这反映了早期全真教的社会影响十分有限，尚未得到社会各个阶层尤其是上层统治者的完全认可与广泛参与。但自《元太祖征丘真人制碑》《护教文圣旨》与《金虎符牌文》起，石刻的撰文、书篆与立石者的身份开始逐渐突破全真道士，而扩延至统治阶级上层的皇帝、宗王、世侯与中央官僚，以及地方州县官吏、文人学士乃至普通百姓。这反映了全真教日益兴盛，得到社会各个阶层的认同。究其原因，应归功于全真宗师丘处机的英明决策与艰辛付出。元太祖十七年（1222）四月，丘处机以七十三岁高龄，克服万里险阻，西行觐见成吉思汗。他以宗教领袖的身份为成吉思汗宣讲养生治国之道，博得大汗的信任与尊重，全真教也因此开始取得蒙元政府的支持。成吉思汗赐丘处机"大宗师"封号，令他掌管天下道教，诏免道院与道人的一切差徭赋税等，这体现在《元太祖征丘真人制碑》《护教文

---

① 这里的"早期"，乃指1222年丘处机觐见成吉思汗之前。

圣旨》与《金虎符牌文》三方石刻中。丘处机及其全真教正是在蒙元统治者的支持下而获得大好发展良机，在社会各个阶层中产生巨大影响，于是各地大建宫观，一时道人云集，教门大兴，"千年以来，道门开辟，未有如今日之盛。"① 也正因此故，全真教石刻的撰文、书篆与立石者的身份逐渐广泛化，遍布于社会各个阶层。

胶东全真教石刻中有一部分为皇帝、宗王封敕诏令碑，如《长生万寿宫披云真人制词碑》为元世祖忽必烈敕封披云真人宋德方的令旨，《东华洞五华碑八种》是元世祖忽必烈、元武宗海山敕封全真七子及尹志平、李志常、宋德方等人的制词，《哈鲁罕大王懿旨碑》为哈鲁罕王颁赐宁海神清观的懿旨，等等。这些封敕令旨撰写的初衷并非为了竖碑立石，只是敕发后为宫观书刻上石，以便于官民人等的贯彻执行，同时向天下宣示深受朝廷尊宠之殊荣，从而扩大该宫观的社会影响力。这就与一般的撰文者有所不同，有"被撰文"之感。然而，这些封敕诏令碑文出自皇帝与宗王之手是不争的事实，故仍以撰文者对待。

全真教石刻的撰文者与书篆人更多的则是蒙元时期中央与地方官员及文人学士。如大德九年（1305）《昆嵛山东华宫记》与《宁海州紫府洞白石神像记》，撰文者均为元初名臣焦养直。据《元史·焦养直》记载：焦养直，字无咎，东昌堂邑人（今山东聊城）。夙以才器称，至元十八年（1281），"世祖改符宝郎为典瑞监，思得一儒者居之。近臣有以养直荐者，帝即命召见，敷对称旨，以真定路儒学教授超拜典瑞少监"。焦养直深受元世祖信任，"入侍帷幄，陈说古先帝王政治，帝听之，每忘倦"。大德元年（1297），为元成宗进讲《资治通鉴》，"因陈规谏之言，诏赐酒及钞万七千五百贯"。大德三年（1299）迁集贤侍讲学士，大德九年（1305）进集贤学士，大德十一年（1307）升太子谕德。元武宗至大元年（1308），"授集贤大学士，谋议大政悉与焉。"② 焦养直身为三朝重臣，深受元帝宠信，以此贵不可言之身而屈尊撰碑，可见全真教在统治上层影响之大。又如泰定

---

① （元）尹志平：《清和真人北游语录》卷1，《正统道藏》第33册，第156页。
② 《元史》卷164《焦养直》，中华书局1976年标点本，第3859页。

第八章 胶东石刻与金元时期全真教

二年（1325）《聚仙宫记》、天历三年（1330）《云真渊静明道真人武道彬道行碑》与元统三年（1335）《祝圣道院碑》，均为翰林侍讲学士、中奉大夫、知制诰、同修国史、同知经筵事张起岩撰文。据《元史·张起岩》记载：张起岩，字梦臣，济南人。幼从父学，延祐二年（1315）考中进士。在此后四十年的仕宦生涯中，历任登州同知、集贤院修撰、国子监丞、国史院编修、监察御史、礼部尚书、中书省参议、翰林院侍讲、陕西行台御史、中书侍御史、燕南廉访使、御史中丞、翰林承旨等多个中央与地方要职。张起岩不但官绩显赫，而且学问渊博，博览群书，尤其熟悉金、辽典章故实、宋儒道学源委，主持国史编修与辽、金、宋三史编撰。① 张起岩积极参与全真教碑刻的撰文，同样说明全真教深受蒙元达官崇奉。再如皇庆二年（1313）《丹阳真人归葬记》与至治三年（1323）《抱元真静清贫李真人道行碑》，均为翰林学士承旨、资善大夫、知制诰兼修国史张仲寿撰并书篆，另外他还书丹了大德九年（1305）《昆嵛山东华宫记》、皇庆元年（1312）《紫府洞碑》与《东华帝君碑》，其参与撰文与书丹碑刻数量居众官员之首。在金元时期胶东全真教石刻中，有些石刻的撰文、书丹与篆额者同为颇具影响的官员，如《紫府洞碑》的撰文者为翰林修撰、从仕郎、同知制诰兼国史院编修官邓文原，书丹者为翰林学士承旨、资善大夫、知制诰兼修国史张仲寿，篆额者为集贤学士、嘉议大夫、同知尚服院事杨光祖。② 又如《东华帝君碑》，翰林修撰、从仕郎、同知制诰兼国史院编修官邓文原撰文，翰林学士承旨、资善大夫、知制诰兼修国史张仲寿书丹，翰林侍读学士、朝列大夫、知制诰、同修国史赵孟頫篆额。③ 赵孟頫作为元代著名的书法家，竟亦为全真教石刻篆额，若不是对全真教崇信或存有好感，断然不会篆额的。

上有所好，下必甚焉。不仅中央官员，地方州县官员亦十分崇信全真教，资助建修宫观，撰写碑文。如至元十一年（1274）《重修磐

---

① 《元史》卷182《张起岩》，中华书局1976年标点本，第4193—4196页。
② 光绪《增修登州府志》卷65《金石上》，《中国地方志集成·山东府县志辑》第49册，凤凰出版社2004年版，第347页。
③ 同上书，第345页。

石上清观记》，正奉大夫、山东淮南行省参议山阴张杞撰文①；至元二十八年（1291）《清虚纯德辅教真人祠堂记》，为登州学正王瑞所撰②；元贞二年（1296）《重修集元观碑》，敕授彰德路教授刘世杰篆额，前本州权儒学正王文昌书丹③；至正二年（1342）《重修上清宫宗派记》，为前特恩进士、将仕佐郎、般阳府路胶水县主簿李惟彦撰并书④；至正七年（1347）《创建马真君碑亭记》，为教谕武思恭记⑤，等等。

许多全真道士博通经史，文化素养较高，由他们撰文书碑亦十分普遍。如史志经，字天纬，道号洞玄子，是著名的全真教史学家。始拜恒岳真常子刘道宁为师，后至阿不那罕从丘处机问道，丘处机训以今名。《道家金石略》收录有元人王鹗撰《洞玄子史公道行录》云："平生喜著述，为文不事雕篆，率皆真实语，前后累数百万言，皆有理致可观，无长语浮辞。"⑥ 史志经撰有《华山志》十四卷，另有《玄风庆会图说文》残本传世。胶东全真教石刻中的中统四年（1263）《灵虚宫改额加号记》⑦与至元十六年（1279）《灵神洞明贞晦真人道行记》⑧，便由史志经撰文。又如《滨都重建太虚观记》⑨，是由著名的全真高道姬志真撰文。姬志真，道号知常子，是栖云真人

---

① 北京图书馆金石组编：《北京图书馆藏中国历代石刻拓本汇编》第48册，中州古籍出版社1989年版，第58页。

② 光绪《栖霞县续志》卷10《艺文续补》，《中国地方志集成·山东府县志辑》第51册，凤凰出版社2004年版，第355页。

③ 民国《增修胶志》卷36《艺文志·金石上》，《中国地方志集成·山东府县志辑》第42册，凤凰出版社2004年版，第370页。

④ 民国《平度县续志》卷3《疆域志·金石》，《中国地方志集成·山东府县志辑》第43册，凤凰出版社2004年版，第429页。

⑤ 乾隆《福山县志》卷11《文翰·记》，《中国地方志集成·山东府县志辑》第51册，凤凰出版社2004年版，第615页。

⑥ 陈垣编纂，陈智超、曾庆瑛校补：《道家金石略》，文物出版社1988年版，第577页。

⑦ 北京图书馆金石组编：《北京图书馆藏中国历代石刻拓本汇编》第48册，中州古籍出版社1989年版，第31页。

⑧ 光绪《文登县志》卷4中《寺观》，《中国地方志集成·山东府县志辑》第54册，凤凰出版社2004年版，第75页。

⑨ 此碑刻立时间不详，文载王宗昱《金元全真教石刻新编》，北京大学出版社2005年版，第12页。

第八章 胶东石刻与金元时期全真教

王志瑾门下大弟子。他著有《云山集》，前有元人王鹗序云："（姬志真）心地坦明，问学该赡，六十四卦，八十一章，咸有解释。而又作《南华解义》《冲虚断章》，言简而意足，义深而理明，其可谓黄冠中之铮铮铰铰者尔。"① 又如《契遇庵石刻》②，为圆明道人李道昌撰文并书丹，住庵道人谭致真篆额。

此外，需要注意的是，隐居不仕的高士也是金元时期全真教石刻撰文与书篆者群体的一个重要组成部分。他们率性旷放，隐居不仕，以追求自身修养为境界，这与全真教清静无为、保全真性的思想十分相近，这自然使得该群体对全真教有着天然的亲近之感。如至正六年（1346）《增修东华宫记》③ 与至正十五年（1355）《烟霞洞碑》④，均为东牟逸士崔佐撰文并书丹，东牟处士秦才篆额；至正三年（1343）《东华宫玉皇阁记》，为东牟逸士崔佐撰文⑤；至元八年（1271）《金华宫碑》，由林溪居士杨庭杰撰文并书丹，古黄士人迟恕篆额。⑥

第二，综观金元时期胶东全真教石刻的立石者，除一小部分为官僚士人及普通人外，大多来自全真教内部人员。在全真教发展早期，得到宁海州学正范怿、骠骑节使孛术鲁等官僚士人的鼎力支持，马丹阳、刘处玄等全真宗师与之过从甚密，经常相聚，赋诗倡和。金大定二十三年（1183）《归山操碑》与大定二十九年（1189）《刘长生灵虚宫倡和诗刻》，便分别为范怿与孛术鲁刻立。又如至元十一年（1274）《重修磐石上清观记》，为特进行山东淮南尚书省事杨妙真立石。杨妙真系金末山东红袄起义军首领李全之妻，元太宗十一年（1239），全真道士范志敦在平度创建上清观，她给予大力资助，观

---

① （元）姬志真：《云山集·王鹗序》，《正统道藏》第25册，第364页。
② 刻立时间不详，现存文登紫金峰北麓契遇庵遗址东侧一石壁上。
③ 光绪《文登县志》卷4中《寺观》，《中国地方志集成·山东府县志辑》第54册，凤凰出版社2004年版，第79页。
④ （清）阮元：《山左金石志》卷24，《续修四库全书》第910册，上海古籍出版社2002年版，第168页。
⑤ 光绪《文登县志》卷4中《寺观》，《中国地方志集成·山东府县志辑》第54册，凤凰出版社2004年版，第80页。
⑥ 光绪《增修登州府志》卷65《金石上》，《中国地方志集成·山东府县志辑》第49册，凤凰出版社2004年版，第341页。

成后树碑立石，这充分表明了全真教的影响已经深入到农民起义军队伍中。《崂山白龙洞丘长春诗刻二十首》的立石者有"野人王志心、刘志宽"，这里的"野人"是指没有太多文化修养的村野之人，即底层的全真教信众。他们在经济条件并不宽裕的情况下，倾囊相助刻石立碑，反映了全真教在广大民众中的深入影响。

不过，金元时期胶东全真教石刻更多的是由全真道士刻立，这从表8-2可以清楚地看到这一点。这主要包括两种情况：一种是在日常的宗教活动中，因记录宗派世系、宗师道行、斋醮科仪、宫观建修始末等之需而刻石立碑。为了扩大社会影响，往往延请当世显宦名士撰文书篆，之后再由全真道人负责立石，这种情况最为常见。如皇庆元年（1312）《东华帝君碑》与皇庆二年（1313）《丹阳真人归葬记》，前者延请翰林修撰邓文原撰文，翰林学士承旨、资善大夫、知制诰兼修国史张仲寿书丹，翰林侍读学士、朝列大夫、知制诰、同修国史赵孟頫篆额，后者则是翰林学士承旨、资善大夫、知制诰兼修国史张仲寿撰文、书丹并题额，而立石者均为"玄门演道大宗师大明演教天阳真人常志清"①。常志清，道号天阳，是继苗道一之后的全真掌教大宗师。此二碑非同一般，涉及全真五祖之首——东华帝君与七真之首——马钰，因而由掌教大宗师常志清出面立石。又如中统四年（1263）《灵虚宫改额加号记》、至元二年（1265）《三师祠堂记》与至元四年（1267）《重建太微观碑》，均为赐紫普济大师益都府路都提举灵虚宫知宫王志静立石②。再如，现存华楼山玉皇洞的至大二年（1309）《华楼玉皇洞碑》，为道士姜志平立石；元统三年（1335）《祝圣道院碑》，"抱道纯素大师崔德敬、林德荣及徒田春童、林进益立石"③，等等。另一种是后世的全真弟子为传播吕洞宾、王重阳、全真七子等前代宗师们的宗教义理与修炼心得而将其诗文作品刻立于石。如元代

---

① 光绪《增修登州府志》卷65《金石上》，《中国地方志集成·山东府县志辑》第49册，凤凰出版社2004年版，第347、352页。

② 北京图书馆金石组编：《北京图书馆藏中国历代石刻拓本汇编》第48册，中州古籍出版社1989年版，第31、39、41页。

③ 民国《福山县志稿》卷6《金石》，《中国地方志集成·山东府县志辑》第52册，凤凰出版社2004年版，第210页。

著名全真道士云岩子刘志坚,在崂山西麓之华楼山碧落岩下结庐,潜心苦修成道。在此期间,他在华楼山遍刻吕洞宾、王重阳、马钰、刘处玄、丘处机、孙不二、祁志诚等人的诗词,如三阳洞之后吕洞宾的《青天赤》诗刻,华楼宫东北王重阳的《赠马钰先生诗刻》,碧落岩马钰与丘处机的诗刻,华楼峰刘处玄与祁志诚诗刻,凌烟崮孙不二的诗刻,翠屏岩至华楼峰之间未名的《道家修炼之法诀刻石》,等等。这些都属于后世补刻。

以上通过对金元时期胶东全真教石刻的撰文、书篆与立石者的考察,可以看出其身份的广泛性,既有属于统治阶层的皇帝、宗王、世侯及各级政府官僚,也有普通的文人学士、全真道人乃至底层信众。相比明清时期胶东全真教石刻的撰文、书篆者大多是胶东当地的庠生、廪生、举人或者地方乡绅等相比,金元时期社会各阶层在重视程度上和地位上都高出了很多。这充分说明了社会各阶层对全真教持一种支持的态度,这种导向为全真教在金元时期的发展提供了强大助推力。

三 金元时期胶东全真教石刻的形制

从形制上看,金元时期胶东全真教石刻以碑碣为主,兼有摩崖刻石、石刻画像与造像等形式。

全真教碑碣主要用于记载王重阳、全真七子、宋德方等全真宗师的修行传教事迹、全真教道观的建修始末、金元统治者颁发的敕谕令旨等,字数较多,成百上千。如金贞祐二年(1214)《玉虚观碑记》,现存乳山市东北隅玉虚观万寿宫院内,保存完好。通高5.66米,宽1.25米,厚0.28米,下有龟趺,额有四龙盘绕,碑额"玉虚观记"为州学进士范景纯所篆。碑阳正书,朝散大夫国儞撰文,宁海州学正王良臣书丹。碑阴刻"王玉阳宗派之图",记王玉阳弟子300余人。通观全碑,制式高大,宏伟雄浑,具有典型的宋、金风格,堪称精工巨制,实属稀世之珍,为研究金元时期玉虚观及全真教的历史提供了重要史料依据。又如元太祖十四年(1219)《元太祖征丘真人制碑》(见图8-2),即成吉思汗致聘丘处机诏书石刻,原嵌于栖霞滨都太虚宫丘祖殿的墙壁上,后因1958年修庵里水库而被栖霞文物管理部门移走,现藏烟台市博物馆。石刻为青花岗岩材质,长方形,长79厘米,

图 8-2　《元太祖征丘真人制碑》

宽 48 厘米，厚 6 厘米，阴刻 26 行，满行 18 字，计 436 字，为竖写颜体楷书，字迹清晰遒劲，保存完好。此碑虽不像《玉虚观碑记》那样宏大，但对于丘处机及其全真教与蒙元的关系的研究具有极大的学术价值。再如元宪宗八年（1258）《神清观碑》，现存昆嵛山神清宫遗址内，高 2.5 米，宽 1 米，厚 0.14 米，碑额篆书"□□神清宫记"，额两边各刻一条青龙护绕。碑文正书，24 行，行 58 字，字体修长，端庄秀丽。碑文记载了全真教祖师王重阳上昆嵛山、辟烟霞洞、修道阐玄、创立全真教的经过以及神清宫的兴建始末，极具史料价值。又如至元二十七年（1290）《长生万寿宫碑》，现存莱州市寒同山资圣寺门前。碑身高 2.62 米，宽 1.18 米，厚 0.26 米，螭首龟跌。碑阳楷书 31 行，行 74 字；碑阴上部为"本宫宗派之图"，下部为题名，不计行数。碑文部分字迹已漫漶不清，据《北京图书馆藏中国历代石刻拓本汇编》第 48 册所载拓本可知，碑文记载了刘长生师从王重阳的过程及宋德方率弟子开凿神仙洞始末。另外，有些全真宗师的诗词作品亦以碑碣的形式镌刻上石。如至元十年（1273）《长春子清天歌石刻》，"至元十年八月立，并阴俱行书，碑高六尺四寸，广二尺六寸五分，在掖县。右碑两面刻长春子《清天歌》十四行，字体大小不等。"[①]《北京图书馆藏中国历代石刻拓本汇编》收录此碑

---

① （清）阮元：《山左金石志》卷 21《长春子清天歌石刻》，《续修四库全书》第 910 册，上海古籍出版社 2002 年版，第 93 页。

第八章 胶东石刻与金元时期全真教

拓片,并题云:"元至元十年(1273)八月二日刻于山东掖县。拓片阳、阴均高205厘米,宽80厘米。丘处机撰。行书。"① 据拓片录诗词于兹:

清天莫起浮云障,云起清天遮万象。万象森罗镇百邪,光明不显邪魔旺。

我初开廓天地清,万户千门歌太平。有时一片黑云起,九窍百骸俱不宁。

是以长教慧风烈,三界十方飘荡澈。云散虚空体自真,自然现出家家月。

月下方堪把笛吹,一声响亮振华夷。惊起东方玉童子,倒骑白鹿如星驰。

逡巡别转一般乐,也非笙兮也非角。三尺云璈十二徽,历劫年中混元斫。

玉韵琅琅绝郑音,轻清遍贯达人心。我从一得鬼神辅,入地上天超古今。

纵横自在无拘束,心不贪荣身不辱。闲唱壶中白雪歌,静调世外阳春曲。

吾家此曲皆自然,管无孔兮琴无弦。得来惊觉浮生梦,昼夜清音满洞天。

其他为碑碣形制的全真教石刻,如《学术鲁园亭记》《兴仙观碑》《灵虚宫改额加号记》《玄都观碑》《丹阳真人归葬记》《长生万寿宫披云真人制词碑》《重修磐石上清观记》《云真渊静明道真人武道彬道行碑》《哈鲁罕大王懿旨碑》,等等。

摩崖刻石亦为金元时期胶东全真教石刻普遍存在的形制之一。因胶东多山,而全真宫观多建于山中,故利用天然之便,在崖壁上刻文题记。全真教摩崖刻石主要有两种类型:一类为标志性刻石,两三字

---

① 北京图书馆金石组编:《北京图书馆藏中国历代石刻拓本汇编》第48册,中州古籍出版社1989年版,第56页。

至七八字不等。如金大定八年（1168）二月，王重阳携马钰、谭处端、丘处机与王处一至昆嵛山，辟烟霞洞，修道阐玄。至今洞口上方仍存有"烟霞"二字（见图8-3），洞右壁有"烟霞洞"三大字。又如文登紫金峰北麓契遇庵遗址东侧一石壁上，刻"契遇庵"三楷体大字，下面是立石人题名，亦为楷书，小字，自左至右：

施主王瑜
石匠曲才、万昌、曲成、孙仲温
施主王道元
圆明道人李道昌书
住庵道人谭致真

图8-3　"烟霞"刻石

另一类题刻字数则较多，以王重阳、丘处机等全真教宗师的诗词作品、修道心得、全真教义等为常见内容。崂山现存金元时期摩崖题刻数量巨大，在华楼宫、碧落岩、三阳洞、白龙洞、太清宫、上清宫等处都有分布。如现存华楼山三阳洞之后的《吕洞宾〈青天赤〉诗刻》，落款"大德二年（1298）十二月二十日云岩子上石"。上石者云岩子，即全真道士刘志坚。该诗刻辞为："养神气，昔精血，长生

第八章　胶东石刻与金元时期全真教

属神仙说道，本虚无，怎生说。性命都来两个字，千经万论论不彻，青天赤，最分明。着甚强观水上月，当心一点正明灯，八面往风吹不灭。五千言，三百句，歌有赤，词有赋，词赋万般交君悟。两明开放恰如育，往废达人千万句，太愚痴，不省故。地狱天堂由人做，目前生死闹如麻，不知由心在何处。"又如崂山白龙洞现存丘处机诗刻二十首，诗前序云："余自昌阳醮归，抵于三城永真观，南望烟雾之间，隐隐而见。道众相邀，迁延数日而方届，遂闲吟二十首，易为鳌山，因畅道风云耳。栖霞长春子书。"落款为"泰和戊辰三月，栖岩洞主紫悟真刊石，野人王志心、刘志坚"。泰和戊辰，即金章宗泰和八年（1208），丘处机在昌阳（今莱阳）做完法事后，受崂山道众之邀，首次游崂山，赋诗二十首。如第一首云："卓荦鳌山出海隅，霏微灵秀满天衢。群峰削蜡几千仞，乱石穿空一万株。道祖二宫南镇海，王明三崮北当途。是知物外仙游境，不向人间作画图。"莱州道士谷也存有丘处机的诗刻。金章宗泰和七年（1207），丘处机到掖县大基山道士谷游赏春色，题诗一首，即《长春子道士谷春日登览诗刻》，现存大基山道士谷先天观遗址上方十几米处的崖壁上。诗云："淡荡春风暖，喧和晓日迟。褰裳登诘屈，绝顶玩幽奇。北海洪涛阔，南山大泽危。东峰青鸟下，西岭白云垂。眼界空濛极，烟光缥缈随。精神何洒落，道德自扶持。仿佛丹霄外，参差碧汉涯。那烦采芝术，直赴上仙期。泰和丁卯中秋刊，长春子书。"[①] 其他摩崖题刻，还如华楼宫《赠马钰先生诗刻》、华楼峰《云岩子刻洞明真人与刘长生诗刻》、凌烟崮《云岩子刻孙真人诗刻》，等等。

全真教石刻画像与造像，主要雕刻的是三清、五祖与七真圣像。如《王重阳画象（像）诗刻》，"无年月，石高一尺八寸，广一尺四寸，在掖县青萝馆（罗观）受宣堂。右画象（像）刻王重阳幅巾道袍曳杖而行，上题五绝云：'三冬游海上，六出满天涯。为访神仙窟，经过道士家。'行书，径八分。"[②] 又如大定二十三年（1183）《马钰

[①] 诗文据光绪《三续掖县志》卷1《古迹》载录，《中国地方志集成·山东府县志辑》第45册，凤凰出版社2004年版，第196页。

[②] （清）阮元：《山左金石志》卷19《王重阳画像诗刻》，《续修四库全书》第910册，上海古籍出版社2002年版，第49页。

述怀诗并画像刻石》，载于民国《福山县志稿》，仅云："在县城西通仙宫"①。笔者尚未见到此刻，不知现存与否，但顾名思义，此石上必定镌刻着马钰的诗词与画像。再如莱州寒同山神仙洞与文登县紫府洞，都存有全真教石刻造像，前者为披云真人宋德方所造，为三清、五真圣像，正如元乃马真后四年（1245）《神仙洞圣旨碑》所云："今者幸有披云真人纠领道众，虔心开凿仙洞，创修三清、五真圣像，中间所费功力甚大"②；后者乃大德八年（1304）道人李道元所造，为五祖、七真圣像，亦如皇庆元年（1312）《紫府洞碑》所称："斫白石为五祖七真像祠其中，期与兹山不朽。"③

四 金元时期胶东全真教石刻的类型

石刻分类的依据主要有两种：一是按照形制，二是按照内容，前文已讨论过金元时期胶东全真教石刻的形制问题，兹主要依据石刻所载内容，将其分为宫观碑、纪事碑、道行碑、敕令碑与诗词刻石等类型。

（一）宫观碑

宫观作为道士修炼的场所，全真教自创教之初，王重阳就制定了《重阳立教十五论》，"凡出家者，先须投庵"④，即规定道士必须出家住观。全真教宫观实行"十方丛林"⑤制度和"挂单"制度⑥，这些立教规定与制度，促进了道教宫观的发展与兴盛。正因此故，金元时

---

① 民国《福山县志稿》卷6《金石》，《中国地方志集成·山东府县志辑》第52册，凤凰出版社2004年版，第205页。

② 北京图书馆金石组编：《北京图书馆藏中国历代石刻拓本汇编》第48册，中州古籍出版社1989年版，第6页。

③ 光绪《增修登州府志》卷65《金石上》，《中国地方志集成·山东府县志辑》第49册，凤凰出版社2004年版，第348页。

④ （金）王重阳：《重阳立教十五论》，《正统道教》第32册，第153页。

⑤ "丛林"之意，是将宫观比作茂密的山林。"十方丛林"又称"十方常住"，这种宫观有传戒特权而不得私收徒弟，其性质属于全国道教徒公有，地不分东西南北，派不分正一、全真，凡是满发大领的道教徒人人有享受挂单居住的权利，同时人人都有保护宫观的义务。十方丛林皆备有全国三山五岳各宗各派的"字派"，凡常住挂单道友，号房、客堂可按簿查对法派留单转执事。

⑥ 所谓"挂单"，是指道士出家后，既可常住某一道观，也可结伴云游四方，参访名师。云游途中暂居某一宫观，谓之"挂单"。

第八章　胶东石刻与金元时期全真教

期，胶东地区道教宫观大量修建，或名"庙""庵"，或名"宫""观"，几乎每个宫、观、庙、庵都刻立有相关宫观碑，记述了该宫观建修兴衰之迹、神像的塑造、祭器的购置等众多事宜。综观宫观碑的内容，主要包含了宫观建修历史、兴衰过程、宫观建修者或修行道士的相关宗教活动事迹等，兹以《玉虚观碑记》为例加以说明。

玉虚观为全真七子王处一创建全真教昆嵛派所在地，被丘处机称为"东方三大道教宫观之一"，在胶东地区有着重要地位。立于此观的《玉虚观碑记》详细记载了该观建修的历史背景、兴修始末以及王处一的有关宗教活动。王处一最初修炼于荣成铁槎山，后金世宗大定二十七年（1187）建圣水庵于牟平圣水岩①，此即玉虚观的前身。圣水岩林壑幽茂，溪泉密布，《玉虚观碑记》称："东牟之昆嵛，昔麻姑洞天也。诸山绵亘相属，秀异峭拔，为东方冠，山之足蹈于海者三，相距皆不满百里，蓬莱瀛州方丈，朝夕相望于晻霭间，盖天地英灵自然之气，独钟于此，故世多神仙异人焉。直南秀色可餐，林壑尤美者，圣水岩也。水不见发源，但嵌嵌之下，裂石而出，激激如线，味甘冷且清，春秋不变，水旱不知，蛙龟之属，未尝产焉，此亦异也。"② 大定二十七年（1187），崇信道教的金世宗将玉阳子王处一召至内殿，延问修真之道。《玉虚观碑记》记载此事云："初，神仙玉阳公，大定丁未，世宗遣使乘传，迎至辇下，召于内殿，延问修真之道。"王处一婉言谢绝金世宗为其"就御果园建道院，给三品俸，敕充生辰醮高功主，赐冠简紫衣"之好意，恳求还山。"诏不违其志，仍赐钱二十万，为道路费。"由此不难看出，金世宗对刘处一及全真教十分宠信。正是在回胶东的路途中，刘处一在牟平圣水岩创建圣水庵。《玉虚观碑记》记载："师之乡里，道俗闻其来也，千百相率，前十余舍遮道欢迎，不令他适，遂结茅于兹岩。"大定二十九年（1189）冬，世宗身体有恙，再次遣使召见王处一。王处一有诗云："八月中秋得暇回，洞天游赏恣徘徊。戊申腊月重宣至，驷马轻车昼

---

① 圣水岩及玉虚观，金元时期属宁海州牟平县，今属威海乳山。
② 民国《牟平县志》卷9《文献志·金石》，《中国地方志集成·山东府县志辑》第55册，凤凰出版社2004年版，第405页。

夜催。"① 王处一深知这次金世宗寿数已尽，恐怕难能重睹圣颜。果不其然，"（王处一）至己酉正月初三日到都，世宗已于初二日崩，少主即位，宣使不敢奏见，遂乃还故"②。也就是说，大定二十九年（1189）正月初二金世宗驾崩，金章宗继位，而王处一于正月初三始抵京都，留数日，宣使不敢奏见，于是再回宁海圣水岩。这与《玉虚观碑记》的记载正相吻合："己酉冬，世宗不豫，复遣使迎师，师曰：'来之晚矣，顾不及得见圣颜。'使者愕然，至涿郡哀诏果下，自尔东归，更不复出。"有诗述及此事云："先帝升霞泣万方，洪恩厚德岂能忘。公卿不敢当今奏，却返云踪入故乡。"③

　　世宗之后的章宗，对待儒释道三家的态度有所变化，实行了崇儒抑佛道的宗教政策，不仅不允许贵族官僚与僧道往来，而且还禁罢全真教。明昌元年（1190）十一月乙卯，"以惑众乱民，禁罢全真及五行毗卢。"④ 明昌二年（1191）二月，"敕亲王及三品官之家，毋许僧尼道士出入。"⑤ 不久，金章宗对全真教的态度有所变化，在一定程度上认可道教，兹有史料为证。如《金史·章宗本纪》记载：承安二年（1197），"秋七月壬寅朔，幸天长观，建普天大醮，禁屠宰七日，无奏刑，百司权停决罚。"⑥ 又如，同年（1197）六月，金章宗遣近侍征以安车，召王处一入京。关于此次召见的细节，《云光集》记载："承安丁巳，受第三宣，于六月二十五日到都下天长观，七月初三日宣见。赐坐，帝问《清净经》，师解之；次问北征事，师答云：'戊午年即止。'后果应。次问全真门户，师一一对答。帝深嘉叹，留连抵暮方出。翌日，赐紫衣，号'体玄大师'。仍差近侍传旨赐崇福、修真二观，任便住坐，每月给斋厨钱二百镪。"⑦ 如此可见，王处一抵京时间为承安二年六月二十五日，金章宗召见时间为七月初

---

① （金）王处一：《云光集》卷2，《正统道藏》第25册，第659页。
② 同上。
③ 同上。
④ 《金史》卷9《章宗一》，中华书局1975年标点本，第216页。
⑤ 同上书，第217页。
⑥ 《金史》卷10《章宗二》，中华书局1975年标点本，第242页。
⑦ （金）王处一：《云光集》卷1，《正统道藏》第25册，第648页。

第八章 胶东石刻与金元时期全真教

三日。证之于《玉虚观碑记》,云:"逮承安丁巳,章宗遣近侍征以安车,宣见于内阁,赐坐,问养身之道,师以无为清静、少私寡欲为对。复问教法规仪、治国之道,师以雅对,妙沃帝心,嘉叹诚实者久之,曰:'真修行人也!'留连抵暮方出。翌日,特旨赐紫衣,号体玄大师,盖不问师承非常之渥也,道俗荣之。拜命间,俄一内侍传旨,谓使者曰:'先生处山林无积贮,从来礼义物我为代出。'改城东崇福院为永寿观,令师处之,阅月,特旨住持修真观,仍赐绫罗绢各二千匹,绵千两,月给斋厨钱二百镪。戊午秋,辞以亲老之归山,帝许之,仍给装钱不赀。"① 章宗此次召见,如同世宗一样,为之修建宫观,并赐号赏物,但刘处一仍不为所动,准许归还。

关于圣水庵改建为玉虚观的相关情况,《玉虚观碑记》记载:

> 比师之东还,门人于道润相与谋于众曰:"师今虽处京师,固非本心,恐不肯留,复欲追寂于空山,我辈居此,莫若以庵易观,庸迟其来。"遂入赀于礼部,□□玉虚观焉。及是师到,薄让之曰:"至道之人,旁日月而挟宇宙,官天地而府万物,尚何以居处累耶?况乎易庵为观,不几于昔以我为牛,而今以我为马也,且我之素风乞子耳,两朝恩赐名观,退托尚不欲受,直以山林云霞而为乐地,若之何为,甚无谓也!"众以"邦有常禁,不可聚众"为辞而退。其业已然,固无可奈。继而善众门人,远近坌集,有山者献木,有田者献谷,富者施财,巧者出□,人皆自劝,又非智辨牢笼曲诱之也。岩之下,磐折隈隩,旧无隙地,剪荆芟草,夷峻埋谷,仅得数亩,其运石礱鏨木之工,十倍其他,阅数载屋崇成焉。凡所以尊奉经像,颐养高真,安方来,馆宾客,□□审处其当。或架木度飞泉以充日用,或辟地艺嘉蔬以修净供,前导之以青龙之涧,旁泻之以白虎之涧,按云之台,招福之岭,列诸东南,金凤之山,正阳之峰,峙于西北,回缭者天元之岗,开阖者东阳之洞,松桧竹柏,雨露一新,山川岩壑,晦明

---

① 民国《牟平县志》卷9《文献志·金石》,《中国地方志集成·山东府县志辑》第55册,凤凰出版社2004年版,第405—406页。

愈丽。然耳风为声，而声之无声，目空成色，而色之无色，使游礼之人，瞻像以生敬，学道之士，因寂以悟玄。①

此外，《玉虚观碑记》对于王处一生平及其神异事迹有所记载：

岩侧旧有大石，飞出数丈，俯瞰其下，登览者颇以巉硪为惧。一日师谓众曰："盍为去之？"锤錾竞举，数日才及毫末。师笑曰："若等何能办此？"遂登其巅，运锤三击，轰然有声如雷霆，响震岩谷，其石已堕，紫气盘郁，移晷方散。构殿之日，执役者毋虑数百人，食毕坐庑下，师以巨瓢酌酒，遍觞其众，四周众皆醉，而酒仍半，师虑惑众，遽覆于地，师之神异如此。其逆知未来，招致风雨，愈疾起死，皆精诚自然而致，不能殚悉，自别有传。按《仙经》云："玉虚者乃三气中一气也，玉者不染不杂，璞散自然，虚者精光明明，而无形质，譬若日月，及大精明，然而无有形质，故为虚。"今师之处道也，惟寂惟默，无形无像，契自然之妙，敛之于己，则虚室生白，施之于人，则虚舟不怒，浩浩荡荡，不可得而拟议，直与此□相并，虽变化无常，固不能终始也。适因师之门人解道枢、朱景逸相拉来此，得览胜概，望履舄于幕下，因请记之，辞以不敏而□能，姑撮其实，纪以芜言，如有作者，请砻此石以待。师姓王，讳处一、道号玉阳子，少遇东华帝君授以道要，重阳真人即其师也，丹阳、长真、长生、长春、太古，皆同业伯仲也，门人居天下者三之二，且山谷跋欧阳文忠公《庐山高》诗，及庐山之美尽备于中，当时士大夫读之，慨然欲脱尘驾，少揖清旷无由，今而来此，岂非有□□□者也。②

以上通过对《玉虚观碑记》的解读，借此可了解到玉虚观的历史及

---

① 民国《牟平县志》卷9《文献志·金石》，《中国地方志集成·山东府县志辑》第55册，凤凰出版社2004年版，第406页。
② 同上。

第八章　胶东石刻与金元时期全真教

王处一的有关事迹，由此可见宫观碑史料价值之一斑。除此之外，金元时期胶东全真教宫观碑，还有如《重建太平宫碑》《玄都观碑》《太真观残碑》《兴仙观碑》《灵源观记》《神清观碑》《三师祠堂记》《重建太微观碑》《金华宫碑》《重修磐石上清观记》《长生万寿宫碑》《重修集元观碑》《卢山延真宫碑》《昆嵛山东华宫记》《重修凝真观碑》《重地建上清宫碑》《重修童真宫碑》《开真观碑》《聚仙宫记》《祝圣道院碑》《东华宫玉皇阁记》《增修东华宫记》《滨都重建太虚观记》，等等。

（二）纪事碑

纪事碑主要是用来记载与全真教相关的史事。如金大定二十三年（1183），马钰与竺律禅师、宁海州学正范怿（字寿卿）等故友相会于宁海三教堂，正是在这次聚会中，马钰创作出著名的全真诗篇《归山操》。关于此次相会及《归山操》创作始末，马钰《归山操碑》与范寿卿《归山操跋石刻》都有记载。《归山操碑》云：

> 钰与云水僧竺律师、殿试范寿卿相会于郡城之北三教堂，因焚香宴坐，命鄘州道士王大师鼓琴，久之，亦一时之盛会。日昃则有乡人云集，由此作琴操《归山操》，盖钰有归真之意也。时大定二十三年九月十一日昆嵛山丹阳马钰记。
>
> 能无为兮无不为，能无知兮无不知。
> 知此道兮谁不为，为此道兮谁复知。
> 风萧萧兮木叶飞，声嗷嗷兮雁南归。
> 嗟人世兮日月催，老欲死兮犹贪痴。
> 嗟人世兮魂欲飞，伤人世兮心欲摧。
> 难可了兮人间非，指青山兮当早归。
> 青山夜兮明月飞，青山晓兮明月归。
> 饥餐霞兮渴饮溪，与世隔兮人无知。
> 无乎知兮无乎为，此心灭兮那复疑。
> 天庭忽有双叶飞，登三宫兮游紫微。[1]

---

[1] 光绪《增修登州府志》卷65《金石上》，《中国地方志集成·山东府县志辑》第49册，凤凰出版社2004年版，第338页。

金大定二十四年（1184）范寿卿《归山操跋石刻》云：

> 吾乡刘宜之郡，城之北有庵一所，宽闲深靓，以馆四方云水之士，命僧烛①律师主之。予因暇日与丹阳马真人尝游息其中，名之曰三教堂。一日焚香晏坐，有郦州道士王公抱琴而来，作《金石弄》，其声清越，远山与之俱应。真人作《归山操》以示众人，皆升仙妙语，无一点尘气，人敬爱之。噫！真人已羽化矣，斯文不可复得，命工刻之于石，用传不朽耳。大定甲辰中元日，州学正范怿跋，男景仁书。②

由二碑文可知当时场景：大定二十三年（1183）九月十一日，马钰、范怿与竺律禅师相会于宁海城北三教堂，焚香宴坐。席间，郦州王道士携古琴不约而至，演奏琴曲《金石弄》。琴声清越悠长，玄疏淡远，在远山间回荡，引得附近乡人入堂聆听，直至日昃时分仍未有归去之意。马钰心有所感，提笔蘸墨，和王道士之琴韵，作琴操《归山操》一曲，以寄咏胸臆。《归山操》在全真教文化史上有着极为重要的地位，不但表现出马钰出色的音乐修养与深湛的艺术鉴赏力，而且把以悲为美的观念发挥到了极致，跨越了世俗之间悲与乐、祸与福之间难以逾越的鸿沟，唱出了迥出流俗的曲调，表现了对死亡的一种坦然自在。《归山操》是马钰人生观、自然观以及当时心境的真实流露，其中既有无限的感叹，也有对自己十多年修行教化的总结，其中略带无奈与伤感的情绪中，包含着对世人的劝诫，也明显地流露出马钰的归真之意。果不其然，《归山操》成后同年十二月二十二日，马钰归真于莱阳游仙宫。关于马钰归真及营葬的具体情况，石刻中同样有翔实的记载，这就是《丹阳真人归葬记》。

《丹阳真人归葬记》立于皇庆二年（1313），存莱阳游仙宫内，

---

① "烛"，一作"竺"。
② 同治《重修宁海州志》卷3《金石考》，《中国地方志集成·山东府县志辑》第54册，凤凰出版社2004年版，第362—363页。

行书,翰林学士承旨、资善大夫、知制诰兼修国史张仲寿撰并书、题额,玄门演道大宗师大明演教天阳真人常志清立石。此碑首先交代了马钰的身世及弃俗入道之事:"师生于宁海,当宋宣和癸卯五月二十日也。初名从义,字宜甫,本关中扶风人。五季兵乱,迁海上焉。金大定七年丁亥秋,重阳王君挟策东游,抵宁海范明叔私第宜(或作'怡')老亭,因会宜甫。宜甫问道,重阳曰:'五行未到处,父母未生前。'言契分相投,邀重阳居其家。明年二月,宜甫弃俗入道,训名钰,字元宝,号丹阳子,是年四十有六。"继而,碑文记载了马钰侍师修道及师死归葬关中始末:"侍师入昆嵛山,开烟霞洞居之。重阳大阐元(玄)风,随方立会,化度群有,如文登之七宝、宁海之金莲、登州之三光、蓬莱之玉华、掖县之平等,师皆陪杖屦焉。阅三年,重阳偕群弟子寓汴之王氏邸中,时大定庚寅正月初四日也,召二三弟子立榻下,谓之曰:'丹阳已得道,长春已知道,吾无虑矣,吾今赴师真之约耳。'口授遗颂而逝。师尽礼治殡,权瘗于旅。入关谒和、李二君。次年,师会谭、刘、邱三真,抵刘蒋祖庵,修治葬所。明年,迁祖柩归葬焉。"其后,碑文记载了马钰羽化及丧葬事宜:"大定壬寅,师年六十,东迁宁海,将为归宿之计。行化文登,当隆冬之时,海市见于南海。明年癸卯(1183)十二月二十有二日,羽化于莱阳之游仙宫,长生刘公、玉阳王公主葬焉。后为马氏诸孙取瘗祖坟,未几,宫主李知(志)常亲聚仙蜕,复归游仙,竟藏浅土而葬衣冠焉,人无知者。"马钰羽化一百二十多年后,游仙宫提点宫事王志筌在请示全真掌教宗师常志清之后,重新安葬马钰遗蜕,并建丹阳殿,这是《丹阳真人归葬记》最后所记内容:"大德丙午①润正月,提点宫事王志筌来谒长春主席天阳真人常公,备陈其事,曰:'志筌老矣,一旦溘先朝露,使师真遗椟湮没,其罪弥大。'真人闻而惊曰:'信如是,非□子之过,责在我矣。'亟致香币、冠簪、絛服、巾履,躬撰祭文以遣之,仍为移文本路,遍谕东堂诸老,咸使赞成,后□□疏化,诸信士共输资力治,葬于宫之西院乾位,期以明年十月十有八日安厝。乃殿于其上,像于殿中,比事集之日启封,示仙骨三髻在

---

① 即大德十年(1306)。

顶，宛然如生。盖重阳君名嚞，师畴昔分发三髻，戴师恩以寓意焉。至是，尤验其的也。东华宫山主李道元斫石为棺以殡之。会葬之日，乔云现空，瑞鹤翔墓，官僚士庶咸瞻礼之，共叹灵异若此，孰不稽首加敬焉。"①《丹阳真人归葬记》较为翔实地记录了马钰修道及羽化归葬等史事，是我们研究马钰及早期全真教的重要史料。

（三）道行碑

道行碑主要是对全真宗师及有较大作为道人的生平事迹、道行功德等予以记载，多以修行道士之名来命名碑刻，兹以至治三年（1323）《抱元真静清贫李真人道行碑》与泰定三年（1326）《云岩子道行碑》为例加以说明。

抱元真静清贫李真人（1245—1320），俗名道元，自号清贫子，卫辉路淇州朝歌人。他受度于袁老先生，得法于洞明真人，于大德六年（1302）至昆嵛山东华宫苦志修行。这期间，竭力兴筑，开紫府洞，修迎仙宫，为全真教的发展起到了极大作用。《抱元真静清贫李真人道行碑》记载了李道元的生平事迹，重点记述了其在胶东的修道活动。关于其出家及修行始末，《抱元真静清贫李真人道行碑》有着翔实的记载：

> 年甫十岁，父母俱丧，后于本邑铁户孙提举家为婿。方登不惑之年，忽起一念，志欲出家。因托疾毁身，针灸成疮，持钵化饭，云游西秦京兆。于古庙破窑之中，毁炼睡眠。已经年载，心地未明，遂上武当山，投□□□栖云玉真人门下袁先生为师。因开石洞工毕，随师往邓州土洞兴缘。后到上关，西至凤翔，值大雪不能前行，复回真定，时至元二十六年己丑岁春首。偶遇一大师，持洞明真人书寻访三千真人真容，于本处得之清贫，就送至大都洞阳观暂住。当年四月，至云州金阁山。今生勿惮劳苦。不受苦中苦，难为人上人。乃因清贫为山主，拜而受之，其志愈坚。昼服重役，夜炼睡眠。阅三载，真人登仙。清贫凡住金阁十

---

① 光绪《增修登州府志》卷65《金石上》，《中国地方志集成·山东府县志辑》第49册，凤凰出版社2004年版，第350—351页。

余年，成就大殿、寿宫、灵堂及竖立丰碑，皆与有力焉。①

大德六年（1302），李道元至昆嵛山东华宫，在刻苦修道的同时，竭力营建东华宫。"开石洞，取玉石，于莱州镌五祖七真等法身一十七尊，竭坐洞中，供案瓶炉，皆石为之。复采玉石，建立五碑，记修建等事。以碑为壁，作石楼阁。乃起三殿兼斋厨，凿石为山门石阑干（栏杆），功缘毕集。"李真人持戒精严，道心纯一，其功德受到元朝统治者的褒扬。大德三年（1299），"钦蒙晋王令旨，封抱元真静清贫真人。"大德九年（1305），李真人往莱阳迎仙宫，葬马丹阳师祖，"凿石为椁，安厝毕，复立碑纪其事。"至大三年（1310）春三月，"钦受圣旨，护持东华宫。"当年秋七月，"蒙宁海王位下总管忻都保举，敬受宁海王令旨，护持本宫。"延祐元年（1314），李真人被敦请至莱阳迎仙宫。既到，"瞻彼殿宇塑像，前后装饰严整，其殿檐壁饰压阶，尽已毁拆。补修间，于后庭寻得任师父遗蜕，即造石椁，择日葬本宫艮维。复立抟阁及造玉石像，安奉于内。又将丹阳师祖所度十界元百仙图旋转刻像，各镌姓名。"延祐四年（1317）夏四月，"钦奉圣旨，护持迎仙宫。"当年冬十一月，开朝阳洞。次年（1318）夏，建石殿奉太上，迎圣像安奉之。李真人坚志勤苦，感通仙圣，出现群鹤盘绕之瑞应。延祐七年（1320）三月上浣清旦，召门弟子耿道清曰："我有一念未了，尔勿忘吾言。东华宫前石桥，吾不能成就。尔可尽力为之，三年间必当完备。"不久，无疾而逝，享年七十有六，葬于昆嵛山云峰庵顶。宁海、文登官僚士庶、僧尼道俗，"不约而至，咸为悲泣送葬。"门弟子耿道清不违先师嘱托，"建石桥，高四十尺，长一百二十尺，阔一十二尺，阑干（栏杆）俱备。"正如翰林学士承旨、资善大夫、知制诰兼修国史张仲寿赞誉李道元："先生铁石心，一志如山立。任道三十年，勤苦如一日。进人而退己，劳形不放逸。粝食布素衣，所行真朴实。"②

---

① 光绪《文登县志》卷12《释道》，《中国地方志集成·山东府县志辑》第54册，凤凰出版社2004年版，第292页。

② 光绪《文登县志》卷4中《寺观·东华宫》，《中国地方志集成·山东府县志辑》第54册，凤凰出版社2004年版，第292页。

云岩子（1240—1305），俗名刘志坚，号云岩子，博州（今山东聊城）人，在崂山西麓华楼山一带潜心苦修成道。对于其生平与道行功德，学士赵世延撰《云岩子道行碑》有着翔实的记载：弱冠，曾在元永昌王（即英王）府掌管鹰房事，"倜傥负才气，有干材，不甘落人后。凡王邸交命四方，多所任使，故有刘使臣之称。"三十三岁时，尝梦一髯翁曰："奚为不速去？"又梦至一境，山水幽深，心悟身幻世浮，遂锐然弃家入道。初以东平仙天观道士郭至空为师，郭曾对其教诲曰："闻汝善养鹰，学道亦不异是，锻去生犷野性，屏去一切尘念，久之调服，自然入道。"刘志坚心领神会，"乃袯性除情，减膳祛睡，志一而笃行之"。亲友沓至东平，劝挽归俗，郭至空曰："我固知妆心坚确不移，奈处此不宜。"刘志坚遂辞去，历经邹、滕、沂、莒各县，寻访云明，讲明心要。初栖崂山清虚庵，后在华楼山碧落岩下结茅，潜心苦修，"徒入奥洞，洞殊险深，非人所居，顾有大树，始面涧背树趺坐。稍倦，则稍倚树，自谓真尔怖死也耶。复移身面树背涧，夜深昏极，忽坠涧下，竟无所损。……薪水舂爨，百需自为，或曲为代劳，师辄叱去，必身亲之。约二十年，行之不息"。洞明真人祁志诚闻之，特赐"云岩"为号。大德八年（1304），敕封"崇真利物明道真人"。大德九年（1305）四月十七日，端坐而逝，春秋六十有六，门人葬之于凌烟崮。当地吏民不期而来会葬者甚众，户部侍郎王仲怿"时以事过山下，拉守宰诣朝同候师"。一道者云："师羽化前，诸官来访，惜不及会见，各宜珍重。"皆惋叹，就执绋送葬而返。辽王追悼下教，俾树碑镌铭，以昭来世。"窃观师少负迈往之气，驰骋四方，一旦幡然，遁世高蹈，志刚节苦，胁不沾席者逾三十年，必求底于有成而后已，岂非仁者有勇，知者行尽者乎？"①泰定元年（1324）秋，刘志坚的门人黄道盈亲诣京都，恳请大学士、光禄大夫赵世延为刘志坚撰写碑文，记述其苦修的一生。碑文中引用了刘志坚的一首自述诗："三十二上抛家计，纵横自在无拘系。来到鳌山下死功，十年得个真气力。"这是他艰苦修行的真实写照。泰定二年（1325），其门人在其结茅庐处创建华楼宫，遂将这通《云岩子

---

① 此碑现存青岛华楼宫。

第八章 胶东石刻与金元时期全真教

道行碑》立于宫内院中，碑刻至今仍存。

除《抱元真静清贫李真人道行碑》与《云岩子道行碑》之外，其他如至元十六年（1279）《灵神洞明贞晦真人道行记》、元贞二年（1296）《长春真人道行碑》、大德四年（1300）《披云真人道行碑》、天历三年（1330）《云真渊静明道真人武道彬道行碑》等，分别记载了孙彬、丘处机、宋德方、武道彬等人的生平功德。

（四）敕令碑

全真教之所以能在金元时期兴盛一时，这与官方的大力支持密切相关，统治者屡屡向那些颇具影响的宫观、高道颁发敕令，或赏以特权，或赐以封号。金元时期胶东全真教敕令碑主要有两类：一类是皇帝或大汗颁布的封敕诏令，一类是宗王世侯颁发的令旨。为便于官民人等的贯彻执行，大多数敕令被翻译成具有口语风格的白话文，并书刻于石，此即敕令碑。敕令碑文辞不雅，还夹杂着一些蒙古词汇，显得艰涩生硬，令人难以理解。不过，这种公文反映了蒙元王朝的公牍风貌，有着鲜明的时代特色和史料价值，是研究全真教与金元政权关系的重要资料。

封敕诏令碑主要是由皇帝、大汗颁发给道观、掌教领袖或道教名山的封敕诏令，包括对宫观的封赐与赋役蠲免、对掌教领袖的敕封等内容。如原存栖霞太虚宫丘祖殿《元太祖征丘真人制》，全文刻录了1219年成吉思汗延聘长春真人丘处机所颁圣旨诏书，全文如下：

> 制曰：天厌中原骄华太极之性，朕居北野，嗜欲莫生之情。反朴还淳，去奢从俭，每一衣一食，与牛竖马圉，共弊同飨。视民如赤子，养士若弟兄。谋素和，恩素畜。练万众以身人之先，临百阵无念我之后。七载之中成大业，六合之内为一统。非朕之行有德，盖金之政无恒。是以受之天祐，获承至尊。南连蛮宋，北接回纥，东夏西夷，悉称臣佐。念我单于国千载百世已（以）来，未之有也。然而任大守重，治平犹惧有阙。且夫刳舟剡楫，将欲济江河也；聘贤选佐，将以安天下也。朕践祚已（以）来，勤心庶政，而三九之位，未见其人。访闻丘师先生体真履规，博物洽闻，探赜穷理，道冲德著，怀古君子之肃风，抱真上人之雅

操,久栖岩谷,藏声隐形。阐祖师之遗化,坐致有道之士,云集仙径,莫可称数。自干戈而后,伏知先生犹隐山东旧境,朕心仰怀无以。岂不闻渭水同车、茅庐三顾之事?奈何山川弦阔,有失躬迎之礼。朕但避位侧身,斋戒沐浴,遣差近侍官刘仲禄,备轻骑素车,不远数千里,谨邀先生暂屈仙步,不以沙漠游远为念,或以忧民当世之务,或以恤朕保身之术。朕亲侍仙座,钦惟先生将咳唾之余,但授一言,斯可矣。今者,聊发朕之微意万壹,明于诏章,诚望先生既著大道之端要,善无不应,亦岂违众生小愿哉!故咨诏示,惟宜知悉。①

由此碑文内容可知,成吉思汗颁发此诏乃欲延请丘处机西行,为其政权服务。《元史》记载此事云:"岁己卯,太祖自乃蛮命近臣札八儿、刘仲禄持诏求之(丘处机)"②。札八儿、刘仲禄所持之诏,正是该诏。远在中亚忙于战事的蒙古首领成吉思汗,为何要诏见这位当时并不太显赫全真教掌教领袖丘处机呢?而且诏书措辞用语极为谦恭,实乃令人寻味。随着成吉思汗的西征和南讨,其疆域急剧扩展,正如该诏令碑所云:"南连蛮宋,北接回纥,东夏西夷,悉称臣佐",出现了"千载百世已(以)来,未之有也"的局面。然而,单一的武力征服只能实现军事层面的占领,并不能建立起有效的统治秩序,即使其"践祚已(以)来,勤心庶政,而三九之位,未见其人",而且相对于统治区内民众在文化心理层面的抵牾和对峙而言,这种武力手段更显得苍白无力。于是便产生了"治平犹惧有阙"的忧患。在这种忧患意识的作用下,成吉思汗迫切需要一种有着广泛社会基础并能为其统治有效利用的社会意识形态来维护和巩固其统治,而影响日益扩大的全真教正是一种极好可资利用工具。靖康之变后,金统治者入主中原,民族矛盾和阶级矛盾相互交织,社会动荡,民不聊生。作为大宋王朝子民的汉族民众,不仅在统治阶层感受到丧权辱国的打

---

① 此碑现存烟台市博物馆,碑文亦载光绪《栖霞县志》卷10《艺文续补》,《中国地方志集成·山东府县志辑》第51册,凤凰出版社2004年版,第353—354页。

② 《元史》卷202《释老志·丘处机传》,中华书局1976年标点本,第4524页。

第八章 胶东石刻与金元时期全真教

击,而且每一位社会成员都陷入了"亡国灭种"的灾难,他们力图寻求一种心灵皈依,以化解心头的苦闷。与这种社会心态相适应,王重阳对道教进行了改革,创立了全真教,主张儒、释、道三教合一,并将"救一切众"和"忠君王"结合起来加以宣扬,一种"忠君"和"修炼心性"适应社会的宗教主张应运而生,这就是道教全真教。这种经过改造的道教,在精神上给饱受苦难的大众以一种用忍受痛苦换来摆脱痛苦的安慰,于是在社会上产生了轰动的效果。王重阳所到之处"人如雾集","闻其风者,咸敬惮之"[1]。王重阳死后,其弟子丘处机成为全真教的扛鼎人物。丘处机面对宋、金、蒙古等政权逐鹿北方,百姓苦不堪言的社会现实,带领弟子继续弘扬门风,反对战乱,济世惠民,其宗教主张大获人心。这使丘处机和全真教在朝野两界都负有盛名,据元人陈时可《长春真人本行碑》记载,金世宗大定二十八年(1188),丘处机曾三次受到金世宗召见。金宣宗贞祐二年(1214),山东登州、莱州发生农民起义,官府请丘处机出面制止,丘处机应允,结果"所至皆投戈拜命,二州遂定"[2]。其社会威望之高,由此可见一斑。诏书中所言"先生体真履规""道冲德著"等赞词,固然不无诚恳,但是丘处机和全真教这种抚众安民的社会功效,才是成吉思汗"仰怀无以"的真正原因。成吉思汗在诏令中表达了对丘处机的崇敬之情:"访闻丘师先生体真履规,博物洽闻,探赜穷理,道冲德著,怀古君子之肃风,抱真上人之雅操,久栖岩谷,藏声隐形。阐祖师之遗化,坐致有道之士,云集仙径,莫可称数。自干戈而后,伏知先生犹隐山东旧境,朕心仰怀无以。岂不闻渭水同车、茅庐三顾之事?奈何山川弦阔,有失躬迎之礼。"诏书中引用"渭水同车、茅庐三顾"等典故,以表明其求贤若渴的诚心,并向丘处机表明自己节俭淳、诚心爱民之意,以获得全真教对蒙古政权的信任。正如《元太祖征丘真人制》所云:"反朴还淳,去奢从俭,每一衣一食,与牛竖马圉,共弊同飨。视民如赤子,养士若弟兄。谋素

---

[1] (金)王重阳:《重阳全真集·序》,载《正统道藏》第25册,第689页。
[2] 陈垣编纂,陈智超、曾庆瑛校补:《道家金石略》,文物出版社1988年版,第457页。

和，恩素畜。练万众以身人之先，临百阵无念我之后。"具有敏锐政治眼光的丘处机，随即接受成吉思汗的邀请，于第二年（1220）春应诏西行，后在大雪山（今阿富汗境内）与元太祖成吉思汗相会。此后，成吉思汗对丘处机极为崇信，称之为"丘神仙"，并赐其特权，如元太祖敕谕《护教文圣旨》（见图8-4）记载："道于诸处官员每：丘神仙应有底修行底院舍等，系逐日念颂经文，告天底人每，与皇帝祝寿万万岁者。所据大小差发赋税，都休教著者。"① 成吉思汗蠲免全真教观的税赋，体现了其对丘处机及其全真教极力支持。皇庆元年（1312）《东华帝君碑》亦记载此事云："逮长春师邱君，适逢太祖圣神启运，常遣使奉书聘师于东莱，访以当世之务，保身之术。师首陈天地阴阳生育之大，中原文教具在圣经，治国治身之道大备。方今山东、河北，尽为臣妾，自兵过震荡，流离未复，乞陛下慎选廉能，息徭免赋，以安黎庶，诸福自臻。帝大感悟，命近臣书诸册，斯言庶几乎公天地万类者，由是全真之教大开，累朝光宠，施及前人。"②

图8-4 《护教文圣旨》

金、元统治者还经常对全真掌教宗师予以敕封。如至元七年

---

① 此碑现存崂山太清宫三皇殿门外。
② 光绪《文登县志》卷4中《寺观》，《中国地方志集成·山东府县志辑》第54册，凤凰出版社2004年版，第79页。

第八章 胶东石刻与金元时期全真教

（1270）《万寿宫披云真人制词碑》，为元廷对披云真人宋德方的敕封，云："皇帝圣旨宋德方道重：先朝力扶玄教久，云栖于朔漠，继□□于□分。法藏方虚，全经创镂，起千真之废典，广一代之宗筌。追奖真风，宜加显号，可赠玄通弘教披云真人，仍将云州金阁山云溪观，赐号曰'崇真'。"① 又如至元十六年（1279）《万寿宫令旨碑》，系势都儿大王授予宋披云的弟子万寿宫住持石真人收执，碑文为："皇帝福荫里，势都儿大王令旨：今有本投下分拨到莱州神山长生万寿宫石真人，依旧加九阳保德纯化真人，诸人不得使气力欺负者。若有违犯底人呵，莱州官司与添气力问，当要罪过者。准此。至元十六年七月十三日，察罕恼儿有时行。"② 统治者对全真教继任掌教持续封敕，这是全真教能够长盛不衰的一个重要原因。

金元统治者还经常赏赐全真教宫观以田产财物，并颁发敕令加以确权保护。如披云真人宋德方曾率道众修葺惨遭战火破坏的莱州神仙洞，其功德得到元廷认可，遂得到朝廷划拨无主荒地三百亩，正如乃马真后四年（1245）《神仙洞圣旨碑》所记载："皇帝圣旨里，宣差莱、登州长官都帅，伏见莱州神山洞乃古迹，观舍屡经兵革，未曾整葺。今者幸有披云真人纠领道众，虔心开凿仙洞，创修三清、五真圣像，中间所费功力甚大。其山前侧佐一带，山栏荒地除有主外，应据无主者尽行给付本观无粮地三百亩，四至大路。披云真人为主，裨助缘事，诸人不得诈认冒占，据此须议给付者。右给付披云真人准此。"③ 又如至元十七年（1280）《万寿宫圣旨碑》，为元廷对披云真人之徒石真人与祁真人所住持的莱州神山万寿宫与武官灵虚宫加以赐权保护："皇帝圣旨里，势都儿大王令旨：莱州有底无量洞天，神山长生万寿宫、武官灵虚宫两□院，是长生刘师父置下底徒弟披云真人有来。披云真人徒弟，掌教祁真人并石真人住持有。石真人为他开洞好修行底，上头与子令旨加九阳保德纯化真人，依旧管领住持也。但是俺底地面里有底，先生每都德从教道依时告天与皇帝、皇后、太

---

① 北京图书馆金石组编：《北京图书馆藏中国历代石刻拓本汇编》第48册，中州古籍出版社1989年版，第49页。
② 同上书，第78页。
③ 同上书，第6页。

子、大王、子子孙孙根底祝延圣寿者，俺每根底也祝愿与者麽道依着已前成吉思皇帝圣旨、哈罕皇帝圣旨、蒙哥皇帝圣旨、今上皇帝圣旨里。和尚、先生、也里可温、达失蛮，不拣甚么差发休着者，这底每宫观里、房舍里，使臣休安下者，不拣是谁，休倚气力住坐者，宫观休断公事者，官粮休顿放者，铺马只应休着者，地税商税休与者，但属宫观田地、水土、竹苇、碾磨、园林、解库、浴堂、店舍、铺席、醋酵，不拣甚麽差发休要者。索要呵，也休与者。钦此。俺每依着。大圣旨体例里，石真人根底，把□□□□。令旨与了也，先生每诸色俗人等照依圣旨体例里，石真人根底休欺负者别了呵，不怕那甚麽□石真人□令旨麽道祈真人根底不□□了呵没体例句当行呵□□麽□财来□者□生□□咱每识也者。令旨俺底。至元十七年。"① 此碑文的意思大体是说，无论是谁，对万寿宫与灵虚宫都没有指使的权力，对于宫观的一切都要尊重，而不可随意干涉，对于宫观里的一切赋税差役都要给予免除，属于宫观的田产、所有物都不能随便买卖，这体现了对全真教士权力的维护和对宫观的保护。其他封敕诏令碑圣旨，还如元太祖十八年（1223）《金虎符牌文》、皇庆元年（1312）《东华洞五华碑八种》、皇庆元年（1312）《紫府洞诏文碑》、泰定四年（1327）《万寿宫圣旨碑》、后至元六年（1340）《灵虚宫褒封刘真君碑》，等等。

全真教亦备受宗王世侯庇佑，他们屡屡向全真宫观或道士颁发令旨，授予其大量权益，对全真教在胶东的发展提供了强大政治保障与动力，这在石刻中有所反映。如元定宗元年（1246）《哈鲁罕大王懿旨碑记》记载：

皇帝福荫里，哈鲁罕大王令旨：
宁海州达鲁花赤根底、管民官人每根底、管先生底头目每根底：属咱每底城子宁海州地面里，大昆嵛山东祖庭烟霞洞神清宫小名的观里，住持的静渊明德大师、道正孙道衍小名的先生，那

---

① 北京图书馆金石组编：《北京图书馆藏中国历代石刻拓本汇编》第48册，中州古籍出版社1989年版，第80页。

第八章 胶东石刻与金元时期全真教

观里修整圣像,兴盖殿宇,为这般勤,上头令旨与了也。皇帝、皇后、诸王根底祈福祝寿者,不拣是谁,他每根底,休骚扰者、休欺负者,属他每根底宫观神清宫、清阳观、石人埠、栲栳山、石门口、地土庄子、山林,不拣什么,诸人休主不,休夺要者,则交孙道衍管着者。令旨俺的。马儿年七月初四日黑龙江有时分写来。①

这是哈鲁罕大王颁发给宁海州达鲁花赤、管民官、掌管道士事务官们的令旨,大意是说:烟霞洞神清宫的圣像及殿宇在静渊明德大师、道正孙道衍的主持下得以修整,非常勤力,为皇帝、皇后、诸王祈福祝寿,对于神清观及其他财产,任何人不得骚扰和侵犯。碑文中的哈鲁罕大王,系宁海王阔阔出之孙。②据屠寄《蒙兀儿史记·成吉思汗诸弟列传第四》记载:"斡哥歹汗时,以宁海、登、莱三州为答阿里台后人分地。至元九年八月,大纳耶耶之子阔阔出,请以三州自为一路,与诸王比。岁赋惟入宁海,无输益都。从之。"③斡哥歹汗,即窝阔台汗,系译音不同。答阿里台,是成吉思汗的叔父,而大纳耶耶,即答阿里台之子。元代宗王权力很大,其令旨与皇帝圣旨并行于世,哈鲁罕大王令旨的权威是不容置疑的,在保护宁海州地面神清观范围不受骚扰应该是相当有效。

又如现存青岛华楼山碧落岩的元贞三年(1297)《八不砂大王令旨》记载:

皇帝福荫里,八不砂大王令旨:益都路胶州即墨县牢山,有俺的上华楼宫住持底刘大师,与俺每念经、告天祈福,与皇帝、诸王祝延□底。圣寿者住持底先生每,云游先生每,这刘大师言

---

① 此碑现存神清观碑林中,为青石质,长、宽各50厘米左右,厚约10厘米,单面刻字,俱汉字正书。文亦存王宗昱《金元全真教石刻新编》,北京大学出版社2005年版,第63页。
② 《元史》卷107《宗室世系表》,中华书局1976年标点本,第2709页。
③ (清)屠寄:《蒙兀儿史记》卷22《成吉思汗诸弟列传第四》,载杨家骆主编《中国学术名著》第五辑《正史广编》,世界书局1962年版。

语修得别了者，厅（听）从教道者，但属本宫田产水土山林，诸人无得倚气力侵夺者，往来使臣诸色人每，休得骚扰，安下者常川护持院子。令旨与了也，俺底言语休得别了，别了底每扎撒里，不怕那甚磨。元贞三年正月廿三日南口有时分写来。

此令旨大意是说：华楼宫的刘大师，是为我八不砂祈祷祝福的，任何人不得抢占道院的田产和财产，地方上的各类官员不得对道院骚扰，违者小心。碑中的八不砂，系蒙文译音，《元史》称之为"八不沙"，生卒年不详，系成吉思汗弟哈撒儿后裔，父亲势都儿。据《元史·宗室世系表》记载，势都儿有八不沙、必烈虎、黄兀儿三子。① 后势都儿因参加反对忽必烈的叛乱而被杀，正如屠寄《蒙兀儿史记·成吉思汗诸弟列传第四》所载："（世祖时），势都儿与从父火鲁火孙先后从乃颜、哈丹叛，为忽必烈汗所诛，分其军。"② 后来，长子八不沙继承其封爵。大德十一年（1307），成宗铁穆耳死，武宗海山继位后，大加封赏跟随他在漠北征战有功的诸王、驸马，"赐诸王八不沙钞万锭"③，并"封诸王八不沙为齐王"④，食邑地在般阳路和信州路。令旨中提到的"刘大师"，应为云岩子刘志坚。他修道于崂山，大德八年（1304）被敕封为"崇真利物明道真人"，大德九年（1305）仙逝，其生平事迹参见前文赵世延撰《云岩子道行碑》。

（五）诗词刻石

全真教倡导以文传道，接引后学。王重阳、全真七子等众道人不仅深悟玄理，而且擅长借助形象生动的诗句将深奥的玄道表达出来，令人读之朗朗上口，产生一种歌谣的美感，在审美中体悟教旨，同时又能把复杂多端的丹道功法，归纳为简练易学的规则。这一切都是为了平实易晓，深刻贴切，从而能在大众中普及，达到传教的目的。因

---

① 《元史》卷107《宗室世系表》，中华书局1976年标点本，第2710页。
② （清）屠寄：《蒙兀儿史记》卷22《成吉思汗诸弟列传第四》，载杨家骆主编《中国学术名著》第五辑《正史广编》，世界书局1962年版。
③ 《元史》卷22《武宗一》，中华书局1976年标点本，第483页。
④ 同上书，第484页。

此，早期全真诸师自教祖王重阳以降，均撰有大量诗词歌赋。由于教内通行尚文之风，这些作品得到很好的刻印与传播，其中很多以刻石的形式在胶东地区保留下来。

胶东全真教诗词刻石主要反映了三个方面内容：

第一，对全真教教义、教规的宣传及修炼的指导。

如《重阳真人凌烟崮诗刻》云："饥生阳火炼阴精，食饱伤心气不冲。指念神清为日用，夜间少睡自自清。住行坐卧常禁口，呼吸调神透香清。甘津玉液舌根涌，到此方知体得真。"① 这告诫全真教教徒在修炼中应禁食欲与睡欲。道家认为，人有三欲，食欲、睡欲与色欲。三欲之中食欲为根，食饱昏睡，则多起色心。所以，饥食少睡，则神气自然顺畅。又如《长春真人凌烟崮诗刻》称："修行何处用功夫，马速猿颠须并除。劳擒劳捉生五彩，暂停暂住免三涂。哨然自在神丹漏，略放从容玉髓骷。酒色气财心不尽，德玄德妙恰如无。"② 这是告诫全真教教徒修行特别强调"意志坚强"，切忌"心猿意马"。再如，《离山老母作》云："修行不要意忙忙，常想心猿意马降。世事不贪常守分，外劳不动内隐阳。忘言少语精神爽，养气全神第一强。若是昼夜还不睡，六贼三尸尽消亡"③。类似诗刻，还如华楼山的《吕洞宾〈青天赤〉诗刻》、《沁园春·丹阳师父题长生师父》、《上丹霄·兖州小董师父赠云岩子》（见图8-5）、《华楼山

图8-5　《上丹霄·兖州小董师父赠云岩子》

---

① 此诗刻现存青岛华楼山凌烟崮南侧石崖，亦载周至元《崂山志》，齐鲁书社1993年版，第197页。

② 同上书，第198页。

③ 此诗刻现存青岛华楼山碧落岩下方的巨石上。这里的"离山老母"，可能是"黎山老母"，是古代汉族传说中的女仙名，亦称无极老母。

云岩子作》等，都体现了早期全真教的教义与精神，注重内修，强调精气神的重要及在修行中要注意的一些技巧和方法。

第二，是对人生的感悟及对世人的规劝，告诫人们当世的荣华富贵是短暂的，争权夺利毫无益处，徒增烦恼，应该注重性命双修，从而获得生命的长盛不衰。

如《王重阳悟真歌石刻》云：

余当九岁方省事，祖父享年八十二。二十三上荣华日，伯父享年七十七。三十三上觉婪耽，慈父享年七十三。古今百岁七旬少，观此递减怎当甘。三十六上寐中寐，便要分他兄活计。豪气冲天恣意情，朝朝日日长波醉。压幼欺人度岁时，诬兄骂嫂慢天地。不修家业不修身，只恁望他空富贵。浮云之财随手过，妻男怨恨天来大。产业卖得三分钱，二分吃著一酒课。他每衣饮全不知，余还酒钱说灾祸。四十八上尚争强，争奈浑身做察详。忽尔一朝便心破，变成风害任风狂。不惧人人长耻笑，一心恐昧三光照。静虑澄思省己身，悟来便把妻儿掉。好洗面兮好理头，从人尚道骋风流。家财荡尽愈无愁，怕与儿孙作马牛。五十二上光阴急，活到七十有几日？前头路险是轮回，旧业难消等闲失。一失人身万劫休，如何能得此中修。须知未老闻强健，弃穴趋坟云水游。云水游兮别有乐，无虑无思无做作。一枕清风宿世因，一轮明月前生约。①

《悟真歌》描写了王重阳自九岁至四十八岁的人生经历及心路历程，由衣食无忧的富足生活，到因怀才不遇、心灰意冷而饮酒狂歌、醉卧乡里、放荡不拘、谩骂兄嫂、游手好闲、自暴自弃，经过多年苦闷和对生命的深思之后，顿然醒悟，"前头路险是轮回，旧业难消等闲失"，休妻别子，荡尽家财，开始了一种新的生活。他用自己的人生经历，告

---

① （清）阮元《山左金石志》卷21收录此碑，云："无年月，行书，碑高八尺八寸，广二尺五寸五分，在掖县。右碑两面刻，文凡十四行，字径四寸，碑为邱长春书。"《山左金石志》并无录文，兹据《重阳全真集》卷9《悟真歌》录，《正统道藏》第25册，第739页。

第八章 胶东石刻与金元时期全真教

诫世人,人生短暂,只有抛却人世一切,"无虑无思无做作",才能"一枕清风宿世因,一轮明月前生约"。又如大定二十九年(1189)《刘长生大基山诗刻》云:"闲来惠目视灵峰,冷笑人间万事空。昔日文公忘世贵,如今德裕悟真雄。丹成跨鹤青霄里,行就携云碧落中。谭马邱刘归去后,大罗朝圣谒仙宫。"①诗中"德裕"乃宁海州学正范怿,刘处玄希望他能够放下世间一切,走出红尘,和他一道朝阙仙宫。二人之间还有很多倡和诗作,探讨人生出世哲学,他们的这种关系是金元时期全真教士和士人密切交往的一种体现。再如《刘海蟾入道歌碑》云:"方省悟,前有轮回谁救度?退官纳印弃荣华,慷慨身心求出路。"②他如《长春子〈清天歌〉石刻》《赠马钰先生》等。

第三,关于全真道士的登览纪游,记录了其所见所感。

如丘处机曾于泰和七年(1207)到莱州大基山道士谷游览,留题《长春子道士谷春日登览诗刻》云:"淡荡春风暖,暄和晓日迟。褰裳登诘屈,绝顶玩幽奇。北海洪涛阔,南山大泽危。东峰青鸟下,西岭白云垂。眼界空濛极,烟光缥缈随。精神何洒落,道德自扶持。仿佛丹霄外,参差碧汉涯。那烦采芝术,直赴上仙期。"③诗歌描写了作者踏着和舒春风,迎着温暖朝日,登览绝顶,极目远眺,北海波涛、南山大泽、东峰青鸟与西岭白云尽收眼底,如此缥缈之美景,令人仿佛置身于丹霄之外,一派逍遥洒脱之状跃然纸上。丘处机的另一诗刻《长春子梨花诗词石刻》则描写了掖县武官灵虚宫的梨花春色,云:"春游浩荡,是年年寒食,梨花时节。白锦无纹香烂漫,玉树琼苞堆雪。静夜沉沉,浮光霭霭,冷浸溶溶月。人间天上,烂银霞照通彻。浑似姑射真人,天姿灵秀,意气舒高洁。万化参差谁信道,不与群芳同列。浩气清英,仙材卓荦,下土难分别。瑶台归去,洞天方看

---

① (清)阮元:《山左金石志》卷20《刘长生大基山诗刻》,《续修四库全书》第910册,上海古籍出版社2002年版,第63页。
② 民国《莱阳县志》卷3《艺文·金石》,《中国地方志集成·山东府县志辑》第53册,凤凰出版社2004年版,第570页。
③ 光绪《三续掖县志》卷1《古迹》,《中国地方志集成·山东府县志辑》第45册,凤凰出版社2004年版,第196页。

清绝。"① 诗中一派春暖花开、山光水色的景象，令人惬意向往。

崂山亦留有许多丘处机的题词诗刻。如崂山白龙洞刻有丘处机诗词二十首，诗前《序》云："东莱即墨之牢山，三围大海，背负平川。巨石巍峨，群峰峭拔，真洞天福地，一方之胜境也。然僻于海曲，举世鲜闻，其名亦不佳。余自昌阳醮罢，抵于王城永真观，南望烟霭之间，隐隐而见。道众相邀，迁延数日而方届，遂闲吟二十首，易为鳌山，因畅道风云耳。栖霞长春子书。"诗后落款为："泰和戊辰三月日，栖岩洞主紫悟真刊石，野人王志心，刘志宽。"② 泰和戊辰，即泰和八年（1208），丘处机在昌阳（今莱阳）做完法事后，受崂山道众之邀第一次游崂山。当时崂山名"牢山"，丘处机觉得此名不佳，于是改为"鳌山"，即是仙山的代名词。兹举白龙洞诗刻之一："卓荦鳌山出海隅，霏微灵秀满天衢。群峰削蜡几千仞，乱石穿空一万株。道祖二宫南镇海，王明三崮北当途。是知物外仙游境，不向人间作画图。"又如，崂山上清宫旁刻有丘处机《青玉案》（见图8-6）云："乘舟共约烟霞侣，策杖寻高步，直上孤峰尖险处。长吟法事，浩歌幽韵，响遏行云住。凭高目断周四顾，万壑千岩下无数，匝地洪波吞

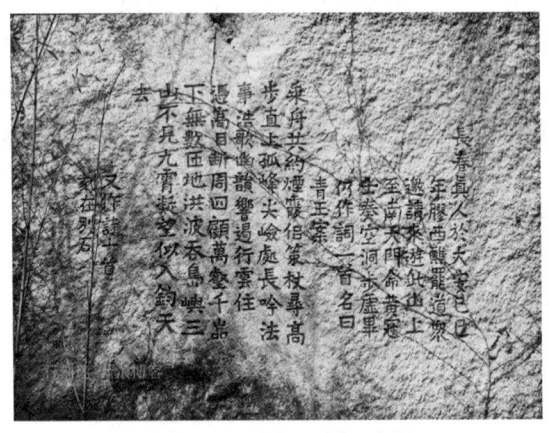

图8-6 《青玉案》诗刻

---

① 北京图书馆金石组编：《北京图书馆藏中国历代石刻拓本汇编》第50册，中州古籍出版社1989年版，第165页。

② 此诗刻现存崂山白龙洞上方的一块天然巨石上。

第八章　胶东石刻与金元时期全真教

岛屿，三山不见，九霄凝望，似入钧天去。"① 该诗刻将崂山千岩万壑的壮美之景呈于笔端。诗前有序云："长春真人于大安己巳年胶西醮罢，道众邀请来游此山，上至南天门，命黄冠士奏空洞步虚毕，仍作词一首，名曰《青玉案》。"大安己巳，即大安元年（1209），这是丘处机胶西斋醮完毕后应道众之邀第二次来崂山，亦如《磻溪集》所云："大安己巳胶西醮罢，道众相邀再游鳌山，复留题二十首。"② 其中，上清宫诗刻十首，太清宫诗刻十首，至今仍存。

另外，需要注意的是，诗刻有时会与纸本文献存有出入或明显讹误。如现存华楼宫东北岩石上《赠马钰先生》（见图 8-7），为云岩子刘志坚上石，云："王祖师道：一别终南水竹村，家无二女一无孙。三千里外寻知友，引入长生不死门。"此诗亦载《丹阳真人语录》，云："师言：祖师尝到登州，时顶笠悬鹑，执一筇，携一铁罐，状貌奇古，乞于市肆，登州人皆不识。夜归观，书一绝于壁：'一别终南水竹村，家无儿女亦无孙，数千里外寻知友，引入长生不死门。'明旦，拂衣东迈。后数日，郡守纥石烈邀诣观，观其题诗，钦叹不已，仍依韵和曰：'回首三年别故村，都忘庭竹长儿孙。他时拂袖寻君去，应许安闲一叩门'。"③ 对比二者，可见《赠马钰先生》诗刻存有讹

图 8-7　《赠马钰先生》

---

① 此诗刻位于崂山上清宫大殿东面的一块巨石上。
② （金）丘处机：《磻溪集》卷 2，《正统道藏》第 25 册，第 820 页。
③ （金）马钰：《丹阳真人语录》，《正统道藏》第 23 册，第 701 页。

误:"家无二女一无孙"一句,"二女"当为"儿女","一无孙"当为"亦无孙";"三千里外寻知友"一句,"三千里外"应为"数千里之外"。显然,讹误乃刘志坚上石时所致。若诗刻与纸本文献发生出入,依何为据?笔者在对金元时期胶东全真教石刻的整理过程中获得一点启示:若诗刻并非作者所撰之时上石,而是后人补刻的,则以原纸本文献为据;相反,诗成之后不久上石,而后世依据诗刻编录于书的,则应以诗刻为准。

五 金元时期胶东全真教石刻的史料价值

长期以来,正史对佛道的记载一直讳莫如深,很少予以记载,文人士大夫则更以贤者自居,对此也不屑一顾,"根本原因应是中国正统士人所秉持的理念:语涉非验,即不雅驯,缙绅难言"①。因此,佛道在中国几千年的历史流变,主要依靠各自的典籍来保存。作为金元时期兴起的全真教,在当时可谓兴盛一时,但并未因此而改变历史对它的偏见,除了《元史》设《释老传》收有《丘处机》外,没有为其他任何真人立传。也就是说,全真教的史料信息在正史中是非常少的,现在了解全真教的相关情况,主要是通过道教典籍《道藏》及胶东方志。《道藏》是道家重要典籍的总编,收录了大量道教经典、论集、科戒、符图、法术、斋仪、赞颂、宫观山志、神仙谱录和道教人物传记等,其中关于全真教的著作,如《甘水仙源录》《金莲正宗记》《金莲正宗仙源像传》《七真年谱》《重阳全真集》《长春真人西游记》《七真诗集》《丹阳真人语录》等。胶东方志诸如康熙《莱阳县志》、乾隆《莱州府志》、道光《荣成县志》、光绪《增修登州府志》、民国《牟平县志》等,在《寺观》、《仙释》(或《释道》)、《艺文志》等中,记载了金元时期胶东的全真宫观、全真道人及相关碑刻。然而,无论全真教文献,还是方志,主要记载了王重阳、全真七子、尹志平、李志常、祁志诚等全真教上层人物,对于下层道士及地方民众的宗教活动则鲜有记载;即使对上层全真人物的记

---

① 陈占山:《〈四库全书总目〉宗教典籍析论》,《汕头大学学报》(人文社会科学版) 2005 年第 5 期。

第八章 胶东石刻与金元时期全真教

载,亦存有讹阙,而石刻文献正可弥补这一缺憾。总的来说,金元时期胶东全真教石刻的史料价值主要体现在以下两方面:

(一)正史籍之讹误

史籍对有关全真教史实的记载存有很多讹误,可依据金元时期胶东全真教石刻加以订正,兹以七真之一的王处一史事为例。

王处一是第一个受金朝统治者召见的全真宗师,先后被金世宗与金章宗三次召至燕京。有关此情况,元代全真弟子秦志安所撰《金莲正宗记·玉阳王真人》有详细记载:

> 适大定戊申岁,世宗闻其道价甚高,仍遣使以币聘之,遂赴阙。僧徒怀嫉妒心,多输金于中使,以为先生非真仙也,鸩酒可以验之。上以为然,乃赐之三杯。先生饮讫,殊不烦躁,终莫能害。上乃惊谢,赐之金冠法服、驷马安车,敕建全真堂以居之,仍御书额。己酉岁清明后五日,得中旨,还故山,复赐之金帛巨万,表而辞之。逮承安三年秋八月,章宗诏求隐逸,召至阙下,朝于便殿,应对如流。天子大悦,敕赐"体玄大师",创修真观以居之。①

如此看来,金世宗与金章宗召见王处一的时间分别是大定戊申与承安三年。然而,这与《玉虚观碑记》所载存有冲突。《玉虚观碑记》云:

> 初,神仙玉阳公,大定丁未,世宗遣使乘传,迎致辇下,召于内殿,延问修真之道,就御果园建道院,给三品俸,敕充生辰醮高功主,赐冠简紫衣,悉表而辞之。未几,恳求还山,诏不违其志,仍赐钱二十万,为道路费。师之乡里,道俗闻其来也,千百相率,前十余舍遮道欢迎,不令他适,遂结茅于兹岩。己酉冬,世宗不豫,复遣使迎师。师曰:"来之晚矣,顾不及得见圣

---

① (元)秦志安:《金莲正宗记》卷5《玉阳王真人》,《正统道藏》第3册,第362页。

颜。"使者愕然,至涿郡哀诏果下,自尔东归,更不复出。逮承安丁巳,章宗遣近侍征以安车,宣见于内阁,赐坐。问养身之道,师以无为清净、少私寡欲为对。复问教法规仪、治国之道,师以雅对,妙沃帝心,嘉叹诚实者,久之,曰:"真修行人也!"留连抵暮方出。翌日,特旨赐紫衣,号体玄大师,盖不问师承非常之渥也,道俗荣之。拜命间,俄一内侍传旨,谓使者曰:"先生处山林无积贮,从来礼仪物我为代出。"改城东崇福院为永寿观,令师处之。阅月,特旨住持修真观,仍赐绫罗绢各二千匹,绵千两,月给斋厨钱二百镪。戊午秋,辞以亲老之归山,帝许之,仍给装钱不赀。①

通过上述碑文,可见《玉虚观碑记》与《金莲正宗记》所记金世宗与金章宗召见王处一的史实存在不同之处有三:其一,金世宗初次召见王处一的时间,《金莲正宗记》为大定戊申,即大定二十八年(1188),而《玉虚观碑记》为大定丁未,即大定二十七年(1187);其二,金世宗召宣王处一的次数,《金莲正宗记》仅一次,而《玉虚观碑记》为两次,除了大定丁未年召见外,还于大定己酉(1189)冬再次召宣,只是王处一未至而世宗先逝;其三,金章宗召见王处一的时间,《金莲正宗记》为承安三年(1198),而《玉虚观碑记》为承安丁巳,即承安二年(1197)。究竟孰是孰非?《金莲正宗记》成书于元太宗十三年(1241)②,而《玉虚观碑记》刻立于金贞祐二年(1214)③,显然距离事发时间更为接近。更为重要的是,《玉虚观碑记》的立石者为清虚大师知观门事赐紫韩道温、中和大师知观门事赐紫刘道渊、葆真大师宁海州管内威仪赐紫门弟子王道玄,均为玉虚观

---

① 民国《牟平县志》卷9《文献志·金石》,载《中国地方志集成·山东府县志辑》第55册,凤凰出版社2004年版,第405页。
② 《金莲正宗记》序末题云:"太岁辛丑平水长春壶天述。""辛丑"为元太宗十三年(1241),"平水长春壶天"为作序之人,即平水人毛收达。
③ 《玉虚观碑记》文末题云:"贞祐二年五月望日,朝散大夫、前中都左警巡使、赐紫金鱼袋国偶记,文山进士王良臣书丹,州学进士范景纯篆额,清虚大师知观门事赐紫韩道温、中和大师知观门事赐紫刘道渊、葆真大师宁海州管内威仪赐紫门弟子王道玄立石。"

第八章 胶东石刻与金元时期全真教

弟子,对王处一的事迹自然不会陌生,若所撰碑文存有讹误,身为王处一的后嗣弟子们是断然不会同意的。所以,从这层意义上说,我们应该更加相信《玉虚观碑记》记载的可靠性。再对照王处一《云光集》的记载:

> 大定丁未十一月十三日,初奉宣诏。上腾和气彻三台,下布祥云遍九垓。化出空中清雨降,道横四海一声雷。……世宗寝疾,因忆特差近侍内族诣圣水玉虚观传宣,令乘驷马车速来。八月中秋得暇回,洞天游赏恣徘徊;戊申腊月重宣至,驷马轻车昼夜催。至己酉正月初三日到都,世宗已于初二日崩。少主即位,宣使不敢奏见,遂乃还故。先帝升霞泣万方,洪恩厚德岂能忘;公卿不敢当今奏,却返云踪入故乡。①

> 承安丁巳,受第三宣,于六月二十五日到都,下天长观,七月初三日宣见。赐坐,帝问《清净经》,师解之。次问北征事,师答云:"戊午年即止。"后果应。次问全真门户,师一一对答。帝深嘉叹,留连抵暮方出。翌日,赐紫衣,号"体玄大师",仍差近侍传旨赐崇福、修真二观,任便住坐,每月给斋厨钱二百镪。②

可见,《云光集》的记载与《玉虚观碑记》正相契合,更加印证了碑记的可靠性:金世宗初次召见王处一的时间是大定二十七年(1187);金世宗两次召宣王处一,除了大定丁未年(1187)召见外,还于大定戊申(1188)腊月③再次召宣,只是王处一己酉年(1189)正月初三至京时金世宗已崩逝;金章宗召见王处一的时间是承安二年(1197)。

另外,关于王处一第二次被金世宗召宣之事,元人刘志玄《金莲

---

① (金)王处一:《云光集》卷2,《正统道藏》第25册,第658—659页。
② (金)王处一:《云光集》卷1,《正统道藏》第25册,第648页。
③ 《玉虚观碑记》谓:"己酉冬,世宗不豫,复遣使迎师。师曰:'来之晚矣,顾不及得见圣颜。'"此处"己酉冬"之意较为笼统,实指王处一至京时间,乃己酉年正月初三,所以与《云光集》大定戊申腊月召宣并不矛盾。

正宗仙源像传》记载：

> 金世宗皇帝闻其名，二十七年丁未召赴阙……明年戊申春，诏建修真观居，师即求还山侍亲。上从之，所赐赆悉委去。是岁，上不豫。十二月再召师，对使者曰："吾恐不及再睹天颜矣。"己酉正月初三日至京师，世宗崩已二日矣，嗣君留师为先帝主醮而归。①

元人李道谦《甘水仙源录》记载：

> 其年世宗不豫，复来征真人，对使者曰：吾不难斯行，诚不及一仰清光矣。明年正月三日下车，世宗崩已一日，章宗留为醮，资大行冥福。②

由上可知，大定二十九年（1189）冬，世宗身体有恙，再次遣使召见王处一。王处一赋诗云："八月中秋得暇回，洞天游赏恣徘徊。戊申腊月重宣至，驷马轻车昼夜催。"③王处一深知这次金世宗寿数已尽，恐怕难能重睹圣颜。果不其然，王处一正月初三日至京师，世宗已于二日崩矣。之后，是否如《金莲正宗仙源像传》《甘水仙源录》所云"嗣君留师为先帝主醮而归"，"章宗留为醮，资大行冥福"呢？对此，《玉虚观碑记》记载："己酉冬，世宗不豫，复遣使迎师。师曰：'来之晚矣，顾不及得见圣颜。'使者愕然。至涿郡哀诏果下，自尔东归，更不复出。"④看来，王处一得知世宗崩逝的哀诏后，很快东归，并未为先帝主醮。他有诗述及此事云："先帝升霞泣万方，

---

① （元）刘志玄：《金莲正宗仙源像传·玉阳子》，《正统道藏》第3册，第378页。
② （元）李道谦：《甘水仙源录》卷2《玉阳体玄广度真人王宗师道行碑铭并序》，《正统道藏》第19册，第737页。
③ （金）王处一：《云光集》卷2，《正统道藏》第25册，第659页。
④ 民国《牟平县志》卷9《文献志·金石》，《中国地方志集成·山东府县志辑》第55册，凤凰出版社2004年版，第405页。

第八章　胶东石刻与金元时期全真教

洪恩厚德岂能忘。公卿不敢当今奏,却返云踪入故乡。"①《云光集》记载亦同:"(王处一)至己酉正月初三日到都,世宗已于初二日崩,少主即位,宣使不敢奏见,遂乃还故。"② 也就是说,大定二十九年（1189）正月初二金世宗驾崩,金章宗继位,而王处一于正月初三始抵京都,留数日,宣使不敢奏见,于是再回宁海圣水岩。可见,《金莲正宗仙源像传》与《甘水仙源录》所言嗣君章宗留王处一为先帝主醮而归之说是错误的。

还有一个问题,承安二年（1197）金章宗遣近侍征以安车,将王处一召入宫中,当时王处一居于京城哪一道观呢?道教典籍的记载可谓混乱,众说纷纭,莫衷一是。《金莲正宗记》记载:"敕赐'体玄大师',创修真观以居之"③;《金莲正宗仙源像传》记载为:"承安二年丁巳七月,章宗皇帝召至便殿,问答称旨,眷遇至渥。翼日诏赐金冠紫衣,号体玄天师,馆之崇福观"④;《甘水仙源录》称:"承安二年,再征至便殿,问卫生,对如告世宗者,赐紫,号'体玄大师',居之崇福观"⑤;《七真年谱》记载:承安二年丁巳,"六月,玉阳真人被召。七月初三日见于便殿,赐坐,帝问以养生之道,抵暮方归。翼日,赐体玄大师号及紫衣,敕赐燕都修真、崇福二观,俾真人任便居之,月给斋钱二百镪"⑥。上述史料所载不一,很难搞清王处一所居道观为何,而这些争议,则可依据国偊《玉虚观记》加以解决:

> 逮承安丁巳,章宗遣近侍征以安车,宣见于内阁,赐坐。问养身之道,师以无为清净、少私寡欲为对。复问教法规仪、治国之道,师以雅对,妙沃帝心,嘉叹诚实者。久之,曰:"真修行人也!"留连抵暮,方出。翼日,特旨赐紫衣,号体玄大师,盖

---

① （金）王处一:《云光集》卷2,《正统道藏》第25册,第659页。
② 同上。
③ （元）秦志安:《金莲正宗记》卷5《玉阳王真人》,《正统道藏》第3册,第362页。
④ （元）刘志玄:《金莲正宗仙源像传·玉阳子》,《正统道藏》第3册,第378页。
⑤ （元）李道谦:《甘水仙源录》卷2《玉阳体玄广度真人王宗师道行碑铭并序》,《正统道藏》第19册,第737页。
⑥ （元）李道谦:《七真年谱》,《正统道藏》第3册,第384—385页。

不问师承非常之渥也,道俗荣之。拜命间,俄一内侍传旨,谓使者曰:"先生处山林无积贮,从来礼仪物我为代出。"改城东崇福院为永寿观,令师处之。阅月,特旨住持修真观,仍赐绫罗绢各二千匹,绵千两,月给斋厨钱二百镪。①

由《玉虚观记》可见《七真年谱》所言不差,王处一确实先后住过崇福观与修真观,并非空穴来风,所有信息在此碑中描述得非常细致,所有疑问和争议也就迎刃而解。实情应该是,金章宗先是改城东崇福院为永寿观,令王处一居住,其后又令其主持修真观。

再如,王处一拜师王重阳之前身居何观?据道光《荣城县志》记载:"王玉阳,名处一,东牟人。爱浮山林泉之胜,创圣水庵居之。金大定间,付弟子孙道古为住持,而自往昆嵛之烟霞洞侍重阳子。重阳授以道法三十六卷,后以烟霞人迹杂沓,徙居槎山,自成一洞,名曰全真。"②《荣城县志》认为王处一在拜师王重阳之前已经出家,居于圣水庵,即圣水岩玉虚观的前身。其实,史实并非如此。据《玉虚观碑记》记载:"初,神仙玉阳公,大定丁未,世宗遣使乘传,迎致辇下,召于内殿,延问修真之道,就御果园建道院,给三品俸,敕充生辰醮高功主,赐冠简紫衣,悉表而辞之。未几,恳求还山,诏不违其志,仍赐钱二十万,为道路费。师之乡里,道俗闻其来也,千百相率,前十余舍遮道欢迎,不令他适,遂结茅于兹岩。"据此碑文可知,金大定二十七年(1187)十一月,王处一被金世宗召至燕京,次年(1188)八月获准还乡,"结茅于兹岩"。也就是说,王处一结庵于圣水岩的时间是大定二十八年(1188)。因此,《荣成县志》认为王处一拜师王重阳之前就已经居住在圣水庵的说法是错误的。那么,王处一在拜师之前居住何处?《历世真仙体道通鉴续编·王处一》言:"世宗大定八年,师在文登牛仙山庵居,人告以祖师至,即诣全真庵,

---

① 民国《牟平县志》卷9《文献志·金石》,《中国地方志集成·山东府县志辑》第55册,凤凰出版社2004年版,第405页。

② 道光《荣城县志》卷10《外志·仙释》,《中国地方志集成·山东府县志辑》第56册,凤凰出版社2004年版,第575页。

第八章 胶东石刻与金元时期全真教

请为门弟子。祖师知其为玄门大器，遂从其请。"①

（二）补史籍之阙略

金元时期胶东全真教石刻既可补史籍记载全真人物生平行迹之阙略，又可丰富全真道人文集。

丘处机作为全真七子之一，他对全真教的发展起到关键作用。关于其生平事迹，《元史·释老》有传，不过记载十分简略。如关于丘处机入道、学道以及得道的描述，《元史》惜墨如金，仅有寥寥数字云："年十九，为全真学于宁海之昆嵛山，与马钰、谭处端、刘处玄、王处一、郝大通、孙不二同师重阳王真人。"②《元史》把丘处机几十年的经历省为一句话，具体的宗教活动则很难看到，而胶东石刻文献正可以弥补这一缺憾。如《寓真资化顺道真人唐四仙姑祠堂碑》对丘处机在昆嵛山入道之初的记载："初，长春真人年方弱冠，甫入道门。闻姑之名，特来师问修行之要。姑曰：'汝勿吾问，异人从西不久而至，乃汝师也。'且道其状貌。重阳祖师果自关西而来，化度七真，达于宁海。开烟霞洞，创神清宫。姑居之处，遂为全真张本之所。噫！若非宿仙缘妙通神异，焉能逆知如是乎？姑之羽化虽在重阳未至之前，其灵柩实长春诸真辈安措于岩穴之中。"③借此碑可知，丘处机在拜师王重阳之前，曾问道于昆嵛山修炼的唐四仙姑。又如，元太祖十四年（1219）《元太祖征丘真人制碑》、元太祖十八年（1223）《护教文圣旨碑》与《金虎符牌文》（见图8-8），是成吉思汗颁赐丘处机的诏书，反映了丘处机掌教时期全真教的兴盛状况，这也是《元史》所未载的。丘处机在胶东地区广泛宣教，留下很多与他有关的石刻遗迹，都是了解其传教活动行迹的重要资料，与《元史》可以起到相互补充的作用。丘处机曾到崂山进行传教活动，崂山白龙洞题刻云："东莱即墨之牢山，三围大海，背负平川。巨石巍峨，群峰峭拔，真洞天福地，一方之胜境也。然僻于海曲，举世鲜闻，其

---

① （元）赵道一：《历世真仙体道通鉴续编》卷3《王处一》，《正统道藏》第5册，第429页。
② 《元史》卷202《释老·丘处机》，中华书局1976年标点本，第4524页。
③ 光绪《增修登州府志》卷65《金石上》，《中国地方志集成·山东府县志辑》第49册，凤凰出版社2004年版，第356页。

名亦不佳。余自昌阳醮罢,抵于王城永真观,南望烟霭之间,隐隐而见。道众相邀,迁延数日而方届,遂闲吟二十首,易为鳌山,因畅道风云耳。栖霞长春子书。泰和戊辰三月日,栖岩洞主紫悟真刊石,野人王志心,刘志宽。"泰和戊辰,即泰和八年(1208),丘处机在昌阳(今莱阳)做完法事后,受崂山道众之邀第一次游崂山。当时崂山名"牢山",丘处机觉得此名不佳,于是改为"鳌山",即是仙山的代名词。崂山上清宫题刻云:"长春真人于大安己巳年胶西醮罢,道众邀请来游此山,上至南天门,命黄冠士奏空洞步虚毕,仍作词一首,名曰《青玉案》。"大安己巳,即大安元年(1209),这是丘处机胶西斋醮完毕后应道众之邀第二次来崂山。正是依据石刻文献,丘处机的生平轨迹被勾勒地更为完整。

图8-8 《金虎符牌文》

又如,继苗道一之后的全真掌教宗师是谁?现有研究均遵从陈垣之说,认为继任苗道一掌教者是孙德彧。这种说法显然因全真文献记载的阙略而造成,而依据金元时期胶东全真教石刻文献的记载,当为常志清。① 张仲寿撰《东华帝君碑》末题"大元国皇庆元年岁在壬子

---

① 关于此问题,张广保、程越分别在其著作《全真教的创立与历史传承》(中华书局2015年版)、《金元时期全真道宫观研究》(齐鲁书社2012年版)中已有论述。

第八章　胶东石刻与金元时期全真教

十月十五日，玄门演道大宗师大明演教天阳真人常志清立石"①，张仲寿撰《丹阳真人归葬记》末题"大元国皇庆二年岁在癸丑正月十五日，元（玄）门演道大宗师大明演教天阳真人常志清立石"②。常志清在二碑中的题衔都有"大宗师"之称。据程越考证，"大宗师"这个尊号是成吉思汗在1227年赐予丘处机的，据元定宗元年（1246）《十方重阳万寿宫记》记载："敕赐金符，尊以大尊师号，继其后者因得而称之"③。根据对现存资料的检索来看，此语一般用于称呼掌教，只有三次例外，一次是用来称呼王志谨④，一次是用来称呼范圆曦和宋德方⑤，一次是用来称呼张志素⑥。但都是在死后，可见在道士生前，唯独掌教才可以享有此称呼。据尹志平传位于李志常一事来看，大宗师拥有专门的印信，元太宗十年（1238）正旦，尹志平让位李志常，"上元日，作大斋，授大宗师法印。"⑦另据孙德彧撰《重修巩昌城隍庙记》云："天乐李真人（李道谦）善交仁甫，赠栖玄大师，掌教常宗师素重叔俭，赐敬真观妙大师。"⑧此处所云"掌教常宗师"，非常志清莫属。由此可见，常志清曾在苗道一之后、孙德彧之前短暂接任掌教之职。⑨据《东华帝君碑》与《丹阳真人归葬记》看来，常志清于元仁宗皇庆元年（1312）已接任掌教大宗师，皇庆二年（1313）他仍在担任全真教掌教大宗师。

胶东全真教石刻不仅可补史籍记载全真人物生平行迹之阙略，也

---

① 光绪《增修登州府志》卷65《金石上》，《中国地方志集成·山东府县志辑》第49册，凤凰出版社2004年版，第347页。
② 同上书，第352页。
③ 北京图书馆金石组编：《北京图书馆藏中国历代石刻拓本汇编》第48册，中州古籍出版社1989年版，第10页。
④ 陈垣编纂，陈智超、曾庆瑛校补：《道家金石略·玉清观碑》，文物出版社1988年版，第655页。
⑤ 同上书，第727页。
⑥ （元）李道谦：《甘水仙源录》卷4《应缘扶教崇道张尊师道行碑》，《正统道藏》第19册，第757页。
⑦ 陈垣编纂，陈智超、曾庆瑛校补：《道家金石略》，文物出版社1988年版，第540页。
⑧ 同上书，第755页。
⑨ 参见程越《金元时期全真道宫观研究》第三章第二节《被遗漏的掌教：常志清》，齐鲁书社2012年版，第36—38页。

可丰富全真教文集。金元时期的全真高道,特别是早期全真教宗师都是深受儒家文化影响的封建士大夫,他们善于赋诗题文,在广大民众间宣传教义,解释疑惑,故全真教著述之风特盛。自教祖王重阳以降都有文集传世,如王重阳《重阳全真集》、马钰《渐悟集》、谭处端《水云集》、刘处玄《仙乐集》、丘处机《磻溪集》、王处一《云光集》、郝大通《太古集》等,这是后人了解全真教义和思想精华的主要依据,也是了解全真教士悟道、得道和传道解惑的主要典籍。他们的作品除了为后世全真弟子加以收录整理因而得以传世之外,还有一部分被遗漏,这其中就包括金元时期胶东全真教石刻中的诗词题记。如据阮元《山左金石志》、陈垣《道家金石略》记载,大基山上有刘处玄大定二十九年(1189)诗刻,诗为"闲来慧目视灵峰,冷笑人间万事空。昔日文公忘世贵,如今德裕悟真雄。丹成跨鹤青霄里,行就携云碧落中。谭马邱刘归去后,大罗朝圣谒仙宫"。额题"长生刘处玄同范公德裕留题"①。笔者查翻刘处玄《仙乐集》,但并未收录此诗。又如,丘处机曾三次去崂山宣教,在那里留下了大量的诗文题刻。其中,在崂山上清宫东面的一块石头上刻有一首丘处机的《青玉案》词,在词前有序云:长春真人于大安己巳年胶西醮罢,道众邀请来游此山,上至南天门,命黄冠士奏空洞步虚毕,仍作词一首,名曰《青玉案》……又作诗十首,刻在别石。根据序文可知,这首词是大安己巳(1209)丘处机在胶西做完醮事之后,与道众相邀来崂山时所作。所言"其他十首",在《磻溪集》中都有收录,而此词则没有收录。崂山还有一些不见于丘处机文集的词,经过今人鉴别,认为亦是其所作。② 此外,崂山华楼宫碧落岩有很多马钰、丘处机的诗词刻石,一部分其本人亲为,另一部分是一些道士把他们的诗词刻于石上,均可丰富全真教士文集。

---

① 参见(清)阮元《山左金石志》卷20《刘长生大基山诗刻》,《续修四库全书》第910册,上海古籍出版社2002年版,第63页;陈垣编纂,陈智超、曾庆瑛校补:《道家金石略》,文物出版社1988年版,第436页。

② 参见牟钟鉴等《全真七子与齐鲁文化》,齐鲁书社2005年版,第351—354页。

第三节 石刻中的全真教与山东地方社会

一 金末元初全真教与山东地方社会秩序的重建与维护

一个社会的稳定与和谐需要一套相应的社会控制体系，这就包括运用法律、舆论、信仰、宗教、礼仪、社会价值观、伦理法则等多种手段对民众实施控制。在诸多社会控制因素中，宗教有着特殊的地位，它因"使人类的生活和行为神圣化，于是变成最强有力的一种社会控制。"① 金末元初，北方战事纷扰，社会秩序紊乱，全真教凭借自身的影响力，积极安抚地方战乱，对广大民众施以纲常教化，并积极参与地方公益事业，对山东地方社会秩序的重建与维护发挥了重要作用。

（一）安抚山东地方战乱

金朝末年，女真贵族统治日益腐朽，危机四伏。大安三年（1211），蒙古军队南下，开启攻金的序幕。至贞祐二年（1214）四月，"时山东、河北诸郡失守，惟真定、清、沃、大名、东平、徐、邳、海数城仅存而已，河东州县亦多残毁"②。同年七月，金宣宗被迫南迁汴京。外有蒙古军队不断威胁的同时，金朝内部统治又出现危机，各地起义此起彼伏，其中以山东境内的红袄军声势最盛。"大安三年，杨安儿叛于山东，与张汝楫聚党，攻劫州县，杀掠官吏，山东大扰。"③ 全真教依借其在山东地方社会中的影响力，成功地安抚了义军，将一场战乱化弥于无形，拯救万民于战争水火。

山东境内的红袄军主要有三支：鲁东由杨安儿领导，活动范围为青、潍、密、莱、登等州；鲁中由李全领导，活动于安丘、临朐一带；鲁南由刘二祖领导，活动范围在泰安、沂州、淄州等地，三支义军在山东境内与金军展开激烈厮杀。正如元好问《临淄县令完颜公神道碑》所云："贞祐二年，受代有期，而中夏被兵，盗贼充斥，互为

---

① 吕大吉：《西方宗教学说史》，中国社会科学出版社1994年版，第781页。
② 《金史》卷14《宣宗上》，中华书局1975年标点本，第304页。
③ 民国《牟平县志》卷10《文献志·通纪》，《中国地方志集成·山东府县志辑》第55册，凤凰出版社2004年版，第423页。

支党，众至数十万。攻下郡邑，官军不能制。渠帅岸然以名号自居，仇拨地之酷，睚眦种人，期必杀而后已。若营垒，若散居，若侨寓、托宿，群不逞哄起而攻之，寻踪捕影，不遗余力。不三二日，屠戮净尽，无复噍类。至于发掘坟墓，荡弃骸骨，在所悉然。"① 贞祐二年（1214），杨安儿占领莱州、登州、宁海等胶东三州后，"遂僭号，置官属，改元天顺"②。负海数百里间，独恃险僻，扰毒无所忌，往来剽掠，加之饥馑瘟疫，胶东各地饿殍盈野。丘处机曾赋诗《愍物》两首，述及当时惨状："天苍苍兮临下土，胡为不救万灵苦。万灵日夜相凌迟，饮气吞声死无语。仰天大叫天不应，一物细琐徒劳形。安得大千复混沌，免教造物生精灵。"又云："呜呼天地广开辟，化出众生千百亿。暴恶相侵不暂停，循环受苦知何极。皇天后土皆有神，见死不救知何因。下土悲心却无福，徒劳日夜含酸辛。"③ 二诗表达了丘处机对身处水深火热中民众的怜悯及欲拯救之而无可奈何的悲愤心情。不仅普通民众，全真教亦受损严重。如高晔《玄都观碑》云："贞祐之际，烟尘滇洞，冠服流离，数载之功，一时俱废矣"④；焦养直《宁海州紫府洞白石神像记》称："贞祐末，山东大乱，道侣散亡，庵亦随废。"⑤ 以上碑记表明，玄都观、东华观等都在这次兵火中被毁，道侣流离失所，逃散四方。棲云真人王志谨，在战乱中险些丧命。据王鹗《棲云真人王尊师道行碑》记载："寻值兵饥，盗贼蜂起，民皆潜匿，师遭执缚，将杀而烹之，神色不变，言辞慷慨，略无惧容。群盗知其异人，而释之。"⑥ 面对战乱险境，全真道士不顾自身安危，设法护救广大民众。如真常子李志常，据孟攀麟《重修真常宫碑》记载："时盗贼蜂起，肆其剽掠，居民不安，日夜逃避。公不

---

① 李修生主编：《全元文》卷39，江苏古籍出版社1998年版，第622页。
② 《金史》卷102《仆散安贞》，中华书局1975年标点本，第2244页。
③ （金）丘处机：《磻溪集》卷3，《正统道藏》第25册，第824页。
④ 光绪《增修登州府志》卷65《金石上》，《中国地方志集成·山东府县志辑》第49册，凤凰出版社2004年版，第340页。
⑤ 王宗昱：《金元全真教石刻新编》，北京大学出版社2005年版，第43页。
⑥ （元）李道谦：《甘水仙源录》卷4，《正统道藏》第19册，第755页。

第八章 胶东石刻与金元时期全真教

顾险难,捐躯全众,由是远近人皆义之。"① 又如关于玄通子范圆曦,宋子贞《普照真人玄通子范公墓志铭》记载:"贞祐初,红寇起,东海富人多以财宝寓公。城破寇入,公度不可保,乃尽出所有以啖渠帅,老幼获免者甚众。寇退,遗民奉公为主,复为城守。"② 再如关于清贫道人夏志诚,姬志真《无为抱道素德真人夏公道行碑记》记载:"贞祐中,四夷云扰,有大寇据海州,州之道众无计可出。宗师命公往救之,即不辞而去。既至,方便援引,获免者甚众。观其从命专直,虽经虎兕甲兵而无所避忌,盖敬信之心致一也。"③

杨安儿等红袄军对金朝统治构成巨大威胁,金廷遂派驸马都尉仆散安贞前往镇压。贞祐二年(1214)七月,占领莱州,杨安儿逃走。十二月,杨安儿乘舟入海,"欲走岠嵎山,舟人曲成等击之,坠水死。"④ 杨安儿死后,其妹杨妙真率余众与莒州李全军合并,二人结为夫妻,继续在山东地区与金军对抗。对此,《金史·仆散安贞》记载:"自杨安儿、刘二祖败后,河北残破,干戈相寻。其党往往复相团结,所在寇掠,皆衣红纳袄以相识别,号'红袄贼'。官军虽讨之,不能除也。大概皆李全、国用安、时青之徒焉。"⑤ 仆散安贞镇压未果,遂向在山东地方社会有着巨大影响力的丘处机求助。丘处机作为一位具有悲天悯人、儒者情怀的全真宗师,其行事向以百姓疾苦为念,对于仆散安贞之请,他积极响应,出面抚谕登州、宁海的义军,不废一兵一卒就安抚了地方之乱。正如陈时可《长春真人本行碑》所云:"贞祐甲戌之秋,山东乱,驸马都尉仆散公将兵讨之。时登及宁海未服,公请师抚谕,所至皆投戈拜命,二州遂定。"⑥ 对于招抚的具体细节,笔者并未见到相关史料记载,不过有一点可以断定,那就是李全、杨妙真等人对全真教的崇奉是丘处机能够成功招抚

---

① 陈垣编纂,陈智超、曾庆瑛校补:《道家金石略》,文物出版社1988年版,第573页。
② (元)李道谦:《甘水仙源录》卷4,《正统道藏》第19册,第754页。
③ 同上书,第764页。
④ 《金史》卷102《仆散安贞》,中华书局1975年标点本,第2245页。
⑤ 同上书,第2246页。
⑥ (元)李道谦:《甘水仙源录》卷2,《正统道藏》第19册,第734页。

的重要原因之一。李氏夫妇与全真教关系密切,如与全真道士范志敦之交便是明证。据张杞《重修磐石上清观记》记载:范志敦壮年厌世出家,一直隐居莱州一带山中,"外形骸,绝人事,寒惟一衣,饥止一食,肋不至席者积十余年。猛兽驯服,神物呵卫,在全真中以苦行见称。故山东淮南行省特进陇西公开府山阳闻其风而悦之,以方外士邀至门下。行必联臂,坐必促膝,怡然相得,以为忘形之交"①。"山东淮南行省特进陇西公开府山阳",考之于《宋史·叛臣下》,即红袄军首领李全。范志敦与李全"行必联臂,坐必促膝",有着"忘形之交",可见关系极为亲密。此碑末题名"特进行山东淮南尚书省事杨妙真立",杨妙真即李全之妻,这表明了夫妻二人均是全真教的支持者。他们不仅参与上清观的重修,还资助迁葬丹阳、长生、玉阳、广宁四师遗蜕,此事见于李道谦《终南山宗圣宫主石公道行记》,云:"适行台李全作大功德主,会多方道门耆宿,迁葬丹阳、长生、玉阳、广宁四师仙蜕。"② 因丹阳、长生、玉阳与广宁四师去世时受条件所限,礼简葬薄,而此时全真教宫观经济在蒙古统治者的支持下大增,故有条件加以迁葬。四真仙蜕迁葬在全真教中是一件大事,李全能够参与如此重要的全真教活动,再次表明了他不仅仅是一位普通的全真教支持者,而是一位虔诚的崇信者。全真道士在李全的义军中颇为活跃,扮演着重要的角色。《宋史·叛臣下》记载了李全义军曾尊一于姓道士为军师,此事系于南宋理宗绍定四年(1231),其云:"有朐山于道士者,老矣,全迎致之,初见全即叹曰:'我业债合在此偿邪?'占事多验,尊为军师。及见全焚诰命,谓人曰:'相公死明日,我死今日矣!'人问之,曰:'朝廷以安抚、提刑讨逆,然为逆者,节度使也。岂有安抚、提刑能擒节度使哉?诰敕既焚,则一贼尔。盗固安抚、提刑所得捕,不死何为!'入见全曰:'相公明日出帐门必死。'全怒以为厌己,斩之。"③ 结合碑刻与《宋

---

① 民国《平度县续志》卷3《疆域志·金石》,《中国地方志集成·山东府县志辑》第43册,凤凰出版社2004年版,第426页。

② 陈垣编纂,陈智超、曾庆瑛校补:《道家金石略》,文物出版社1988年版,第637页。

③ 《宋史》卷477《叛臣下》,中华书局1977年标点本,第13847—13848页。

第八章 胶东石刻与金元时期全真教

史》的记载,可见全真教在红袄军队伍中影响之大。正缘于此故,当金驸马都尉仆散安贞镇压李全义军未果之时,恳请丘处机出面安抚。

战争过后,百姓流离未复,丘处机西觐成吉思汗时请求息徭免赋,以安黎庶,正如《东华紫府辅元立极大帝君碑》所云:"逮长春师丘君,适逢太祖圣神启运,常遣使奉书聘师于东莱,访以当世之务,保身之术。师首陈天地阴阳生育之大,中原文教具在圣经,治国治身之道大备。方今山东、河北尽为臣妾,自兵过震荡,流离未复,乞陛下慎选廉能,息徭免赋,以安黎庶,诸福自臻。"① 实际上,山东战乱并未彻底平息,仍时有发生。丘处机归至云中,曾命大弟子尹志平招抚山东,戈毂《清和妙道广化真人尹宗师碑铭并序》记载:"既见帝于西印度,奏对称旨,还及云中,真人闻山东乱,国兵又南下,曰:'彼方生灵命悬砧鼎,非汝莫能救。'遂遣往招慰,闻者乐附,所全活甚多。"②

金末元初的战乱给山东地方社会带来了极大地灾难,全真教利用蒙古统治者的信任与支持,救亡抚存,极大限度地发挥了一个宗教团体应有的作用,成为山东地方社会秩序的恢复与稳定的重要力量。

(二)对民众施以纲常教化

全真教对山东地方社会的教化大有助益。金末元初,频繁的战乱使传统社会的纲常伦理错乱失序,人们的道德信仰亦随之扭曲变形,"淳朴散而浇浮生,智巧出而诈伪起,以至有不忠于君者,有不孝于亲者,有偷盗者,有阴险者。"③ 全真教遭逢其时,但并未置身事外,而是积极地对民众实施纲常教化,修复残破的伦理秩序,事实上承担起了世俗政权的教化功能。正如元好问《紫微观记》所云:"贞祐丧乱之后,荡然无纪纲文章,蚩蚩之民,靡所趣向,为之教者独是家而已。"④ 全真教作为儒士的渊薮,决定了其教旨理论深受儒家思想影

---

① 光绪《增修登州府志》卷65《金石上》,《中国地方志集成·山东府县志辑》第49册,凤凰出版社2004年版,第347页。
② (元)李道谦:《甘水仙源录》卷3,《正统道藏》第19册,第742页。
③ 陈垣编纂,陈智超、曾庆瑛校补:《道家金石略》,文物出版社1988年版,第566页。
④ 同上书,第475页。

响,"凡接人初机,必先使读《孝经》、《道德经》,又教之以孝谨纯一,及其立说多引六经为证据"①,这反映了其"三教合一"的教旨。在《重阳真人金关玉琐诀》中,王重阳指出修道"五行之法",为"持戒清净,忍辱慈悲实善,断除十恶,行方便救度一切众生,忠君王,孝敬父母师资"②。在这里,将"忍辱慈悲""忠君王""孝敬父母"等上升为一种修行的法诀,充分显示出对仁义、忠君、孝亲等纲常伦理的重视,这也是全真教向民众施以教化的主要内容。正如任继愈先生在《道藏提要·序》中所说:"金元时期的全真教把出家修仙与世俗的忠孝仁义相为表里,把道教社会化,实际上是儒家的一个支派。"③

在中国古代社会,宗教大都依附世俗政权而存在,其兴衰荣辱无不与统治阶级的态度有关,为了有一个良好的发展环境,无不宣扬"忠君"思想以示对世俗皇权的服从。全真教亦不例外,王重阳在创教之初就强调"忠君王",正如《重阳真人金关玉琐诀》所示。全真教在金末元初能迅速兴起,与蒙元统治者的支持密不可分,故入元后仍将"忠君王"作为全真教所秉持的一个重要原则。如元人陆道和所编《全真清规》中,有《教主重阳帝君责罚榜》一篇,内列十条罚规,第一条就是"一犯国法遣出"④,这和王重阳所说的"忠君王"是同一意思。早期全真骨干在山东宣教时,把忠君守法当作劝谕的重中之重。《丹阳马真人十劝碑》订有十条行为准则,列于首位的是"一劝不得犯国法"⑤。除了这种带有制度性的规定外,马钰还通过诗词等形式进行宣传。如《满庭芳·立誓状外戒》云:"专烧誓状,谨发盟言,遵依国法为先。"⑥"遵依国法"还得"专烧誓状,谨发盟言",可见"国法"具有不可违背的神圣性,必须遵守。全真教向广

---

① (元)李道谦:《甘水仙源录》卷1《终南山重阳祖师仙迹记》,《正统道藏》第19册,第725—726页。
② (金)王重阳:《重阳真人金关玉琐诀》,《正统道藏》第25册,第798页。
③ 任继愈主编:《道藏提要·序》,中国社会科学出版社1991年版,第8页。
④ (元)陆道和:《全真清规》,《正统道藏》第32册,第159页。
⑤ 陈垣编纂,陈智超、曾庆瑛校补:《道家金石略》,文物出版社1988年版,第432页。
⑥ (金)马钰:《丹阳神光灿》,《正统道藏》第25册,第623页。

第八章　胶东石刻与金元时期全真教

大民众宣扬"忠君"思想，这对民变四起的山东地方社会的稳定起到很大作用。

全真教重视孝亲，"孝敬父母师资"① 作为修道者的基本要求，并将《孝经》与《道德经》《心经》同立为全真教典。《全真教祖碑》云："先生劝人诵《道德清静经》、《般若心经》及《孝经》，云可以修证。"②《孝经》中包含着稳定社会秩序功能的政治内容，如《天子章第二》云："爱亲者，不敢恶于人；敬亲者，不敢慢于人"③；《孝治章第八》认为：以孝治国能致"天下和平，灾害不生，祸乱不作"④。可见，人如果具备了孝的品性，就容易遵守各种伦理规范，如此才能国治邦安。全真教积极化导民众遵守孝道，力图恢复传统伦理秩序，对山东地方社会产生了很大影响。如王重阳在传教中经常劝谕人们秉承孝道，在《满庭芳·又未欲脱家》一词中，劝人"与六亲和睦，朋友圆方。宗祖灵祠祭飨，频行孝以序思量。"⑤ 王处一将天地与父母联系起来，既感恩天地，又孝顺父母，曾赋诗《登舟（州）李会首乞孝道颂》云："天地虚无生育恩，出家须认道之根。龙吟虎啸明真秀，女姹婴娇惜至尊。"⑥ 刘处玄认为修道有三短，"守道无终则志短也，见善无慈则行短也，二尊不敬则孝短也"⑦。在其看来，志短则无道，慈短则无德，不敬则无孝，把孝与道、德并提，可见孝的重要。因此，他奉劝道众说："普劝诸公，先行孝道"，"和睦孝顺，胜似人情"⑧。谭处端认为俗家弟子在家修行，行孝道是必备的素质，在《赠韩家郎君在家修行》中劝诫云："崇真起善立玄堂，谨奉朝昏两炷香，内侍孀亲行孝道，外持真正合三光。常行矜悯

---

① （金）王重阳：《重阳真人金关玉琐诀》，《正统道藏》第25册，第798页。
② 陈垣编纂，陈智超、曾庆瑛校补：《道家金石略》，文物出版社1988年版，第452页。
③ 《孝经注疏》，《十三经注疏》（下册），中华书局1980年版，第2545页。
④ 同上书，第2552页。
⑤ （金）王重阳：《重阳全真集》卷3《满庭芳·未欲脱家》，《正统道藏》第25册，第713页。
⑥ （金）王处一：《云光集》卷1，《正统道藏》第25册，第657页。
⑦ （金）刘处玄：《无为清净长生真人至真语录》，《正统道藏》第23册，第714页。
⑧ （金）刘处玄：《仙乐集》卷3，《正统道藏》第25册，第438页。

提贫困,每施慈悲挈下殃,他日聪明如省悟,也应归去到仙乡。"①知常子姬志真在《黄箓大斋碑》中认为,为人子者,"乃父母之委蜕",所以,"生当爱敬,死当哀戚,禋祀不忘,礼之常也"②。全真道士对孝道不惟限于宣传,而且还身体力行地付诸实践。如王处一事母至孝,承安二年(1197)奉章宗之诏入京,通过书信告慰母亲不要为其担心,有诗云:"修真观下信遥通,往复祥光透碧空。昔遇明师开正教,今蒙圣帝助玄风。玉阳自此权行化,法众从兹好用功。稽首慈亲毋少虑,皇恩未许返乡中。"③又如重玄子孟志源,出家后仍不忘孝敬家中双亲,据李鼎《重玄广德宏道真人孟公碑铭》记载:"贞祐癸酉,公之昆弟皆为兵乱荡散,而父母失依,公乃扶二亲就己所居,致孝养之力三载。虽二兄还,其安置省问诚敬之礼未尝缺。"④此外,还有很多全真弟子在入道前以孝闻名,碑刻中对其孝行多有记载,这些均是全真教借此宣传孝道的一种方式。如玄通子范圆曦,出家之前便是一位至孝之人,宋子贞《普照真人玄通子范公墓志铭》记载:"居母丧,露处墓侧;父丧,具凶服日一往,虽大风雨不避。"⑤以孝化世的全真教徒在金末元初山东地区尤为多见,他们在行教实践中非常重视孝悌的伦理功能,这对当时纲常伦理错乱失序的山东社会无疑起到示范作用。

"仁义"本为儒家伦理的基本范畴,后为全真教吸纳而成为施教的重要内容。全真教糅合儒家"泛爱众"与道家"至仁无亲"的仁爱精神,视天下苍生为亲,"惟其无亲,是谓至亲,视天下之老皆吾之老,天下之幼皆吾之幼,物皆吾属,同仁一视"⑥。这反映在行教实践中,就是劝诫信众持有仁义之心,对身处困境中人尽可能施以援助。经过战乱的冲击,全真教面对"礼义廉耻之风丧,乖争凌犯之俗

---

① (金)谭处端:《水云集》卷上,《正统道藏》第25册,第846页。
② 陈垣编纂,陈智超、曾庆瑛校补:《道教金石略》,文物出版社1988年版,第588—589页。
③ (金)王处一:《云光集》卷1,《正统道藏》第25册,第648页。
④ 陈垣编纂,陈智超、曾庆瑛校补:《道家金石略》,文物出版社1988年版,第553页。
⑤ 同上书,第503页。
⑥ (元)段志坚:《清和真人北游语录》卷2,《正统道藏》第33册,第166页。

第八章 胶东石刻与金元时期全真教

成，妒贤嫉能，伤生害物，灭天理而穷人欲"①的社会现状，积极化导民众宽以待人，重义轻利，并身体力行地践行。如丘处机，其行事向以百姓疾苦为念，西觐成吉思汗时施以"仁"教。他劝诫成吉思汗说："天道好生而恶杀。止杀保民，乃合天心。顺天者，天必眷祐，降福我家。况民无常怀，惟德是怀，民无常归，惟仁是归。若为子孙计者，无如布德推恩，依仁由义，自然六合之大业可成，亿兆之洪基可保。"② 丘氏之辞，乃谓天道好仁，而仁可服民，民服则天下定。丘处机的对成吉思汗的仁教，确实对蒙古军队减轻杀戮起到了很大的作用。对于当时深处战乱的山东社会来说，最大的仁义无非是救人活命，全真教视为己任。据王鹗《玄门掌教大宗师真常真人道行碑铭》记载：李志常修道胶东期间，正直贞祐之乱，土寇蜂起。"山有窟室可容数百人，寇至则避其中，众以公后，拒而不纳。俄为寇所获，问窟所在，捶楚惨毒，绝而复苏，竟不以告。寇退，窟人者出，环泣而谢之，曰：'吾侪小人数百口之命悬于公一言，而公能忘不纳之怨，以死救之，其过常情远甚。'争为给养，至于康调，迄今父老犹能道之。"③ 又如全真道士刘志源，亦有救活一方的仁德。其时，"金天失驭，山东郡县自相屠戮，时先生丐食于贤堌，堌地颇高，其下有穴，可容数百人。北兵奄至，近堌之民俱潜穴中，先生端坐其上，寇亦莫能为害，如是数年，一方赖以全活，民到于今称之。"④

全真教积极地对金末元初失序的纲常伦理进行补救，对于社会秩序的恢复与稳定发挥了重要作用，受到时人的高度评价。如金末大儒元好问认为：以纲常规范四民，可使社会井然有序，可使人民安居乐业，这本属圣人之教的任务，但在金末元初战乱之世，"为之教者独全真道而已"⑤。元好问对圣人之教的缺失痛心不已，但又对全真教代行此教有些无奈，遂慨叹云："今黄冠之人，十分天下之二，声势

---

① 陈垣编纂，陈智超、曾庆瑛校补：《道家金石略》，文物出版社1988年版，第617页。
② 同上书，第636页。
③ （元）李道谦：《甘水仙源录》卷3，《正统道藏》第19册，第745页。
④ （元）李道谦：《甘水仙源录》卷8，《正统道藏》第19册，第791页。
⑤ 陈垣编纂，陈智超、曾庆瑛校补：《道家金石略》，文物出版社1988年版，第471页。

隆盛，鼓动海岳，虽凶暴鸷悍，甚愚无闻知之徒，皆与俱化，衔锋茹毒，迟回顾盼，若有物擎之而不得逞。父不能诏其子，兄不能克其弟，礼义无以制其本，刑罚无以惩其末，所谓全真家者乃能救之荡然大坏不收之后。杀心炽然如大火，聚力为扑灭之。呜呼，岂非天耶！"① 不管元好问对待全真教的态度如何，其对全真教恢复伦理纲常所做贡献的评价还是比较符合客观实际的，在其看来，全真教能礼义、刑罚之未能，虽然有夸张成分，但是可看出全真教对社会教化的作用之大。

（三）参与地方公益事业

宗教向来具有悲天悯人、利他度世的精神，积极参与到地方社会的公益事业，尤其是在政权更替、战乱不止的历史时期，因政府及有组织性的社会救济机制的缺失，更是发挥了难以替代的重要作用。金末元初，旷日持久的战乱给中国北方带来深重灾难，尤其是山东作为重灾区，民众缺衣少食，饿殍遍野，疾疫横行，正如《灵神洞明贞晦真人道行记》所云："贞祐之末，金祚将终，饥馑存臻，阴阳为沴，疵疠之灾间作，干戈之寇迭兴，簪裾星散，栋宇灰飞。"② 统治者自顾不暇，任凭百姓生死，全真教却并未独善其身，而是以兼善天下的宗教情怀竭力向地方民众提供救济，无论是精神层面的斋醮祈禳活动，还是物质层面的赈济钱粮、行医施药、掩骼埋胔等，都在一定程度上慰藉了饱受战乱之苦的民众，缓和了社会矛盾。

第一，斋醮祈禳

宗教要在民间广泛传播，必须能给对民众提供一种安身立命的精神支柱以及具有神道性质的文化生活样式，这二者缺一不可。全真教亦不例外，它的修真养性、清净无为的宗旨给人提供了一种精神指引，但它仍需要有自己的社会性实践体系，为民众举办各种宗教性的服务活动，这就离不开斋醮祈禳的宗教行为方式。王重阳初创全真教时，强调清修，以南方正一道所重斋醮符箓为诞妄之学，但自马钰掌

---

① 陈垣编纂，陈智超、曾庆瑛校补：《道家金石略》，文物出版社1988年版，第471—472页。

② 光绪《文登县志》卷4中《寺观》，《中国地方志集成·山东府县志辑》第54册，凤凰出版社2004年版，第75页。

第八章 胶东石刻与金元时期全真教

教后，为了适应民间宗教习俗的传统和百姓避祸求福的需求，以扩大全真教在地方社会中的影响，开始借鉴传统道教斋醮祈禳的仪制，将清修心性与符箓科教结合起来。"斋有法，醮有仪，斋以谢咎，醮以度厄，于是焉要福于天地神祇。"①

为了抚慰深受战乱、灾荒之苦的民众，全真骨干在山东各地宣教的同时，积极举行醮事，或施清醮，解厄禳灾、祛病延寿、祈晴祷雨、祝国安民等，或行幽醮，摄召亡魂、炼度施食等，"千门万户莫不归向"②。大定二十二年（1182）夏，胶东大旱，"嘉苗槁矣，遍祷山川，一无所应。"③马钰正于该年四月自陕西归至宁海，五月应州县官长之请行祈雨醮事，这在《马丹阳普救歌碑》中有所反映。遗憾的是，此碑现已佚，阮元《山左金石志》仅作按跋云："大定二十三年三月立，并额俱正书，碑高五尺三寸，广二尺七寸，在福山县积金山通仙宫。右碑分二层，上层额题'登州福山县□□□□师马公先生藏头折字普救歌'凡十一行……下层额题'登州福山县黄箓大醮记'五行，字径一寸五分，文二十六行，字径八分，乃记马丹阳主行醮事，其歌亦为醮事而作。"④大定二十八年（1188）秋，胶东再次大旱，刘处玄在登州昌阳祈雨，正如秦志安《长生真人刘宗师道行碑》所载："是岁也，秋旱如焚，复披祷雨之诚。既登厥坛，四望无云，曰：'来朝巳午之交，当有甘澍如倾。'言出有征，如影响之应形声。"刘处玄有祈必应，深受民众崇信，"自后，东州醮坛，独师主盟，必有祥风泠泠，捲楮币而上腾，其感应也如神，迄今诸郡石刻犹存。"⑤丘处机大应斋醮之风，在胶东四处为民设醮，告慰死者，安抚生者。据《七真年谱》记载：明昌三年（1192），"长春真人芝阳洞作醮"；明昌五年（1194），"秋九月，长春真人福山县醮"；承

---

① （元）佚名：《宫观碑志》，《正统道藏》第19册，第720页。
② （元）秦道安：《金莲正宗记》卷4《长春丘真人》，《正统道藏》第3册，第360页。
③ 同上书，第354页。
④ （清）阮元：《山左金石志》卷19，《续修四库全书》第910册，上海古籍出版社2002年版，第57页。
⑤ （元）李道谦：《甘水仙源录》卷2，《正统道藏》第19册，第733—734页。

安四年（1199），"长春真人芝阳作醮"；泰和二年（1202），"长春真人芝阳作醮"；泰和五年（1205）夏五月，"莱州醮"；大安元年（1209），胶西县斋醮毕，"游鳌山，有诗二十首"。① 关于大安元年的这次斋醮，崂山上清宫现存石刻为证。大殿东侧巨石上刻《青玉案》词一首，词前有序云："长春真人于大安己巳年胶西醮，道众邀请来游此山，上至南天门，命黄冠士奏空洞步虚毕，乃作词一首，名曰《青玉案》。"另外，崂山白龙洞有丘处机摩崖诗刻二十首，诗前序云："余自昌阳醮罢，抵于王城永真观，南望烟霭之间，隐隐而见。道众相邀，迁延数日而方届，遂闲吟二十首"。落款时间"泰和戊辰三月"，即泰和八年（1208）三月。昌阳即今莱阳，这是泰和八年丘处机莱阳斋醮后，受道众之邀第一次到崂山。《磻溪集》中有众多诗词述及丘处机于山东各地行醮之事，如《福山县黄箓醮感应并序》《赴蓬莱狄氏醮踏晓登山》《赴潍州北海醮》《昌阳黄箓醮》《登州修真观建黄箓醮》等。文献所记斋醮祈禳往往灵异殊甚，令人难以置信，倘若抛开其神化成分，则可以看出山东民众对全真教的信奉程度以及全真骨干当年大阐教化的成功。随着全真教的日益兴盛及信众数量的急剧增多，斋醮祈禳成为常事，涌现出诸多道术高深、为民称颂的全真道士，这在碑刻中多有记载。如孙道古，据史志经《灵神洞明贞晦真人道行记》记载：东牟人，博学多才，以道修身，以学扶教，善卜筮，明壬遁，通相术，"多材多艺，道冠东方"②。再如武道彬，据《云真渊静明道真人武道彬道行碑》记载：道术高深，为民称许，"素工医术卜筮，施者甚众，问道德求法名者又多，虽日夜问答，无少倦息。"③

全真道士广泛参与山东地方社会的祈福、求雨、灭蝗、祛病等斋醮祈禳活动，把分散、自发的民间神道习俗加以规模化和程序化，得以在全真教的名义下运作。民间有根深蒂固的神鬼习俗，为的是消灾祈福，不管斋醮是否真的感通上天，祈祷成真，或纯属巧合，得以灵

---

① （元）李道谦：《七真年谱》，《正统道藏》第3册，第384—385页。
② 王宗昱编：《金元全真教石刻新编》，北京大学出版社2005年版，第30页。
③ 光绪《文登县志》卷12《释道》，《中国地方志集成·山东府县志辑》第54册，凤凰出版社2004年版，第292页。

第八章 胶东石刻与金元时期全真教

验,都给民众以极大的心灵慰藉与支持,这恰恰是民众所需要的。

第二,赈穷济困

金末元初的战乱及频发的自然灾害,使山东地区耕桑俱废,饥疫继作,饿殍遍野;加之蒙古贵族集团及各地割据势力又以朘民膏血为能事,"武夫悍卒倚国威以为重,山东河朔上腴之田,有耕之数世者,亦以冒占夺之,兵日益骄,民日益困,养成痈疽,计日而溃"①,民众的生活更加困窘悲惨。正如王麟《三师祠堂记》所云:"天降丧乱,饥馑荐臻,□□之后,靡有孑遗。"② 面对困苦不堪的山东民众,全真教怀有强烈的济民之心。丘处机在西行觐见成吉思汗途中赋诗云:"不辞岭北三千里,仍念山东二百州。穷急漏诛残喘在,早教身命得消忧。"③ 此后,全真教因蒙元统治者给予的赐田占地、免除赋役等经济特权而成为有稳定经济基础的宗教团体,遂以宫观为依托,"耕田凿井,从身以自养,推有余以及之人,视世间扰扰者差若省便然。"④

元好问曾称赞全真道士李志源说:"全真家乐与过客饵,道院所往至者如归。尝岁饥,资用乏绝,先生辟谷数旬,以供给来者,其先人后己类此。"⑤ 这段话虽是赞誉李志源之辞,但实际上也是对全真教赈穷济困的这一普遍特点的真实概括。如全真宗师尹志平,修道福山期间,"养疾惠困,勤瘁者累年,众德之。"⑥ 玄通子范圆曦,以救济儒士著称,他住持的泰山上清万寿宫几成儒士庇护所,风闻其名的刘祁说:"闻天(东)平有道士范公大师,道价甚高,且好贤熹事,

---

① (金)元好问:《遗山集》卷16《平章政事寿国张文贞公神道碑》,《景印文渊阁四库全书》第1191册,上海古籍出版社1987年影印本,第180页。

② 北京图书馆金石组编:《北京图书馆藏中国历代石刻拓本汇编》第48册,中州古籍出版社1989年版,第39页。

③ (元)李志常:《长春真人西游记》卷上,《正统道藏》第34册,第483页。

④ 陈垣编纂,陈智超、曾庆瑛校补:《道家金石略》,文物出版社1988年版,第475页。

⑤ (金)元好问:《遗山集》卷31《圆明李先生墓表》,《景印文渊阁四库全书》第1191册,上海古籍出版社1987年影印本,第351页。

⑥ (元)李道谦:《甘水仙源录》卷3《清和妙道广化真人尹宗师碑铭并序》,《正统道藏》第19册,第742页。

为东州冠,四方游士多往依之,师皆振恤不厌,遂欲一识之而未能也。"①以一道士而令金朝名士仰慕至此,这与范圆曦对儒士的救济有关。全真道士王志深,兵乱之时避身于布山,"游骑所及,乡之人被重创者狼籍道路"。他救死扶伤,亲馈粥药,"恻然有骨肉之爱,赖以全活者余百人。"②清虚真人范全生,贞祐二年(1214),肇罗兵革,人多避难艾山,"赖获余粮,济其饥者"③。冲和大师潘德冲,性资仁裕,乐善好施,"尝遇岁凶,发粟赈饥,民赖以全活者甚众,乡间有贫者即假贷之,不责其偿"④。以上可见全真教赈穷济困之一斑。

第三,行医施药,掩骼埋胔

道教自古就有以医济世传道的传统,历史上名家辈出,如东晋葛洪、唐代孙思邈等便是其中杰出代表。全真教自王重阳立教起,便继承了这一优良传统,在宣教过程中广泛实施。《重阳立教十五论》"第四论合药"云:"药者,乃山川之秀气,草木之精华,一温一寒,可补可泄,一厚一薄,可表可托。肯精学者,活人之性命;若盲医者,损人之形体。学道之人,不可不通。若不通者,无以助道。"⑤可见,王重阳非常重视医道,这在很大程度上是为了济世、传教。在这一教旨影响下,很多道徒都十分谙熟医术。如邹平人张志德,年二十五而考妣丧,遂至济州圣寿宫出家为道,拜明真仁恕冲和大师罗先生为师,"学道日进,兼通医药之书"⑥。尤其是金末北方社会陷入动荡后,战乱与灾疫给人们造成的疾病痛苦空前加重,道徒以医济人的现象骤然增多,行医施药成为全真教进行社会救助的重要手段。如灵泉庵道士郑志贤,"有勤行,能以医药济人"⑦。又如沂州玉清万寿宫

---

① (金)郝大通:《太古集·刘祁序》,《正统道藏》第25册,第866页。
② 陈垣编纂,陈智超、曾庆瑛校补:《道家金石略》,文物出版社1988年版,第467页。
③ 光绪《栖霞县续志》卷10《艺文续补·清虚纯德辅教真人祠堂记》,《中国地方志集成·山东府县志辑》第51册,凤凰出版社2004年版,第354页。
④ 陈垣编纂,陈智超、曾庆瑛校补:《道家金石略》,文物出版社1988年版,第554—555页。
⑤ (金)王重阳:《重阳立教十五论》,《正统道藏》第32册,第153页。
⑥ 陈垣编纂,陈智超、曾庆瑛校补:《道家金石略》,文物出版社1988年版,第754页。
⑦ 王宗昱编:《金元全真教石刻新编》,北京大学出版社2005年版,第45页。

道士李善信，"性笃厚，尚气义，以法箓自重，长于斋醮，嗜学而□，虽医卜之书靡不精究，尤善于符水，尝（下缺）辟，无不立验，赖师以全活者不胜数"①。在为人治病的过程中，全真道士还经常使用法箓符水，正如李善信，更增显了医术的高深与神秘。从科学的角度看，符水治病当属迷信的范畴，充其量只能起到一种心理安慰的作用。

兵荒之年，疫病多发，百姓大量死亡，尸骸遍野。全真教以其宗教慈悲情怀，收葬暴露于野的尸骨，以使之有安息之所。如峄州玄都观道士周志明，据《峄州玄都观碑记》记载："岁己亥，天兵下江南，遭俘而道兰陵以病死者无数，尸横草野，骨暴烟陂，公不忍见，遂穴大圹于州南官道右，尽收而掩之。"② 又如沂州玉清万寿宫道士元亨，"时岁属饥馑，疫疠大作，野殍相望"，恻然有感，"遂于州治之（下缺）遍收无主骸骨以瘗之"③。

全真教以"积累功行，功行双全"为修行门径，王重阳曾云："若要真行者，须是修仁蕴德，济贫拔苦，见人患难，常行拯救之心，或化诱善人，入道修行，所行之事，先人后己，与万物无私，乃真行也。"④ 正是在"积功累行"这一教旨的要求下，全真教为世俗社会做出种种努力，成功地安抚了山东地方战乱，并积极地对广大民众施以纲常教化及社会救助，对于山东地方社会秩序的重建与维护发挥了重要作用。由此可见，虽然法律、行政等刚性手段在社会治理与控制中发挥着主导作用，但是宗教信仰、风俗习惯等柔性因素在维护社会稳定、促进社会和谐中所具有的作用亦不可或缺，金末元初的全真教便是如此，这在碑刻中留下了深刻的历史记忆。

二 金末元初全真教与山东官僚士绅的交往互动

在中国传统社会，官僚士绅由于自身所具有的政治及文化优势而

---

① 陈垣编纂，陈智超、曾庆瑛校补：《道家金石略》，文物出版社1988年版，第772页。

② 王宗昱编：《金元全真教石刻新编》，北京大学出版社2005年版，第36页。

③ 陈垣编纂，陈智超、曾庆瑛校补：《道家金石略》，文物出版社1988年版，第773页。

④ （金）王重阳：《重阳全真集》卷10，《正统道藏》第25册，第748页。

在地方社会中扮演着重要角色。全真教在金末元初兴起的过程中，为了寻求世俗社会的支持，广泛接触包括官僚士绅在内的社会各个阶层，这既是生存与发展的需要，也是其普度众生的宗教职志之所在。尤其是在全真教创始的山东地区，马钰、刘处玄、丘处机等全真骨干积极与当地官僚士绅建立起各种形式的联系，唱酬往来，相应相助，对于全真教迅速传向全国起到了很大作用。此后，全真教因蒙古贵族的支持而兴盛一时，与山东官僚士绅的互动仍积极活跃。兹主要依据丰富的碑刻文献，对金末元初全真教与山东官僚士绅的交往互动加以考察。

（一）全真道士与山东官僚士绅的交谊

在全真教创立的早期，因社会影响较为有限，尚未得到山东官僚士绅的普遍认可与支持，不过马钰、刘处玄、丘处机等全真教骨干已与一些官僚士绅建立起了密切联系，其中以宁海州学正范怿、骠骑节使李术鲁、莱阳县令刘显武等最具代表。

范怿，字寿卿，一字德裕，进士及第，大定年间任宁海州学正。① 他与马钰既是同乡故友，又同为玄道知音。大定七年（1167）闰七月，王重阳到达宁海（今牟平），在范怿之侄明叔的南园中与马钰相遇。范怿在《重阳教化集》中对此有详细记述："大定丁亥中元后一日，真人抵郡，竹冠弊衣，携笠策杖，径入于余侄明叔之南园，憩于遇仙亭。丹阳先生马公继踵而至，不差顷刻，可谓不期而会焉。二人相见，礼揖而罢，问应之际，欢若亲旧……"② 这既是王重阳、马钰师徒初次相遇，也是范怿与全真教接触之始。此次契遇后，马钰受点化而入道，而范怿虽未入道，但深受影响，与七真师徒交好，时常邀请他们在范园怡老亭内清吟唱和，讲道禅玄。大定二十三年（1183），马钰与范怿、竺律禅师等故友相会于宁海三教堂，正是在这次聚会中，马钰创作出著名的全真诗篇《归山操》。关于此次相会及《归山操》创作始末，马钰《归山操碑》记载："钰与云水僧竺律

---

① 同治《重修宁海州志》卷17《人物志·仕进》，《中国地方志集成·山东府县志辑》第54册，凤凰出版社2004年版，第433页。该志原作"一字明叔"，有误，明叔乃范怿之侄，参见下文范怿《重阳教化集》。

② （金）王重阳：《重阳教化集·范怿序》，《正统道藏》第25册，第769页。

师、殿试范寿卿相会于郡城之北三教堂，因焚香宴坐，命鄜州道士王大师鼓琴，久之，亦一时之盛会。日昃则有乡人云集，由此作琴操《归山操》，盖钰有归真之意也。时大定二十三年九月十一日，昆嵛山丹阳马钰记。"① 由碑文可知当时场景：大定二十三年九月十一日，马钰、范怿与竺律禅师相会于宁海城北三教堂，焚香宴坐。席间，鄜州王道士演奏琴曲，清越悠长，玄疏淡远，引得附近乡人入堂聆听，直至日昃时分仍未有归去之意。马钰心有所感，提笔蘸墨，和王道士之琴韵，作琴操《归山操》一曲，以寄咏胸臆。《归山操》在全真教文化史上有着极为重要的地位，把以悲为美的观念发挥到极致，跨越了世俗的悲与乐、祸与福之间难以逾越的鸿沟，唱出了对死亡的一种坦然自在。深受马钰影响，范怿逐渐有了抛弃名利、修道全真之意。大定二十九年（1189）三月，刘处玄与范怿同游莱州大基山，赋诗唱酬，并刻立于石壁，这就是《刘长生大基山诗刻》与《范怿和刘长生大基山诗刻》。刘处玄赋诗云："闲来慧目视灵峰，冷笑人间万事空。昔日文公忘世贵，如今德裕悟真雄。丹成跨鹤青霄里，行就携云碧落中。谭马邱刘归去后，大罗朝圣谒仙宫。"② 范怿唱和云："石迳紫迂上碧峰，竹亭松舍起晴空。山垂凤翅烟光腻，地枕鳌头气象雄。来往云飞深洞口，笑谈人在半天中。翠微轩内琴书乐，疑是蓬莱第一宫。"③ 唱和诗刻不仅体现了刘、范二人甚密的交谊，也流露出了范怿体悟人世的悲苦，正有逍遥笑谈天地间之念。

李术鲁是另一位与早期全真骨干过从甚密的山东官僚士绅，据大定二十九年（1189）范怿撰《勃（孛）术鲁骠骑节使园亭记碑》可大致了解其生平履历：

东莱，古大郡也。郡城之东南三四里，其地高明，景物尤

---

① 光绪《增修登州府志》卷65《金石上》，《中国地方志集成·山东府县志辑》第49册，凤凰出版社2004年版，第338页。
② （清）阮元：《山左金石志》卷20，《续修四库全书》第910册，上海古籍出版社2002年版，第63页。
③ （清）魏起鹏辑：《三续掖县志》卷1《古迹》，《中国地方志集成·山东府县志辑》第45册，凤凰出版社2004年版，第196页。

美,有山峻拔,叠嶂层峦,耸若青螺。……有胜慨真风最为嘉处者,骠骑节使之园亭也。公自壮岁,协赞朝廷,力尽勤劳,敬思祖考,月陈祭祀,伟誉英声,耸动中外。内任则历(□)门将军、御马副使、太子少詹,咸有嘉绩;外任则历怀、邠、亳、海太守,皆有去思遗爱之美也。累迁沈州节度使,专以宽爱为务,讼简棠荫,民安田里,尚恐吏治不明,政事有失。忽于听讼余闲,默思之曰:"余官至三品,寿逾七十,封侯开国,邑食千户,功名次于卫、霍,富贵亚于金、张,身虽康宁,而年已老矣,岂可尚贪荣禄而不思佚我以老乎?"于是累上表章,恳乞致仕。遂卜居东莱,问舍求田,得是胜地,重命增饰,以为修真养浩之所。日与羽流禅客、诗人逸士枰棋酌酒,抚琴分茶,逍遥游晏于其中,高养天和,自适自得,虽汉之疏广,晋之渊明,无以过也。太上曰:"功成名遂身退,天之道。"又曰:"知足不辱,知止不殆。"岂虚言哉!噫,轩冕之贵,安富尊荣,世人之所共欲也;林泉之乐,清虚恬淡,世人之所罕慕也。公能舍轩冕尊荣之贵,好林泉恬淡之乐,不惟今之罕见,求之于古,亦难得其人矣。一日,公召长生刘先生同余饭于园亭,复得造其门,观览徘徊,嘉树芳丛,名葩异草,无一不可人意者。公移坐延留,礼待勤厚,乃属予为记,欲刻之翠琰,以传后人。余感其意,不敢以固陋辞,故为摭其实以记之。①

据碑文可知,李术鲁自壮年起,协赞金廷,功勋卓著,享誉于时。曾封仕骠骑卫上将军、御马副使、太子少詹、怀、邠、亳、海太守、沈州节度使等职,官至三品,侯封开国,食邑千户。专以宽爱为务,讼简棠荫,政事清明,民安田里。年过七十,上奏表章,恳乞致仕,遂卜居莱州,买田置地,建屋修亭,以为修真养性之所。每日与道冠僧侣、诗人逸士枰棋酌酒,抚琴分茶,游宴其中。其中,与刘处玄、范怿等人交游莫逆。大定二十九年(1189)四月十二日,刘处

---

① 乾隆《掖县志》卷6《艺文·记》,《中国地方志集成·山东府县志辑》第46册,凤凰出版社2004年版,第187页。

第八章　胶东石刻与金元时期全真教

玄、范怿与孛术鲁相会于掖县灵虚宫，三人赋诗题记，刻立于石，即《刘长生灵虚宫唱和诗刻》。碑阳前为刘处玄赋孛术鲁诗，后为范怿的题跋，碑阴为范怿和诗。对于此次相会事宜，范怿题跋云："大行皇帝百日，骠骑节使自出己财，同郡中□首于□□刘□真□道佑德观起明真大醮，以报先皇遗恩。排□精严，灵感乎应百□散。十有七日，节使随诣长生先生□醮众斋于德池，临城亭阁。会罢移坐，纵步□池，先生题诗一章，辞意清逸。怿不揆继韵，先生因书之，笔力道劲。节使命工刻之上石，用传不朽耳。"此处的"大行皇帝"即金世宗，大定二十九年正月崩，四月尚未改元，故仍为"大定"。可见，此次相会因孛术鲁请刘处玄为崩逝的金世宗斋醮而起。醮罢，刘处玄为孛术鲁赋诗云："离城甲丙藕花乡，池畔初暄台榭凉。一郡欢游垂柳岸，万华春赏杏花岗。依山临水亭前碧，耸桧攒筠轩外光。世梦不侵真得趣，忺来云步访蓬庄。"碑阴为范怿和诗："亭轩巧构水云乡，吟赏风来拂袂凉。眼界宽闲铺雅景，地形雄秀枕高岗。露浓花锦堆红艳，烟敛山屏滴翠光。绿桧垂杨相掩映，路人遥指是仙庄。"[①] 诗歌中包含着刘处玄对范怿、孛术鲁等人的劝慰，不为尘事烦扰，寄情于山水，以修真养性为务。

全真道士识心见性，心光烨然，深受官僚士绅崇敬。如全真宗师马钰，"其安心定性，则清虚淡泊，其接物导人，则慈爱恺悌，由是远近趋风，士大夫争钦慕而师友之。"[②] 其中，莱阳县令刘显武便是"争钦慕而师友"之一。据张子翼撰《丹阳真人马公登真记》记载：刘显武与马钰结识于京兆运勾任上，"一见真人，倾盖如故。自公退食，挥尘清谈，欢然相得，每期异日同为蓬莱之客。"大定二十二年（1182），马钰出关东归，乃匆匆执别。次年冬，马钰升仙于莱阳游仙观。大定二十四年（1184）夏六月，刘显武宰治莱阳，下车之日，获闻真人于此登真，即躬诣灵殡，流泪拜伏，不胜哀悼，乃命邑子张子翼撰文，勒石以传不朽。张子翼在碑文中记述了刘显武与全真教的

---

① （清）阮元：《山左金石志》卷20，《续修四库全书》第910册，上海古籍出版社2002年版，第64页。

② 陈垣编纂，陈智超、曾庆瑛校补：《道教金石略》，文物出版社1988年版，第433页。

因缘遇合："今我显武公之来令是邑也，暂淹骥足，聊用牛刀，视事月余，阖境称治。……乃延请道众，若铁查山玉阳子辈，引居便坐，讲道论德，探清净无为之本，穷修真养性之术，庭馆萧然，殊不觉有官况。既散，则复治事如初，从旦达暝，略不知倦然。……且夫公之为京兆运幕也，与真人道契弥笃，已见之于初。及真人登真于莱阳也，值公复宰斯邑，与诸僚佐特命树碑勒文，垂示无穷，以张大全真之教，复成之于末。"① 由碑文可知，刘显武不仅与马钰交好，还与王处一关系密切，宰治莱阳期间，广延包括王处一在内的全真道众，"讲道论德，探清净无为之本，穷修真养性之术"，自旦至暮，不知疲倦。由此可见，刘显武对全真教是何等程度的痴信！我们可以想象，刘显武担任莱阳县令时，对于县境的全真教一定给予了不少支持，与诸僚佐特为马钰树碑勒文便是其一，正欲"垂示无穷，以张大全真之教"。

随着全真教在金末势力的逐渐增长，其在山东乃至整个北方地区的社会影响力日益扩大，诚如元好问撰《紫微观记》所云："南际淮，北至朔漠，西向秦，东向海，山林城市，庐舍相望，什百为偶，甲乙授受，牢不可破。"② 陈时可撰《长春真人本行碑》记载：丘处机在明昌二年（1191）东归栖霞后，"达官贵人敬奉者日益多，定海军节度使刘公师鲁、邹公应中二老，当代名臣，皆相与友。"③ 碑中的"刘公师鲁""邹公应中"，即刘仲洙与邹谷，皆为金末名臣。据《金史·刘仲洙》记载：刘仲洙，字师鲁，大兴宛平人。大定三年（1163）登进士第，曾任龙门主簿、香河酒税使、河北西路转运司支度判官、刑部主事、德州防御使、定海军节度使等职。泰和八年（1208）卒，年七十五。④ 据《金史·邹谷》记载：邹谷，字应仲（中），密州诸城人。大定十三年（1173）进士，曾任沈王府文学、同知曹州军州事、刑部主事、大理寺丞、吏部郎中、沂州防御使、定

---

① 陈垣编纂，陈智超、曾庆瑛校补：《道教金石略》，文物出版社 1988 年版，第 433—434 页。
② 同上书，第 475 页。
③ （元）李道谦：《甘水仙源录》卷 2，《正统道藏》第 19 册，第 734 页。
④ 《金史》卷 97《刘仲洙》，中华书局 1975 年标点本，第 2154—2155 页。

第八章 胶东石刻与金元时期全真教

海军节度使等。泰和六年（1206）致仕，贞祐初卒。① 刘仲洙、邹谷先后担任定海军节度使职，与刘处玄、丘处机等全真宗师相得甚欢。泰和三年（1203）正月，刘师鲁与东京留守刘昭毅师礼刘处玄，刘处玄云："公等皆当代名臣，深荷顾遇，吾将逝矣，不足为公等友。复示《颂》云：'正到峥嵘处，争如拂袖归。我今须继踵，回首返希夷。'二公览之怆然。"②《颂》中包含着对刘师鲁与刘昭毅二人的劝教，身处峥嵘，莫如拂袖而归，返归虚寂玄妙之境。同年二月六日，刘处玄羽化，刘师鲁十分哀伤，哭之以诗云："与君晚岁得相亲，相对忘形略主宾。日望师来虚正寝，忽惊仙去泣同人。闻溪声忆广长舌，见山色思清静身。从此谁为林下客，灵虚寂寞锁深春。"③ 刘师鲁在诗中诉说了二人至深的友情，晚岁相亲，不拘形迹，但自此以后，再不能与之谈玄论道，甚是悲戚！刘师鲁与丘处机亦十分交好，《磻溪集》中有赠刘师鲁诗二首，丘处机跋云："定海军节度使致政刘师鲁，挈其子见访于栖霞太虚观。"二诗：一为："数骑翩翩出郡城，西风摇荡菊花清。吟诗马上无横槊，访道人间暂濯缨"；二为："露下天高秋气爽，金声玉振晓霞明。山堂尽日萧然坐，似觉浮生梦且轻。"④ 邹应中亦与丘处机相友，《磻溪集》收录了《送蓬莱州节度使邹应中移镇兖州》一首，当是丘处机于邹应中由蓬莱节度使转任兖州之时所写，诗云："人生七十古来稀，不夜功成赋式微。便欲休官栽菊去，还令杖节与心违。行藏未出阴阳数，夙夜难逃变化机。异日挂冠须在早，莫教林下有人讥。"⑤ 丘处机所赋刘师鲁、邹应中之诗，主旨大致相同，均是劝其早日辞官归隐林下，体玄修道。顺便一提的是，邹应中曾任蓬莱节度使及转任兖州之事，《金史》并未记载，正可补之阙略。

马钰、刘处玄、王处一、丘处机等全真道士，与范怿、李术鲁、

---

① 《金史》卷104《邹谷》，中华书局1975年标点本，第2288—2289页。
② （元）刘志玄：《金莲正宗仙源像传·长生子》，《正统道藏》第3册，第376页。
③ （元）赵道一：《历世真仙体道通鉴续编》卷2《刘处玄》，《正统道藏》第5册，第425页。
④ （金）丘处机：《磻溪集》卷1，《正统道藏》第25册，第815页。
⑤ 同上。

刘显武、刘仲洙、邹谷等山东官僚士绅建立了密切联系，在唱酬往来中，或化导之抛弃名利，出家修道，正如上述；或规劝之清廉正直，为官忠孝，并许以将来成仙的诺言，如刘处玄赋诗云："治政清通，为官忠孝。节欲身安，他年蓬岛。"① 这实际是全真教试图弥补金末吏治腐败问题的一种自身反映，这无疑有利于山东地方社会的稳定，使全真教获得极高声誉，受到官僚士绅的大力护持。

（二）山东官僚士绅对全真教的护持

金末元初，山东官僚士绅给予全真教以大力护持，或在经济上捐钱施物、舍宅献田，或在文化上树碑立石、撰文书篆等，这对于全真教在山东地区的兴起无疑起到极大助推作用。

宫观作为道士修炼的场所，《重阳立教十五论》规定："凡出家者，先须投庵"②，即规定道士必须出家住观。正因此故，山东地区先后创建了一批道教宫观。金末元初，战乱频发，宫观屡遭焚毁，加之当时全真教并无稳定、雄厚的经济基础，故仅凭道徒之力难能为之，而山东官僚士绅解囊相助，为宫观的建修提供资助，成为施助全真教的主要形式。如牟平玄都观，是金元时期胶东著名道教丛林之一。据高晔撰《玄都观碑》记载：贞祐二年（1214），山东乱起，"烟尘颇洞，冠服流离，数载之功，一时俱废矣"③，而玄都观也未能幸免。战乱平息后，全真道士于德远、张德真、刘德永"共率同心之友，重兴储祉之庭"，重建玄都观。地方官僚士绅各输资财，发挥了极大作用，正如《玄都观碑》所称："本郡观管民元帅长官与其弟元帅太守二姜公，以文德并播于英声，以武功同驰于伟誉，政成多暇，邃览重玄，喜捐珍物，茂赞仙风。以次名宦显仕，大贾富商，各输帑藏之丰□，统助盛缘之广费。经营靡辍，缔造落成，殿宇、云房、斋庖、寮舍、门垣、库庾，灿然一新。"④ 除了碑文中提到的"本郡观管民元帅长官与其弟元帅太守二姜公"外，碑后署名的地方仕宦还有

---

① （金）刘处玄：《仙乐集》卷3，《正统道藏》第25册，第440页。
② （金）王重阳：《重阳立教十五论》，《正统道藏》第32册，第153页。
③ 光绪《增修登州府志》卷65《金石上》，《中国地方志集成·山东府县志辑》第49册，凤凰出版社2004年版，第340页。
④ 同上书，第340—341页。

第八章 胶东石刻与金元时期全真教

牟平县丞刘国机、牟平县管民长官贺元吉、昭毅大将军元帅左监军宁海州刺使兼知军事姜思聪、昭毅大将军元帅右监军宁海州管民长官兼胶潍莒密等处总管万户姜思明、宁海州等处都达鲁花赤必里海等。可见，玄都观的重修得到山东官僚士绅的极力支持。又如神清宫，作为全真教的发祥地，王重阳曾在此建全道庵，聚众阐幽讲玄，后"经贞祐兵火焚毁，所存者唯一石洞"。神清宫同样面临着重建问题，《重修神清宫记》记载："文山通玄大师王志兴来就旧址，居数年，而度已□力□不克兴，复为同作焚修之所。至壬辰，遂以迹请山翁□虚大师李弱志代持，唯□冲虚率门徒清玄大师于志邈、□□□师于志和、超然大师赵志越等二百余，指托□功德主益都权省张公、本州□万户长官及太守二姜侯、密州□昌姜公，复建玄元殿，并□□□云堂，道众之所居，宾客之所馆，斋厨库厩，各□收序，石人埠、草庵头亦有置。"① 在神清宫的重建中，"功德主益都权省张公、本州□万户长官及太守二姜侯、密州□昌姜公"等山东地方官绅发挥了重要作用。需要指出的是，"益都权省张公"，即汉地世侯、红袄军首领李全。李全与妻子杨妙真对全真教鼎力相助，不仅参与神清宫的重修，还资助了太虚观的重建。据姬志真撰《滨都重建太虚观记》记载："贞祐之末，车骑南迁，兵尘蔽野，势移陵谷，昆冈火炽，人物殆尽。观之所有，俱扫地矣。"金兴定四年（1220）正月，丘处机发轫北行之际，以重修之任委于弟子范全生。兴定六年（1222）正月，"鸠工董役，积力选材，采之逐鹿筑之，勿亟勿怠"。在此过程中，杨妙真给予了极大的经济支持，正如此碑所云："及蒙行省李公夫人杨氏为外护功德主，凡所不给，悉禆助之。"② 不仅玄都观、神清宫与太虚观等颇具影响的宫观，其实这一时期规模稍小的宫观的修建也大都有地方官绅的参与，这体现在宫观碑中，就是充斥着官员题名。如龙口灵源观，元宪宗七年（1257）道士王志全重建，《灵源观记》题名中有数位登州地方官绅，如黄县尉王福、黄县次二官杨信、黄县管民长官遇

---

① 此碑现存烟台市牟平区昆嵛山神清宫遗址内。
② 王宗昱：《金元全真教石刻新编》，北京大学出版社2005年版，第12页。

珍、登州次二官宋瑛、登州权管民官刘显、登州管民长官刘佺等人。①又如集元观，知观事王道和于至元元年（1264）重修，《重修集元观碑》碑阴列官吏衔名，乡宦多大夫、博士官人之称，又有院士数人，余则社长、里正等。② 由上可见，官绅联合出资建修全真宫观在当时比较普遍，有利于解决宫观内部资金不够充裕而导致修建时间过长的问题，同时也减轻了官绅个人的负担，更有利于维持其修葺道观的持续性。当然，也有某一官绅独立出资建修宫观的事例，不过较少，往往限于家财雄厚之人。如元好问撰《紫微观记》记载：东平左副元帅赵天锡，崇儒重道，其母年老出家为道，居冠氏之洞清庵。"庵之制初亦甚陋，乞名于丘尊师，改号紫微观，赵侯为之起殿阁，立堂宇，至于斋厨库厩，所以奉其亲于家者无不备。"③

除了捐资建修全真宫观外，舍宅为观、捐助土地、维护宫观财产权益等也是山东官僚士绅施助全真教的重要形式。舍宅为观最典型的例子，当属玄都观。据高晔撰《玄都观碑》记载：此观原为范怿之侄明叔之园，大定二十二年马钰送师归山、西游还乡之后，范氏"施此昔游之圃，永为清化之庵"，作为马钰的修道之所。④ 全真宗师尹志平早年曾在潍阳玉清观修行，此观乃世袭千户完颜龙虎捐赠。李志全撰《清和演道玄德真人仙迹之碑》记载：尹志平一日过潍阳，"有世袭千户龙虎公□师稽首曰：'吾老矣，家有东苑，花果丛翠，中堂两翼，台榭星散，愿舍作道观，上报国恩，请师住持。'师知彼诚恳，即就居之，逾年敕赐玉清观。"⑤ 范明叔、完颜龙虎施宅为观，体现了其对全真教的极大虔心。在中国传统社会，土地占有量决定了拥有者的身份和地位，有无庙田及庙田的多少，同样对一个道观的发展来说意义重大。山东官僚士绅为全真道观捐助土地，变为其常住物业，

---

① 同治《黄县志》卷1《疆域志》，《中国地方志集成·山东府县志辑》第49册，凤凰出版社2004年版，第413页。

② 民国《增修胶志》卷36《艺文志·金石上》，《中国地方志集成·山东府县志辑》第42册，凤凰出版社2004年版，第370页。

③ 陈垣编纂，陈智超、曾庆瑛校补：《道教金石略》，文物出版社1988年版，第474页。

④ 王宗昱：《金元全真教石刻新编》，北京大学出版社2005年版，第9页。

⑤ 陈垣编纂，陈智超、曾庆瑛校补：《道教金石略》，文物出版社1988年版，第539页。

第八章 胶东石刻与金元时期全真教

为道众的衣食起居及道观的持续发展提供了保障。如博山白云观，为广阳子韩抱真所建，据《重修白云观碑》记载："时当前金之际，兵革蜩兴，公者挈其徒侣来游青社，而至万山……公赞之不已，可以为福地乎。"当地官绅捐助土地，"或东或西或南，延袤不等，高下不齐，计田六十亩，尽充观之常住，赡养徒众焉"①。碑文后所题立石者，如益都县威仪韩道茂、益都县颜神巡检马受、益都县尉薄世用、进义副尉益都县主簿曲信等。地方官绅还利用手中掌握的权力，对全真宫观的财产权益予以维护。如掖县长生万寿宫有众多地产，历经金末之乱丧失殆尽，金紫光禄大夫王公加以确权维护。正如《长生万寿宫碑》所载："王公仍即押公据，以山前侧佐一带山间荒地，悉付本宫，裨助缘事。"②

山东官僚士绅不仅在物质层面对全真宫观予以施助，还通过树碑立石、撰文书篆的形式在文化层面表达了对全真教的支持。他们拥有较为雄厚的文化与权力资本，如此活动不仅会提升宫观的知名度，还扩大了全真教的社会影响力。如刻立于掖县灵虚观的《王重阳挂金灯词石刻》，乃刘处玄书，范怿题跋，孛术鲁立石。《山左金石志》记载："右刻重阳王凤仙《挂金灯词》一首，五行，字径四寸五分，刘处玄书，……后有正书跋四行，字径九分，乃宁海州学正范怿笔也。末题孛术鲁衔名一行，亦正书，径一寸二分。"③ 范怿与孛术鲁用立碑撰文的形式表达了对全真教的支持，依借着自身的社会身份无疑为灵虚观作了一次极好的宣传。又如《重修磐石上清观记》，为正奉大夫、山东淮南行省参议山阴张杞撰文④；《清虚纯德辅教真人祠堂

---

① 陈垣编纂，陈智超、曾庆瑛校补：《道教金石略》，文物出版社1988年版，第665—666页。

② 此碑现存莱州市寒同山资圣寺门前。此碑拓片收录于《北京图书馆藏中国历代石刻拓本汇编》第48册，第115页。

③（清）阮元：《山左金石志》卷20，《续修四库全书》第910册，上海古籍出版社2002年版，第64页。

④ 民国《平度县续志》卷3《疆域志·金石》，《中国地方志集成·山东府县志辑》第43册，凤凰出版社2004年版，第427页。

记》，为登州学正王瑞所撰①，等等。

　　由此可见，山东官僚士绅从多方面对全真教加以护持，这是金末元初全真教得以兴起的重要因素之一。他们对全真教为何有如此之举呢？笔者认为，主要基于以下两方面原因：

　　首先，因精神与文化需求。在中国古代，官僚士绅有着较高的文化素养，山水之美与神仙之乐对其具有天然的吸引力，羡慕那些亲近自然、远离尘埃之地，以追求人与自然的合一，这与道教的精神境界是一致的。全真宫观大多建于风景怡人之处，独具特色的自然与人文气象深深吸引着众多官僚士绅们。如玉虚观建于山清水秀的昆嵛山圣水岩，国俨撰《玉虚观碑记》赞云："东牟之昆嵛，昔麻姑洞天也。诸山绵亘相属，秀异峭拔，为东方冠。山之足蹈于海者三，相距皆不满百里，蓬莱、瀛州、方丈，朝夕相望于晻霭间。盖天地英灵自然之气，独钟于此，故世多神仙异人焉。直南秀色可餐，林壑尤美者，圣水岩也。水不见发源，但嵌嵚之下，裂石而出，激激如线，味甘冷且清，春秋不变，水旱不知，蛙黾之属，未尝产焉，此亦异也。"② 对一部分官绅来说，他们来到全真道观与其说是由于宗教情感，莫如说和文化审美更有关系，独特的人文景观为他们提供了文学创作的素材，其文化品位得到充分展现。如掖县长生万寿宫，位于城东南神山中，福□进士□□□在所撰《长生万寿宫碑》中，记载了其与道士石志温一同畅游神山仙境：

　　　　其山崛然而起，澄心首于东，塔峰角于西，大泽翼于南，浮游背于北，丹井洗手，云川濯足。高哉！巍哉！巇岘碑砑，虽猿狖便捷，不可得而攀缘也。山之间洞有七，曰虚皇、三清、五祖、六真、长生、披云、灵官、女仙。洞之内混焕金碧，绘采丹青。宫殿雕镂，咸以玉石，坛墀设施，各以等级。以明月为窗牖，白云为垣壁。是境也，幽花野草不知其名，珍禽异兽时闻好

---

①　光绪《栖霞县续志》卷10《艺文续补》，《中国地方志集成·山东府县志辑》第51册，凤凰出版社2004年版，第355页。
②　民国《牟平县志》卷9《文献志·金石》，《中国地方志集成·山东府县志辑》第55册，凤凰出版社2004年版，第405页。

第八章 胶东石刻与金元时期全真教

音,众石磊磊,寒泉泠泠。登未及半,恍不究其所适,心口私语:采药忘归,维舟失路。①

该文作者在碑中详尽描写了神山的山水景物及所闻所感,徜徉于仙境之间,以至于"采药忘归,维舟失路",其对神山的心往之情溢于言表。神山成为官僚士绅们游赏观览、陶冶心性之所,正如《长生万寿宫碑》末所云:"簪裳翘楚,接踵骈肩。稽首神山,无量洞天。灵通至圣,广大无边。十洲三岛,车驾交骈。花木间错,不春而妍。"除了给官僚士绅提供审美的愉悦之外,全真教还能使之获得精神上的解脱与心灵上的超越。在大多数官绅眼里,全真宫观是一个理想化的退隐之地,这里没有尘世的纷扰,亦没有等级的差别,其内心深处对超越性的追求可以在全真宫观得到释放和升华。正如正奉大夫、山东淮南行省参议张杞在《重修磐石上清观记》中就曾流露出对尘世无奈的感叹以及对道人怡然自得的向往:"独富贵者常多累,而山林之士怡适自得,愈久而无忧惧。盖天然之乐,取之而不禁,用之而不竭,又处众人不争之地故也。"②

其次,上行下效,随风趋流,并借此实现某些政治诉求。元太祖十五年(1220),丘处机以年逾古稀之龄万里西行,觐见成吉思汗,随之而来的雪山论道、一言止杀,使得全真教获得蒙古皇室的尊崇。在此之后,蒙元统治者一以贯之地加以崇信,使得全真教逐渐发展至鼎盛。上到蒙元皇室贵族,下至普通民众,无不羡慕玄风,正如《文仙谷纯阳洞演化庵记》所云:"近代全真教启,玄风大扇,东尽海,西迈蜀,南逾江汉,北际大漠,莫不家奉人敬,从风而靡,自昔道化之行,未有如是翕然之盛也。"③在这种"家奉人敬"的社会风潮影响下,上行下效、随风趋流成为当时大多数官僚士绅的做法。他们长

---

① 此碑现存莱州市寒同山资圣寺门前,撰文者姓名有所残泐。此碑拓片收录于《北京图书馆藏中国历代石刻拓本汇编》第48册,第115页。
② 民国《平度县续志》卷3《疆域志·金石》,《中国地方志集成·山东府县志辑》第43册,凤凰出版社2004年版,第426页。
③ 陈垣编纂,陈智超、曾庆瑛校补:《道教金石略》,文物出版社1988年版,第708页。

期接受儒家思想的教育，具有强烈的社会责任感，以儒家修身、齐家、治国、平天下的道德理想来批判和重构当下的社会秩序。但伴随着金末战乱及蒙古入主中原，伦理失常，儒学衰微，而全真教在蒙元统治者支持下俨然成为国教。翰林侍读学士、正议大夫兼国子祭酒陈楚望撰《清虚大师把君道行录》云："国家尊右三教，道其一也。为教者思宠遇之优渥，而归美报上之念，亦与国家相为无穷。"① 正是鉴于全真教与蒙元朝廷的密切关系及在政治生活中所发挥的作用，官僚士绅慕玄向道便成为一种必然选择，所以也就出现了山东官僚士绅竞相护持以昆嵛山东华宫为首的全真宫观。当然，有很多官绅并非纯粹为信仰而去，而是带着某些政治诉求，或祈请全真道士祷其仕途顺达，如《创建云峰观记》所载："每遇朔旦，□□星冠道士奉真□焚□□□严赞□今皇帝圣寿万岁，文武官僚长居禄位，愿成胜事者"②；或请之为自己治域解厄禳灾、祈晴祷雨，有一个好的政绩。如大定二十二年（1182）夏，胶东大旱，"嘉苗槁矣，遍祷山川，一无所应。"③ 五月，宁海州官长请马钰行祈雨醮事，这在大定二十三年（1183）《马丹阳普救歌碑》中有所反映。

（三）山东官僚士绅投身全真教门

全真教重视接纳官僚士绅，从创教之初到昌盛之际都是如此。金元之际特殊的历史环境，使得大批山东官僚士绅投身道门，无外乎有两种情况：一是因痴信全真而主动入教，一是迫于时局动荡、生计维艰而被动入教。不管哪种情况，地方官僚士绅靠着自身显赫的声望与地位，都增强了全真教力量，扩大了社会影响。

山东官僚士绅主动入教者，以马钰为典型代表。据王利用撰《全真第二代丹阳抱一无为真人马宗师道行碑》记载：马钰原名马从义，字宜甫，"世业儒，系出京兆扶风，汉付波将军援之后。五季兵乱，

---

① 陈垣编纂，陈智超、曾庆瑛校补：《道教金石略》，文物出版社1988年版，第628页。
② 同上书，第604页。
③ （元）秦道安：《金莲正宗记》卷3《丹阳马真人》，《正统道藏》第3册，第354页。

第八章 胶东石刻与金元时期全真教

东迁宁海，因家焉"①。马家为宁海大族，田宅有半州之盛，号称"马半州"。在出家修道之前，马钰在宁海已颇有声名，"时人歌曰：古扬陈寔，今谈宜甫"②。武思恭撰《创建马真君碑亭记》记载：马钰"壮岁以儒书刀笔之能，选充本州吏，权总六曹，德服众望。"③但他却无意于仕进，常与一些志同道合之友相与酣酒欢歌为乐，期约尘外之游。大定八年（1168）二月，马钰正式拜王重阳为师，加入全真教。声望与社会地位在宁海颇具影响的马钰的入教，应该说不仅影响到其他山东官僚士绅群体对全真教的崇信，而且不啻在广大的民众中为全真教做了最有力的宣传。马钰于大定二十一年（1181）东归后曾在潍州传教，有一唐括夫人慕名参拜，同年冬，携幼子再次去宁海昆嵛山拜见。马钰对唐括夫人的虔诚感动不已，宣授全真义理的同时，作《满庭芳》一首赠之。对于唐括夫人的身世及其拜访马钰之事，大定二十八年（1188）中顺大夫、前定海节度副使东平吴似之撰《满庭芳碑》有所记载："灵源姑唐括氏，申国太夫人之女，大丞相文正公之妹，可为贵胄矣。而自妙年，向慕真风，眈味玄理。大定壬寅春三月，丹阳真人马公行化过潍，姑径往参礼。斯道之妙，已得其略矣。是年冬十一月，又携其次子崇德往宁海之昆嵛山，再于丹阳师前恳祈要诀。师于是援笔授此词。其大旨，锁心猿意马之狂踪，炼清净无为之妙用。姑乃涣然冰释，如开青天，睹白日，捧词回辕，径还潍上。"④ 碑中的"大丞相文正公"，乃金世宗、章宗时重臣唐括安礼。据《金史》记载：唐括安礼本名斡鲁古，"好学，通经史，工词章，知为政大体。贞元中，累官临海军节度使，入为翰林侍读学士，改浚州防御使、彰化军节度使"。大定初，迁益都尹，后官至右丞相，封申国公。⑤ 如此说来，唐括夫人即唐括安礼之妹。马钰所赠

---

① （元）李道谦：《甘水仙源录》卷1，《正统道藏》第19册，第728页。
② （元）刘志玄：《金莲正宗记》卷3《丹阳马真人》，《正统道藏》第3册，第353页。
③ 乾隆《福山县志》卷11《文翰·记》，《中国地方志集成·山东府县志辑》第51册，凤凰出版社2004年版，第615页。
④ 北京图书馆金石组编：《北京图书馆藏中国历代石刻拓本汇编》第46册，中州古籍出版社1989年版，第190页。
⑤ 《金史》卷88《唐括安礼》，中华书局1975年标点本，第1963—1966页。

《满庭芳》一诗,《满庭芳碑》中有载,云:"冒雪行车,迎风访道,投予特地参同。说些修养,不论虎和龙。讲甚婴儿姹女,无龟蛇、日月交宫。无水火,亦无嗽咽,更没按时功。的端真妙用,无为活计,清净家风。锁心猿意马,勿纵狂踪。炼息绵绵来往,自然得子母和同。全性命,紫书诏去,直赴大罗宫。"马钰在诗词中表达了对唐括夫人寻师问道不畏风雪虔诚之心的赞誉,同时还劝之"锁心猿意马之狂踪,炼清静无为之妙用",早达大罗仙境。经过马钰的悉心开导,唐括夫人顿有所悟,"如开青天,睹白日"。回潍州后,"即其郡北申国夫人之旧第,创庵以居。弃金珠之饰而顶幅巾,释绮罗之服而披麻衣,谢膏粱之味而甘粝食。尽屏尘务,专志颐真"。其次子亦修全真之道,"因丹阳词诀,云游访道,逮今七载而忘归"。吴似之对于唐括夫人母子处于官宦之位而入道,感慨云:"自古得道之人,多因处困,事与心违,故弃彼而就此。今灵源母子,以外戚富贵之家,而能易心悟理,自非往契宿缘,孰能臻此?千百载中,诚无一二矣。"此碑末署名"皇女宿国公主昭勇大将军尚衣局使兼近侍局使上轻车都尉彭城郡开国伯食邑七百户驸马都尉唐括元义立石"①,唐括元义,乃唐括安礼之子,与其妻金宿国公主皆十分崇信全真教。据大定二十八年(1188)吴似之撰《昆嵛山丹阳马真人琴曲归山操》记载:"驸马唐括昭勇,相国文正公之的嗣,灵源姑之兄子也。同皇女宿国公主敬姑悟道,乃缄长春亲翰,自都城遣介远献于姑,使复知无为之妙。噫!非丹阳渊识不能阐玄元之微言,非长春远图不能广丹阳之妙旨,非公主、驸马贤德亲爱,又不能赞成灵源姑之夙契。"② 由此可见,唐括夫人入道修行,得到马钰、丘处机、宿国公主与驸马唐括元义的共同支持。

当然,还有一部分官僚士绅是被迫放弃仕位而投入全真教门的,这缘于金末元初激烈的民族矛盾及动荡不安的社会现实。陈垣先生在论及此事时说:"不数十年又遭贞祐之变,燕都亡覆,河北之士又欲

---

① 北京图书馆金石组编:《北京图书馆藏中国历代石刻拓本汇编》第46册,中州古籍出版社1989年版,第190页。

② 陈垣编纂,陈智超、曾庆瑛校补:《道家金石略》,文物出版社1988年版,第434页。

第八章 胶东石刻与金元时期全真教

避元,全真遂为遗老之逋逃薮。"① 金末战乱自大安三年(1211)成吉思汗攻金开始,一直持续到开兴三年(1234)金亡,共计二十余年。这期间,百姓背井离乡,仕宦流离失所,元好问在《冠氏赵侯先茔碑》中悲叹云:"呜呼!兵兴三十年,河朔之祸惨矣。盛业大德、名卿巨公之后遭罹元元,遂绝其世者多矣。仅得存者,亦颠沛之不暇也。"② 失去生活来源的官僚士绅,境况凄惨,南宋使臣徐霆在元太宗七年(1235)到燕京,他说:"外有亡金之大夫,混于杂役,堕于屠沽,去为黄冠,皆尚称旧官。王宣抚家有推车数人,呼运使,呼侍郎。长春宫多有亡金朝士,既免跋焦,免赋役,又得衣食,最令人惨伤也!"③ 可见,许多官僚士绅生计维艰,又不甘心奉事蒙元,为了保全性命于乱世,只好消极避世,栖身于宫观之中。如《太华真隐褚君传》记载:褚真隐,"幼业儒,长而遭时艰,求所以托焉而逃者,寄迹老子法中。受学刘真常,栖迟不在城邑,多名山中"④。当然,入道并非仅仅为生存计,精神上的失落与迷茫也是重要原因。官僚士绅有知识涵养,无疑是知识分子的代表,然而面对蒙元族统治者的文化无知与民族歧视,以及儒学的式微,致使其精神信仰体系崩溃,"迨儒门收拾不住,遂为道家扳去"⑤。如《大朝故讲师李君墓志铭》记载:全真道士李志全,少业进士,"孜孜讲习,视富贵如探囊中之物也。当立之年,不意世变,干戈日寻,无复进取,遑遑如也。当时天子好长生之术,不远万里召见长春师真,宾礼至厚,玄门大振,闻者皆兴"。李志全遂放弃科举,出家为道。对此,碑文作者论曰:"以君才学,取一第不为难矣。世方扰攘,河朔尤甚,自保不暇,度

---

① 陈垣:《南宋初河北新道教考》卷1《全真篇上·士流之结纳第四》,《民国丛书》第一编第13册,上海书店1989年版,第20页。
② (金)元好问:《遗山集》卷30,《景印文渊阁四库全书》第1191册,上海古籍出版社1987年影印本,第337页。
③ (宋)彭大雅:《黑鞑事略》,《丛书集成初编》第3177册,商务印书馆1937年版,第9页。
④ 陈垣编纂,陈智超、曾庆瑛校补:《道家金石略》,文物出版社1988年版,第621页。
⑤ 陈垣:《南宋初河北新道教考》,《民国丛书》第一编第13册,上海书店1989年版,第3页。

日如年。壮志衰谢，甘埋于尘土，谁为知者，泯灭无疑也。一登玄关，蒙师推奖，遂为高士"①。李志全一例颇具代表意义，儒士们由于科举不行，抱负得不到实现，遂选择了玄门，以期从中寻求心灵安慰的灵丹妙药。

  以上依据碑刻文献，对金末元初全真教与山东官僚士绅的交相互动作了简要考察。对于全真教来说，官僚士绅不仅是其教化的对象，更是依靠的力量，因为任何一种宗教欲发展壮大，必须得到广大官僚士绅阶层的认可与支持，这是建设全国性正规大教的必备条件。正如陈垣先生所云："古之治方术者多矣，然或传或不传，其故不一端，而有无士类为之推毂，亦其一因也。语曰：'射人先射马，擒贼先擒王'，欲其教广传，而不先罗致智识阶级，人几何不疑为愚民之术，不足登大雅之堂耶。"② 而对于官僚士绅来说，全真教使之摆脱了因时局困挫、仕途失意而带来的失落与消沉，其自身的精神文化或政治诉求得到一定程度的满足，使之乐此不疲地给予全真教以极大支持。由此可见，全真教团与山东官僚士绅之间形成一种良性的互动关系，保证了双方都能够实现自身利益的最大化，这在全真教发展过程中起到重要作用。

---

① 陈垣编纂，陈智超、曾庆瑛校补：《道家金石略》，文物出版社1988年版，第581页。
② 陈垣：《南宋初河北新道教考》卷1《全真篇上·士流之结纳第四》，《民国丛书》第一编第13册，上海书店1989年版，第20页。

结　　语

在现存的有关山东古代社会历史的各种文献中，石刻是一种最为常见的文献形式，这是因为古人制作碑铭的目的，就是为了使之公布于众，垂之久远。因此，无论是在繁华的都邑市镇，还是在偏僻的村寨乡野，都分布着大量形形色色的石刻，时间跨度自秦汉至于明清，地域分布于山东境内的各个县市，形制包括碑碣、墓志、摩崖、造像、经幢、塔铭、画像石等各种类别。这些丰富的石刻文献为我们留下了珍贵的历史记忆，既体现了国家层面的历史史实，更反映了山东区域社会和民间生活，见证了彼时的社会历史变迁。所以，我们可以从具体的石刻资料出发，发掘其中所蕴含的历史信息，以补正史籍记载之阙略与讹误，重构历史，从而较为真实地展现已经消逝了的历史场景。笔者特别关注石刻文献与地方社会、普通民众、日常生活的关系，试图从中发现中国社会历史的潜流，倾听底层民众的心声。鉴于此，笔者主要依据具有山东代表性的曲阜儒家石刻、济宁汉代画像石、泰山封禅石刻、高密与淄川郑公祠石刻、长山范公祠石刻、《济州刺史任公屏盗碑》、纪游石刻以及胶东道教石刻等，对孔子及后裔、汉代济宁社会、唐玄宗与宋真宗泰山封禅、郑玄与范仲淹历史形象的演变、五代山东地方社会治理、山东古代旅游及金元全真教等问题进行考察，从而让山东古代社会历史以更清晰、更完整、更真实的面貌呈现在我们面前。

碑刻产生于某一地区，这对区域社会研究有极大的帮助，但其价值不仅仅如此，也不能仅限于此，因为区域社会研究不仅仅是为了研究地方社会，其目标应是通过碑刻资料的地方社会微观历史的研究，拓展到宏观问题的思考，使历史更广泛而深刻地实现其功能。毕竟，各个地方历史的相加,并不能等于通史。当然碑刻对社会历史研究的价值不能仅限于内容上,英国著名历史学者科大卫曾说:"要想推动历史研究的进步,从碑刻中发掘新史料是一个非常重要的途径。历史研究必从材料出发,因此其意义不仅在于提供更多的研究内容,而且也可以引发方法论意义上的革命。我建议,史学工作者都应当重视碑刻这一宝贵的民间资料,走出图书馆,到田野中去汲取新鲜材料。"①诚然,以往历史研究大多基于文本的历史文献,而碑刻资料的引入让更多的史学工作者走向田野,亲身感受历史的气息,同时汲取新鲜的材料。因此,碑刻资料不仅填补了历史研究的内容,大大扩充了史料来源,拓展了历史研究的视野,增加了研究者的历史感,更使历史在研究方法、研究意义上实现了飞跃。使用碑刻,就离不开田野调查。在田野中寻访古迹,搜集不被史籍录入的碑文,采访耆老,聆听有关族源、村史等内容的传说和故事,游神冥想,置身于古人曾经生活与思想过的独特的历史文化氛围之中,常常会产生一种只可意会的文化体验,而这种体验又往往能带来更加接近历史实际和古人情感的学术思想。这是在笔者撰写过程中所获得的一点启示。

---

① 张小也:《碑刻——正在消逝的历史档案》,《光明日报》2002年1月24日。

参 考 文 献

《春秋左传正义》,《十三经注疏》(下册),中华书局 1980 年版。
《国语》,上海古籍出版社 1988 年版。
《史记》,中华书局 1959 年标点本。
《淮南子集释》,《新编诸子集成》第一辑,中华书局 1998 年标点本。
《毛诗正义》,《十三经注疏》(上册),中华书局 1980 年版。
《尚书正义》,《十三经注疏》(上册),中华书局 1980 年版。
(汉)桓宽:《盐铁论校注》,王利器校注,《新编诸子集成》第一辑,中华书局 1992 年标点本。
《新序》,《景印文渊阁四库全书》第 696 册,上海古籍出版社 1987 年影印本。
《战国策新校注》,缪文远校注,巴蜀书社 1987 年标点本。
《汉书》,中华书局 1962 年标点本。
(汉)班固:《白虎通义》,《景印文渊阁四库全书》第 850 册,上海古籍出版社 1987 年影印本。
(汉)王充:《论衡》,《景印文渊阁四库全书》第 862 册,上海古籍出版社 1987 年影印本。
(汉)王符:《潜夫论》,《景印文渊阁四库全书》第 696 册,上海古籍出版社 1987 年影印本。
(汉)许慎著,(清)段玉裁注:《说文解字注》,中华书局 1963 年版。
《孟子注疏》,《十三经注疏》(下册),中华书局 1980 年版。
《仪礼注疏》,《十三经注疏》(上册),中华书局 1980 年版。
《礼记正义》,《十三经注疏》(上册),中华书局 1980 年版。
(汉)应劭:《汉官仪》,中华书局 1985 年版。

（汉）应劭：《风俗通义》，《景印文渊阁四库全书》第862册，上海古籍出版社1987年影印本。

《三国志》，中华书局1959年标点本。

《穆天子传》，《景印文渊阁四库全书》第1042册，上海古籍出版社1987年影印本。

《山海经》，《景印文渊阁四库全书》第1042册，上海古籍出版社1987年影印本。

《尔雅注疏》，《十三经注疏》（下册），中华书局1980年版。

（西晋）崔豹：《古今注》，《景印文渊阁四库全书》第850册，上海古籍出版社1987年影印本。

（北魏）郦道元：《水经注校证》，陈桥驿校证，中华书局2007年标点本。

《魏书》，中华书局1974年标点本。

（东晋）袁宏：《后汉纪》，《四部丛刊初编》第18册，上海书店1989年版。

（刘宋）刘义庆撰，刘孝标注，龚斌校释：《世说新语校释》，上海古籍出版社2011年标点本。

《后汉书》，中华书局1965年版。

《宋书》，中华书局1974年版。

（萧梁）萧统编，（唐）李善注：《文选》，上海古籍出版社1986年标点本。

（萧梁）刘勰：《文心雕龙注》，范文澜注，人民文学出版社1978年标点本。

《艺文类聚》，上海古籍出版社1982年标点本。

《隋书》，中华书局1973年标点本。

《晋书》，中华书局1974年标点本。

《贞观政要》，《景印文渊阁四库全书》第407册，上海古籍出版社1987年影印本。

（唐）徐坚等著：《初学记》，中华书局1962年版。

《孝经注疏》，《十三经注疏》（下册），中华书局1980年版。

（唐）杜佑：《通典》，《十通》第一种，商务印书馆1935年版。

《旧唐书》，中华书局1975年标点本。

（前蜀）杜光庭：《广成集》，《景印文渊阁四库全书》第1084册，上海古籍出版社1987年影印本。

《旧五代史》，中华书局1976年标点本。

《太平御览》，中华书局1960年版。

《太平广记》，上海古籍出版社1990年版。

《册府元龟》，凤凰出版社2006年版。

（北宋）王溥：《唐会要》，中华书局1955年版。

（北宋）王溥：《五代会要》，上海古籍出版社1978年版。

（北宋）欧阳修：《集古录跋尾》，道光十五年（1835）刻本。

《新唐书》，中华书局1975年标点本。

《新五代史》，中华书局1974年标点本。

（北宋）欧阳修：《文忠集》，《景印文渊阁四库全书》第1103册，上海古籍出版社1987年影印本。

（北宋）刘敞：《公是集》，《丛书集成初编》第1904册，中华书局1985年版。

《资治通鉴》，中华书局1956年版。

（宋）范仲淹：《范仲淹全集》，李勇先、王蓉贵校点，四川大学出版社2002年标点本。

（宋）司马光：《涑水纪闻》，《丛书集成初编》第2744册，中华书局1985年版。

《太平寰宇记》，中华书局2007年标点本。

（宋）赵明诚：《金石录校证》，金文明校证，上海书画出版社1985年标点本。

（宋）董逌：《广川书跋》，中华书局1985年版。

（宋）郑樵：《通志》，《十通》第四种，商务印书馆1935年版。

（宋）洪适：《隶释》，《石刻史料新编》第1辑第9册，新文丰出版公司1977年版。

（宋）洪适：《隶续》，《石刻史料新编》第1辑第10册，新文丰出版公司1977年版。

（宋）李焘：《续资治通鉴长编》，中华书局2004年版。

（宋）陆游：《南唐书》，《景印文渊阁四库全书》第464册，上海古籍出版社1987年影印本。

（宋）陈槱：《负暄野录》，《丛书集成初编》第1552册，中华书局1985年版。

（宋）李攸：《宋朝事实》，《景印文渊阁四库全书》第608册，上海古籍出版社1987年影印本。

（宋）王应麟：《玉海》，江苏古籍出版社、上海书店1987年版。

（宋）徐天麟：《东汉会要》，上海古籍出版社1978年版。

（南宋）彭大雅：《黑鞑事略》，徐霆疏证，《丛书集成初编》第3177册，商务印书馆1937年版。

（金）王重阳：《重阳立教十五论》，《正统道藏》第32册，文物出版社、上海书店、天津古籍出版社1988年版。

（金）王重阳：《重阳真人金关玉琐诀》，《正统道藏》第25册，文物出版社、上海书店、天津古籍出版社1988年版。

（金）王重阳：《重阳全真集》，《正统道藏》第25册，文物出版社、上海书店、天津古籍出版社1988年版。

（金）马钰：《丹阳真人语录》，《正统道藏》第23册，文物出版社、上海书店、天津古籍出版社1988年版。

（金）马钰：《丹阳神光灿》，《正统道藏》第25册，文物出版社、上海书店、天津古籍出版社1988年版。

（金）王处一：《云光集》，《正统道藏》第25册，文物出版社、上海书店、天津古籍出版社1988年版。

（金）谭处端：《水云集》，《正统道藏》第25册，文物出版社、上海书店、天津古籍出版社1988年版。

（金）刘处玄：《无为清净长生真人至真语录》，《正统道藏》第23册，文物出版社、上海书店、天津古籍出版社1988年版。

（金）刘处玄：《仙乐集》，《正统道藏》第25册，文物出版社、上海书店、天津古籍出版社1988年版。

（金）郝大通：《太古集》，《正统道藏》第25册，文物出版社、上海书店、天津古籍出版社1988年版。

（金）丘处机：《磻溪集》，《正统道藏》第25册，文物出版社、上海书店、天津古籍出版社1988年版。

（元）尹志平：《清和真人北游语录》，《正统道藏》第33册，文物出版社、上海书店、天津古籍出版社1988年版。

（元）李志常：《长春真人西游记》，《正统道藏》第34册，文物出版社、上海书店、天津古籍出版社1988年版。

（金）元好问：《遗山集》，《景印文渊阁四库全书》第1191册，上海古籍出版社1987年影印本。

《宋史》，中华书局1977年标点本。

《辽史》，中华书局1974年标点本。

《金史》，中华书局1975年标点本。

（元）马端临：《文献通考》，商务印书馆1936年版。

（元）于钦：《齐乘校释》，刘敦愿等校释，中华书局2012年标点本。

（元）刘志玄：《金莲正宗仙源像传》，《正统道藏》第3册，文物出版社、上海书店、天津古籍出版社1988年版。

（元）秦志安：《金莲正宗记》，《正统道藏》第3册，文物出版社、上海书店、天津古籍出版社1988年版。

（元）李道谦：《甘水仙源录》，《正统道藏》第19册，文物出版社、上海书店、天津古籍出版社1988年版。

（元）李道谦：《七真年谱》，《正统道藏》第3册，文物出版社、上海书店、天津古籍出版社1988年版。

（元）姬志真：《云山集》，《正统道藏》第25册，文物出版社、上海书店、天津古籍出版社1988年版。

（元）赵道一：《历世真仙体道通鉴续编》，《正统道藏》第5册，文物出版社、上海书店、天津古籍出版社1988年版。

（元）陆道和：《全真清规》，《正统道藏》第32册，文物出版社、上海书店、天津古籍出版社1988年版。

（元）段志坚：《清和真人北游语录》，《正统道藏》第33册，文物出版社、上海书店、天津古籍出版社1988年版。

（元）佚名：《宫观碑志》，《正统道藏》第19册，文物出版社、上海书店、天津古籍出版社1988年版。

（元）彭致中：《鸣鹤余音》，《正统道藏》第24册，文物出版社、上海书店、天津古籍出版社1988年版。

（元）佚名：《庙学典礼》，《景印文渊阁四库全书》第648册，上海古籍出版社1987年影印本。

（元）余阙：《青阳先生文集》，《四部丛刊续编》，台湾商务印书馆1966年据常熟瞿氏铁琴铜剑楼藏明刊本影印。

（元）陶宗仪：《说郛》，《景印文渊阁四库全书》第879册，上海古籍出版社1987年影印本。

《元史》，中华书局1976年标点本。

（明）都穆：《金薤琳琅》，乾隆四十三年（1778）刻本。

（明）陈镐：《阙里志》，载《孔子文化大全》编辑部主编《孔子文化大全》，山东友谊书社1989年版。

（明）王世贞：《弇州四部稿》，《景印文渊阁四库全书》第1281册，上海古籍出版社1987年影印本。

（明）彭大翼：《山堂肆考》，上海古籍出版社1992年版。

（明）王琮纂辑：嘉靖《淄川县志》，《天一阁藏明代地方志选刊》第43册，上海书店1961年据嘉靖二十五年（1546）刻本影印。

（明）李光瑛：《金石文考略》，道光十七年（1837）刻本。

（明）汪子卿：《泰山志校证》，周郢校证，黄山书社2006年标点本。

（明）赵崡：《石墨镌华》，《景印文渊阁四库全书》第683册，上海古籍出版社1987年影印本。

（明）朱睦㮮：《授经图义例》，《景印文渊阁四库全书》第675册，上海古籍出版社1987年影印本。

（明）凌迪知：《万姓统谱》，《景印文渊阁四库全书》第957册，上海古籍出版社1987年影印本。

万历《安丘县志》，《四库全书存目丛书》第200册，齐鲁书社1996年版。

（明）黄宗昌：《崂山志》，《藏外道书》第19册，巴蜀书社1992年版。

（清）王夫之：《宋论》，《续修四库全书》第450册，上海古籍出版社2002年版。

（清）顾炎武：《日知录集释》，黄汝成释，上海古籍出版社1985年标点本。

（清）朱彝尊：《曝书亭集》，《景印文渊阁四库全书》第 1318 册，上海古籍出版社 1987 年影印本。

（清）蒲松龄：《聊斋文集》，《续修四库全书》第 1416 册，上海古籍出版社 2002 年版。

康熙《高密县志》，康熙四十九年（1710）刊本。

康熙《莱阳县志》，《中国地方志集成·山东府县志辑》第 53 册，凤凰出版社 2004 年版。

（清）陈鼎：《东林列传》，广陵书社 2007 年版。

（清）王澍：《竹云题跋》，《景印文渊阁四库全书》第 684 册，上海古籍出版社 1987 年影印本。

（清）倪涛：《六艺之一录续编》，《景印文渊阁四库全书》第 838 册，上海古籍出版社 1987 年影印本。

（清）沈炳震：《唐书合钞》，《续修四库全书》第 285 册，上海古籍出版社 2002 年版。

（清）全祖望：《鲒埼亭集》，《续修四库全书》第 1429 册，上海古籍出版社 2002 年版。

（清）王鸣盛：《蛾术编》，商务印书馆 1958 年版。

（清）翁方纲：《两汉金石记》，《石刻史料新编》第 1 辑第 10 册，新文丰出版公司 1977 年版。

（清）钱大昕：《潜研堂金石文跋尾续》，《续修四库全书》第 891 册，上海古籍出版社 2002 年版。

（清）钱大昕：《廿二史考异》，《续修四库全书》第 454 册，上海古籍出版社 1999 年版。

（清）聂钦：《泰山道里记》，《丛书集成初编》第 3002 册，中华书局 1985 年版。

（清）王太岳：《钦定四库全书考证》，书目文献出版社 1991 年版。

雍正《山东通志》，乾隆元年（1736）刻本。

（清）孔继汾：《阙里文献考》，载《孔子文化大会》编辑部主编《孔子文化大全》，山东友谊书社 1989 年版。

（清）阮元：《山左金石志》，《续修四库全书》第 909、910 册，上海古籍出版社 2002 年版。

（清）阮元：《小沧浪笔谈》，《丛书集成初编》第2600册，中华书局1985年版。

（清）王昶：《金石萃编》，《续修四库全书》第886—891册，上海古籍出版社2002年版。

（清）孙星衍：《泰山石刻记》，《石刻史料新编》第3辑，新文丰出版公司1986年版。

（清）孙星衍：《郑司农年谱》，（清）黄奭辑：《高密遗书》，光绪十九年（1893）刻本。

（清）武亿：《授堂金石文字续跋》，《续修四库全书》第892册，上海古籍出版社2002年版。

《明史》，中华书局1974年标点本。

（清）嵇璜、刘墉等纂：《清朝文献通考》，《十通》第九种，商务印书馆1936年版。

乾隆《曲阜县志》，乾隆三十九年（1774）刻本。

乾隆《高密县志》，乾隆十九年（1754）刊本。

乾隆《莱州府志》，《中国地方志集成·山东府县志辑》第44册，凤凰出版社2004年版。

乾隆《福山县志》，《中国地方志集成·山东府县志辑》第51册，凤凰出版社2004年版。

（清）陈鳣：《简庄缀文》，心矩斋民国十五年（1936）据抱经堂版补刻。

（清）昭梿：《啸亭杂录》，中华书局1980年版。

（清）郑珍：《郑学录》，《续修四库全书》第515册，上海古籍出版社2002年版。

（清）金棨：《泰山志》，清嘉庆十三年（1808）刻本。

嘉庆《长山县志》，《中国地方志集成·山东府县志辑》第27册，凤凰出版社2004年版。

道光《巨野县志》，《中国地方志集成·山东府县志辑》第83册，凤凰出版社2004年版。

道光《容城县志》，《中国地方志集成·山东府县志辑》第56册，凤凰出版社2004年版。

（清）黄彭年：《陶楼文钞》，《续修四库全书》第1553册，上海古籍出版社2002年版。

（清）钱泰吉：《曝书杂记》，《续修四库全书》第926册，上海古籍出版社2002年版。

（清）胡元仪：《北海三考》，《续修四库全书》第549册，上海古籍出版社2002年版。

（清）俞正燮：《癸巳存稿》，《续修四库全书》第1160册，上海古籍出版社2002年版。

《庄子集释》，《新编诸子集成》第一辑，中华书局1961年标点本。

同治《重修宁海州志》，《中国地方志集成·山东府县志辑》第54册，凤凰出版社2004年版。

同治《黄县志》，《中国地方志集成·山东府县志辑》第49册，凤凰出版社2004年版。

光绪《增修登州府志》，《中国地方志集成·山东府县志辑》第49册，凤凰出版社2004年版。

光绪《文登县志》，《中国地方志集成·山东府县志辑》第54册，凤凰出版社2004年版。

光绪《三续掖县志》，《中国地方志集成·山东府县志辑》第49册，凤凰出版社2004年版。

光绪《栖霞县续志》，《中国地方志集成·山东府县志辑》第51册，凤凰出版社2004年版。

（清）叶昌炽：《语石》，上海书店1986年影印本。

（清）屠寄：《蒙兀儿史记》，载杨家骆主编《中国学术名著》第五辑《正史广编》，世界书局1962年版。

民国《重修泰安县志》，《中国地方志集成·山东府县志辑》第64册，凤凰出版社2004年版。

民国《增修胶志》，《中国地方志集成·山东府县志辑》第42册，凤凰出版社2004年版。

民国《高密县志》，《中国地方志集成·山东府县志辑》第41册，凤凰出版社2004年版。

民国《牟平县志》，《中国地方志集成·山东府县志辑》第55册，凤凰出版社2004年版。
民国《平度县续志》，《中国地方志集成·山东府县志辑》第43册，凤凰出版社2004年版。
民国《福山县志稿》，《中国地方志集成·山东府县志辑》第52册，凤凰出版社2004年版。
民国《莱阳县志》，《中国地方志集成·山东府县志辑》第53册，凤凰出版社2004年版。
吴则虞集释：《晏子春秋集释》，《新编诸子集成》第一辑，中华书局1962年标点本。
山东省博物馆与山东省文物考古研究所编：《山东汉画像石选集》，齐鲁书社1982年版。
李发林：《山东汉画像石研究》，齐鲁书社1982年版。
孔凡礼辑：《范成大佚著辑存》，中华书局1983年版。
陈垣编纂，陈智超、曾庆瑛校补：《道家金石略》，文物出版社1988年版。
北京图书馆金石组编：《北京图书馆藏中国历代石刻拓本汇编》，中州古籍出版社1989年版。
陈垣编纂，陈智超、曾庆瑛校补：《南宋初河北新道教考》，《民国丛书》第一编第13册，上海书店1989年版。
宫衍兴：《济宁全汉碑》，齐鲁书社1990年版。
任继愈主编：《道藏提要》，中国社会科学出版社1991年版。
周至元：《崂山志》，齐鲁书社1993年版。
吕大吉：《西方宗教学说史》，中国社会科学出版社1994年版。
罗振玉：《海外贞珉录》，《丛书集成续编》第73册，上海书店1994年版。
薛瑞兆、郭明志编：《全金诗》，南开大学出版社1995年版。
蒋英炬、吴文祺：《汉代武氏墓群石刻研究》，山东美术出版社1995年版。
王克芬、苏祖谦：《中国舞蹈史》，文津出版社1996年版。
李修生主编：《全元文》，江苏古籍出版社1998年版。
信立祥：《汉代画像石综合研究》，文物出版社2000年版。

中国画像石全集编辑委员会编：《中国画像石全集》第一、二册，山东美术出版社、河南美术出版社2000年版。

葛兆光：《中国思想史》，复旦大学出版社2001年版。

朱正昌主编：《汉画像石》，山东友谊出版社2002年版。

汤贵仁：《泰山封禅与祭祀》，齐鲁书社2003年版。

王宗昱：《金元全真教石刻新编》，北京大学出版社2005年版。

牟钟鉴等：《全真七子与齐鲁文化》，齐鲁书社2005年版。

黄怀信校释：《论语新校释》，三秦出版社2006年版。

许利平：《〈后汉书〉版本研究》，硕士学位论文，西北大学，2009年。

程越：《金元时期全真道宫观研究》，齐鲁书社2012年版。

张从军、李为：《图说山东汉画像石》，山东美术出版社2013年版。

傅惜华、陈志农编：《山东汉画像石汇编》，山东画报出版社2012年版。

张广保：《全真教的创立与历史传承》，中华书局2015年版。

后　　记

本书稿作为我山东社科规划研究项目的结项成果，是在博士后出站报告的基础上修改而成的。五年前成功申请到山东社科规划项目时的喜悦与兴奋之情尚历历在目，如今书稿即将付梓，心中却感到有些忐忑与不安，感慨之情难以释怀。

2004年7月，兰州大学毕业后，来到孔子故里曲阜，工作于曲阜师范大学历史文化学院。我的学习与研究领域是石刻文献学，来山东工作之前，就已知道齐鲁大地自古多碑碣。清人叶昌炽在《语石》中曾云："关中为汉唐旧都，古碑渊薮，其次则直隶、河南、山东、山西。"而尤为显著的是，山东的三代吉金、秦汉碑刻甲于天下，影响深远。早在西汉时期，学者就已开始了对山东金石碑刻的收集、整理与研究。太史令司马迁于《史记·秦始皇本纪》中记录了七件秦刻石，其中位于山东的有峄山刻石、泰山刻石、之罘刻石、琅邪刻石与之罘东观刻石。置身于齐鲁大地，我深刻地感受到石刻文献的多彩与魅力，故自此以后，研究重点从西北石刻转至山东石刻，曾对曲阜儒家石刻、济宁汉代画像石、泰山封禅石刻、高密与淄川郑公祠石刻、胶东道教石刻、灵岩寺佛教石刻等作过考察与研究。虽略有小成，但仍深感自己学力不逮。2014年，有幸师从山东大学儒学高等研究院杜泽逊教授从事博士后研究。杜老师是当今文献学界著名学者，我在读书时就曾读其著作《文献学概要》《四库存目标注》等，为其深厚的文献学造诣而倾倒。记得2014年4月第一次赴山大拜见杜老师，当时十分忐忑不安，深感自己文献学基础浅薄，不知该说些什么。杜老师十分和蔼可亲，仔细地询问了我的学习与工作情况，并语重心长地说："现在年轻人做学问很浮躁，只讲求功利，这是不行的。要想有所成就，必须能坐冷板凳，默默地坚持，不要受外界因素影响，这样呀职称可能上得慢些，但是，只要你踏踏实实地干了，一切都会自来的。"接着，他就谈起自己的经历，花费十四年时间完成版本目录学专著《四库存目标注》，历时八年完成国家清史项目《清人著述总目》，现在又开始了另外一项规模更大的文献整理工作——《十三经汇校》，或许需要一二十年的时间才能完成。进入杜老师的工作室，就像身处"文献加工厂"，他与学生们一起在这里进行整理与研究，十年如一日，其勤奋与执着令我感动！是呀，没有坚持与付出，哪能取得如此丰硕的学术成果？这也正是我们年轻学者所缺少的。由于我是在职做博士后研究，不能与杜老师朝夕相处，不过，仍经常保持电话联系。每遇到疑惑问题，总是第一时间向杜师"求救"，他必不厌其烦地解答，如拨云见日，使我从迷茫与困境中走出。杜老师的教导，我铭记在心；杜老师的为人为学，永远是我学习的楷模！

三年的博士后研究，刘心明教授给予了很大帮助。正是在刘老师的推荐下，才得以成为杜门弟子。同时，在平日学习与研究过程中，刘老师像兄长一样关心，在此，表示深深的感谢！还有其他曾经帮助过的老师、同事、学友们，一同致以谢意！

中国社会科学出版社的责任编辑孙铁楠先生，精心编辑，认真校审，为本书的出版付出了许多心血，在此表示衷心感谢！

书稿即将付梓，内心充满了喜悦、感激，也充溢着莫名的惶恐与不安。有道是"文章千古事，得失寸心知。"受自身学识所限，本书的研究尚有许多不足，在此恳请各位师友批评指正，我会在日后的研究中努力去弥补。

孟凡港

2018年12月于曲阜